D1665880

Text and Translation

Jahrbuch Übersetzen und Dolmetschen

im Auftrag der Deutschen Gesellschaft für Übersetzungs-
und Dolmetschwissenschaft

herausgegeben von Heidrun Gerzymisch-Arbogast

D G Ü D

Band 6 · 2005/06

Text and Translation

Theory and Methodology of Translation

Herausgegeben von
Carmen Heine, Klaus Schubert und
Heidrun Gerzymisch-Arbogast

 Gunter Narr Verlag Tübingen

Bibliografische Information der Deutschen Bibliothek

Die Deutsche Bibliothek verzeichnet diese Publikation in der Deutschen National-
bibliografie; detaillierte bibliografische Daten sind im Internet über <http://dnb.ddb.de>
abrufbar.

© 2006 · Narr Francke Attempto Verlag GmbH + Co. KG
Dischingerweg 5 · D-72070 Tübingen

Druck und Bindung: Hubert & Co., Göttingen
Printed in Germany

ISSN 1437-4900
ISBN 13: 978-3-8233-6194-7
ISBN 10:   3-8233-6194-5

Inhaltsverzeichnis

Teil III: Vorschläge

Klaus Schubert (Flensburg)
Kultur, Translation, Fachkommunikation

Anhang

Vorwort

Der vorliegende Band enthält die Beiträge zu der von der Europäischen Union maßgeblich finanzierten Euroconference 'Theory and Methodology of Translation', die vom 6. bis 8. Mai 2004 in Saarbrücken stattfand und ist im Interesse einer möglichst weitreichenden Einordnung nicht thematisch, sondern in drei losen Blöcken angeordnet, die sich nach dem Grad ihres Handlungsbezugs in 'Problematisierungen', 'Erfahrungen' und 'Vorschläge' unterscheiden lassen. Innerhalb der Blöcke erfolgt die Reihenfolge der Autoren nach dem Alphabet.

Die Euroconference 2004 bildete den Abschluss der *high-level scientific conference series* im Rahmen des Forschungsprojekts *Text und Translation (TETRA)*, das den Zusammenhang zwischen dem Text als Ausgangspunkt der Translation und seinem Transfer im Wege des Übersetzens und Dolmetschens untersuchte und diskutierte. Jenseits der üblichen Grenzziehungen wurde hier nicht zwischen Übersetzen vs. Dolmetschen bzw. Fachübersetzen vs. gemeinsprachlichem Übersetzen differenziert, sondern der Text (im weitesten Sinn) und seine Translation in den Mittelpunkt des Interesses gerückt und aus unterschiedlichen Perspektiven und Denkmethoden betrachtet. Dabei wird für den Text und seine Translation eine *atomistische Perspektive* angenommen, die von kleinsten Denkbausteinen ausgeht und diese nach bestimmten Regeln zu Strukturen zusammenbaut; dichotom dazu wird eine *holistische Perspektive* angenommen, die von einer bestimmten vorgegebenen Gestalt ausgeht und diese im funktionalen Zusammenhang strukturiert; sowie eine *hol-atomistische Perspektive*, die zwischen diesen beiden Modellierungen vermittelt, indem sie atomistisch zusammengesetzt und als Ganzes wiederum holistisch (re)interpretiert und transparent gemacht werden kann. Die Textperspektiven spiegeln sich in der Dreierkombination der Übersetzungsmethoden *Aspektra*, *Relatra* und *Holontra* wider.

Diese Konzeption liegt explizit den Beiträgen von Helle V. Dam & Jan Engberg, Georgios Floros und Heidrun Gerzymisch-Arbogast & Jan Kunold & Dorothee Rothfuß-Bastian zugrunde und findet ihre Entsprechung im Beitrag von Annely Rothkegel. Aus der holistischen Perspektive legt der Aufsatz von Dam & Engberg zur Überprüfung der Genauigkeit (accuracy) konsekutiv gedolmetschter Texte eine Auswertung vor, bei der der per Fragebogen ermittelte Eindruck von 'accuracy' (intuitive approach) mit der über *Relatra* ermittelten relationalen Ähnlichkeit der synchronoptischen Struktur (formal approach) in Original und Verdolmetschung nahezu übereinstimmt, wobei allerdings die für die Relatra-Darstellung konstitutive kognitive Dimension der Hypothesenbildung und ihrer Transparenz ausgeklammert bleibt. Ebenfalls aus holistischer Perspektive schlägt Floros auf der Basis eines translatorischen Kulturbegriffs, der über die funktionale Strukturierung von Kultursystemen und ihre Konkretisierung in Texten die wechselseitige Beziehung von System und Text transparent macht, den Begriff der Idiokultur vor und bespricht, wie dieser für die literarische Übersetzung nutzbringend sein könnte. Rothfuß-Bastian und Kunold zeigen mit Gerzymisch-Arbogast das Zusammenspiel der (hol-)atomistischen mit der holistischen Perspektive über die Interdependenz der Parameter der Kohärenz, Thema-Rhema-Gliederung und Isotopie. Annely Rothkegel schlägt schließlich drei Textrepräsentationen mit entsprechenden Visualisierungsmöglichkeiten vor, die in ihren Dimensionen 'Gestalt', 'Teil–Ganzes' und 'lokale Nachbarschaft' den genannten Denkmodellen 'holistisch–atomistisch–hol-atomistisch' sehr ähnlich sind.

Auf diese Perspektiven lassen sich auch folgende Beiträge projizieren, ohne dass sie explizit von den genannten Denkmodellen ausgehen: So bespricht Marc Van de Velde – aus atomistischer Sicht – auf der Basis eines situativen Valenzbegriffs anhand einer kontrastiven Studie Deutsch-Englisch-Niederländisch die bislang in der Übersetzungswissenschaft wenig behandelte kontrastive Valenzproblematik. Der hol-atomistische und holistische Bezug lässt sich über den Ausblick auf die Realisierung semantischer Rollen in der Übersetzung im Wege der Tilgung und Hinzufügung von Rollen im jeweiligen Handlungszusammenhang leicht herstellen. Ähnliches gilt für die Untersuchung prosodischer Phänomene in Simultanverdolmetschungen im Beitrag von Barbara Ahrens, die auf atomistischer Ebene angelegt ist, über den Parameter 'prominence' aber die 'lokale Nachbarschaftsdimension', also die hol-atomistische Perspektive impliziert. Ganz anders Michaela Albl-Mikasa, die in ihrer kognitiven Studie zur Reduktion und Expansion bei der Notizennahme im Zuge der Konsekutivdolmetschung holistisch beim Verständnis der Textäußerung ansetzt, über die Kondensation u. a. durch die Bildung von Ellipsen ((hol-)atomistische Betrachtung) zum Notizentext kommt und über die Expansion bzw. Explikation (expliziter und) auch impliziter Äußerungen wieder zur holistischen Ebene (Expansion) zurückführt.

Teil I enthält Aufsätze, die Fragestellungen, Forschungsmethoden oder Phänomene in Translation und Translationswissenschaft problematisieren. Dazu gehören die übergreifenden philosophischen Reflexionen Jean-René Ladmirals über die Vergänglichkeit der Sprache im Sein der Zeit ebenso wie die Verankerung translatorischer Problemstellungen im hermeneutischen Verstehensprozess, mit dem sich Radegundis Stolze beschäftigt. Zu den bedeutenden Problematisierungen der Translationswissenschaft gehört auch die Auseinandersetzung Lew Zybatows mit dem mangelnden Wissenschaftsverständnis innerhalb der Translationswissenschaft und Gyde Hansens kritisches Hinterfragen des Aufschlusswertes, den die introspektive Forschungsmethode des Lauten Denkens für die Übersetzungswissenschaft bietet. Jenseits dieser allgemeinen eher wissenschaftstheoretischen Diskussion finden sich in diesem Teil des Bandes aber auch sehr spezifische und konkrete Problematisierungen, wie beispielsweise Leona Van Vaerenberghs begrifflicher Vergleich unterschiedlicher Äquivalenzkonzepte in ihrem Bezug zur Übersetzung von Beipackzetteln im europäischen Kontext oder Ingrid Simmonnæs' Ausführungen bezogen auf die Dimension des 'Zwecks', die die Übersetzungswissenschaft mit dem rechtswissenschaftlichen Verständnis teilt. Sehr konkret behandelt schließlich Carmen Heine das Problem der Übersetzung nicht-linearer Texte am Beispiel von Online-Hilfen.

Teil II enthält aus Problematisierungen hervorgegangene Erfahrungen, die als Befunde in empirischen Studien erscheinen oder als erwartbare Ergebnisse in Aussicht gestellt werden. Neben den oben aufgeführten dolmetschspezifischen Studien von Barbara Ahrens und Michaela Albl-Mikasa findet sich hier das Projektvorhaben von Sylvia Kalina, das den Vorbereitungsaufwand für einen Dolmetscheinsatz zur aktuellen Qualität der entsprechenden Dolmetschleistung in Beziehung setzt. Im Bereich der Fachkommunikation setzt Lisa Link in einer Studie zur computervermittelten Kommunikation die pragmatischen Bedingungen des Kommunikationsprozesses in Bezug zum Ergebnis der Kommunikation, der durch sie entstandenen Information. Ebenfalls im Bereich der Fachkommunikation weist Gerhard Hempel in einer kontrastiven Studie anhand von Bedienungsanleitungen nach, dass auch im italienisch-deutschen Vergleich deutliche pragmatische Kulturdifferenzen im Sinne eines mehr oder weniger stark ausgeprägten Adressatenbezugs zu beobachten sind. Eine stärkere Interdisziplinparität bei der Vermittlung fachübersetzungsspezifischer Komponenten und eine Betonung psychologischer Aspekte zur Bewusstmachung der Komplexität übersetzerischer Entscheidungen im Rahmen einer stärkeren Projektorientierung fordert Winfried Lange in seinem didaktischen Beitrag. Vor dem Panorama der Textverständlichkeitsdiskussion werten schließlich Laura Sergo & Gisela Thome Feltrinellis Roman *Senior Service* auf Verstehensprobleme hin aus und bieten einzelfallspezifische Lösungsmöglichkeiten an.

In *Teil III* schließlich finden sich aus der Erfahrung und theoretischen Auseinandersetzung mit translatorischen Konzepten erwachsene Vorschläge zu einer Differenzierung oder zu einer integrierten Zusammenführung von Konzepten, allen voran der Beitrag Jörn Albrechts, der die Übersetzungswissenschaft auffordert, zwischen Sprachsystem- und Sprachverwendungslinguistik zu vermitteln – ein Desiderat, das u. a. Georgios Floros mit seiner Operationalisierung des Idiokulturbegriffs im darauf folgenden Aufsatz einlöst. Neben dem Beitrag zur Differenzierung bzw. Zusammenführung der Konzepte Kohärenz, Thema-Rhema-Gliederung und Isotopie (siehe oben) ist hier der Aufsatz Michael Schreibers platziert, der eine Differenzierung von Übersetzungstypen nach dem Modell der Prototypensemantik vorschlägt und – abweichend von seiner früheren Typologie – auf einer dritten 'Zone' den Metatext situiert, mit dem nun auch zum Beispiel Kommentare als Übersetzungstypen gelten können. Klaus Schubert spricht zu der – in diesem Band prominent geführten – Auseinandersetzung mit der Fachkommunikation schließlich das (vorläufige) Schlusswort mit seinem Beitrag zur Kulturdimension in der Fachkommunikation.

Saarbrücken, Flensburg   Heidrun Gerzymisch-Arbogast
August 2006   Klaus Schubert

Teil I: Problematisierungen

Gyde Hansen   (Kopenhagen)

Entscheidungen, Anstöße und Aktivierungsreize bei Introspektion zur Erforschung von Übersetzungsprozessen

1   Einleitung

Um 1986 haben introspektive Methoden, vor allem in Form von Proto-kollen des *Lauten Denkens*, oder auch Think-Aloud Protocols (TAP/TA), ihren Einzug in die Übersetzungswissenschaft gehalten.[1] Einen Überblick über ihre Anwendung gibt Jääskeläinen (1999; 2002). *Retrospektion* wird in der Übersetzungsforschung seltener erwähnt (z.B. Kalina 1998; Hansen 1999; 2003; Ivanova 2000; Mead 2002; Alves 2003). Hier möchte ich mich mit einigen grundsätzlichen Fragen bei der Wahl und Anwendung von introspektiven Methoden zur Erforschung von Übersetzungsprozessen beschäftigen:

Beeinflusst das Laute Denken die Gedanken während des Übersetzungs-prozesses und damit auch das Produkt? Welchen Aufschlusswert haben Lautes Denken und Retrospektion?

2   Mehrfachleistungen

Die meisten Untersuchungen mit Lautem Denken stützen sich auf Erics-son und Simon, die die Haltung vertreten, dass:

---

[1] Eine englischsprachige Fassung dieses Artikels ist bereits in der Zeitschrift *Meta* erschienen: Hansen (2005).

Think-aloud and retrospective reports do not influence the sequence of thoughts. Think-aloud tends to increase the solution time due to the time required for the verbalization. (Ericsson & Simon Ericsson ²1993:xxii)

Toury (1991:60) stellte die erste meiner Fragen nach dem Einfluss des Lauten Denkens, und er meinte (1995:235), dass das gleichzeitige mündliche und schriftliche Übersetzen einander gegenseitig beeinflussen müssten. Auch Gile spricht von diesem Risiko:

The numerous TAP (think-aloud-protocol) studies performed on translators over the past few years also entail a strong possibility of interaction between the research process and the translation processes under study. (Gile 1998:75)

Die Frage, inwieweit Lautes Denken grundsätzlich eine geeignete Methode zur Erforschung von Übersetzungsprozessen ist, wird in Variationen immer wieder andiskutiert, und die Diskussion endet in der Regel damit, dass man Begrenzungen durchaus erkennt, aber dennoch zu dem Schluss kommt, dass die Methode in Ermangelung geeigneterer Methoden besser ist, als gar nichts (z.B. Jääskeläinen 1999:61; Jensen 2000:77; Alves: 2003:11). Jakobsen (2003:93) hat festgestellt, dass Lautes Denken den Prozess sowohl zeitlich, als auch was die Segmentierung angeht, stark zu beeinflussen scheint. Dennoch, meint er nicht, dass die Methode deshalb für die Forschung weniger nützlich sei.

In der Psychologie, der Neurobiologie und in der Gehirnforschung ist die Frage *der Enge des Bewusstseins*, d.h. die Frage, inwieweit man zu Mehrfachleistungen überhaupt fähig ist, ein altes Diskussionsthema (z.B. Hofstätter 1957; Allport & Antonis & Reynolds 1972; Shiffrin & Schneider 1977; Schneider & Pimm-Smith & Worden1994; Raichle u.a. 1994; Passingham 1996), und auch in der Dolmetschforschung ist diskutiert worden, welche Handlungen man gleichzeitig ausführen kann, und inwieweit man Aufmerksamkeit teilen kann (z.B. Strolz 1994; Gile 1999). Es werden u.a. von Allport (1972), Eysenck (1993:51) und Gade (1997:205) drei Faktoren angegeben, die unsere Fähigkeit beeinflussen, auf zwei oder mehrere Dinge oder Handlungen gleichzeitig aufmerksam zu sein. Das ist

(a) der Schwierigkeitsgrad der Aufgabe
(b) der Grad an Übung
(c) der Grad an Gleichheit der Aufgaben oder Handlungen.

Gade sagt, dass man normalerweise zwei verhältnismäßig einfache, verschiedenartige und schon geübte Aufgaben gleichzeitig ausführen kann, nicht aber zwei komplexe und ungewohnte Aufgaben, die einander ähnlich sind. Schneider u.a. (Gade 1994:178) berichten über empirische Resultate, die darauf hindeuten, dass automatische und kontrollierte Prozesse verschiedene Gehirnregionen beanspruchen, und Raichle u.a. (1994:24) kommen durch PET (Positronemissionstomographie) zu der Hypothese, dass verschiedene Aufgaben einen verschiedenen Grad an Aufmerksamkeit erfordern und dass das an der Aktivierung von zwei Bereichen der Stirnhirnlappen, erkennbar ist. Es zeigt sich, dass diese scheinbar mehr beansprucht werden, wenn eine ungeübte Aufgabe durchgeführt wird, und weniger bei Aufgaben, die man durch Übung beherrscht. Passingham (1996:1475) kommt auch durch PET zu der Hyptothese, dass ungeübte Aufgaben, d.h. Handlungen, welche Aufmerksamkeit erfordern, kaum gleichzeitig erledigt werden können, ohne sich gegenseitig zu beeinflussen, weil jede für sich die beiden Bereiche der Stirnhirnlappen voll beanspruchen.

3 Geteilte Aufmerksamkeit beim Übersetzen

Für das Laute Denken während des Übersetzens bedeutet das, dass man nur gleichzeitig sprechen kann, wenn einem entweder das Übersetzen, oder das Sprechen, oder beides nicht zu schwer fällt. Das kann aber aus verschiedenen Gründen der Fall sein. Einige Beispiele.

Übersetzerinnen oder Übersetzer können bei einer der beiden Handlungen oder auch bei beiden unerwartete Schwierigkeiten bekommen. Bei Versuchen mit verschiedenen Introspektionsmethoden habe ich erlebt, dass Versuchsteilnehmer Lautes Denken nicht benutzen konnten, weil sie früher Sprachprobleme, eine Art von Stottern, gehabt hatten. (Ihr Übersetzungsprozess war aber ausgesprochen interessant, da sie sich, mehr als andere, jeder ihrer Handlungen völlig bewusst waren.) Bei einer zweisprachigen Versuchsteilnehmerin zeigte sich bei den Versuchen mit Lautem Denken, dass sie sich in keiner der Sprachen richtig zu Hause fühlte, und dass sie Deutsch und Dänisch in Stresssituationen durcheinander brachte. Ihr war das Laute Denken so unangenehm, dass sie es auch nicht mehr üben wollte.

Diese Versuchsteilnehmer litten alle offensichtlich unter dem, was Eysenck als zusätzliche oder neue Schwierigkeiten bei der Koordination der Handlungen und bei der Vermeidung von Interferenz bezeichnet: "having to perform two tasks together rather than separately frequently produces entirely new problems of co-ordination" (Eysenck 1993:55). Es leuchtet ein, dass das Laute Denken in solchen Fällen, wo viel der Konzentration auf etwas anderes als das Übersetzen gerichtet ist, den Prozess und auch das Produkt beeinflussen muss.

Auch die Übersetzungsrichtung kann eine Rolle spielen. Das ist ein Aspekt, der bei der Anwendung von Lautem Denken bisher wenig beachtet wird. Für viele Übersetzungswissenschaftler scheint es eine Selbstverständlichkeit zu sein, dass 'Übersetzen' gleichbedeutend ist mit 'Übersetzen aus der Fremdsprache in die Muttersprache'. In kleinen Sprachgemeinschaften ist das Übersetzen in die Fremdsprache ebenso wichtig. Beim Übersetzen in die Fremdsprache könnte man sich vorstellen, dass

Lautes Denken, welches meistens in der Muttersprache vor sich geht, den fremdsprachlichen Zieltext beeinflussen muss, indem Interferenzen gefördert werden – ähnlich wie auch Toury (1995:235) es befürchtet.

Ein Kritikpunkt bei der Anwendung von Lautem Denken ist immer wieder die Unvollständigkeit der Daten. Wie u.a. Kußmaul (1998:50) festgestellt hat, hören die Testpersonen bei starker kognitiver Belastung auf zu verbalisieren. Hönig (1988:13) und Kiraly (1995:41) weisen darauf hin, dass man mit Lautem Denken nur *bewusste* Prozesse beleuchten könne, nicht aber die unbewussten, automatisch ablaufenden Prozesse – und viele Prozesse, besonders bei geübten Übersetzern, laufen automatisch ab.

Unter den erwähnten Umständen ist Lautes Denken keine günstige Methode, denn entweder sind die Übersetzer stark vom Sprechen beeinflusst, oder sie sagen nichts.

4 Idealsituation

Wie aber verhält es sich in einer Idealsituation, d.h. bei Übersetzerinnen und Übersetzern,

die nicht das Problem haben, dass ihnen das Sprechen aufgrund individueller Erfahrungen schwerfällt
die in ihre Muttersprache übersetzen
die durch das Übersetzen nicht zu stark kognitiv belastet sind
die Lautes Denken schon geübt haben
die auch, wenigstens teilweise, bewusst übersetzen
die durchaus auch etwas zu sagen hätten?

Beeinflusst Lautes Denken ihre Gedanken während des Arbeitsprozesses und damit ihr Produkt? Auch ohne Versuche durchzuführen, kann man diese Frage nur bejahen. Warum?

5 Emotionen und Erfahrungen in Entscheidungsprozessen

Es würde eigentlich schon ausreichen, Vygotsky (²1974:353) zu zitieren, der festgestellt hat, dass die Struktur der Sprache in keiner Weise eine einfache Spiegelung der Struktur des Gedanken darstelle. Die Sprache diene nicht als Ausdruck eines fertigen Gedankens. Ein Gedanke, der in Sprache umgesetzt wird, werde umstrukturiert und verändert.

Dieses Umsetzen in Sprache muss notgedrungen jeweils wieder einen Einfluss auf die im Prozess folgenden Gedanken haben.

Aber zur Begründung möchte ich weiter ausholen und außerdem einige wesentliche Faktoren von Gedankenprozessen ansprechen, und zwar *Erfahrungen und Emotionen.* In der modernen Psychologie und in der Neurobiologie geht man mehr und mehr davon aus, dass Entscheidungsprozesse, außer von biologischen Voraussetzungen, auch von Erfahrungen kognitiver und emotioneller Art beeinflusst werden (Bruun 2001:289).

Ericsson und Simon ([2]1993:16, 79) unterscheiden nach der Art der Prozesse im Kurzzeitgedächtnis drei verschiedene Verbalisierungsniveaus. Sie sprechen von "direct" oder "Level 1" Verbalisierung, wenn die Prozesse im Kurzzeitgedächtnis schon von vornherein in verbaler Form vorliegen. Von "encoded" oder "Level 2" sprechen sie, wenn Umkodierungsverfahren nötig sind wie z.B. von nicht-verbalen Daten in Worte, und von "Level 3" Verbalisierung ist die Rede, wenn verschiedene Formen von Selektion, Abstraktion, Beschreibung, Erklärung oder Rechtfertigung vorkommen.

Die besten Daten meinen Ericsson und Simon bei Level 1, bei gleichzeitiger Verbalisierung ("concurrent verbalization"), zu bekommen, denn dabei werden die Gedanken während der Ausführung einer Aufgabe direkt aus dem Kurzzeitgedächtnis abgerufen (Ericsson & Simon [2]1993:221ff.). Ericsson und Simon sagen dazu:

> The concurrent report reveals the sequence of information heeded by the subject without altering the cognitive process, while other kinds of verbal reports may change these processes. (Ericsson & Simon [2]1993:30)

Bei den meisten Projekten, bei denen Lautes Denken benutzt wird, möchte man solche unverfälschten verbalisierten Gedanken einfangen, z.B. Jääskeläinen (2002:108):

> The aim is to elicit a spontaneous, unedited, undirected, stream-of-consciousness type of account from the subject. (Jääskeläinen 2002:108)

Entscheidungen

Ericsson und Simon spezifizieren:

> Since only one thought can be verbalized at a time, we need a mechanism that determines which one. In addition, we want to specify how non-verbal thoughts are translated into verbal form. (Ericsson & Simon [2]1993:221f.)

Sie sagen also, dass die Gedanken für das Verbalisieren ausgewählt werden, wenn und indem sie beobachtet werden: "we require that thoughts are selected for verbalization as they are heeded" (a.a.O:221f.). Eine solche Selektion erfordert immer Entscheidungen, denn wie u.a. Hofstätter es ausdrückt:

> Die Wahl des zu beobachtenden Phänomens impliziert zum Teil auch schon eine Entscheidung darüber, von welchen anderen Phänomenen mehr oder weniger abgesehen werden soll. (Hofstätter 1957:67)

Emotionen

Außerdem sagen Ericsson und Simon , dass Emotionen und Gefühle ausgeblendet werden können: "We will also exclude *feelings* from the thoughts we will consider" (a.a.O.:223). Die Frage ist hier, ob und wie das überhaupt möglich sein soll.

Erfahrungen

Im Hinblick auf Erfahrungen, d.h. "prior knowledge", räumen Ericsson und Simon zwar ein, dass es schwierig sein kann, diese aus der aktuellen Episode und damit dem Lauten Denken auszublenden. Sie sprechen nichtsdestoweniger davon, als ob es sich machen ließe:

> In cases where we can rule out reproductive, or recognition based cognitive processes, we can make strong predictions that any information that is recalled must have been heeded in the experimental situation. (Ericsson & Simon [2]1993:136)

Ericsson und Simon gehen bei ihrer Auffassung von kognitiven Prozessen ganz deutlich davon aus, dass man bei der Selektion der Gedanken, die man spontan verbalisieren will, ganz unbeeinflusst auswählen kann, und dass man diese Gedanken von Erfahrungen und Emotionen trennen kann.

Der Mensch ist aber in seiner *gegenwärtigen* Situation immer auch sowohl *vergangenheitsbestimmt* als auch *zukunftsgerichtet*. Gehirnforschung, von z.B. Damasio (1994; 2003), zeigt, dass Entscheidungen, Erfahrungen und Emotionen nicht voneinander zu trennen sind, und dass Erfahrungen und Emotionen bei Gedankenprozessen auch nicht ausgeblendet werden können. Damasio (1994:136ff.) spricht von dispositionellen Repräsentationen ("dispositional neural patterns"): Bewusste Überlegungen über Situationen oder Personen werden verbal und non-verbal von Vorstellungsbildern begleitet, die unzählige Aspekte und Merkmale betreffen, und zwar Reflexionen, Einschätzungen und kognitive Bewertungen der Ereignisse, auf die man unbewusst reagiert. Alles dies geschieht aufgrund von separaten topographisch organisierten Repräsentationen ("prefrontal acquired dispositional representations"), die Wissen darüber enthalten, wie bestimmte Typen von Situationen in der individuellen Erfahrung in der Regel an bestimmte emotionelle Reaktionen gebunden gewesen sind. Diese rufen durch Reaktionen im präfrontalen Cortex aufgrund von erworbenen, dispositionellen Repräsentationen automatisch Reaktionen hervor, auf die das autonome Nervensystem reagiert, so dass ein Erfahrungszustand hervorgerufen wird, der normalerweise mit entsprechenden Situationen verknüpft ist. Die Reaktionen werden unbewusst und automatisch an die *Amygdala* und den vorderen Teil des *Gyrus cinguli* übermittelt. Eine Menge koordinierter Reaktionen und Veränderungen werden aktiviert, die den Körper emotionell beeinflussen, und es entsteht ein emotioneller Zustand, der wiederum einen wesentlichen Einfluss auf die Art und Effektivität der kognitiven Prozesse zurückwirft. Das heißt mit anderen Worten, dass Erfahrungen, die wir irgendwann gemacht haben, immer als dispositionelle Muster mit einem emotionalen Inhalt vorliegen, die in Situationen mit neuen Erfahrungen über Neuronen im Gehirn unweigerlich dafür sorgen, dass entsprechende Vorstellungen und Gefühle auftauchen.

6 Enscheidungen in Übersetzungsprozessen

Für das Verbalisieren bei Übersetzungsprozessen bedeutet das, dass man jedesmal, wenn man vor einem Problem oder einer Entscheidung steht, oder auch nur in bestimmten Situationen, bei bestimmten Themen oder Wörtern, eine Unmenge von Impulsen in Form von Bildern, Erfahrungen und Emotionen hat, die die Entscheidungen beeinflussen – und dass man, wenn man versucht, das, was man denkt, in Worte zu kleiden, immer nur ein Minimum des gesamten Gedanken- und Handlungsmusters durch Begriffe erfassen kann.

Durch das Verbalisieren werden unbewusst und unkontrollierbar gleichzeitig wieder Bilder, Empfindungen und frühere Erfahrungen aktiviert, die wiederum jedes Mal neue Emotionen hervorrufen, welche dann wiederum beeinflussen, ob man die eine oder die andere Entscheidung beim Übersetzen oder Sprechen trifft. Alle Prozesse beeinflussen einander. Die Intensität solcher Einflüsse werden wir vielleicht nie feststellen können – jedenfalls nicht, wenn es sich so verhält wie Kant sagte, dass "selbst die Beobachtung an sich schon den Zustand des beobachteten Gegenstandes alteriert und verstellt" (Kant 1786:11), und wie Bohr (1957:20) über psychologische Analysen sagte, dass sich der Bewusstseinsinhalt verändert, sobald die Aufmerksamkeit auf ein einzelnes Merkmal gerichtet wird.

In Anbetracht der ungeheuren Komplexität dieser Prozesse, die hier im Vergleich zu Damasio (1994; 2003) nur sehr vereinfacht dargestellt sind, ist ein interessanter Aspekt bei Lautem Denken bei Übersetzungsprozessen, dass immer die Rede von "concurrent verbalization", d.h. gleichzeitiger Verbalisierung ist. Bei der sehr hohen Geschwindigkeit, mit der Denkprozesse ablaufen, nach Damasio: "within a second in the life of our minds, the brain produces millions of firing patterns over a large variety of circuits distributed over various brain regions" (Damasio 1994:259) – also pro Sekunde Millionen von Erregungsmustern in einer großen Zahl von Schaltkreisen in den verschiedensten Hirnregionen – bedeutet die Tatsache, dass man einen Gedanken auswählt und verbalisiert, dass man sich schon von dem Gedanken an sich entfernt hat. Hinzu kommt, dass das Verbalisieren in der Zeit linear verläuft, was mit sich führt, dass man die komplexen 'beobachteten' Gedanken ordnet, indem man eine lineäre

Struktur in etwas hineinbringt, was nicht linear ist. Man wählt beim Verbalisieren also aus, aus einer ungeheuer großen Menge von Impulsen und Gedankenfetzen, die man ebenso gut auch noch hätte erwähnen können. Man trifft Entscheidungen, und dies aufgrund von Emotionen und Erfahrungen.

Die Antwort auf die erste Frage, nach dem Einfluss von Lautem Denken auf den Prozess und auf das Produkt kann also nicht anders lauten als 'Ja'.

Die zweite Frage ist damit auch schon beantwortet. Man bekommt eben nur eine Auswahl dessen, was der Versuchsteilnehmer aus der Menge seiner Gedanken herausgreifen kann, und was das ist, kann wiederum von unendlich vielen Faktoren abhängen, vor allem vom Vorhandensein der notwendigen Begriffe und der Fähigkeit zum Verbalisieren, oder auch von seinem Befinden in der Situation, vom Zufall u.a.m.

Und wer weiß – unter Umständen muss der Versuchsteilnehmer sich auch noch darauf konzentrieren, eventuelle Erklärungen und Rechtfertigungen, die der Versuchsleiter nicht haben möchte, auszulassen. Auch das kostet Gehirnkapazität und kann das Gesagte und auch die Übersetzung beeinflussen.

Nicht alle Vorschläge und Gedanken von Ericsson und Simon sind in der Übersetzungsforschung blind übernommen worden. Jääskeläinen (2000:73ff.) hat ausgeführt, dass man die Probleme methodisch gezielter untersuchen sollte, indem man "durch und durch methodologisch" vorgehen müsste ("a thorough methodological investigation") und ein speziell zum Zweck der Erfassung des Einflusses von TA auf das Übersetzen konstruiertes Design benutzen sollte. Mit diesem Vorschlag kann niemand uneinig sein. Die grundsätzliche Frage des Einflusses von Lautem Denken auf das Übersetzen würde man durch striktere Anwendung der Forschungsmethoden aber nicht beantworten können, und man braucht es glücklicherweise auch nicht, denn, wie oben angeführt, ist ihr Einfluss wohl schon aufgrund der 'Empfindlichkeit' kognitiver Prozesse gar nicht zu vermeiden.

Man könnte eventuell durch gezielte Versuche mit größeren Populationen versuchen herauszubekommen, ob und wo die Einflüsse von Lautem Denken von besonderer Art sind. Das wäre aber sicher sehr aufwendig.

7 Sprech- und Denkanstöße aller Art

Wie gesagt, wird immer wieder erwähnt, dass man mit Lautem Denken nur *bewusste* Prozesse beleuchten könne, nicht aber die unbewussten, automatisch ablaufenden Prozesse, und viele Prozesse – besonders die von professionellen Übersetzern – sind automatische Prozesse. Es ist auch beobachtet worden, dass die Testpersonen, bei starker kognitiver Belastung zu verbalisieren aufhören. Ericsson und Simon (²1993:83, 256) schlagen in solchen Fällen die Anwendung von "reminders" vor. "Reminders" sind *Anstöße*, durch welche der während der Versuche anwesende Versuchsleiter die Versuchsteilnehmer an das Weitersprechen erinnert. Meistens geschieht das in Form von Aufforderungen wie "please think aloud" oder "keep talking". Ericsson und Simon meinen, dass solche Anstöße wenig Einfluss auf den Prozess hätten. Krings (1987:173) und Jääskeläinen (1999:101) erwähnen jedoch, dass so wenig wie möglich durch solche Anstöße in den Prozess eingegriffen werden sollte.

Man möchte bei der Anwendung von Lautem Denken gern die soziale Seite so weit wie möglich eliminieren. Der Versuchsleiter soll zwar gern anwesend sein, aber am liebsten unbemerkt bleiben. Wie kann man jedoch davon ausgehen, dass diese Anstöße keine Wirung auf den Prozess hätten? Sie müssen die Versuchsperson doch gerade daran erinnern, dass es sich um eine Form von sozialer Veranstaltung handelt. Solche Sprechanstöße müssen auch immer wie Denkanstöße wirken, die eine Menge Impulse und Gedanken in Gang setzen können, deren Reichweite und Einfluss auf den Übersetzungsprozess überhaupt nicht einzuschätzen oder zu kontrollieren ist. Es ist auch nicht immer einleuchtend, warum der soziale Faktor denn so schlecht sein soll, denn es ist schließlich später der Versuchsleiter, der die Gedanken der Versuchsteilnehmer interpretieren soll, wie Jääskeläinen es vorschlägt:

> The resulting data are messy, but it is the researcher's task to make sense of the mess; the translating subjects are not expected to analyse their performance or justify their actions, i.e. thinking aloud as a research tool is not, strictly speaking, a "mode of reflection". (Jääskeläinen 2002:108)

Man versucht also einerseits mit allen Mitteln zu verhindern, dass während des Lauten Denkens eventuelle Reflexionen, Rechtfertigungen, Erklärungen oder Erfahrungen der Versuchsteilnehmer einfließen könnten – andererseits ist es dann schließlich der Versuchsleiter, der 'Sinn in die Daten' hineinbringen soll. Welche Erfahrungen und Emotionen usw. hat dieser? Durch Letzteres ist doch erst recht subjektiver Interpretation Tür und Tor geöffnet.

8 Aktivierungsreize: Zwischen Erinnerung und Reflexion

Aktivierungsreize braucht man bei der Anwendung von *Retrospektion*, wie gesagt, einer in der Übersetzungsforschung weniger benutzten Introspektionsmethode. Sie gilt wegen Vergessens und Verzerrungen als fehleranfällig, unvollständig und damit unzuverlässig (Krings 1986:68). Die Retrospektion findet erst statt, wenn eine Handlung abgeschlossen ist. Nach Baddeleys (1990) Einteilung des Gedächtnisses in Kurzzeitgedächtnis,

Arbeitsgedächtnis und Langzeitgedächtnis, in dem alles Wissen gespeichert ist, ist die Möglichkeit, spontane Verbalisierungen von Gedanken einzufangen, nur beim Lauten Denken gegeben. Da eine Übersetzung eine Menge von Denkprozessen voraussetzt, an die man sich hinterher entweder gleichzeitig oder auch ganz unsortiert erinnert, ist die Möglichkeit, zu einem bestimmten Problem nach Abschluss, selbst einer kurzen Aufgabe, noch spontane Gedanken zu erfassen, als gering anzusehen. Cohen und Hosenfeld (1981:285) unterscheiden zwischen sofortiger Retrospektion ("immediate retrospektion") und nachträglicher Retrospektion ("delayed retrospection"). Die sofortige Retrospektion nimmt man unmittelbar nach der Durchführung einer Aufgabe vor, die aber nicht länger als 30 Sekunden beanspruchen darf, denn sonst ist, ihrer Meinung nach, die Rede von nachträglicher Retrospektion. Ericsson und Simon (^{2}1993:xvi 19) meinen, dass diese sofortige Retrospektion, die innerhalb von fünf bis zehn Sekunden nach einer kurzen Handlung (von weniger als einigen Sekunden) stattfinde, sogar vollständigere Daten ergeben könne als die "concurrent verbal reports", und dass man damit den aktuellen kognitiven Strukturen am nächsten sei.

Nachträgliche Retrospektion kann zu jedem beliebigen Zeitpunkt nach Abschluss einer Handlung stattfinden. Je länger aber der Zeitraum zwischen der Handlung und der Retrospektion ist, desto unvollständiger wird das Ergebnis, und desto größer ist die Gefahr des Vergessens und der Falschdarstellung.

Bei Retrospektion spielt der Erinnerungsaspekt eine große Rolle. Ericsson und Simon (^{2}1993) schlagen vor, dass das Abrufen von Gedanken durch "retrieval cues" unterstützt werden könne. Diese "retrieval cues" habe ich in Anlehnung an Lewin (1922:90/1966:150) auf Deutsch 'Aktivierungsreize' genannt. Lewin versteht darunter "psychologisch bestimmt charakterisierte Anlässe", auf die hin – bei vorliegender Tätigkeitsbereitschaft – die Tätigkeit auch tatsächlich ausgeführt wird. Ericsson und Simon stellen fest, dass es bei Retrospektion am einfachsten ist, sich an etwas zu erinnern, wenn der "retrieval cue" und die originale Präsentation der Aufgabe sich gleichen: "recall is most likely to be successful if the cueing stimulus is encoded in the same way as recall as it was at the original presentation" (Ericsson & Simon ^{2}1993:117).

Ivanova (2000:33) greift diesen Gedanken auf. In einem Projekt, wo sie kognitive Prozesse beim Simultandolmetschen untersucht hat, bemerkt sie bei Pilotversuchen, dass *nicht der auf Tonband aufgenommene ZT* die Erinnerungen der Versuchspersonen hervorrief, sondern dass sie das vor allem durch die Präsentation des *schriftlich fixierten AT* erreichte. Dieser Gedanke stimmt überein mit Damasio (1994:105), der feststellt, dass das auslösende Moment für Erinnerungen die Rekonstruktion eines flüchtigen Musters durch Aktivierung (das Feuern) von dispositionellen Repräsentationen, z.B. in Assoziationsfeldern ist.

Eines der Probleme, auf das besonders bei Retrospektion immer wieder hingewiesen wird, ist, dass einige wenige spontane, unreflektierte Daten mit Kommentaren, Erklärungen und Reflexionen über die Handlungen während des Prozesses vermischt auftreten und dass sie schlecht von diesen zu trennen sind. Ivanova meint, dass sie mit ihrer Methode eher an *Erinnerungs*daten herankommt und dass sie inferierte Gedanken und Erklärungen, die nachträglich beim Anblick des ZT hinzukommen, ausblenden könne.

Aufgrund von Damasios Erkenntnissen (1994:78) über die enge Verknüpfung von Erfahrungen und Emotionen in Entscheidungsprozessen ist es zweifelhaft, ob man Erinnerungen an unmittelbar vorherige Handlungen und Erinnerungen an Erfahrungen kognitiver und emotioneller Art sowie Reflexionen über Gedanken oder Handlungen überhaupt so klar voneinander trennen kann, wie es bei Ericsson und Simon vorausgesetzt und auch u.a. bei Ivanova für möglich gehalten wird. Um etwas ausdrücken zu können, braucht man einen Begriffsapparat, und dieser ist vor allem auf Erfahrung begründet (Vygotsky ²1974:215ff.). Wie gesagt, machen Ericsson und Simon (²1993:136) selbst darauf aufmerksam, dass gespeichertes Wissen nicht einfach ausgeblendet werden kann, und dass dieses Vorwissen über Problemkomplexe und das, was dann schließlich bei der Introspektion abgerufen wird, ganz eng miteinander verknüpft sind. Sie verweisen hier auf Müller (1911), indem sie sagen:

> A second general problem when retrieving cognitive structures is to separate information that was heeded at the time of a specific episode from information acquired previously or subsequently that is associated with it […]. (Ericsson & Simon ²1993:19)

9 Schlussbetrachtung

Zu Frage 1: Das Laute Denken beeinflusst den Gedankenprozess und damit auch den Übersetzungsprozess und das Übersetzungsprodukt. Bildlich gesprochen unterbricht man durch das Bemühen um eine begriffliche Formulierung den Zustand des gewöhnlichen Innenseins. Alle Selbstbeobachtung, auch bei Lautem Denken, ist immer eine kurzfristige Retrospektion, die ihrerseits wieder auf den weiteren Verlauf der beobachteten Vorgänge einwirkt. Immer wieder spielen dabei individuelle Erfahrungen und Emotionen mit, die schwer zu kontrollieren sind. Zu Frage 2: Welchen Aufschlusswert haben Lautes Denken und Retrospektion?

Vieles von dem, was den Gedankenprozess ausmacht und beeinflusst, erfährt man nicht, weil es nicht verbalisiert wird oder nicht verbalisiert werden kann. Was man dagegen erfährt, ist alles Mögliche – sowohl Erinnerungen an den Prozess – als auch Reflexionen, Rechtfertigungen, Erklärungen, Emotionen und Erfahrungen – und diese lassen sich wahrscheinlich, trotz gezielt eingesetzter Anstöße und Aktivierungsreize, nicht klar voneinander trennen.

10 Literatur

Allport, Alan & Antonis, Barbara & Reynolds, Patricia (1972): "On the division of attention: A disproof of the single channel hypothesis". In: *Quarterly Journal of Experimental Psychology* 24, 225-235.

Alves, Fabio (2003): "A relevance theory approach to the investigation of inferential processes in Translation". In: Alves, Fabio (ed.) (2003): *Triangulating Translation.* Amsterdam: Benjamins. 3-24.

Baddeley, Alan (1990): *Human Memory. Theory and Practice.* London: Erlbaum.

Bernardini, Silvia (2001): "Think-aloud protocols in translation research. Achievements, limits, future prospects". In: *Target* 13 [2], 241-263.

Bohr, Niels (1957): *Atomfysik og menneskelig erkendelse.* Bd I. Kopenhagen: J. H. Schultz.

Bruun, Birgit. (2001): "Børn og unges professionelle voksne". In: Bruun, Birgit & Knudsen, Anne (udg.) (2001): *Moderne psykologi – temaer.* Værløse: Billesø & Baltzer. 278-313.

Cohen, Andrew & Hosenfeld, Carol (1981): "Some uses of mentalistic data in second-language research". In: *Language Learning* 26, 45-66.

Damasio, Antonio R. (1994): *Descartes' Error: Emotion, Reason and the Human Brain.* New York: Grosset/Putnam.

— (2003): *Looking for Spinoza. Joy, Sorrow and the Feeling Brain.* New York: Harvest Book Harcourt.

Ericsson, K. Anders & Simon, Herbert A. (²1993): *Protocol Analysis: Verbal Reports as Data.* 2nd ed. 1993. Cambridge, Mass.: MIT Press. (1st ed. 1984. MIT Press).

Eysenck, Michael W. (1993): *Principles of Cognitive Psychology.* Hove: Erlbaum.

Gade, Anders (1997): *Hjerneprocesser. Kognition og neurovidenskab.* København: Frydenlund.

Gile, Daniel (1998): "Observational studies and experimental studies in the investigation of conference interpreting". In: *Target* 10 [1], 69-93.

— (1999): "Testing the effort model's tightrope hypothesis in simultaneous interpreting". In: *Hermes, Journal of Linguistics* 23, 153-172.

— (2004): "Integrated Problem and Decision Reporting as a translator training tool". In: *The Journal of Specialised Translation* 2, 2-20.

Hansen, Gyde (1999): "Das kritische Bewusstsein beim Übersetzen". In: *Copenhagen Studies in Language* 24, 43-66.

— (2003): "Controlling the process. Theoretical and methodological reflections on research in translation processes". In: Alves, Fabio (ed.) (2003): *Triangulating Translation.* Amsterdam: Benjamins. 25-42.

— (2005): "Experience and Emotion in Empirical Translation Resarch with Think-aloud and Retrospection". In: *Meta* 50 [2],511-521.

Hofstätter, Peter R. (1957): *Psychologie.* Frankfurt am Main: Fischer.

Hönig, Hans. G. (1988): "Wissen Übersetzer eigentlich, was sie tun?". In: *Lebende Sprachen* 33 [1], 10-14.

Ivanova, Adelina (2000): "The use of retrospection in research on simultaneous interpreting". In: Tirkkonen-Condit, Sonja & Jääskeläinen, Riitta (eds.) (2000): *Tapping and Mapping the Process of Translation and Interpreting.* Benjamins: Amsterdam. 27-52.

Jääskeläinen, Riitta (1999): *Tapping the Process: An Explorative Study of the Cognitive and Affective Factors Involved in Translating.* Joensuu: University of Joensuu Publications.

— (2000): "Focus on Methodology in Think-Aloud Studies." In: Sonja Tirkkonen-Condit, Riitta Jääskeläinen (Hrsg.) (2000): *Tapping and Mapping the Process of Translation and Interpreting.* (Benjamins Translation Library 37.) Amsterdam: Benjamins, 71-82.

— (2002): "Think-aloud protocol studies". In: *Target* 14 [1], 107-136.

Jakobsen, Arnt L. (2003): "Effects of think aloud on translation speed, revision and segmentation". In: Alves, Fabio (ed.) (2003): *Triangulating Translation.* Amsterdam: Benjamins. 69-95.

Jensen, Astrid (2000): The Effects of Time on Cognitive Processes and Strategies in Translation. Unveröff. Doktorarbeit. Kopenhagen: Copenhagen Business School.

Kalina, Sylvia (1998): *Strategische Prozesse beim Dolmetschen.* Tübingen: Narr.

Kant, Immanuel (1786): *Metaphysische Anfangsgründe der Naturwissenschaft* [Vorrede]. Riga: Johann Friedrich Hartknoch.

Kiraly, Donald. C. (1995): *Pathways to Translation: From Process to Pedagogy.* Kent, Ohio: Kent State University Press.

Krings, Hans P. (1986): *Was in den Köpfen von Übersetzern vorgeht.* Tübingen: Narr.

— (1987): "The use of introspective data in translation". In: Færch, Claus & Kasper, Gabriele (eds.) (1987): *Introspection in Second Language Learning.* Clevedon – Philadelphia: Multilingual Matters. 159-176.

Kußmaul, Paul (1998): "Die Erforschung von Übersetzungsprozessen: Resultate und Desiderate". In: *Lebende Sprachen* 43 [2], 49-53.

Mead, Peter (2002): "How consecutive interpreters perceive their difficulties of expression". In: Garzone, Giuliana & Mead, Peter & Viezzi, Maurizio (eds.) (2002): *Perspectives on Interpreting.* Forlì: Biblioteca della Scuola Superiore di Lingue Moderne per Interpreti e Traduttori. 65-78.

Müller, Georg Elias (1911): "Zur Analyse der Gedächtnistätigkeit und des Vorstellungsverlaufes: Teil I". = *Zeitschrift für Psychologie,* Ergänzungsband 5.

Passingham, Richard Edward (1996): "Attention to action". In: *Philosophical Transactions of the Royal Society. Series B: Biological Sciences* 351, 1473-1479.

Raichle, Marcus E. & Fiez, Julie A. & Videen, Tom. O. & MacLeod, Ann-Mary K. & Pardo, José V. & Fox, Peter T. & Petersen, Steven E. (1994): "Practice-related changes in human brain functional anatomy during nonmotor learning". In: *Cerebral Cortex* 4, 8-26.

Schneider, Walter & Pimm-Smith, Mark & Worden, Michel (1994): "Neurobiology of attention and automaticity". In: *Current Opinion in Neurobiology* 4, 177-182.

Shiffrin, Richard M. & Schneider, Walter (1977): "Controlled and automatic human information processing: Perceptual learning, automatic attending, and a general theory". In: *Psychological Review* 84, 127-190.

Strolz, Birgit (1994): "Simultankapazität und Übungseffekt". In: Snell-Hornby, Mary & Pöchhacker, Franz & Kaindl, Klaus (eds.): *Translation Studies. An Interdiscipline.* Amsterdam: Benjamins. 209-218.

Toury, Gideon (1991): "Experimentation in translation studies: Prospects and some pitfalls". In: Tirkkonen-Condit, Sonja (ed.) (1991): *Empirical Research on Translation and Intercultural Studies.* Tübingen: Narr. 55-66.

— (1995): *Descriptive Translation Studies and beyond.* Amsterdam: Benjamins.

Vygotsky, Lev S. (²1974): *Tænkning og sprog* II. Kopenhagen: Reitzel.

Carmen Heine (Århus)

Herausforderung Hypertextübersetzung

1 Einleitung

Mit dem folgenden Beitrag stelle ich ein Instrumentarium für die Systemstrukturanalyse von so genannten Online-Hilfen – Systemhilfen in Soft-
wareprogrammen – vor, das als Hilfsmittel zur Vorbereitung von Hypertextübersetzungen dienen kann. Online-Hilfen sind eine Textsorte, deren
Spezifika in Theorie und Praxis, vor allem im Hinblick auf ihre Übersetzung, wenig systematisch untersucht, bewertet und Untersuchungsergeb-
nissen entsprechend bearbeitet werden, deren theoretische Reflektion
darüber hinaus der Softwareentwicklung und Programmhilfenutzung hin-
terherhinken, die aber eine besondere Herausforderung an die Übersetzung darstellen. Dies gilt insbesondere, da systematisches Textmusterwissen über die medialen Textsorten vom Übersetzer[1] bisher, aufgrund der
relativen Novität der Textsorte, kaum vorausgesetzt werden kann. Die hier

---

[1] In diesem Artikel werden die Berufsbezeichnungen 'Übersetzer', die Tätigkeitsbezeich-
nung 'Übersetzen' und die Produktbezeichnung 'Übersetzung' beibehalten. Die Übertragung von sprachlichen Inhalten und technischen Sachverhalten in Softwareumge-
bungen in andere 'locale' wird auch als Softwarelokalisierung bezeichnet, die Übersetzung
von Internet-Hypertexten neuerdings als Transcreation. Als Besonderheit wird bei der
Lokalisierung die Berücksichtigung kultureller Aspekte in der Transferleistung verstanden, bei Transcreation die kreative, an die Zielkultur und Erwartungen angepasste Neu-
schöpfung von Webseiten im anderen Sprachraum, Aspekte, die m.E. keiner dezidierten
(Neu-)Benennung bedürfen und jeder übersetzerischen Leistung selbstverständlich inne-
wohnen sollten.

vorgestellte Vorgehensweise ist prozessorientiert und sowohl für methodisch-theoretische als auch didaktisch-fachpraktische Weiterführung offen. Der Darstellung des Analyseinstrumentariums liegt die Überlegung zugrunde, dass eine vollständig auf regelgeleitete Schrittfolgen aufgebaute Methodik für die Erstellung und für die Übersetzung von Hypertexten bisher ein Forschungsdesiderat[2] ist, eine der makro- und mikrotextuellen Betrachtung von Hypertexten vorgeschaltete Strukturanalyse jedoch ein erster Schritt auf dem Weg zu einer solchen Methodik sein kann.

2   Textsorten: Hypertext und Online-Hilfen

Textsortensystematisch ergeben sich in Bezug auf die Begriffe Hypertexte und Hypertextsorten, -systeme und -netze immer noch Beschreibungs- und Abgrenzungsprobleme. Gängige Textsorten- und Textmustermodelle greifen für die Einordnung von Hypertexten und Online-Hilfen bisher meist aufgrund der mangelnden Berücksichtigung der medialen Präsentationsformen zu kurz.[3] Zur Begriffsklärung für Hypertext stütze ich mich in diesen Beitrag auf Jakobs:

> Im allgemeinsten Sinne ist Hypertext ein Konzept, das sich auf die nicht- oder multi-lineare Organisation und Darstellung von Inhalten richtet. Hyper- texte sind an elektronische Umgebungen und eine spezifische Software (Hypertextsystem gebunden. Die Inhalte werden auf Module verteilt und

---

[2]   Theoriebasierte Ansätze zur Untersuchung und Beschreibung von Hypertexten finden sich auf der linguistischen Beschreibungsebene bei Storrer (1999; 2000; 2003) und Jakobs (2004); zum Design von Hypertext bei Lewis & Polson (1990) (human-computer interaction); Hardman & Sharrat (1989) (user-interface guidelines and design) und Landauer et al. (1993) (psychological guidelines on formative design evaluation). Infor- mation-Retrieval-basierte Modelle legen Croft & Turtle (1989) und Croach et al. (1989) (hierarchical clustering) vor. Einen eher kognitiven Ansatz mit Bezug auf die Mehr- perspektivenhaftigkeit von textueller Information verfolgen Spiro & Jehng (1990). Foltz (1996) stellt fest, dass Textverständlichkeitsmodelle (z.B. van Dijk & Kintsch 1983) eben- so auf Hypertext angewendet werden können wie auf lineare Texte, der primäre Unter- schied bei einem auf Hypertext ausgerichteten Modell sei allerdings der, dass das Leser- verhalten beim Navigieren durch den Text und damit die Leserstrategie im Umgang mit der Mensch-Maschine-Schnittstelle in einem solchen Modell berücksichtig werden müsse (vgl. Foltz 1996:131). Mit der übergeordneten Modellentwicklung für übersetzungs- gerechte Hypertextproduktion beschäftigt sich mein laufendes Dissertationsvorhaben an der Aarhus School of Business.

[3]   Eine Ausnahme bildet im Bereich der Online-Hilfen die integrative Mehrebenenklassifi- kation von Online-Hilfetexten von Villiger (Villiger 2002:64ff.)

diese durch elektronische Verweise (Hyperlinks) verbunden. (Jakobs 2004: 236)[4]

und für die für Online-Hilfen adäquate Unterscheidung zwischen Hypertexten und Hypertextnetzen greife ich auf Storrer (2003:284) zurück, die Hypertexte als institutionelle, funktionale oder thematisch begrenzte Teilnetze von Modulen bezeichnet, die für einen bestimmten kommunikativen Zweck hergestellt werden. Die Verwaltung der Module übernimmt dann das Hypertextsystem. Hypertextnetze verknüpfen Hypertexte durch Hyperlinks. Storrer trifft allerdings auch eine Unterscheidung zwischen offenen (ergänzbaren und fortschreibbaren Texten) und geschlossenen (eher statischen Systemen mit einer festen Anzahl von Modulen) Hypertexten und Jakobs ordnet integrierte Online-Hilfen diesen beispielhaft zu (vgl. Jakobs 2004: 236). Trotz vorhandener externer Links in diesen geschlossenen Textsorten (die auf offenen Hypertext schließen lassen würden), betrachten Storrer und Jakobs Online-Hilfen als statische Produkte mit stabiler Struktur. Der relativen Abgeschlossenheit dieser Texte stehen m.E. allerdings die Arbeitsprozesse der Softwareentwicklung mit ihrer Schnelllebigkeit, hohen Änderungshäufigkeit und Versionierung gegenüber, die aus den offenen Enden der stabilen Struktur produktentwicklungsbedingt "Texte-in-Bewegung" (Storrer 2000) machen können, Merkmal und Betrachtungsweise, die Storrer und Jakobs (letztere mit Fußnotenverweis auf Überschneidungen der Systemteile von Hypertexten) eher den offenen Hypertexten und Hypertextnetzen zuweisen (vgl. Jakobs 2004:237).

Göpferich schließt in ihre Fachtexttypologie "Das Textsortenspektrum der Technik" (Göpferich 1998:90) die Darstellung technischer Texte in elektronischen Medien nicht ein. Wäre dies der Fall, lägen Online-Hilfen vermutlich in mehreren Hierarchiestufen quer zwischen didaktisch-instruktiven Texten und wissenszusammenstellenden Texten.

Der Fachverband tekom[5] erfasst seinerseits Online-Handbücher und Hilfesysteme als Informationstypen innerhalb von Online-Dokumentationen,[6] wobei die Zugangsmethoden zu den Informationen und das Medium (PC und Bildschirm) den Informationstypen nebengeordnet sind (vgl. Forst 1996:434). Der Arbeitskreis unterscheidet ferner nach Produktkopplung, Kontextbezug und Interaktivität der Dokumentation, und die Online-Hilfen nicht als selbständige Textsorte von anderen Textsorten.

---

[4] Zur Diskussion über die Nicht-Linearität von Hypertexten siehe ausführlich Kuhlen (1991) und Multi-Linearität, besonders in Bezug auf Textproduktion mit Hypertext und die dynamische Perspektive vgl. Rothkegel (1997:193f.).

[5] Hier der Arbeitskreis für Online-Dokumentation innerhalb der tekom/Gesellschaft für technische Kommunikation.

[6] Eine Definition für Online-Dokumentation steht allerdings noch aus.

Aus übersetzerischer Sicht (damit aus Rezipientenperspektive und wenn man Prozessgegebenheiten der Dokumentationsprozesse von Online-Hilfen außer Acht lässt), ist im Sinne einer klassifizierenden Einordnung die integrative Mehrebenenklassifikation nach Villiger (Villiger 2002:64ff.) m.E. für die Beschreibung und die Handhabung von Online-Hilfe-Übersetzungen insofern hilfreich, dass sie von einer "idealtypischen/prototypischen Textsortenkompetenz von Kommunizierenden in Bezug auf Online-Hilfetexte" (Villiger 2002:64) ausgeht.

Mit seiner Offenheit für verschiedene Softwareprodukte strebt das hier vorliegende Analyseinstrumentarium an, die Übersetzer in die Lage zu versetzen, eine solche idealtypische Textsortenkompetenz auf der *Makrostrukturebene* von Hypertexten zu entwickeln, indem prototypische Muster in Online-Hilfen und typische Merkmale spezifiziert werden können und handlungs- und zweckgebunden in übersetzungsstrategische Verfahrensschritte einfließen können. Während Villiger fünf Typologisierungsebenen unterscheidet – Funktions-, Situations-, Verfahrens- und Textstrukturierungstypen und prototypische Formulierungsmuster (Villiger 2002:54ff.) – und sich nahe am Text orientiert, z.B. die Rhetorical Structure Theorie[7] einsetzt und sich mit dem Strukturbegriff auf die Organisation von Inhalten *im* Text (vgl. Villiger 120f.) bezieht, setzen meine Überlegungen beim Medium und seiner medialen Präsentation, der durch das verwendete Softwarehilfetool vorgegebenen technischen Konzeption, deren Strukturen und Mustern an und lassen sich weiterführend durch makro- und mikro*textuelle* Analysen ergänzen.

2.1 Grundmuster und Struktur

Während man bei Hypertexten vorrangig an Webseiten denkt, bezieht sich die Bezeichnung Hypertext in diesem Artikel auf Online-Hilfen als Bestandteile einer Softwaredokumentation. Derzeit sind zwei verschiedene Darstellungsformen von Online-Hilfen gängig. Seiten- und fensterorientierte Online-Hilfen, wobei seitenorientierte Hilfe linearer, meist in Form eines Fließtextes mit Querverweisen (als Hyperlinks) gestaltet sind.[8] Bei den fensterorientierten Hilfen sind hierarchisch orientierte, vernetzte Hypertextgestaltungen gängig. Diese sind auch Gegenstand meiner Analyseüberlegungen, da die Textproduktions- und Übersetzungsprobleme in dieser Textsorte durch die Multilinearität, Vernetzung und Hierarchisie-

---

[7] Vgl. zu RST auch Rothkegel (1992:347).

[8] Ein Beispiel für eine solche Online-Hilfe ist die integrierte Hilfe im Programm Acrobat Reader (Version 6.0). Der Hilfetext ähnelt hier einem traditionellen Handbuch, enthält aber querverweisende Links und bietet die Möglichkeit innerhalb des Textes hin- und her und über eine Inhaltsstruktur zwischen Kapiteln zu springen.

rung, die voneinander abweichenden Schreib- und Lesewege von Autor(en), der Wegfall der voraussagbaren Rezeptionsreihenfolge der Übersetzer und Leser und die damit verwischende Über-, Unter-, und Nebenordnung von Textelementen besonders hervortreten.

Textuelle Analysen für die Übersetzung werden in der Regel auf Superstruktur- und Textmusterebene am linearen Text (und sei das Textsegment auch noch so klein) durchgeführt. Sie untersuchen textimmanente Phänomene und gleichen diese mit Textkonventionen ab.

Die hier vorgestellte Herangehensweise setzt an der multi-linearen Struktur von Hypertesten an und voraus, dass Globalstrukturen *und* Textmuster in Online-Hilfen noch nicht vollständig konventionalisiert und beim Übersetzer auch noch nicht durch häufigen Umgang mit der Textsorte aufgebaut und ausdifferenziert sind (vgl. Storrer 2003:283).

2.2 Information und Orientierung

Die Informationsvermittlung und die Orientierung erfolgen in Online-Hilfe typischerweise durch eine Mischung von traditionellen und multi-linearen Orientierungs- und Navigationshilfen. Neben dem Verfolgen von Verweisen (Links) über textuelle und grafische Informationseinheiten (Knoten) entlang individueller Pfade stehen dem Nutzer Suchfunktionen, Inhaltsübersichten und ähnliches zur Verfügung.

Die Aufgabe des Nutzers besteht darin, aus dem multi-linearen Angebot mit unbegrenzten Verknüpfungsmöglichkeiten eine kohärente Sequenz von Informationsfragmenten zu bilden, um Hilfe zu seinem aktuellen Problem oder seiner Fragestellung zu bekommen. Dabei stößt er auf fragmentierte Textteile mit konzeptuellen, prozeduralen oder funktionsorientierte Informationen, deren inhaltliche Sequenzierung ihm, je nachdem von an welcher Stelle im Hypertext er auf die Information zugreift, möglicherweise verschlossen bleiben, wenn er nicht erkennen kann, in welchem Netzknoten er sich befindet und in welchem Verhältnis dieser Knoten zum Gesamthypertext steht. So muss der Nutzer eher raten als wissen, ob das Verfolgen eines Links ihn jetzt zu der für ihn relevanten Information führt und ob diese im gegenwärtigen Kontext kohärent ist. Dieses für alle Hypertexte so charakteristische Problem stellt sich auch für den Übersetzer, der vor der Folie eines funktionsorientierten und zweckgebunden Übersetzungsziels die Orientierung in der Struktur behalten muss, um sicherzustellen, dass vorhandene Thema-Rhema-Strukturen, Kohärenzketten und Isotopien nicht, durch Fehlinterpretationen und Falschzuweisung von Linktags zu zielsprachlichen Ausdrücken oder ähnliche Übersetzungsprobleme, durchbrochen werden oder ganz verloren gehen. Damit sichert er für die Nutzer die Verständlichkeit der Hilfe, die ja das übergeordnete Ziel der Textproduzenten und Übersetzer sein muss.

3 Übersetzerische Herausforderungen

Online-Hilfen werden auf verschiedene Weise übersetzt. Je nachdem wie werkzeuglastig die Arbeitsprozesse gestaltet sind, können die übersetzerischen Tätigkeiten voneinander abweichen. Selten kann Übersetzung durch hart programmieren, d.h. durch direktes Überschreiben der vorhandenen Texte und Einzelwörter der Benutzeroberfläche, z.B. der Schaltflächen, im Hilfesystem erfolgen. Übersetzer mit dem Auftrag, eine Online-Hilfe-Übersetzung anzufertigen, können mit Einzelwortlisten oder Einzelsatzlisten, datenbankgestützten so genannten *strings* oder mit *resource files* rechnen. Mit viel Glück stehen dem Übersetzer neben der Lokalisierungssoftware, dem Translation Memory, Wörterbüchern und Glossaren auch die Originalsoftware und Originaltestdaten[9] zur Verfügung. Wo dies nicht der Fall ist, bleibt dem Übersetzer wenig Spielraum für die Ermittlung des Hintergrundes eines Textstücks oder dessen Kontexts, für die Einordnung der Informationsebene und für strategische und die Formulierung betreffende Entscheidungen; geschweige denn für die Ermittlung von Linkzielen und die sprachlich kohärente Verknüpfung zwischen (durch Lokalisierungsfilter) auseinander gerissenen Inhalten. Herausforderung für den Übersetzer ist es, das Zusammenspiel der sprachlichen Informationsinhalte von Hypertextknoten mit den Funktionskomponenten der Hypertextnetze zu erkennen und im Zieltext zu erhalten, den Granulierungrad von Informationen in Pfaden und Netzen und abweichende Schreib- und Lesewege von Autor und Nutzer, ebenso wie die Verständlichkeits- und Kohärenzdimension in Hypertexten, zu berücksichtigen. Technisch birgt die medial bedingte Übersetzerarbeitsumgebung weitere Herausforderungen für den Übersetzer, da er nicht nur mit den marktgängigen Terminologiedatenbanken, Translation Memories und Lokalisierungstools sinnvoll umgehen können sollte, sondern auch die Fähigkeit mitbringen (oder systematisch entwickeln) muss, selbständig sowohl analytisch als auch fachpraktisch-sachkundig mit der zu beschreibenden Software umzugehen.

4 Systemstrukturanalyse

Eine methodische Forderung der Übersetzungswissenschaft ist, dass vor jedweder anderer Betrachtung der Übersetzer den Ausgangstext vollständig gelesen haben sollte.[10]. Eine lückenlose Analyse des Ausgangstextes soll übersetzerische Entscheidungen erleichtern und begründbar machen. Eine

---

9 Testdaten sind erforderlich, um in die Tiefe der Softwaremenüs vordringen und alle Bereiche ansehen und ausprobieren zu können.

10 Vgl. hierzu Gerzymisch-Arbogast & Mudersbach (1998:90f.) zur Erstlektüre bei der holistischen Betrachtung des Ausgangstextes.

Verpflichtung, der Fachübersetzer in der Praxis aufgrund des Termin-
drucks und der technischen Anforderungen bei der Übersetzung von
Hypertexten kaum nachkommen können und die für die einzelwortlastigen
und wiederholungsreichen Textsorten der Softwaredokumentation, für die
häufig schon Übersetzungen der Vorgängerversionen, Terminologiedatenbanken und z.B. auch so genannte *drafts* vorliegen, m.E. auch weniger
sinnvoll erscheint, als für die Übersetzung literarischerer Textsorten.

Des Weiteren spricht die Darreichungsform der Texte in puzzlestück-
artigen[11] Textpäckchen[12] und in multi-linearen Rezeptionsumgebungen mit
nicht präzise vorhersehbaren Rezeptionspfaden der Nutzer gegen o.g.
methodische Forderung.

Das Lesen von Hypertext erfolgt nicht linear, sondern ist von *jumps*
zwischen Informationsknoten, *backtracking* und Linkverfolgung geprägt.
Dies gilt auch für die 'Lesevorbereitung' des Übersetzers, der – sofern er
alle zu einem Knoten gehörenden Informationen in kohärenter Folge lesen
wollte, gezwungen wäre, im Hypertext hin und her zu springen. Wobei den
Übersetzer beispielsweise Mehrfachverknüpfungen zu bereits rezipierten
Inhalten zurück, knotenebenenübergreifende Links zu einem inhaltlich
abweichenden Gebiet in im Hypertextsystem tiefer oder höher liegende
Ebenen, und externe Links aus dem Text heraus (aber nicht wieder hinein)
führen können; hypertextstrukturbedingte Aspekte, die ein vollständig
chronologisches Lesen erschweren, wenn nicht unmöglich machen.

Nichtsdestoweniger halte ich auch für die Textsorte Online-Hilfen die
Forderung der 'Vorab-Sichtung' des zu übersetzenden Ausgangsmaterials
für die Übersetzung für nachhaltig bedeutungsvoll, da nur ein makro- und
mikro*struktureller* Überblick über das große Ganze den Übersetzer in die
Lage versetzt, globale knotenübergreifende übersetzungsstrategische Entscheidungen (auf Makro- und Mikroebene des Textes) einerseits und kritische sprachliche Einzelfallentscheidungen andererseits, vor holistischem
Wissenshintergrund zu treffen und ggf. erforderliche technische System-
änderungen (im Hinblick auf zielsprachliche Anforderungen) begründen
zu können. Systematische und nachweisbare Erkenntnisse aus den holistischen Betrachtungen des Ausgangsmaterials bereiten die Basis für weiterführende theoriegeleitete Analyseschritte und erleichtern den problemori-
entierten Zugang zu den Herausforderungen des fachpraktischen Übersetzungsprozesses mit seinen technischen Anforderungen und sprachlichen
Restriktionen.

Die von mir im Folgenden vorgestellte Systemstrukturanalyse kommt
der Struktur des Datenbankkonzepts von Hypertexten entgegen, wo sich

---

[11] *Jigsaw Translation* nach Schubert (2003).
[12] Nach Rothkegel (1998: 82).

das technische Medium mit seinen Navigationsmöglichkeiten in den
Vordergrund drängt, der reine Informationstext dagegen zunächst im
Hintergrund steht.

Die hier vorgeschlagene Systemstrukturanalyse greift auf zwei Ebenen.
Der Strukturebene (die operationale Ebene) und der Erschließungsebene
(Inhalts- und Informationsebene) von Hypertexten. Diese Einteilung ist
klassisch, unterscheidet sich jedoch von der linguistisch geprägten makro-
textuellen und mikrotextuellen Betrachtungsweise, da sie ein globales
Strukturverständnis zum Ziel hat, bei dem es zunächst nicht um die textuellen Strukturierungs- und Realisierungsprinzipien geht.

Auf der Strukturebene ermöglicht die makrostrukturelle Betrachtung
eine Erschließung des Wissen- und Informationsangebots und einen
Überblick über das Navigationssystem des Hypertextes. Sie ist Ausgangspunkt und Kern des Analyseinstrumentariums. Auf der Erschließungsebene setzt eine mikrostrukturelle Betrachtung einschließlich der Erschließung semantisch-textueller Netzwerke, der Informationsbasis inklusive
sprachlicher Merkmale wie Verweise, Substitutionen, explizite Wiederaufnahme, Tempusabfolgen, Thema-Rhema-Strukturen, Sequenzierungs-
muster für sprachliche Handlungsfolgen etc. an. Damit setzt sich die
mikrostrukturelle Betrachtung aus makrotextueller Analyse und mikrotex-
tueller Analyse zusammen und ergänzt die makrostrukturelle Analyse um
sprachliche Inhalte.

4.1 Makrostrukturelle Betrachtung

Unter Makrostruktur verstehe ich die Ordnungsstruktur und die Komponenten und Organisationsprinzipien, das Grundgerüst und Gesamtgefüge
der Online-Hilfe mit seinem (meist) hierarchischen System von Elementen
in zu-, über- oder nebengeordneter Rangordnung und das Netzwerk, als
die Menge von Knoten (Elementen) die mittels Kanten und Links miteinander verbunden sind. Bei der Betrachtung der Makrostruktur ist auf der
konzeptionellen Ebene besonders die Modularisierung, die Aufteilung des
Ganzen in Teile, für die Betrachtung des Gesamtsystems und das Durch-
schauen der zugrunde liegenden Muster für den Übersetzer von Interesse.

Den makrostrukturellen Überlegungen geht voraus, dass sich der Über-
setzer/das Übersetzerteam im Vorfeld der Übersetzung Gedanken über
den Übersetzungszweck und das Übersetzungsziel gemacht und die Software begutachtet hat und damit über Wissen über die Funktionalität und
den Anwendungsbereich der Software verfügt. Eine methodische Voraussetzung für eine adäquate übersetzerische Realisierung der Online-Hilfe ist
im Weiteren die Forderung nach einem holistischen Überblick über das
Hypertextsystem mit seinen Grundmustern und seine Struktur inklusive
der Funktionskomponenten und deren Zusammenspiel. In der Praxis ist

diese Forderung bei weitem nicht selbstverständlich, entspräche allerdings in etwa der methodischen Forderung den zu übersetzenden Text in Gänze zu lesen.

Legt man eine funktionale Betrachtungsweise zugrunde, dann ist es für Übersetzungszwecke sinnvoll, die holistisch-makrostrukturelle Betrachtung in Form einer regelgeleiteten Schrittfolge vorzunehmen, indem man (ähnlich wie ein Laie oder Erstnutzer es tun würde) an den Hypertext herangeht, und sich zunächst intuitiv von der GUI-Ebene[13] (der Präsentations- und Interaktionsebene des Systems, dem Eingabebereich also, wo der Nutzer zu Eingaben aufgefordert wird und Retrievalmöglichkeiten nutzen kann), z.B. von der Begrüßungsseite, dem Überblick, den Inhaltsseiten und der Navigationshilfe, ausgehend einen Überblick verschafft, bevor man im weiteren in die Tiefenstruktur, den Ausgabenbereich, in dem der Nutzer verschiedene Orientierungsmöglichkeiten vorfindet, vordringt. Als Systematik schlage ich die im folgenden Flussdiagramm dargestellte holistische makrostrukturelle Betrachtung in vier Schritten vor.

---

[13] Graphical User Interface, die Schnittstelle zwischen Mensch und Maschine

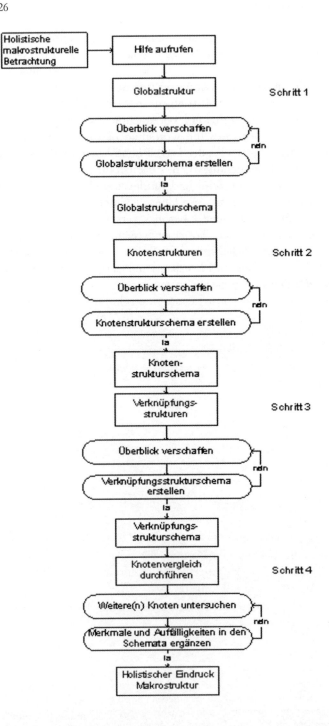

Abb. 4.1.1: Flussdiagramm holistische makrostrukturelle Betrachtung

Das Flussdiagramm dient zur Visualisierung der Abläufe der Analyse. Auf Verweise zu externen Bearbeitungsaspekten und Wirkungsketten (z.B. Vergleich mit anderen Systemen o.Ä.) wurde hier zugunsten eines tieferen Systemverständnissen für die Chronologie der Abläufe verzichtet.

Im Verlauf der makrostrukturellen Betrachtung verschafft sich der Anwender mit Hilfe des Analyseinstrumentariums einen schrittweisen Überblick über die Struktur der Online-Hilfe und trägt seine Ergebnisse und Erkenntnisse in Schemata ab. Um die Darstellung übersichtlich zu halten und in sinnvollem Umfang zu vereinfachen, stelle ich die gewonnen Daten in Tabellenform dar. Die Tabellen als zugrunde liegende Formvorlagen bieten sich für die geordnete Zusammenstellung der vorhandenen Daten an, da in ihnen sich wiederholende Phänomene, semantische Zusammenhänge zwischen Inhalt einer Zelle und Zeile bzw. Spalte, ein grundsätzlicher Aufbau und ein Verlauf gleichermaßen dargestellt werden können. Diese Schema-Übertragung betrachte ich als Zwischenschritt auf dem Weg, Modellvorstellungen zu Hypertextübersetzung und methodisch-regelgeleitete Herangehensweisen in eine anwendungsfähige Form zu bringen.[14]

Für die Analyse ergeben sich eine Reihe von Grundfragen, die den Übersetzer auf seinem Analysepfad begleiten und die in variierender Form und in verschiedenen Phasen des Überblicks wiederkehrend auftreten können (und werden).

- Welche zentralen Bereiche markieren die Hilfe?
- Wie erfolgt der Zugriff?
- Wie sieht das Grundgerüst (die Grundstrukturierung, das Grundmuster) aus?
- Liegt ein Netz vor?
- Welche Strukturierungskonzepte und Ordnungsprinzipien liegen vor?
- Wie sieht das Navigationskonzept aus?
- Welche Strukturierungstypen (Hierarchie, Pfad, Netz) liegen vor?
- Wie viele Hierarchieebenen gibt es, und wie viele Mausklicks (Unterknotenebenen eines Pfades) sind erforderlich um ans Ende eines Pfades zu gelangen? Gib es Abkürzungen?
- Wie verlaufen die themen- und funktionsbezogenen Pfade durch die Hierarchien?

---

[14] Eine Sammlung von Schemata zu verschiedenartigen Softwareprodukten kann empirisch zum Nachweis von Textmustern in Hypertexten dienen und ermöglicht in der Folge eine begründete Zuordnung von Online-Hilfen in Textsortentypologien und Nebenordnung zu Nachbartextsorten.

- Aus welchen Bauteilen (Modulen und Links) besteht das Hypertext-System?
- Wie hoch ist die Linkdichte? Wie sind die Links gekennzeichnet? Wie sind die Links positioniert?
- Wie sieht das Makro- und mikrotypografische Design aus?
- Gibt es eine Inhaltsstrukturierung[15] im Grundgerüst? (z.B. durch Struktur-Links, die u. a. zum nächsten Punkt einer Sequenz oder zum Inhaltsverzeichnis sein können und/oder Inhalts-Links, die inhaltliche Bezügen zwischen Modulen/Konten darstellen, z.B. auf Abbildungen referenzieren oder eine Definition geben).
- …

Die dargestellte Liste erhebt keinen Anspruch auf Vollständigkeit und exakt chronologische Abfolge, sie soll vielmehr zeigen, welcher Art und Vielschichtigkeit die strukturellen Vorabüberlegungen der Übersetzer notwendigerweise sein müssen und soll zeigen, wie wertvoll eine regelgeleitete Herangehensweise für die Strukturübersicht des Übersetzers ist, wenn er der medialen Darreichungsform des Ausgangstextmaterials gerecht werden will.

Die Realisierung des holistischen Strukturansatzes erfolgt indem der Übersetzer sich zunächst einen Überblick über die Globalstruktur des Hypertextes verschafft und ein Globalstrukturschema (Schritt 1) erstellt. In einem nächsten Schritt gewinnt er einen Eindruck über die vorhandenen Knotenstrukturen und überträgt diese in ein Knotenstrukturschema (Schritt 2). Weiter erschließt sich der Übersetzer einen Zugang zur Verknüpfungsstruktur und erstellt ein entsprechendes Schema (Schritt 3). Abschließend führt er einen Knotenvergleich (Schritt 4) durch, der zu einem holistischen Gesamteindruck der Makrostruktur des Hypertextes führt.

Schritt 1

In einem ersten Schritt verschafft sich der Übersetzer einen Eindruck über das Wissenssystem Online-Hilfe mit seinen Grundkomponenten und Übersichten. Vom Eingabebereicht (Retrieval) ausgehend betrachtet der Übersetzer die Orientierungsmöglichkeiten und die Organisation des Hypertextes. Es erfolgt ein mentaler Abgleich mit vertrauten (Text- und Hypertext)konventionen. An diesem Punkt ist die Vertrautheit des Überset-

---

[15] Durch Struktur-Links, die u.a. zum nächsten Punkt einer Sequenz oder zum Inhaltsverzeichnis sein können und/oder Inhalts-Links, die inhaltliche Bezügen zwischen Modulen/Konten darstellen, z.B. auf Abbildungen referenzieren oder eine Definition geben

zers mit dem Medium Softwaredokumentation und mit der Textsorte Hypertext als Kernkompetenz zum einen wünschenswert, zum anderen gefragt. Hier gilt es z.B. Merkmale (Index, Stichwortverzeichnis, Inhalts-verzeichnis, Lesezeichenfunktion) zu erkennen, als aus konventionellen Texten (Printdokumentationen) bekannte Phänomene wahrzunehmen, aber auch hypertextimmanente

- Zugriffsmöglichkeiten
- Verknüpfungen
- Modularisierungen
- Pfade und Verweise
- Abweichungen von der Printnorm

festzustellen und durch Festhalten im Schema kenntlich zu machen. Dabei wird das in der Hypertextstruktur ermittelte Merkmal in die Vorspalte abgetragen und die Daten als Inhalte in die Spalten entlang der Kopfzeile die das Vorhandensein des Merkmals,[16] die Darstellungsform und An-merkungen zur Berücksichtigung bei der Übersetzung angibt, eingetragen. Das so entstehende Globalstrukturschema ist ein vorläufiges Endergebnis. Das Schema erfasst den Ist-Zustand des Ausgangsmaterials und ermög-licht, erfordert aber nicht notwendigerweise, die Erfassung von Anmer-kungen und Stichworten zur Berücksichtigung im Übersetzungsprozess. Das Schema ist in Breite und Tiefe offen und bleibt damit erweiterbar. Es kann darüber hinaus bei zukünftigen Projekten als 'Checkliste' dienen und bei regelmäßiger Verwendung zur Entwicklung von Textmusterwissen beim Übersetzer und zur Gewohnheit und Systematisierung der Analyse-tätigkeit beitragen. Die hier beschriebene Herangehensweise der Übertra-gung und die Aussagen zu Erweiterbarkeit des Schemas gilt auch für die folgenden Schemata, (Knotenstrukturschema und Verknüpfungsstruktur-schema), so dass im Endergebnis drei Tabellen vorliegen. Um den Rahmen dieses Beitrags nicht zu sprengen werden hier die Schematabellen exempla-risch und nur in gekürzter Form dargestellt. Die folgende Abbildung ist ein Beispiel eines Muster-Globalstrukturschemas für eine Online-Hilfe zur Erstellung von Screenshots.

---

[16] Auch das Nichtvorhandensein eines aufgrund von Textkonventionen erwarteten Merkmals ist für die Übersetzung von Bedeutung, so werden z.B. kulturelle 'Lücken' transparent, die bei der Übersetzung berücksichtigt werden müssen.

Globalstruktur-schema	Vor-handen	Darstel-lungsform	Anmerkun-gen	Berücksichtigen Übersetzung
Eingabebereich				
Index Stichwörterver-zeichnis Buchstabenfol-geerkennung, logische Operatoren, Wildcards, Wortlisten Trefferanzeige Begriffsliste, Glossar	Stich-wort-ver-zeichnis	In der Knoten-struktur	Glossarliste enthält Hin-weis ob Link-art auf Kno-ten verweist oder Pop-Up enthält	Liste muss mit Terminologie aus Oberfläche übereinstimmen
Inhaltsverzeichnis	Ja	Links		
Suche Selektierfunktion Eingrenzungsmög-lichkeiten	Ja	Verbirgt sich im Dialog (Schalt-fläche Index)		Liste muss mit Terminologie aus Index und Inhaltsverzeich-nis übereinstim-men
Volltextsuche Assistent/Antwort-Assistent Natürliche Sprache	Nein			
Einbindung in übergeordnetes Hilfesystem	Ja	Betriebs-system		System- und Hilfetermini stimmen nicht überein
Ausgabebereich				
Startseite und Ein-gabeseite	Ja	Inhalt	Navigations-knoten zu Langtexten, Startseiten-liste	
Navigation	Paging	Über Links	Zurück und Back-Button	
Knotenebenen	Ja	Über-sichts-struktur vorhanden	Orientie-rungsproble-matik	Orientierung nur über Zurück-Funktion mög-lich

Abb. 4.1.2 Muster Globalstrukturschema

Schritt 2

Im zweiten Schritt gewinnt der Übersetzer einen Überblick über die Knotenstruktur, die einzelnen Knotenfenster, Annotationen[17] (die so genannten Popup-Fenster, Anmerkungsfenster innerhalb eines Knotens, die eine Definition oder Anmerkungen zu Elementen des aktuell angezeigten Knotens geben) und die Knotenreihung (die vom Autor durch den Hypertext als Nutzerpfade gelegte Leserführung durch Links und Verknüpfungen). Dabei verfolgt er anhand eines übergeordneten Knotens die Struktur durch den Hypertext und betrachtet die Knotentiefe (Anzahl der zu einem Hauptknoten gehörenden Unterknoten) und Breite (Nebengeordnete Knoten auf gleicher Knotenebene auf die verwiesen wird). Je nach Art der Verknüpfung lässt der Knoten erkennen von welchen anderen Knoten Verknüpfungen zu ihm führen oder nicht – oder zu welchem anderen Knoten man von ihm aus gelangen kann. Rückwärtsgehende Schritte werden meist mit der Backtrackingfunktion realisiert, sie gilt allerdings nur für bereits aufgerufene Seiten. Für den Übersetzer ist es wichtig zu sehen welche Ausgangs- und Zielpunkte (auch als Anker bezeichnet) die Knoten haben und wo sich diese befinden. Des Weiteren ist interessant, ob eine Verknüpfung auf einen gesamten Knoten verweist oder direkt in den Knoten hinein. Auf der Hierarchieebene ist es für den Übersetzer wichtig zu sehen, wie viel untergeordnete Knoten ein übergeordneter Hierarchieknoten hat und wie dieser in Layout und Design gestaltet ist. Dies gilt besonders für die Größe der Knoten und Aussehen der Knotentitel, Knotenüberschriften, Knoteninhalte und für die Verteilung von Fließtext, Listen, Bullets, die Verteilung und Einbettung von Grafiken und Bildern und anderen Arten von Animationen, speziell auch für Links und Linklisten und da besonders für die farbliche Realisierung und deren Konsistenz.

Darüber hinaus sind wiederkehrende Phänomene wie 'Siehe auch'-Listen[18] für den Übersetzer als Schemamerkmale relevant. Unterschiedliche Knoten und Knotenebenen können z.B. Definitionen, Inhaltsübersichten, anleitende oder beschreibende Texte enthalten. Für den Übersetzer ist es sinnvoll deren Muster (erkennbar z.B. an sprachlichen Erkennungsmerkmalen und farblicher oder layouterischer Gestaltung) zu überprüfen und im Knotenstrukturschema festzuhalten. Das Knotenstruktur-

---

[17] Annotationen sind für die Übersetzung schwierig, da sie in einigen Systemen mit dem jeweiligen Knoten abgespeichert sind und nur von diesem aus geöffnet werden können. Sie sind dann meist kohäsiv mit dem Knoten verbunden, in anderen Systemen haben sie einen gemeinsamen Speicherplatz mit anderen Annotationen und damit Glossarfunktion. Dies zu erkennen/zu wissen ist für die Übersetzung wichtig.

[18] Besonders bei der rechnergestützter Übersetzung.

schema wird nach dem gleichen Ordnungsprinzip aufgebaut wie das Globalstrukturschema und erleichtert den Zugang zu Übersetzungsentscheidungen. Ein Beispiel:

> In einer hierarchisch strukturierten Hilfe enthält das Inhaltsverzeichnis einen Unterpunkt "Makro erstellen". Der erste Unterknoten trägt den Titel "Erstellen eines Makros", in diesem Knoten wird erklärt, welcher Sinn hinter der Erstellung von Makros liegt und wie diese dem Nutzer dienen können. Der dritte Unterknoten trägt dann den Titel "Wie man ein Makro erstellt". Hier folgt eine stichpunktartige Anleitung über die Vorgehensweise.

Ein Übersetzer, der sich der Knotenebenen bewusst ist wird auch bei maschinengestützter Übersetzung mit Leichtigkeit unterscheiden können auf welcher Knotenebene er sich im Gesamtgefüge befindet, wenn er die Abfolgestruktur der Knoten kennt. Entsprechend wird er den Zieltext formulieren und auch in anderen Knoten die Struktur und ggf. Strukturbrüche erkennen und entsprechend handeln und so Kohärenz und Konsistenz im Zieltext erhalten können. Die Abbildung zeigt ein Muster für ein Knotenstrukturschema mit einer Aufteilung in Hierarchieebenen und Layoutstruktur.

Knotenstruk-turschema	Vor-handen	Darstellungs-form	Anmerkungen	Berücksichtigen Übersetzung
Hierarchie-ebenen				
Hauptknoten	Ja	Inhalt	Kopf mit Titel	Identisch mit Inhalt
Überblicks-knoten	Nein			
Teilknoten	Ja	Durch Link		Teilweise Lang-texte, Bilder und Pop-Ups
Strechtext		Scrollen		
Layoutstruktur				
Gleich über alle Knoten	Nein	Nur Kopf,	keine Über-schrift	
Ähnliche Knoten formal gleich darge-stellt		Keine identi-sche Struktur der einzelnen Knoten		

Abb. 4.1.3: Muster Knotenstrukturschema

Schritt 3

Beim dritten Schritt der makrostrukturellen Betrachtung verschafft sich der Übersetzer einen Überblick über die Verknüpfungsprinzipien des Hypertextes, löst die Identifikationsproblematik und damit die Frage, welches

Phänomen im Knoten einen Link darstellt und welches nicht und klärt die Gattungs-, und Ankerproblematik. Besonders kritisch sind hier externe Links, denen meist nicht anzusehen ist, dass sie aus dem Hypertext hinausführen und welcher Art das Zieldokument ist. Im Schritt 3 wird exemplarisch ein Knoten der Hierarchie auf alle seine Links und Verknüpfungen hin untersucht und diese werden im Verknüpfungsstrukturschema[19] aufgelistet und gruppiert, mehrfach vorkommende werden gestrichen. Dabei wird in referentielle und typisierte Verknüpfungen, intra-, inter- und extrahypertextuelle Verknüpfungen, und globale und lokale Verknüpfungen unterschieden und vor allem die farbliche Realisierung und deren Konsistenz werden festgehalten. Als Übertragungsergebnis gibt das Linkstrukturschema einen Überblick über die verwendeten Linkarten, ihre Ziele und die Linkkonventionen in und zwischen den Knoten. Vor allem das Setzen von Links ist bei der Übersetzung schwierig, da bei Verwendung rechnergestützter Übersetzung häufig Linktags im Zieltext versetzt, Einwort-Links durch Komposita oder Substantiv-Adjektiv-Konstruktionen ersetzt werden müssen und der Link dennoch auf oder in den entsprechenden Zieltextknoten verweisen muss – ohne dass der Übersetzer genau weiß, welche Informationen im Zieltextknoten stehen und auf was genau "gezielt" wird. Hier dient das Verknüpfungsstrukturschema dem Übersetzer dazu die Übersicht über die Links zu behalten und die Tags den Zieltextkonventionen anpassen zu können. Die folgende Abbildung zeigt beispielhaft ein Verknüpfungsstrukturschema. Auch diese Darstellung ist in Breite und Tiefe offen und kann den Anforderungen der Hypertextsysteme entsprechend erweitert werden.

---

[19] Beim Verknüpfungsstrukturschema trägt die aus den anderen Schemata bereits bekannte Spalte Darreichungsform den Titel Realisierungsform.

Verknüpfungs- strukturschema	Vor- handen	Realisierungs- form	Anmerkungen	Berücksichti- gen Übersetzung
Linkarten				
Referentielle Typisierte Inter-Links Intra-Links Extra-Links Global/Lokal Links	Ja	Verschiedene Linkfarben Externer Link in Intra-Farbe	Siehe Checkliste	Termini der Links müssen nicht zwin- gend mit Oberflächen- termini über- einstimmen
Themenlinks	Ja	Unterstrei- chung in Linkfarbe (blau)	Führt zum Thema, Link- name ist iden- tisch mit Über- schrift des Knotens	Termini der Links müssen mit Oberflä- chentermini übereinstim- men
Unterstreichun- gen, die keine Linkfunktion haben	Ja	Unterstrei- chung in Schriftfarbe	Kritisch wg. Verwechslungs- gefahr	Unterstrei- chungs-Tags und Link-Tags unterscheiden
Gepunktete Unterstrei- chung	Ja	Unterstrei- chung in Link- farbe	Enthält Pop-Up- Text oder Pop- Up	Inkonsistente Verwendung aufheben
Unterstützende Navigation				
Schaltfläche 'Zurück', 'Dop- pelpfeil-Zu- rück', 'Dop- pelpfleil-Vor'	Ja	Leiste	Navigiert ent- lang der In- haltsstruktur	Chronologie- verfolgung entlang der Pfeile

Abb. 4.1.4 Muster: Verknüpfungsstrukturschema

Schritt 4

Im Schritt 4 werden die Ergebnisse aus dem Knotenstrukturschema und dem Verknüpfungsstrukturschema (die Zwischenergebnisse aus Schritt 2 und 3) an einem oder wahlweise mehreren oder allen anderen Knoten entlang geführt. Beim Entlangführen an mehreren Knoten können zusätz- liche Ergebnisse oder Abweichungen vom verwendeten 'Musterknoten' aus Schritt 3 in die Schemata ergänzt werden. Einzelphänomene können dabei hervorgehoben oder gesondert aufgeführt werden. Schritt 4 kann bei fachpraktischer Notwendigkeit (Zeit und Relevanzfaktor) entfallen. Der empirische Anspruch an die Vollständigkeit und Lückenlosigkeit des Analysevorgangs der Systemstrukturanalyse wird mit Schritt 4 erfüllt.

4.2 Mikrostrukturelle Betrachtung

Die oben dargestellte makrostrukturelle Betrachtungsweise ist neu und explizit der Textsorte Online-Hilfen angepasst, um dem sich in den Vordergrund drängenden Trägermedium Datenbankstruktur auch mit einer holistischen Betrachtung gerecht zu werden. Die Betrachtung erfasst die textuelle Dimension auf der Texterschließungsebene und damit die Inhalts- und Informationsebene des Textes. In der *mikrostrukturellen* Betrachtung sind die makro- und die mikrotextuelle Analyse enthalten. Auf dieser Ebene sind die Erschließung der Informationsbasis und die Erschließung des semantisch-textuellen Netzwerks möglich. Dabei schließen sich Inhaltsstrukturierung und Navigation nicht aus, sondern ergänzen sich. Von besonderem Interesse sind bei der mikrostrukturellen Betrachtung die Granularität (Haupt- und Teilthemen, nebengeordnete Themenstränge und deren sprachliche Ausgestaltung (auch Kohärenz) und die Pfadproblematik, hier besonders das Zusammenspiel der sprachlichen Informationsinhalte (Textsegmente) mit den Funktionskomponenten (Knoten, Verweise), die die Repräsentationspfade und die Verständlichkeits- und Kohärenzdimension bestimmen. Ferner sind der textsortenspezifisch abweichende Schreib- und Leseweg und die Realisierung von Diskrepanzen (z.B. kulturelle Abweichungen) interessant. Die im Folgenden kurz skizzierten Schritte der makro- und mikrotextuellen Analyse sind für übersetzerische Untersuchungen des Ausgangstextes inzwischen gängiger Standard und bedürfen kaum näherer Erläuterung

Schritt 1 (Makrotextuelle Analyse)

Die makrotextuelle Analyse umfasst die Strukturierungsprinzipien auf der Textebene und beschäftigt sich vor der Folie intuitiver Erkennbarkeit mit der Informationssequenzierung, den Textsortenkonventionen, der Lexik, Semantik, Syntax, der Textgestalt, kulturspezifischen Aspekten und der Textkohärenz. Letztere bleibt – da zwar lokale Kohärenz über eine oder mehrere Knotenebenen zu erhalten in Hypertexten kein Problem ist – globale Kohärenz (und deren Darstellung für Hypertexte) aber bisher zur Krux von Hypertextübersetzungen gehört, gleichermaßen ein Übersetzungs- und Analyseproblem.

Schritt 2 (Mikrotextuelle Analyse)

Die mikrotextuelle Analyse umfasst die Realisierungsprinzipien auf der Textebene und beschäftigt sich mit den Termini, fachsprachlichen Ausdrücken und dem Fachlichkeitsgrad der Textsegmente, der terminologischen Konsistenz, sprachlichen Konventionen der Zielsprache, kulturellen Aspekten und der thematischen Progression – um nur einige zu nennen

5 Weiterführung des Ansatzes

Nach Abschluss der makrostrukturellen Analyse – dem holistischen Erfassen des Ausgangsmaterials durch die vier Analyseschritte und das Erfassen des Materials in den drei Schemata – ist das Analysedesign in weitere Richtungen methodisch-theoretisch, fachpraktisch und didaktisch offen.

5.1 Methodisch-theoretische Weiterführung

Die Ergebnisse aus Schritt 1 des makrostrukturellen Ansatzes lassen sich verwenden, um übersetzungswissenschaftlich in weiteren regelgeleiteten Schrittfolgen z.B. nach Gerzymisch-Arbogast und Mudersbach (Gerzymisch-Arbogast & Mudersbach 1998:90ff.) den Ansatz der Holons und Holeme zu verfolgen. Die makro- und mikrotextuelle Analyse kann sich auf die aus den Schritten 2-4 gewonnen Aspekte stützen und von hier kann damit aspektral z.B. weiter nach Gerzymisch-Arbogast und Mudersbach (Gerzymisch-Arbogast & Mudersbach 1998:96ff.) gearbeitet werden. Die kohärenzstiftenden Funktionen von identifizierten Hyperlinks lassen sich, wie die Dissertation von Hendrich (2003:57ff.) anschaulich belegt, in Modellen der Textverarbeitungen untersuchen. Weiterhin birgt die Kenntnis der Textmuster und zugrunde liegender Strukturen m.E. Erkenntnisse als Grundlage für empirische Textproduktionsmodelle.

5.2 Fachpraktische Weiterführung

Für die Fachpraxis ergeben die Erkenntnisse aus den Schemata beispielsweise eine Grundlage für die Erstellung von Style-Guides für die Bewältigung der Übersetzungsaufgaben im Transferprozess. Besonders in automatisierten Prozessen ist die Kenntnis der Regelmäßigkeiten, Typizitäten, Charakteristika, Konventionen und Mustern von großem Interesse. Besonders, wenn nicht alle Übersetzer die beschriebene Analysemethode durchführen, sondern sich nach Anweisungen für die Übersetzung (die sich aus der methodischen Betrachtung ergeben hat), z.B. nach Strukturierungs-, Formatierungs- und Benennungsrichtlinien u.Ä. richten müssen. Entwickelt man den Style-Guide Gedanken weiter, ergeben sich für die Qualitätssicherung der Hypertextübersetzung aus den Zwischenschritten Usability-Checklisten, deren Berücksichtigung bei einem finalen Software-Testing der Übersetzung (realisiert auf der Ebene des Systems und unter

Verwendung aller Benutzerkomponenten) für einen Äquivalenzabgleich relevant erscheint. Kenntnisse über vorhandene Strukturierungsmuster (die automatisch auch auf einen Vergleich verschiedener Herstellervarianten hinauslaufen und Vor- und Nachteile aufzeigen können), treiben ferner auch indirekt die Entwicklung von Erstellungstools für Online-Hilfen voran.

5.3 Didaktische Weiterführung

Aus didaktischer Sicht ermöglicht die Systemstrukturanalyse einen textmusterorientierten und holistischen Zugang zu Hypertexten, der Verstehensprozesse der in der Ausbildung befindlicher Übersetzer und Diskussionen über die Relevanz von Textmusterwissen anregen und ein Übungsfeld für die Gewöhnung an den Umgang mit diesen Textsorten bieten kann. Gleichzeitig fördert das Analyseinstrumentarium einen theoriegeleiteten Zugang zur Übersetzungstätigkeit bei Hypertextübersetzungen.

Didaktisch ist m.E. darüber hinaus beachtenswert, dass man sich bei der Ausbildung von Softwarelokalisierern bisher fast ausschließlich mit den Komponenten der Benutzeroberfläche beschäftigt, sich auf den die Oberflächengestaltung, den Programmablauf, die Arbeitsprozesse und Tools konzentriert und die Kenntnis von Klassifikationen, Ordnungssystemen und -strukturen und deren systematischen Auftreten in der Fachtextsorte Online-Hilfen wenig oder kaum in die Ausbildungen einfließen. Systemanalyse kann hier als ein didaktisch-methodisches Instrument eingesetzt werden.

6 Literatur

Croft, Bruce, W. & Turtle, Howard R. (1989): "A retrieval model incorporating hypertext links". In: Halasz, Frank & Meyrowitz, Norman. (eds.) (1989): *Proceedings of Hypertext '89*. Pittsburgh: ACM. 213-224.

Crouch, Donald B. & Crouch, Carolyn J. & Andreas, Glenn (1989): "The use of cluster hierarchies in hypertext information retrieval". In: Halasz, Frank & Meyrowitz Norman (eds.) (1989): *Proceedings of Hypertext '89*. Pittsburgh: ACM. 225-238.

Foltz, Peter W. (1996) "Comprehension, Coherence, and Strategies in Hypertext and Linear Text". In: Rouet, Jean-François & Levonen, Jarmo, J. & Dillon, Andrew & Spiro, Rand J. (eds.) (1996): *Hypertext and Cognition*. Mahwah, NJ: Lawrence Erlbaum Associates. 109-136.

Forst, Annelyse (1996): "Online-Dokumentation". In: Krings, Hans P. (Hrsg.) (1996): *Wissenschaftliche Grundlagen der Technischen Kommunikation*. Tübingen: Narr. (= Forum für Fachsprachen-Forschung. 32). 433-475.

Gerzymisch-Arbogast, Heidrun & Mudersbach, Klaus (1998): *Methoden des wissenschaftlichen Übersetzens*. Tübingen – Basel: Francke. (= UTB. 1990).

Göpferich, Susanne (1998): *Interkulturelles Technical Writing. Fachliches adressatengerecht vermitteln. Ein Lehr- und Arbeitsbuch*. Tübingen: Narr. (= Forum für Fachsprachen-Forschung. 40).

Hardman, Lynda & Sharrat, Brian S. (1989): "User-centered hypertext design. The application of HCI design principles and guidelines". In: McAlleese, Ray & Green, Catherine (eds.) (1989): *Proceedings of State of the Art Hypertext 2*. York: Blackwell Scientific Publications. 252-259.

Hendrich, Andreas (2003): *Spurenlesen – Hyperlinks als kohärenzbildendes Element in Hypertext*. Inaugural-Dissertation. München: Ludwig-Maximilians-Universität.

Jakobs, Eva-Maria (2004): "Hypertextsorten". In: *Deutsche Sprache im Internet und in den neuen Medien*. (Zeitschrift für germanistische Linguistik. 31). 232-252.

Kuhlen, Rainer (1991): *Nicht-lineare Strukturen in Hypertexten*. Schömberg: Haessler Software.

Landauer, Thomas & Egan, Dennis & Remde, Joel & Lesk, Michael & Lochbaum Carol & Ketchum Daniel (1993): "Enhancing the usability of text through computer delivery and formative evaluation: The SuperBook project". In: McKnight, Cliff & Dillon, Andrew & Richardson John (eds.) (1993): *Hypertext. A psychological perspective*. New York: E. Horwood.

Lewis, Clayton & Polson, Peter G. (1990): "Theory-based design for easily learned interfaces". In: Moran, Thomas, P. (ed) (1990): *Human Computer Interaction*. Vol.5. Mahwak, NJ: Lawrence Erlbaum. 191-220.

Nielsen, Jakob (1990): *Hypertext and Hypermedia*. San Diego: Academic Press.

Rothkegel, Annely (1992): "Textstruktur und Computermodelle der Textgenerierung". In: Krings, Hans P. & Antos, Gerd (Hrsg.) (1992): *Textproduktion. Neue Wege der Forschung*. Trier: Wissenschaftlicher Verlag. 339-354.

— (1997): "Textproduktion mit Hypertext". In: Knorr, Dagmar & Jakobs, Eva-Maria (Hrsg.) (1997): *Textproduktion in elektronischen Umgebungen*. Frankfurt a.M. u.a.: Lang. 191-203.

— (1998): "Präsentation und Repräsentation in Hypermedia". In: Strohner, Hans & Sichelschmidt, Lorenz & Hielscher, Martina (Hrsg.) (1998): *Medium Sprache*. (= Forum angewandte Linguistik. 34). Frankfurt am Main u.a.: Lang. 79-89.

Schubert, Klaus (2003): "Jigsaw Translation". In: Gerzymisch-Arbogast, Heidrun & Hajičová, Eva & Sgall, Petr & Jettmarová, Zuzana & Rothkegel, Annely & Rothfuß-Bastian, Dorothee (Hrsg.) (2003): *Textologie und Translation*. Tübingen: Narr. (= Jahrbuch Übersetzen und Dolmetschen. 4/II). 295-305.

Spiro, Rand J. & Jehng, Jihn-Chang (1990): "Cognitive flexibility and hypertext: Theory and technology for the nonlinear and multidimensional traversal of complex subject matter". In: Nix, Don & Spiro, Rand J. (eds.) (1990): *Cognition, education and multimedia: Exploring ideas in high technology*. Hillsdale, NJ: Lawrence Erlbaum Associates.

Storrer, Angelika (1999): "Was ist eigentlich eine Homepage? Neue Formen der Wissensorganisation im World Wide Web". In: *Sprachreport* 1, 2-8.

— (2000): "Was ist 'hyper' am Hypertext?". In: Kallmeyer, Werner (Hrsg.) (2000): *Sprache und neue Medien*. Berlin –New York: de Gruyter. 222-249.

— (2003): "Kohärenz in Hypertexten". In: *Deutsche Sprache in Gegenwart und Geschichte*. Berlin – New York: de Gruyter. (Zeitschrift für germanistische Linguistik. 31 [2]). 274-292.

Villiger, Claudia (2002): *Vom Paragraph zum Hypertext – Strategien der globalen Textorganisation in Online-Hilfetexten der Softwaredokumentation*. Göttingen: Culliver.

Jean-René Ladmiral   (Paris)

Littera enim occidit, Spiritus autem vivificat

1   Prolégomènes

1.1   L'échéance du plurilinguisme

Si j'ai fait ici le choix d'un titre en latin, ce n'était pas tant une coquetterie antiquisante de ma part que pour ménager un 'suspense' quant à la langue que j'allais parler lors de mon exposé à Sarrebruck le 6 mai 2004; et, de fait, je me suis plu à maintenir cette incertitude quelques instants en commençant par un *incipit* en allemand, y annonçant que ce serait dans ma propre langue, à savoir le français – ou, pour reprendre une formule plaisante de Jörn Albrecht, *eine Form des im heutigen Gallien gesprochenen Vulgärlateins.* Il m'est apparu que c'était bien le moins que je pouvais faire dans le cadre d'une *EU High Level Scientific Conference Series "Text and Translation".* N'étais-je pas en effet le seul à user d'une langue européenne faisant exception au *condominium* bilingue de l'anglais et de l'allemand qui a régné sur le colloque? Au reste, c'était aussi pour moi la condition nécessaire d'une 'improvisation' aisée, communicationnellement plus efficace à mes yeux que le rite dominant qui veut que, comme je m'amuse à le dire (en m'inspirant de Jandl), *man reads sein Paper vor sich hin*, et qu'à titre personnel j'insupporte chez les autres. Cela dit, au-delà de l'anecdote circonstancielle du moment, il y a là plus profondément un enjeu non seulement politique et culturel, mais encore traductologique et professionnel.

Ce qu'il peut y avoir d''européen' dans nos affaires, c'est d'abord bien sûr la pluralité des langues, dont il revient à la traduction de relever le défi.

Pour citer un grand écrivain (qui a aussi fait de la politique …): est-ce que Dante, Goethe et Chateaubriand auraient beaucoup servi l'Europe s'ils n'avaient pas écrit leurs œuvres respectivement en italien, en allemand et en français? Et s'ils avaient 'communiqué' en ayant recours à je ne sais quel *volapük* intégré! Il convenait d'œuvrer dans le sens de la diversité linguistique. Faute de quoi ne glisse-t-on pas insensiblement vers l'arasement culturel du tout-anglais? Et ne voit-on pas se profiler le spectre d'un incendie linguistique généralisé de la planète? Au terme d'un bilinguisme 'anglo-X', où X désigne nos différentes langues maternelles progressivement ravalées au rang de patois du quotidien, que ne viendraient rehausser qu'incidemment les scintillantes frivolités résiduelles de la littérature. J'aime trop l'allemand par exemple (presqu'autant que le français) pour m'y résoudre.

Dans une perspective plus limitée, mais qui nous touche plus immédiatement, c'est la traduction elle-même qui s'en trouverait, à plus ou moins brève échéance, remise en cause; puisqu'aussi bien tout le monde finirait par communiquer en anglais directement (c'est déjà quasiment le cas dans les sciences 'dures'). Du coup, la formation des traducteurs, dont pour la plupart nous assumons la tâche, deviendrait sans objet; et surtout, ce qui est sans doute plus grave, nos étudiants n'auraient plus de débouchés professionnels. Quant aux traductologues, ils deviendraient les archéologues d'une activité devenue marginale et dont le passé archivé leur fournirait les *corpus* que prendront pour objet leurs recherches. – On dira que je noircis le tableau. Certes, mais il est à peine exagéré. Sans développer plus avant ce point ici (cf. Ladmiral 2003:69-73), je dirai que c'est une possibilité.

1.2 Remarque épistémologique

Par ailleurs, comme on sait, le pluralisme des langues va aussi de pair avec une certaine diversité des cultures, y compris en Europe. Et le moindre paradoxe n'est pas que ces clivages culturels (et linguistiques) traversent les sciences humaines elles-mêmes et contribuent à en surdéterminer la discursivité jusqu'au niveau des contenus: à quoi la traductologie, qui nous occupe ici, ne fait bien sûr pas exception. Ainsi, par exemple, s'agissant de la traductologie de langue allemande (*Übersetzungswissenschaft*), qui a eu un rôle pionnier tant historiquement que par l'ampleur des recherches qui s'y sont développées (et à laquelle je dois personnellement beaucoup pour ma propre formation), on pourra s'étonner que, d'une façon générale, elle ait tendanciellement tourné le dos à l'héritage néo-kantien d'une dichotomie 'épistémologique' (*erkenntnis- und wissenschaftstheoretisch*) qui, au sein de la tradition philosophique allemande, avait permis très tôt de thématiser la spécificité des sciences humaines (*Geisteswissenschaften*). Au lieu de cela, elle m'apparaît par marquée par certaines spécificités qui, à mon sens, en marquent aussi les limites et que j'ai retrouvées globalement confirmées dans le cadre de notre *Euro-Konferenz* de Sarrebruck. Je me contenterai ici d'évoquer deux d'entre elles, très rapidement.

D'abord: la tendance est encore très largement à privilégier l'approche *linguistique* en traductologie et à faire de cette dernière une Linguistique Appliquée – les concepts *Übersetzungswissenschaft* et *Angewandte Sprachwissenschaft* tendant à constituer le couple d'une synecdoque synonymique, alors que ce n'est pas le cas en français, ni même dans le monde anglo-saxon. Mais, dès lors, ne s'enferme-t-on pas là dans le cadre d'une approche *contrastiviste* qui s'en tiendra à l'étude d'un 'bi-texte', c'est-à-dire à l'analyse comparative d'un texte-source original (To) et du texte-cible de sa traduction (Tt), voire de ses traductions (Tt, Tt', Tt'', Tt'''…). On se sera situé d'emblée *a posteriori*, c'est-à dire 'en aval' de l'activité de traduire dont procède le texte-cible. Quantitativement, cela reste l'essentiel de la littérature traductologique – que je subsume sous la catégorie de ce que j'appelé la *traductologie descriptive* et dont j'ai cru devoir faire la critique en n'y voyant que la traductologie 'd'hier' (Ladmiral 1988a; 1999b). Au lieu de cela, l'essentiel à mes yeux se situe 'en amont': il s'agit de prendre en compte l'activité traduisante elle-même et d'anticiper la production du texte-cible d'une traduction. C'est à quoi je me suis attaché, en dégageant un certain nombre de *théorèmes* qui relèvent de ce que j'appelle la *traductologie productive* (Ladmiral 1988a; 1999b; 2002a), définissant les 'traductologues' (en un sens restreint) par opposition aux 'contrastivistes'.

Plus fondamentalement, à un niveau proprement épistémologique (*Gundlagenforschung*), il m'apparaît que la traductologie de langue allemande est pour ainsi dire hantée par la tentation du *positivisme*, dans le type même de scientificité à laquelle tendent la plupart des recherches qu'elle rassemble. Pour aller vite, je me contenterai de renvoyer à la Querelle du positivisme qui, il y a quelque quarante ans déjà, avait agité les sciences sociales en Allemagne et mettait à l'ordre du jour une problématique qui a gardé une bonne part de sa pertinence (cf. Adorno u.a. 1970). Il y aura lieu d'y revenir *mutatis mutandis* dans le contexte des sciences du langage et, plus spécifiquement, de la traductologie; d'autant que cette question du positivisme revêt maintenant une actualité renouvelée avec l'importance qu'ont prise récemment les sciences cognitives. Mais, pour l'heure, je m'en tiendrai à cette remarque programmatique, qui fera l'objet d'une prochaine étude, dans le prolongement de recherches antérieures (cf. Ladmiral 1971; 1986b).

Au reste, les deux sont plus ou moins liés: le privilège accordé à la linguistique débouche tout naturellement sur la logique du positivisme, au moins dans l'esprit de ce qui a été la méthodologie de ce je me plais à appeler la *linguistique de naguère*. Comme je l'ai indiqué, c'est le cas dans le champ de la traductologie de langue allemande, mais pas seulement. Il en est allé de même, par exemple, aux temps encore récents du structuralisme parisien, où la linguistique se voyait reconnaître la position dominante de science rectrice au sein des sciences humaines, adossée à l'héritage de l'épistémologie de Gaston Bachelard que venait surdéterminer une critique des idéologies (*Ideologiekritik*) plus ou moins explicitement inspirée des travaux du marxiste Louis Althusser (cf. Ladmiral 1991b:31-32). C'est en partie en réaction à cet état de choses que j'ai développé mes propres travaux en théorie de la traduction, à la fois par en haut et par en bas pour ainsi dire. Par 'en haut', à un niveau qu'on pourra dire méta-théorique, j'entends apporter là le contrepoint d'une réflexivité d'ordre philosophique au positivisme de la scientificité restrictivement linguistique revendiquée en traductologie (cf. Ladmiral 1999b:39-42). Il s'avère en effet que la traduction recèle des enjeux fondamentaux qui vont bien plus loin que le niveau subalterne des tâches ancillaires où communément on la commet (cf. *inf.*).

C'est du même coup une façon de rappeler qu'il y aura lieu aussi de réinscrire la traductologie dans la perspective diachronique d'une histoire des idées qui remonte à des temps déjà très anciens, au-delà d'une recherche de positivité qui s'en tient au temps court de la linguistique synchronique. C'est ce vers quoi fait signe (comme dirait Heidegger) le fait que j'ai donné à la présente étude un titre en latin – qui, on l'aura reconnu, n'est autre qu'une citation fameuse de la Seconde *Épitre aux Corinthiens* de Saint Paul (II. *Cor.*, 3, 6).

Par ailleurs, mon projet traductologique est aussi en réaction par rapport à un certain positivisme linguistique par 'en bas', au sens où j'entends me placer de plain-pied au niveau de la pratique traduisante elle-même, la médiation des conceptualisations 'scientifiques' (linguistiques et traductologiques) n'ayant pour fonction que d'y conduire et de l'éclairer au niveau propre qui est le sien (Ladmiral 1988a:41-44). – Paradoxalement, d'ailleurs, l'opposition entre ces deux niveaux est moins grande qu'il n'y semble: je prétends que la méta-théorie épistémologique a des implications directes au plan de la pratique du traducteur. Dans un ordre d'idées analogue, j'irai jusqu'à dire que la traduction philosophique elle-même pourra avoir sa place, très limitée bien sûr, dans le cadre de la formation des traducteurs professionnels (Ladmiral 1983).

1.3 Sourciers et ciblistes

Voilà un intertitre qui aurait pu servir de titre pour l'ensemble de ce texte, s'il n'avait pas été celui d'une étude précédente dans le prolongement de laquelle s'inscrit la présente (Ladmiral 1986a) et, surtout, si je n'avais pas préféré emprunter ici mon intitulé à Saint Paul (dans le latin de Saint Jérôme). "La Lettre tue […], mais l'Esprit vivifie": cet axiome paullinien que j'ai ainsi mis en exergue ne traite pas directement de la traduction (*stricto sensu*); encore que, s'agissant du Texte sacré, on n'en est quand même pas très loin (cf. *inf.*). Dans le même esprit, je tiens que la problématique théologique de la *receptio* est au fondement même de la théorie de la traduction, dont il m'est apparu (comme à Walter Benjamin par exemple) qu'elle débouchait plus généralement sur des horizons théologiques (cf. *inf.*). Quant à l'opposition (proprement 'canonique') entre la Lettre et l'Esprit, elle pourra prendre place dans une longue liste de ces 'couples célèbres' qui scande la problématique du littéralisme en traduction dans le cours de l'histoire occidentale (cf. Ladmiral 2004b:16-18). Sans chercher à être exhaustif, on pourra évoquer quelques-unes de ces alternatives dichotomiques: outre la Lettre *vs.* l'Esprit, traduire comme un simple traducteur (*ut interpres*) *vs.* (*ut orator*) traduire comme un écrivain (Cicéron), les 'verres colorés' *vs.* les 'verres transparents' (Mounin), *formal-equivalence vs. dynamic equivalence* (Nida), traduire du côté de l'auteur *vs.* traduire du côté du lecteur (de Schleiermacher à Bernard Lortholary), etc. – et *last but not least* mes 'sourciers' *vs.* mes 'ciblistes'.

De tout cela, il ne pourra bien sûr pas être traité en détail ici. Si je n'ai pas cru inutile de reprendre la question immémoriale du littéralisme en traduction et si je me suis permis d'ajouter encore deux items néologiques au lexique des sciences humaines, déjà pléthorique et largement redondant, au risque d'y accroître la confusion en contribuant à la multiplication des terminologies, c'est que les concepts de *sourcier* et *cibliste* offraient l'occasion d'une remise en ordre synthétique, distinguant *trois instances* spécifiques et complémentaires qui traversent cette polarité dichotomique et sont elles-mêmes opposées deux à deux. D'un côté, il y aura les sourciers qui tendent à 'fétichiser' le signifiant; ils focalisent la traduction sur la question des langues qu'elle met en présence; et c'est la langue-source qu'ils privilégient (Lo). C'est-à-dire qu'ils mettent l'accent sur les trois instances suivantes: *signifiant, langue-* et *-source*. D'un autre côté, on aura les ciblistes qui mettent l'accent sur trois instances opposées:

(a)   non pas le signifiant, ni même le signifié, mais le *sens* du message et, plus précisément, l'effet qu'il induit;

(b)   non pas la langue, mais la *parole* (au sens saussurien du terme), le message, le discours ou le texte, disons même: l'*Œuvre* qu'il s'agit de traduire;

(c)   et dès lors, l'enjeu de la traduction est bel et bien la mise en œuvre des moyens propres à la langue-*cible* (Lt).

Ce couple de concepts a connu dans les milieux de la traduction une fortune que je n'osais pas espérer, se retrouvant au centre de controverses académiques, et même évoqué dans certains médias. Cela tient d'abord bien sûr à l'importance du débat en lui-même et à ses enjeux qui vont au-delà des seuls problèmes de la traduction (cf. *inf.*). Sans doute aussi ces concepts font-ils image, même si les signifiants terminologiques dont j'ai proposé de les étiqueter ne désignent les trois instances visées que par métonymie ou par synecdoque (cf. Delisle & Lee-Jahnke & Cormier 1999).

1.4 Scripta ... volant

Il y a une profondeur historique de la problématique déjà très ancienne dont il est traité ici, tant dans la littérature que dans l'histoire des idées, et elle traverse les débats contemporains touchant la traduction en linguistique et en traductologie. Ainsi y avait-il matière à multiplier indéfiniment les *références bibliographiques* (cf. *inf.*). C'est ce que j'ai évité de faire, mon propos n'étant pas de faire œuvre d'érudition mais de contribuer à apporter un éclairage traductologique sur la pratique traduisante. Je me suis donc limité à très peu de chose et je me suis même dispensé de l'obligation implicite de citer des publications récentes.

En revanche, je ne me suis pas interdit de citer un certain nombre de mes propres travaux – me conformant en cela à un usage de plus en plus répandu dans les publications en sciences humaines, et qu'on peut trouver agaçant. La présente étude s'inscrit en effet dans le cadre d'une réflexion d'ensemble, dont c'était l'occasion (en y marquant certains points de contact) de faire apparaître la cohérence, qui est celle d'un livre à paraître prochainement. C'était aussi une façon d'alléger cette même étude, compte tenu des limites imparties. Et puis, je suis quant à moi reconnaissant aux auteurs que je lis quand ils me fournissent des indications de cette nature, qui me permettent d'approfondir tel ou tel point. Enfin, ce m'a été souvent l'occasion de mentionner quelques numéros spéciaux de revues et autres publications collectives consacrés au thèmes abordés qu'autrement, peut-être, le lecteur eût ignorés – et ce, d'autant que les clivages plurilingues et interculturels qui nous traversent partagent les sciences humaines elles-mêmes (cf. *sup.*) et y instaurent une ignorance réciproque, heureusement partielle, en sorte qu'il ne m'a pas paru inutile d'indiquer ainsi (par 'carottage') quelques éléments relevant de la traductologie de langue française, voire d'ailleurs en Europe [...].

2 "Littera enim occidit ..."

2.1 L'ontologie du signifiant

Les 'sourciers' mettent l'accent sur le *signifiant*. On peut en voir l'illustration dans ce que le Père Briend a appelé le *principe d'équivalence*, pour en faire justement la critique (Briend 1998:120-122). Sans doute parlerions-nous plus volontiers, en linguistes, de 'concordance biunivoque' (encore que l'idée soit un peu différente). Le principe d'équivalence, c'est l'idée qu'un terme du texte-source devra toujours être traduit de la même façon dans le texte-cible, par le même terme-cible. C'est une idée très forte, qui semble de bon sens; mais c'est une idée fausse! C'est l'illusion qu'il va s'opérer une sorte de transsubstantiation miraculeuse du signifiant, transcendant la finitude idiomatique et contingente des langues, comme si une fantasmatique télécommande biblique permettrait d'inverser le film de Babel. Il n'y a là qu'un déni du principe de réalité!

En gardant le même mot, on va garder le même texte, croit-on. Or le texte-cible va vivre de sa vie à lui. Nos enfants de papier sont un peu comme nos enfants de chair, qui en font souvent bien à leur tête — et heureusement! D'une certaine façon, même s'il arrive parfois qu'on ait à le déplorer. De manière analogue, le texte que j'écris se met à signifier, il 'fait sens' par lui-même, conformément à ses lois propres: son *vouloir-dire* sémantique propre s'affranchit de ce que j'avais 'voulu dire' au départ en l'écrivant. Il y a là un concept que je reprends de Danica Seleskovitch (Seleskovitch & Lederer 1984), tout en en relevant l'ambiguïté: plus précisément, il m'apparaît même que le double sens dont il est entaché a valeur heuristique (Ladmiral 2002b:134). Il se joue en effet la dialectique d'un décalage qui s'insinue entre le 'vouloir dire' (en deux mots) psychologique initial du scripteur (c'est-à-dire d'un auteur et, pour ce qui nous occupe, du traducteur) *dans sa tête* pour ainsi dire (en allemand: *meinen*) et le vouloir-dire sémantique terminal (en anglais: *the meaning*) du texte qu'il a écrit *sur le papier* (et/ou sur l'écran de son ordinateur). De fait, c'est la dynamique même de toute écriture et c'est ce dont traite mon *Esthétique de la traduction*, qui avait fait l'objet d'une conférence que j'ai eu l'occasion de faire à l'Université de Sarrebruck le 21 juin 2002 à l'invitation de Heidrun Gerzymisch-Arbogast (cf. Ladmiral 2004a).

Ce qu'on pourra thématiser dans les termes critiques du principe d'équivalence – pour montrer qu'il convient d'appliquer ce dernier dans certains cas, mais que souvent il vaut mieux l'éviter, et même que très souvent on ne peut pas l'appliquer – cela renvoie à la problématique plus générale de ce que je propose d'appeler, quant à moi, le *théorème de dichotomie* (Ladmiral 1997:21-24). On a une difficulté de traduction quand, pour un item-source, il n'existe pas d'équivalent direct en langue-cible.[1] Au reste, en

---

[1] Si je pose le problème ici à propos d'un item isolé, ce n'est pas qu'on en soit retombé au niveau de la problématique du transcodage, du *mot à mot* ou d'une introuvable concordance biunivoque, qui vient d'être évoquée, c'est d'abord pour simplifier un peu les choses. Mais c'est surtout parce que le concept d'*item* me permet de désigner ici tout élément de réalité linguistique isolable: un mot, une expression ou un syntagme quelconque, un idiotisme, une connotation ou une tonalité stylistique, un effet poétique ou une pratique rhétorique, un archaïsme ou un jeu de mot, un non-dit, un implicite culturel, une nuance modale, un aspect verbal ou une construction syntaxique propres à une langue, etc. Un item, ce serait en somme l'accroche, repérable au niveau du signifiant, des unités de traduction sémantiques – pour lesquelles j'ai proposé de reprendre l'ancien terme de *sémantème*, en ce sens renouvelé (Ladmiral 2002a:206 et *passim*).

toute rigueur, il n'y a jamais d'équivalent! jamais vraiment. Alors, on a le choix entre plusieurs 'mauvaises solutions' – disons, en schématisant: entre deux solutions approximatives qui constituent les deux termes d'une alternative dichotomique. Dans les fait, il y aurait plusieurs versions possibles dudit théorème de dichotomie: j'en évoquerai deux ici.

Dans l'impossibilité de fournir une traduction qui soit une équivalence exacte, il faudra très souvent opter soit pour une *surtraduction*, soit pour une *sous-traduction* (pour parler comme Jean-Paul Vinay et Jean Darbelnet). C'est la version la simple, la plus classique, du théorème de dichotomie: on en mettra plus ou on en mettra moins; on aura le choix entre trop ou pas assez. Concrètement, au niveau de la pratique, la question que se pose le traducteur est très souvent: *Qu'est-ce que j'accepte de perdre?* Il y a des aspects du texte que je peux 'laisser tomber', parce que je les juge accidentels et marginaux, parce qu'ils sont liés à des contingences de langue par exemple, ou à des implicites culturels inessentiels au propos explicite du texte et de son auteur. Et puis, en revanche, il y a des aspects essentiels du texte-source qu'il faudra absolument 'faire passer' – quitte à devoir 'écraser le trait', compte tenu des contraintes qu'impose la langue-cible et de l'obligation d'expliciter (de 'désimpliciter') l'implicite. En sorte que tel détail du texte original aura disparu dans la traduction et que tel autre aspect y prendra une importance qu'il n'avait pas dans l'original. Mais dans ce cas – et, en fait, dans tous les cas – il aura fallu que le traducteur fasse un choix en fonction de son interprétation du texte qu'il traduit.

De fait, par rapport au 'principe d'équivalence', l'alternative ne serait plus tant entre surtraduction et sous-traduction qu'entre ce que j'appelle *idiomatisation* et *terminologisation*: ce serait là une deuxième version dudit théorème de dichotomie. Il y a des items, des mots, des concepts dont l'importance dans le texte est très évidente. Si on en module la traduction en en proposant plusieurs équivalents-cible différents, alors effectivement le lecteur ne s'y retrouve plus: on ne sait plus de quoi il s'agit. Dans ce cas-là, il faut *terminologiser*. Peut-être le texte-cible s'en trouvera-t-il alourdi et maladroit; mais, comme il en va de l'essentiel, de l'enjeu même du texte, il faudra absolument maintenir dans le texte-cible un équivalent terminologique commun pour ce terme-source. Mais, dans la plupart des cas, il conviendra au contraire d'*idiomatiser*. Ainsi sera-t-il bien sûr inutile, à un niveau élémentaire, de s'obstiner à rendre toujours les mots grammaticaux par les mêmes mots grammaticaux: c'est une évidence! Il faudra bien faire aussi, par exemple, la distinction au niveau des idées entre ce que Eugen Fink appelle les concepts 'opératoires' et les concepts 'thématiques'. D'une part, il y a ce dont on traite; et c'est ça l'essentiel, qu'on cherche dans le texte: ce sont les concepts thématiques – ceux-là doivent être terminologisés. D'autre part, il y a ceux dont on se sert pour exposer ce qu'on a à exposer: ce sont les concepts opératoires – eh bien! eux, on pourra les idiomatiser. La difficulté est qu'il faille parfois terminologiser et idiomatiser alternativement le même item-source dans un seul et même texte-cible, ainsi que je vais le montrer.

Je prendrai maintenant un exemple tiré de ma pratique. Le premier livre que j'ai traduit, il y a déjà bien des années, était un livre de psychanalyse: c'était un livre de Erich Fromm, que j'ai traduit de l'anglais et de l'allemand (Fromm 1971), avec les contextes freudiens y afférents bien sûr. J'avais alors traduit le mot allemand *Angst* tantôt par *angoisse*, tantôt par *peur* (ou *crainte*). J'avais en somme appliqué mon 'théorème de dichotomie' avant la lettre: ce qui, en l'occurrence, était de bon sens. Mais, comme on sait, il arrive que le bon sens manque à satisfaire certains intellectuels (dont il a pu m'arriver de faire partie, en d'autres temps). Bien plus, j'avais poussé la naïveté jusqu'à en faire confidence, dans une Note du traducteur à la fin du livre (Fromm 1971:283-290; cf. Ladmiral 2002a:249-257): cela m'avait semblé relever de l'honnêteté intellectuelle la plus élémentaire. Mais peut-être y avait-il aussi des raisons psychologiques plus ambiguës, participant de ce que Marc B. de Launay, mon disciple le plus proche, appelle mon 'complexe de Saint Sébastien' et conduisant à une sorte de stratégie de l'aveu, qui voudrait que la lucidité auto-critique désarme la critique, en ver-tu du principe 'péché avoué est à moitié pardonné'. En fait, c'est le contraire qui se produit! on s'attire l'ire des censeurs et la condamnation des 'donneurs de leçons'.

Ainsi mon ami personnel et adversaire théorique Henri Meschonnic ne s'est-il pas fait faute de critiquer cette traduction. Dans un numéro de re-vue que nous avons 'co-édité' (Ladmiral & Meschonnic 1981), il conteste mon choix "dichotomique" de n'avoir pas traduit *Angst* toujours par le même mot. Je cite sa formule, car elle me paraît particulièrement sympto-matique dans son ambiguïté même: "N'y a-t-il pas à lire psychanalytique-ment la psychanalyse?" (Meschonnic 1981:15). On a là ce qui, en toute lo-gique, s'appelle une tautologie: on peut y mettre tout ce qu'on veut, c'est-à-dire rien finalement… Mais l'anathème était prononcé! et il est imparable, car il se dispense de toute argumentation: il n'a de contenu que celui que veut bien y mettre le lecteur lui-même. À le 'lire', donc, mon premier mou-vement était d'agacement! on le conçoit.

Mais j'ai quand même fait réflexion sur le sujet. En réalité: on gagne toujours quelque chose à la critique. Outre qu'il vaut mieux être critiqué que passé sous silence – selon la formule qu'affectionnait un grand auteur: "Dites-en du mal, mais parlez-en!" – on peut prendre plaisir aux critiques dont on fait l'objet. Je dirai même qu'il y a ce que j'appelle un certain *maso-chisme épistémique* chez les intellectuels de qualité. Si l'on est critiqué, de deux choses l'une. Le plus souvent, la critique tombe 'à côté'; et cela ne fait que nous aider, en nous poussant à mieux faire apparaître combien nous avons raison de maintenir les positions qui étaient les nôtres. Mais il arrive parfois (rarement, mais quand même!) que la critique porte, que la critique qui nous est faite mette en évidence un point faible de notre discours et, par là-même, elle va nous contraindre à approfondir notre réflexion, elle va nous obliger à 'avancer': et c'est encore mieux! Dans les deux cas, on y gagne. Encore faut-il avoir le détachement qui convient à l'endroit de ses propres créations intellectuelles.

J'ai donc reconsidéré ma position concernant ce problème de la traduction de *Angst* dans le discours psychanalytique. Au demeurant, j'y étais aussi amené dans le contexte de la retraduction des *Œuvres complètes* de Freud qui est en cours sous l'égide de Jean Laplanche; et au départ il était convenu que j'allais participer à ce beau projet. Sur les questions qui touche ce qu'il appelle la *terminologie freudienne*, Jean Laplanche a pris à vrai dire une position tout à fait 'en flèche', qui n'est rien autre que le strict respect du principe d'équivalence évoqué plus haut. On aura donc là, pour le coup, une table de concordance biunivoque définissant un 'français freudien'. Corollairement: all. *Angst* = fr. *angoisse*; et il n'y avait pas à sortir de là!

Il est clair que tout ce que j'avais dit et écrit sur la traduction, toute ma pratique de traducteur, tout cela allait contre de telles oukases terminologiques. Aussi aurait-il pu sembler logique que je me retire du projet. Ma volonté était toutefois de m'y maintenir et de me prêter à cette expérience, un peu comme à un exercice d'écriture 'oulipienne'. Et puis, on ne sait jamais! J'ai certainement raison, mais ne pouvait-il pas se faire que je fusse conduit à découvrir que je m'étais trompé jusqu'alors? et à m'ouvrir à d'autres horizons. En fait, il m'a fallu finalement renoncer à participer à cette entreprise, pour des raisons tout à fait triviales: compte tenu de mes divers engagements professionnels, il ne m'était matériellement pas possible de tenir les délais qui m'étaient impartis en cette affaire; ce dont je garde le petit pincement d'un léger regret.

Quoi qu'il en soit, j'ai donc repris sur nouveaux frais la question de *Angst* dans le contexte du discours psychanalytique. J'ai relu le *Petit Hans* de Freud, en notant toutes les occurrences du terme; et j'ai pu me rendre compte qu'effectivement dans 90 % des cas, peut-être même 95 %, dt.*Angst* pourra (et devra) être traduit par fr.*angoisse*. En sorte que Jean Laplanche a raison. — Sauf quand il a tort! Il arrive un moment dans le récit freudien où, comme on sait, le petit Hans a … "*Angst vor dem Pferd*". Fallait-il que j'écrivisse qu'il avait "l'angoisse du cheval"? Comme voudrait qu'on traduisît Jean Laplanche! Littéralement, il faudrait même que ce petit garçon eût éprouvé "l'*angoisse* … *devant* le cheval": 'devant', mais pas *à côté* ! ni *derrière*! On pourrait changer encore de préposition: et s'il avait une angoisse … *sur* le cheval? Mais, à son âge, on n'a pas de ces expériences malheureuses d'équitation; et encore moins est-il question de parier aux courses… À moins qu'il n'ait eu une "angoisse *de* cheval"! Comme on dit en français qu'on a une "fièvre de cheval"! Si l'on en revient aux choses sérieuses (il le faut bien!), il est clair qu'en cette affaire il n'y a point de doute (*haud dubium est quin*) que c'est tout simplement, tout bonnement, par "la *peur du cheval*" qu'il fallait traduire – comme je l'avais fait, ainsi que tant d'autres (cf. Zins & Ladmiral & de Launay 1989; Kassaï & Ladmiral 1988).[2]

En somme, il apparaît tout simplement que le terme-cible a son sens à lui. En cela, il fait obstacle à une traduction littérale. Pour reprendre encore une formule du Père Briend, je dirai que le littéralisme pèche par *oubli de la langue d'arrivée* (Briend 1998:122). Le texte existe comme tel parce que c'est la langue elle-même qui 'vit de sa vie à elle'. On voit ici comment la fétichisation du signifiant va de pair, chez les sourciers, avec un surinvestissement de la langue, de la langue-source.

2.2 Le substantialisme de la langue

Les sourciers privilégient en effet la langue. Or la *langue*-source, c'est *par définition* ce qui est perdu avec la traduction, irrémédiablement perdu. Bien plus: la traduction, c'est fondamentalement l'exercice d'une ascèse, dans le langage; et cette dernière prend la valeur d'un paradigme philosophique général. En traduction, il faut assumer la perte, assumer la finitude – la 'castration', comme dirait Freud. Pour rester dans l'isotopie conceptuelle de la psychanalyse, je dirai que c'est une nécessité inhérente au *principe de réalité*. La traduction implique qu'on fasse le deuil de la langue-source, par construction. Il n'y a d'alternative à cette nécessité que dans l'imaginaire théorique des sourciers – et je serais tenté de parler plutôt en l'occurrence de *fantasme* – ou alors du côté de cas limites qui, à vrai dire, sortent des limites de l'épure.

On peut faire du *À la manière de ...* comme dans la bande dessinée ('B.D.') *Astérix chez les Bretons*, qui nous dit des choses du genre: "Il fait beau, *ne fait-il pas?*"; ou encore, s'agissant de la séduisante Falballa: "Elle est belle, *n'est-elle pas?*", etc. Bien évidemment, il ne s'agit pas ici de traduction, mais d'une procédure qui ne lui est qu'analogue, et qui confère à l'interférence linguistique obtenue entre deux langues connues, d'un anglais-source imaginaire au français-'cible' du livre, la fonction d'un procédé comique en vertu d'un effet minimaliste de transgression de la norme de la langue.

On peut faire de la pédagogie élémentaire, par provocation. C'est ce que faisait mon professeur de latin en classe de sixième, au lycée Voltaire (il s'appelait M. Sénéchal), qui nous expliquait qu'en latin on disait: "le beau de ma grand-mère chapeau"; de fait, cela facilitait la mémorisation de la

---

[2] J'ai traité en d'autres lieux du *théorème de dichotomie* en en proposant la représentation par un ensemble de schémas, que le manque de place m'empêche de reprendre ici, et en donnant d'autres exemples de traductions concrètes (Ladmiral 1997).

structure du groupe nominal en latin. De même, un de mes professeurs d'anglais (M. Grimal) nous avait dit que les Anglais disaient 'départure' (et 'arrival'), ce qui nous permettait effectivement de retenir le mot, la prononciation française d'un terme anglais mobilisant une réaction de la fonction de contrôle (*monitor*) que plusieurs années d'enseignement secondaire (voire quelques séjours en Grande-Bretagne) avaient déjà contribué à mettre en place au moins partiellement chez les élèves de classe terminale que nous étions alors. Mais ces artefacts interlinguistiques ne sont que des trucs pédagogiques et aucunement, bien sûr, des traductions.

On peut faire de la linguistique contrastive, de la même façon. Au niveau élémentaire de la phraséologie, par exemple, on pourra dire quelque chose du genre de ce qui suit. Curieusement, les Anglais disent: "Il pleut des chats et des chiens" (*it is raining cats and dogs*), là où nous disons: *il peut des hallebardes*, *il pleut des cordes*, ou encore (si je puis me permettre) *il pleut comme vache qui pisse*. Mais il n'est que trop clair que ce type de 'traduction' n'en est pas une: c'est une opération métalinguistique élémentaire (qui peut avoir elle-même une fonction pédagogique, et ludique). Là où, en revanche, on se rapproche de ce qui serait une traduction, c'est quand d'aucuns prétendent qu'il faudrait choisir en français-cible un équivalent-cible du genre *"il fait un temps de chien"*, sous prétexte qu'il serait nécessaire de rester au plus près signifiant (chien). Mais, s'il est vrai que cette ontologie linguistique (cf. *sup.*) satisfait aux *a priori* théoriques des sourciers, il se trouve qu'elle entend établir une correspondance entre deux idiotismes dont la sémantique n'est pas exactement la même dans les langues concernées. Et je généraliserai ma critique en reprenant une formule j'affectionne: *la nuance n'est pas un luxe, elle n'est qu'un aspect de la précision* (cf. Ladmiral 2002a:58).

Telle transcription littérale d'une œuvre d'Aristote, par exemple, sera totalement illisible (cf. Wartelle 1998). Sous couvert de fidélité apparente, le traducteur s'y sera montré deux fois traître (*traduttore traditori*): traître à la langue-cible, à la langue d'arrivée dans laquelle il traduit (Lt), et traître envers son texte-source, envers le texte d'origine (To), puisqu'aussi bien on ne comprend plus le texte, dans la langue inintelligible où on le lit. Dès lors, se pose la question de la légitimité et de l'intérêt de telles traductions littérale ('sourcières'). On rejoint là l'idée d'une *réversibilité de la traduction*, qui semble d'abord s'imposer spontanément comme une idée 'naturelle', mais dont nous savons que c'est une chimère qui, d'une façon plus générale, relève de l'*illusion de transparence traductive*, dont j'ai fait ailleurs la critique (Ladmiral 2002a : 215, 241). C'est l'éventualité chimérique qu'on puisse retrouver le texte grec (To) en retraduisant, en retranscrivant sa traduction française (Tt), s'il devait arriver qu'on ait perdu le texte original! Mais ce n'est qu'une boutade, une 'manière de dire'. Encore qu'il y ait eu l'épisode historique de la traduction du *Neveu de Rameau* de Diderot par Goethe.

En un mot: une traduction sourcière, ce n'est pas de la traduction. Mais sans aller jusqu'aux cas les plus extrêmes, on peut penser aux dialogues de Platon que Léon Robin a publié (en deux tomes) dans la Pléiade (Platon 1950). En fait, Léon Robin (qui était lui-même philosophe) reste quand même modéré dans le littéralisme de ses traductions de Platon; et, à vrai dire, son parti pris relativement littéral peut se défendre, en tant que cas remarquable ou cas limite de la traduction. Dans son entreprise, Léon Robin pouvait faire fond sur une certaine connaissance du grec, réelle ou indirecte, chez ses lecteurs. Le temps n'est pas si éloigné où, dans nos écoles, il était fait encore du grec et du latin. Mais il n'est pas certain qu'on puisse faire fond sur cette compétence maintenant. En tout cas, la traduction de Léon Robin s'appuie sur une sorte de 'sensibilité' hellénisante, acquise par l'enseignement explicite du grec au sein des Humanités, ou par l'innutrition généralisée d'un implicite culturel encore flottant à travers les textes qu'on aura pu lire. Ce dont les hellénismes et les latinismes sous-jacents au français des auteurs de la Pléiade, comme Joachim du Bellay, peuvent nous donner analogiquement une idée; mais là aussi, il y a des références culturelles (et linguistiques) qui ne sont plus guère perçues – Si 'cibliste' que je sois, j'apprécie le travail de Léon Robin: je dirai que ce n'est pas tout à fait une traduction sourcière, qu'elle participe d'un littéralisme 'bien tempéré'. C'est une traduction qui trouvait son public, un public lettré naguère, et qui n'est plus destinée maintenant qu'à un public plus ou moins spécialisé de philosophes ayant fait leurs Humanités et désireux de goûter encore quelque chose de la saveur de la langue grecque à travers le français, voire de l'"odeur du siècle" de l'Antiquité. On est là dans le premier des trois registres, le registre linguistique, de ce que le regretté Georges Mounin appelait des 'verres colorés' pour caractériser mes traductions 'sourcières'. Ce type de traduction "se propose de respecter cette espèce de génie propre à chaque langue": on aura ainsi une traduction "qui se propose de donner l'illusion que le texte, traduit par une sorte de pastiche extrêmement subtil et non caricatural, on le lit encore dans sa langue originale" (Mounin 1994:91).

Plus généralement, il est des conjonctures sociolinguistiques et culturelles où il y aurait chez le public-cible comme une *innutrition* dans la langue-source d'un texte, dont on pourrait dès lors hasarder une traduction qui, sans être tout à fait sourcière à proprement parler, ferait quelques pas dans ce sens. Qu'on pense, à un niveau dérisoire, au *"n'est-il pas?"* franglais ou angloïde d'*Astérix chez les Bretons* (cf. *sup.*). Mieux, Georges Mounin relève la mise en œuvre du *ton-traduction* comme procédé littéraire dans la littérature écrite directement en français, où l'on chercherait à donner à entendre l'étrangeté de tonalités venues d'une langue-source imaginaire (Mounin

1994:140-142, 92-93). Je ne développe pas ici ce thème qui a fourni la matière de tout un colloque à la Sorbonne sous le titre *L'étranger dans la langue*.[3]

À un autre niveau, Henri Meschonnic proposait de 'traduire' le nom de Dieu dans le texte biblique en laissant l'hébreu *Adonaï* dans le 'français' de son texte-cible. Là encore, c'est supposer comme une parousie du signifiant qui serait censée s'opérer au-delà des langues et à travers elles. J'ai déjà fait ailleurs la critique de ce procédé.[4] Jusqu'à quel point Meschonnic est-il fondé à supposer une compétence diffuse en hébreu, même chez les Juifs? En réalité, la logique sous-jacente à cette façon de traduire (ou, plutôt, de ne pas traduire) est qu'on présuppose plus ou moins consciemment une sorte d'innutrition hébraïsante chez le public de ses lecteurs, qu'il s'agisse de savants biblistes ou de Juifs traditionnels, eux-mêmes savants.

Mais n'y a-t-il pas là deux choses différentes? C'est un problème qui nous intéresse tout particulièrement dans le contexte qui est le nôtre. Bien que notre identité se définisse par la double origine d'une filiation gréco-romaine et de la tradition judéo-chrétienne, notre rapport au grec et à l'hébreu n'est pas du tout le même. Ce que j'appellerai notre *double romanité*, culturelle et religieuse, comporte un rapport différentiel aux langues de ses origines. Alors que, l'héritage culturel et historique de Rome fait de nous des 'classiques' (Brague 1993) et va de pair avec un lien substantiel à ces deux 'langues de culture' que sont le latin et le grec, notre appartenance à l'univers *romano-chrétien* de la tradition catholique (dont les différentes variantes du protestantisme ne sont que des prolongements) n'implique pas une relation substantielle à l'hébreu identifié comme langue d'"élection', au sens théologique du terme. Quoi qu'il en soit des effets de sécularisation répétitifs propres à la modernité, la connaissance du latin et du grec relevait d'une universalité potentielle de l'ensemble de notre communauté culturelle et politique – cette connaissance fût-elle minimale, et ne fût-elle que l'apanage d'une élite cultivée – alors que le rapport à l'hébreu n'est que l'affaire d'une minorité de spécialistes ou d'une communauté minoritaire. La réflexion philosophique sur la traduction conduit à s'interroger notamment sur le statut des langues que la traduction met en jeu et à thématiser l'opposition entre langues classiques et langues sacrées (cf. Ladmiral 1991a:21-23 et *passim*) et corollairement à évoquer l'horizon de ce qui serait une 'théologie des langues' (Ladmiral 1990:130-135). Ces considérations relevant d'une philosophie de la culture, sinon même d'une théologie de la culture, ont des implications au niveau de la traduction. On peut encore

---

3 Les Actes de ce colloque ont fait l'objet d'une publication: Bensimon (1991). C'est aussi un titre auquel il m'a plu de faire écho: Ladmiral (1995).

4 Ladmiral (1991a:20-21). Mais dans un d'esprit d'"œcuménisme' intellectuel, auquel je tiens et qui est essentiel au travail 'scientifique' (même s'il peut sembler qu'on ait maintenant un peu trop tendance à l'oublier), j'avais publié son étude dans l'un des numéros thématiques que j'ai édité sur *La Traduction* (Meschonnic 1986:85-98).

peut-être présupposer la subsistance de quelques éléments d'une sensibilité hellénisante inhérente à la maîtrise cultivée du français ou de l'allemand. En ce sens, on peut faire quelques pas vers le littéralisme d'un Léon Robin. De par un effet paradoxal de l'inculture croissante, on pourra même y voir l'équivalent du 'ton-traduction', dont parlait Mounin (cf. *sup.*), comme si le grec faisait ici retour sur le mode de l'oubli comme procédé d'écriture philosophique, et comme si on pouvait oublier que c'est Platon l'auteur des dialogues qu'on aura lu.

En revanche, je reste réticent à l'idée d'une sorte d'hébraïsation du français – à la façon dont Pannwitz entend "indianiser, helléniser, angliciser l'allemand" (cf. Benjamin 1961:69). Je ne vois pas qu'un tel métissage linguistique puisse "prendre"; certes, la langue est "bonne fille", mais pas au point de tout accepter. C'est pourquoi je récuserai la traduction d'Henri Meschonnic qui vient d'être évoquée. *Adonaï*, ça n'existe pas! en français. Mais c'est aussi pour les mêmes raisons, à mes yeux, qu'est tout à fait acceptable *a contrario* un autre l'exemple du même auteur: "*embabélons leurs langues*" (Genèse 11, 7), que je trouve même très bien venu, et que j'avais prévu d'analyser plus bas.

Mais revenons à l'essentiel. Saint Jérôme, le saint patron des traducteurs, nous enseigne qu'il convient de rendre une tournure normale (dans une langue) par une tournure normale (dans l'autre langue). C'est ce que les linguistes ont redécouvert avec l'opposition entre *marqué* et *non marqué*. Effectivement, un item-source non marqué doit être traduit par un item-cible non marqué, et un item marqué par un item marqué. Faute de quoi, on s'imaginera encore qu'on a 'traduit la langue'; et on aura seulement fait une faute de traduction. Je prendrai un exemple simple. Ce qui s'appelle de l'*humour noir*, en bon français, se dit *Galgenhumor* en allemand. D'aucuns voudront traduire littéralement. Ça donnera: l'"*humour de gibet'; et ils penseront avoir traduit plus fidèlement les signifiants de la langue. Mais quand on dit *Galgenhumor*, on n'a pas en tête un gibet avec ses pendus! On veut parler d'*humour noir*, tout simplement. La traduction littérale ne s'est pas montré plus fidèle, au contraire. Elle a rajouté du signifié qui n'est pas dans l'original, à savoir: celui d'un imaginaire bruegelien, un peu sadique. Je veux bien que ce soit une façon de donner du relief à son français, mais ce n'est plus de la traduction au sens propre. – Encore une fois, les traductions proprement sourcières ne sont plus vraiment des traductions: ce qui y ressemble, ce n'en est pas; ou ce sont des cas limites comme ceux qui ont été envisagés plus haut. Ainsi sera-t-on fondé à se demander, par exemple, si certaines traductions récentes de Hegel, de Freud ou de Heidegger sont encore des traductions.

2.3 Le fétichisme de la source

Les sourciers s'attachent au signifiant de la langue-*source*: c'est même ce que me les a fait appeler ainsi, par métonymie (autant et plus que par synecdoque). J'entends critiquer là ce que j'ai brocardé en parlant de l'*étrangerie bermanienne*' (dont l'*humour de gibet*' vient de donner un exemple, minimal). – À en croire mes amis personnels et adversaires théoriques Antoine Berman et Henri Meschonnic (sans parler de Walter Benjamin [...]), il conviendrait que le texte-cible, dans sa langue d'arrivée, y soit encore coloré de la langue-source dont il vient, qu'il porte encore les traces squameuses de l'original, comme des stigmates de son authenticité. À la limite, la logique littéraliste de la traduction dans la perspective des sourciers, c'est de limiter l'*inter-vention*' du traducteur à un strict minimum, c'est-à-dire finalement à rien! Alors que traduire, c'est à la fois être fidèle au texte original tout en s'en détachant. Il semblerait que l'utopie sourcière de la traduction, ce soit la célébration du texte original sur le mode de la *répétition*! comme la cantillation d'un Texte sacré (Ladmiral 1991a:27).

Antoine Berman aimait à dire qu'une traduction qui sent la traduction n'est pas toujours une bonne traduction, mais qu'une traduction dont on ne voit pas que c'est une traduction est toujours une mauvaise traduction. C'est tout le contraire de ce que j'ai toujours cru, enseigné, pratiqué – moi, et tant d'autres. Traduire l'étrangeté du texte original, c'est oublier que dans sa langue, il n'est pas 'étranger', par définition! c'est introduire dans sa traduction un effet d'étrangeté qui n'y est pas dans l'original; c'est rechercher "l'étranger dans la langue" (cf *sup*.). Pour en revenir à ce qui vient d'être dit, c'est confondre marqué et non marqué.

Encore une fois, c'est concevable dans certains cas limites, comme ceux qui ont été évoqués plus haut. On pourra y ajouter l'éventualité que ce soit une recherche stylistique, ainsi que je viens d'y faire allusion à propos de l'humour de gibet'. Ce peut être même une tentative proprement littéraire, comme chez Leconte de Lisle, par exemple, qui hellénisait le français-cible de ses traductions de l'*Odyssée* (ne fût-ce qu'au niveau graphique), ou chez Hölderlin qui a soumis la langue allemande à l'ascèse d'une hellénisation exigeante. C'est un projet d'écriture légitime. Mais, d'abord, la création littéraire d'un auteur ne l'emporte-t-elle pas alors sur le projet de traduction? est-ce encore de la traduction au sens strict? – Il semble plutôt que la 'traduction' prend ici le sens élargi d'un *dispositif d'écriture* au service de la création littéraire. C'est l'usage que faisaient de la dite traduction bien des auteurs français du XVIe et du XVIIe: il s'agissait alors de conquérir pour le français le statut de langue littéraire, en se mesurant au latin et au grec (cf. Zuber 1995). Le même problème s'est posé aussi touchant l'identité de la langue allemande (plus tard avec les Romantiques, mais aussi plus tôt avec Luther); et là aussi le recours à la 'traduction' a été déterminant. Il y avait un enjeu littéraire, et linguistique, historiquement décisif. Mais, encore une fois, il ne me semble pas qu'il faille toujours y voir ce que nous appelons maintenant la traduction, à proprement parler. Il est certain qu'il s'est produit une transformation historique, une évolution diachronique du concept de traduction.

Surtout: dans des cas de ce genre, je ne dirais pas que c'est la langue-source qui parle dans le texte-cible; je dirais qu'en prenant appui sur les structures de la langue-source, de la langue de départ, on a fait émerger des possibles latents qui sommeillaient encore captifs dans le jardin intérieur des possibles de langue-cible. C'est-à-dire qu'on se sert d'une langue étrangère (langue-source) pour faire affleurer du français possible (langue-cible) qui était pour ainsi dire en attente d'exister. Mais, alors, on est déjà dans la logique cibliste — qui met l'accent sur le sens, sur la parole, et aussi sur la langue-*cible* — puisqu'on n'a fait, en l'occurrence, que mobiliser les ressources propres à la langue-cible. Autrement dit: *les sourciers n'ont jamais raison — que pour des raisons ciblistes!* C'est parce qu'il se trouve qu'ils ont raison sur le plan de la logique cibliste, fondamentalement, que ce qu'ils ont cru faire dans leur logique (sourcière) se trouve sembler être fondé, par hasard pour ainsi dire. Ce qui me fournit tout naturellement ma transition vers ce qui serait l'éloge des ciblistes.

3   "… Spiritus autem vivificat"

Après la critique des sourciers selon les trois instances, qui vient d'être faite, ce devrait être maintenant le lieu de ma deuxième grande partie développant un plaidoyer pour les ciblistes, qui en serait le pendant, selon le même canevas inversé. Mais le manque de place m'oblige à y renoncer, devant encore une fois renvoyer ces analyses à une prochaine étude.[5] Là encore, j'aurais amplement nourri cette partie d'exemples tirés de ma propre pratique de traducteur — et beaucoup plus encore que dans la partie précédente, pour des raisons évidentes: puisque je suis moi-même cibliste, aussi bien dans ma théorie traductologique que dans ma pratique traductive, comme c'est en général le cas des participants à notre *Euro-Konferenz* de Sarrebruck.

Et c'est là justement où il y a quelque chose de paradoxal. Au delà de la contingence matérielle des limites imparties à la présente étude, on pourra s'étonner que ce soit à y exposer en détail l'erreur sourcière que je me trouve avoir consacré l'essentiel de cette dernière. En fait: le vrai paradoxe, c'est qu'il y ait des sourciers! Que tant d'intellectuels de haute volée versent dans l''hérésie' du littéralisme en matière de traduction. Peut-être l'erreur a-

---

5   J'en ai indiqué les linéaments dans un prédédent article (Ladmiral 1998:149-151) auquel fait écho la présente étude.

t-elle des charmes pour l'esprit pour autant qu'elle l'appelle à emprunter les détours de toute une argumentation 'contra-factuelle' qui représente un défi à relever et l'occasion de faire montre des ressources rhétoriques d'une argumentation subtile et elle-même paradoxale.

Comment expliquer autrement la fascination qu'exercent les formules d'un Henri Meschonnic et les anathèmes qu'il lance, ou les principes proférés par un Antoine Berman? et sans doute ce phénomène de fascination est-il encore plus manifeste devant le discours péremptoire et cryptique de Walter Benjamin.[6] Il m'apparaît que la raison ne trouve pas là son compte. La théorie n'est plus dès lors au service de la pratique: elle fournit la matière à ce que j'appellerai de façon un peu polémique des 'envolées théoriques', qui semblent n'avoir d'autre fin que de s'arracher aux pesanteurs de la pratique. C'est comme si on voulait rehausser le prosaïsme de la pratique traduisante en jetant un voile d'esthétique sur cette grisaille laborieuse et quotidienne. Le romantisme des idées sourcières fait figure de 'supplément spéculatif' permettant de prendre congé du principe de réalité. Alors, on invoque des 'autorités' – et plus elles sont ésotériques, mieux c'est!

Mais ça, ce sont des choses que nous savons, nous qui sommes des professionnels de la traduction. En sorte qu'on pourra voir dans la critique détaillée que j'ai développée ici du littéralisme sourcier déjà une façon d'argumenter *a contrario* (ou 'en creux') pour la rationalité cibliste. C'en était la raison d'être ultime — tant il est vrai, au reste, qu'il est permis de douter que la critique de l'erreur ait un sens. On voudrait pouvoir penser que "la vérité est comme la santé de l'âme: quand on l'a, on n'y pense plus" (Descartes).

4 Épilégomènes

4.1 Un artefact de méthode

Pour ne pas rallonger encore la présente étude au-delà du raisonnable, je m'en tiendrai à quelques-unes des réflexions épilégoménales sur lesquelles j'avais prévu de conclure, et dont je ne ferai ici qu'indiquer schématiquement le squelette. – D'abord, à un niveau élémentaire, le paradoxe déjà noté d'une rémanence étrangement tenace de l'illusion sourcière chez tant d'esprits distingués peut sans doute s'expliquer en grande partie comme une séquelle inaperçue de la socialisation scolaire. L'utilisation de la traduction dans le cadre de l'institution pédagogique induit un certain nombre d''effets pervers' (Ladmiral 2002a:23-83). En effet, les procédures de traduction auxquelles on a recours dans l'enseignement des langues ne visent

---

[6] Je ne reprends pas ici la critique que j'ai développée ailleurs de la théorie de la traduction qu'a esquissée Walter Benjamin (Ladmiral 1981; 1988b; 1999a).

pas la traduction pour elle-même, comme mode de communication inter-linguistique (et interculturelle), mais servent de dispositif d'apprentissage (pédagogique) de la langue étrangère (L2) et, peut-être plus encore, de dis-positif de contrôle (docimologique) censé permettre l'évaluation des acquis de ce même apprentissage.

L'un de ces effets induits est ce que j'ai appelé l'*interférence docimo-pédagogique*, aux termes de laquelle c'est l'évaluation docimologique qui fina-lise le travail pédagogique de l'apprentissage et tend à se substituer à lui (Ladmiral 2002a:69-73). C'est ainsi notamment qu'on attendra de l'apprenant une traduction aussi littérale que possible pour s'assurer que les structures de la langue enseignée(s) ont bien été maîtrisées. Dès lors, il est raisonnable de penser que le littéralisme est inconsciemment ancré sur le long terme au niveau de ce que j'appellerai un *surmoi pédagogique*.

4.2 Horizons théologiques

Il y aurait encore deux ou trois raisons susceptibles de rendre compte de l'illusion sourcière, sur le plan psychologique et sur le plan épistémologique – et, du même coup, de contribuer à en montrer l'inanité. J'y reviendrai dans une prochaine étude et, pour l'heure, je conclurai brièvement en évoquant l'horizon d'une théologie de la traduction, que préfigurait allusi-vement le libellé de mon titre. D'ailleurs, cette perspective théologique a déjà été évoquée plus haut à propos de l'idée d'une théologie des langues (et de la culture) et de la problématique de la *receptio*.

C'est l'irrationalité même des sourciers et la virulence de certains débats touchant la traduction qui m'ont amené à faire l'hypothèse que le problème se situait à un niveau plus profond que le pur et simple changement de langue d'un ensemble d'énoncés et qu'il se jouait là quelque chose qui était de l'ordre de l'inconscient (Ladmiral 1991a:9-18). Fallait-il pour autant en appeler à la psychanalyse? En partie, seulement. Il m'est apparu que, plus profondément encore, ce qui est en cause renvoie au rapport que l'Homme moderne entretien avec l'Absolu, avec un Absolu perdu qui fait ici retour sur le mode du manque. C'est ainsi que le texte-source est tendancielle-ment investi comme un Texte sacré – comme, au demeurant, l'avait déjà soupçonné Walter Benjamin, ainsi que l'indique la dernière phrase, énigma-tique mais suggestive, de son opuscule sur *la tâche du traducteur* (Benjamin 1961:69). A la réflexion, c'est une affaire de bon sens: comment peut-on s'imaginer qu'à peine un siècle d'une sécularisation incomplète, chaotique et trop souvent violente ait pu invalider deux millénaires de tradition chré-tienne qui ont structuré l'Europe de part en part? Il faut toute l'arrogante et hargneuse inculture dont a récemment fait preuve l'*Euro-land* des bu-reaucrates et des marchands pour prétendre faire l'impasse sur cet acquis culturel proprement fondamental.

Ce qui au départ m'a mis sur la piste de ces considérations, c'est para-doxalement la traduction elle-même; à quoi sont venues faire écho ensuite des réflexions philosophiques plus générales à propos de la critique (la-quelle n'est, finalement, pas sans rapport avec la traduction). Toujours est-il que j'en suis venu à l'idée qu'était à l'œuvre ce que je me suis hasardé à appeler un *inconscient théologique de la traduction*, qui serait la partie la plus visi-ble de cet iceberg culturel qu'est l'impensé religieux de la modernité; et si c'est bien au terme de 'théologie' que j'ai recours ici, c'est qu'il s'est fait au sein de la tradition judéo-chrétienne tout un travail indéniablement cognitif de conceptualisation portant sur la spécificité de l'espace anthropologique du religieux.[7]

À la différence de l''hérésie sourcière', la rationalité classique de la posi-tion cibliste renvoie à une théologie catholique de la traduction, dirai-je avec toute la modestie impartie à celui qui ne fait que s'aventurer sur un terrain d'emprunt. Mais la traduction convoque à toutes les audaces; c'est pourquoi je n'ai pas craint de devoir y céder, en ouvrant sur la perspective de cet horizon théologique, qui est l'horizon d'une 'théologie sauvage', comme il existe une 'psychanalyse sauvage'. — Et si c'est précisément la théologie catholique que j'invoque, c'est qu'au sein d'autres confessions chrétiennes et *a fortiori* des autres 'religions du Livre', par exemple, le rap-port au Texte sacré est à des degrés divers marqué par le littéralisme. C'est pourquoi je conclurai en réaffirmant le principe paullinien qui m'a donné le libellé de mon titre et ma conclusion prendra tout naturellement la forme rhétorique d'une boucle, citant l'original en grec (qui, pour le coup, relève du Texte sacré du Nouveau Testament):

"το γαρ γραμμα αποκτειννει το δε πνευμα ζωοποιει".

5   Références bibliographiques

Adorno, Theodor W. u.a. (^{2}1970): *Der Positivismusstreit in der deutschen Soziologie*. Neuwied: Luchterhand. (= Soziologische Texte. 58).

Benjamin, Walter (1961): "Die Aufgabe des Übersetzers". In: *Illuminationen*. Aus-gewählte Schriften. Frankfurt am Main: Suhrkamp (= Die Bücher der Neun-zehn. 78). 56-69. [entstanden 1923].

Bensimon, Paul (éd.) (1991): *L'Étranger dans la langue*. (Actes du colloque de l'Institut du monde anglophone de l'Université de Paris-III: 13-14 octobre 1989). = *Palimpsestes* [6].

---

[7] D'une façon générale, il y aurait là matière à thématiser toute la vaste problématique d'une anthropologie philosophique. Sur la Critique, je dois me contenter de renvoyer, dans le contexte qui nous occupe, à l'étude synthétique que j'y ai consacrée: Ladmiral 1989. Pour ce qui est de la problématique d'une théologie de la traduction, je ne veux plus rien ajouter aux études précédemment citées [...] (Ladmiral 1988b, 1990, 1991a).

Berman, Antoine (²1995): *L'Épreuve de l'étranger. Culture et traduction dans l'Allemagne romantique*. 2ème éd. Paris: Gallimard. (= Tel. 252).

Briend, Jacques (1998): "La traduction biblique". Dans: *Transversalités* [65], 117-122.

Brague, Rémi (²1993): *Europe, la voie romaine*. 2ème éd. Paris: Criterion.

Delisle, Jean & Lee-Jahnke, Hannelore & Cormier, Monique (éds.) (1999): *Terminologie de la traduction / Translation Terminology / Terminología de la traduccion / Terminologie der Übersetzung*. Amsterdam – Philadelphia: Benjamins. (= FIT Monograph Series/Collection FIT. 1).

Fromm, Erich (1971): *La Crise de la psychanalyse. Essais sur Freud, Marx et la psychologie sociale*. Paris: Anthropos. (= Sociologie et connaissance). – réédition sans la Note du traducteur: (1973ff.): Paris : Denoël-Gonthier. (= Médiations. 109).

Kassaï, Georges & Ladmiral, Jean-René (éds.) (1988): "Traduction et psychanalyse". Actes du colloque C.L.I.C./A.D.E.C./Coq-Héron (Paris, 8 décembre 1984). Dans: *revue Le Coq-Héron*, 105.

Ladmiral, Jean-René (1971): "Le discours scientifique". Dans: *Revue d'Ethnopsychologie* XXVI [2-3], 153-191.

— (1981): "Entre les lignes, entre les langues". Dans: *Revue d'Esthétique* (nouvelle série) 1. 67-77.

— (1983): "Traduction philosophique et formation des traducteurs". In: Wilss, Wolfram & Thome, Gisela (Hrsg.) (1983): *Die Theorie des Übersetzens und ihr Aufschlußwert für die Übersetzungs- und Dolmetschdidaktik*. Tübingen: Narr. (= Tübinger Beiträge zur Linguistik. 247). 231-240.

— (1986a): "Sourciers et ciblistes". In: *Revue d'esthétique* 12, 33-42. – réédition dans: Holz-Mänttäri, Justa & Nord, Christiane (Hrsg.) (1993): *Traducere navem*. Tampere: Tampereen Yliopisto. (= studia translatologica. A3). 287-300.

— (1986b): "Théorie critique et épistémologie des sciences sociales: un enjeu". Dans: Actes du *Colloque sur les sciences sociales aujourd'hui*. Alger: Office des publications universitaires. 28-46.

— (1988a): "Épistémologie de la traduction". In: Arntz, Reiner (Hrsg.) (1988): *Textlinguistik und Fachsprache*. Hildesheim/Zürich/New York: Olms. (= Studien zu Sprache und Technik 1). 35-47.

— (1988b): "Les enjeux métaphysiques de la traduction – A propos d'une critique de Walter Benjamin". Dans: *Le Cahier* du Collège International de Philosophie 6, 39-44.

— (1989): "Critique et métacritique: de Koenigsberg à Francfort?". Dans: Jacob, André (éd.) (1989): *Encyclopédie philosophique universelle*. T. I: *L'Univers Philosophique*. Paris: Presses Universitaires de France. 700-707.

— (1990): "Pour une théologie de la traduction". Dans: *Traduction, Terminologie, Rédaction* [2], 121-138.

— (1991a): "La traduction: des textes classiques?". Dans: Nicosìa, Salvatore (éd.) (1991): *La Traduzione dei testi classici*. Napoli: M. D'Auria. 9-29.

— (1991b): "Sémantique et traduction". Dans: Lépinette, Brigitte & Olivares Pardo, Maria Amparo & Sopeña Balordi, Emma (eds.) (1991): *Actas del Primer Coloquio Internacional de Traductología*. Universitat de València. (= Quaderns de Filologia). 29-35.

— (1995): "L'Étranger dans la langue". Dans: Barthélémy-Toraille, Françoise (éd.) (1995): *Étranger en terre allemande. Actes du colloque de l'Association des germanistes de l'Enseignement supérieur.* Créteil: Université Paris-XII Val de Marne. 153-169.

— (1997): "Le prisme interculturel de la traduction". Dans: *Palimpsestes* 11, 13-28.

— (1998): "Théorie de la traduction: la question du littéralisme". Dans: *Transversalités* [65], 137-157.

— (1999a): "Die Aufgabe des Übersetzers – Sur l'horizon théologique qu'implique la métaphysique linguistique et littéraire immanente à l'esthétique de la traduction de Walter Benjamin". In: Garber, Klaus & Rehm, Ludger (Hrsg.) (1999): *global benjamin. Internationaler Walter-Benjamin-Kongreß 1992.* Bd. I. München: Fink. 298-316.

— (1999b): "Approches en théorie de la traduction". Dans: Awaïss, Henri & Hardane, Jarjoura (éds.) (1999): *Traduction: Approches et Théories.* Beyrouth: Université Saint-Joseph. 11-47.

— (³2002a): *Traduire: théorèmes pour la traduction.* 3ème édition aumentée. Paris: Gallimard. (= Tel. 246). Paris: Petite Bibliothèque Payot. (1ère éd. 1979).

— (2002b): "La traduction, un concept aporétique?". Dans: Israël, Fortunato (éd.) (2002): *Identité, altérité, équivalence? La traduction comme relation.* Paris-Caen: Lettres modernes/Minard. (= Cahiers Champollion. 5). 137-157.

— (2003): "Vers une Europe plurilingue des migrations: solutions et problèmes". Dans: Morgenroth, Klaus & Vaiss, Paul & Farré, Joseph (éds.) (2003): *Les migrations du travail en Europe.* Bern: Lang. (= Travaux Interdisciplinaires et Plurilingues en Langues Étrangères Appliquées. 1). 63-78.

— (2004a): "L'Esthétique de la traduction et ses prémisses musicales". Dans: Marschall, Gottfried (éd.) (2004): *La traduction des livrets. Aspects théoriques, historiques et pragmatiques.* Paris: Presses de l'Université Paris-Sorbonne. (= Musiques/Écritures). 29-41.

— (2004b): "Lever de rideau théorique: quelques esquisses conceptuelles". Dans: *Palimpsestes* 16, 14-30.

Ladmiral, Jean-René & Meschonnic, Henri (éds.) (1981): *La traduction. = Langue française* 51.

Meschonnic, Henri (1981): "Poétique de .../Théorèmes pour ... la traduction". Dans: *Langue française* 51, 3-18.

— (1986): "Alors la traduction chantera". Dans: *Revue d'Esthétique* 12, 75-90.

Mounin, Georges (²1994): *Les Belles Infidèles.* Lille: Presses Universitaires de Lille. (= Étude de la traduction). (1ère édition 1955. Paris: Cahiers du Sud).

Platon (1950): *Œuvres complètes.* Trad. nouvelle et notes par Léon Robin (avec la collaboration de M.-J. Moreau). Paris: Gallimard. (= Bibliothèque de la Pléiade).

Seleskovitch, Danica & Lederer, Marianne (1984): *Interpréter pour traduire.* Paris: Didier Érudition. (= Traductologie. 1).

Wartelle, André (1998): "La traduction d'un texte philosophique de grec ancien: la *Grande Morale* d'Aristote". Dans: *Transversalités* [65], 109-115.

Zins, Céline & Ladmiral, Jean-René & Launay, Marc B. de (1989): *Traduire Freud: la langue, le style, la pensée.* Dans: *Actes des Cinquièmes Assises de la Traduction littéraire.* Arles: Actes Sud-ATLAS.

Zuber, Roger (²1995): *Les "Belles Infidèles" et la formation du goût classique.* Paris: Albin Michel. (= Bibliothèque de "L'Évolution de l'Humanité"). (1ère édition 1968. Paris: Armand Colin).

Ingrid Simonnæs (Bergen)

Zum 'Zweck' im Recht und in der Übersetzungswissenschaft

> *Sans langue pas de droit, car il demeurerait à l'état de pensée et par conséquent incommunicable, donc inapplicable.*
>
> *(Vanderlinden 1999:9)*

1   Einleitung

Der bekannte deutsche Jurist Rudolph von Ihering aus dem 19. Jahrhundert schreibt in seinem Werk *Der Zweck im Recht* (Ihering 1893:VIII), dass das gesamte Recht auf dem Zweck als seinem Schöpfer beruht und dass es keinen Rechtssatz gibt, dessen Ursprung nicht in einem Zweck liegt. Er bezeichnet den Zweck auch als *causa finalis* und behauptet, dass es keine Handlung ohne Zweck geben könne (a.a.O.:4f.). Hierdurch ist eine Parallele zum Übersetzen gegeben, welches auch als (Sprach-)Handlung gesehen wird, die es ohne Zweck nicht gegeben hätte.

Als bekannt darf gelten, dass es in etwa seit der Mitte des vorigen Jahrhunderts unterschiedliche theoretische Ansätze in der sich später als selbstständige Disziplin sehenden Übersetzungswissenschaft gibt.[1] Als besonders nützlich für diesen Beitrag werden die pragmatischen Ansätze gese-

---

[1] Für nützliche Literaturhinweise, vgl. u.a. Snell-Hornby u.a. (Hrsg.) (1998), Kautz (2000) und Bowker & Kenny & Pearson (2002).

hen, bei denen Sprache und Übersetzung unter den Aspekten
(1) Handlung, (2) Kommunikation und (3) Funktion (Zweck) gesehen
werden. Im Folgenden sollen die Aspekte Kommunikation und Funktion
(Zweck) im Hinblick auf ihre Anwendbarkeit für das Übersetzen von
Rechtstexten untersucht werden.

2 Kommunikationsaspekt

Der Ausdruck 'kommunikative Kompetenz' wurde seinerzeit von Dell
Hymes (1971) als Oberbegriff für die verschiedenen Fähigkeiten, kraft derer die Sprecher einer Sprachgemeinschaft (L_1) in dieser Sprachgemeinschaft passend kommunizieren, geprägt. Sein nur e i n e Sprachgemeinschaft berücksichtigendes Modell lässt sich leicht auf die 'interkulturelle
kommunikative Kompetenz' erweitern, indem nun zwei Sprachgemeinschaften, L_1 und L_2, mit einbezogen werden. Als eine besondere Form der
interkulturellen Kommunikation gilt gemeinhin das Übersetzen, und somit
kann das ursprüngliche Modell der 'interkulturellen kommunikativen
Kompetenz' nun zu einem Modell der 'Übersetzungskompetenz'[2] ausgebaut werden, wobei verschiedene Teilkompetenzen unterschieden werden.
Die verschiedenen Teilkompetenzen sind nicht allein zu sehen, sondern
greifen simultan ineinander über. So ist z.B. die kulturelle Kompetenz eng
mit der linguistischen Kompetenz verwoben und wird auch von manchen
als Bestandteil dieser gesehen. Die Recherchierkompetenz ist für jeden
Übersetzer[3] wichtig und will gelernt sein. Hier reicht es bei weitem nicht
aus, nur Wörterbücher zu konsultieren, im Gegenteil, es sind andere Nach-
schlagewerke – heutzutage auch Abfragen im Internet, die dem Übersetzer
das entsprechende fachliche und sprachliche Umfeld, u.a. in Form von
Paralleltexten,[4] liefern. Bei der Textkompetenz kommt das Wissen um
Textsortenkonventionen[5] in beiden Sprachgemeinschaften voll zum Tragen, und sie geht direkt über in die Transferkompetenz, die darin besteht,
adäquate, dem Übersetzungsauftrag entsprechende Texte in der ZS zu produzieren.

---

2 Zentrale Beiträge zur Klärung des Begriffs bei Schäffner & Adab (2000: bes. ix, 6ff.); zur
   kritischen Stellungnahme zum Begriff der 'Übersetzungskompetenz', vgl. auch Pym
   (2002:1ff.).

3 Die maskuline Form ist hier und im Folgenden generisch zu lesen.

4 Im Sinne von Spillner (1981:241) als Texte in L1 und L2, die nicht in Übersetzungs-
   Relation zueinander stehen, aber dennoch aus textthematischen und -pragmatischen
   Gründen miteinander vergleichbar sind.

5 Dies gilt z.B. für die Reihenfolge der Teiltexte, die unterschiedlich sein kann (exemplarisch bei Gerichtsurteilen, vgl. hierzu u.a. Kupsch-Losereit (1998:226) und Stolze
   (1992:227).

3 Funktionales Übersetzen

Als allgemein bekannt vorausgesetzt wird der funktionale Ansatz[6] (exemplarisch Nord 1993:9ff., 1997:28f.), dem zufolge der kommunikativen Funktion des Zieltextes (ZT) ein höherer Stellenwert eingeräumt wird als dem Ausgangstext (AT). Für das Übersetzen von Rechtstexten hat allerdings traditionellerweise gegolten, dass sich der Übersetzer so eng wie möglich an den AT halten solle (Gebot der 'Treue'). In letzter Zeit ist jedoch auch anderen Aspekten größerer Stellenwert beigemessen worden.[7] Die Funktion (der Zweck) des ZT kann dabei unter zwei Aspekten gesehen werden: (1) auch in der Zielsprache (ZS) als Normtext der ausgangssprachlichen Rechtsordnung (RO1) zu gelten, also die Rechtswirkung der RO1 entfalten, und (2) in der ZS als Information über einen Normtext der RO1 zu gelten. Diese Sichtweise hat Konsequenzen für die Übersetzungsmethode. Dabei möchte ich besonderes Gewicht auf die Sachbereichskompetenz des Übersetzers legen und anhand des Bereichs Recht untersuchen, ob dieser Ansatz für das Übersetzen von Rechtstexten nutzbar gemacht werden kann.

4 Kennzeichen von Rechtstexten

Als Binsenwahrheit gilt, dass Rechtstexte, wie alle anderen Texte, nur mit Hilfe von Sprache zustande kommen, da jede Rechtsordnung auf Sprache basiert: Sprache ist somit nicht allein Werkzeug, sondern Wesen des Rechts, postulierte bereits Savigny (1814:114), dem zufolge die Rechtssprache ein unauflösliches Ganzes aus Sprache und Recht bildet. Wenn dem so ist, ist mit Problemen bei interlingualen Übersetzungen zu rechnen.

'Rechtstexte' sollen in diesem Beitrag dadurch abgegrenzt sein, dass der betreffende Text inhaltlich auf eine bestimmte Rechtsordnung Bezug nimmt, wobei 'Recht' hier als nationale Rechtsordnung[8] gesehen werden soll. Solche Texte kommen in bestimmten juristischen Textsorten[9] vor, die als konventionell geltende Muster für komplexe rechtssprachliche Handlungen gesehen werden. Unter 'rechtssprachliche Handlungen' fallen diejenigen Sprachhandlungen, die in der fachinternen sowie -externen Kom-

---

6 In der Übersetzungswissenschaft ist der funktionale Ansatz besonders unter der Bezeichnung 'Skopostheorie' (Reiß & Vermeer (1984; 1991) bekannt. Zur Wortwahl 'funktionale (Translation)' statt 'Skopostheorie' siehe Nord (1993:8).

7 Für das Übersetzen von Rechtstexten siehe u.a. Weisflog (1996:40ff.), Sandrini (1999:25 ff.) und Šarčević (2000:9ff.)

8 Das internationale Recht bleibt hier ausgeklammert, weil sein Status als 'eigentliches' Recht umstritten ist, vgl. u.a. Kratochwil (1983:13f.).

9 Zum Problem der Textsortenkategorien in Textlinguistik und Übersetzungswissenschaft vgl. u.a. Brinker (1997) bzw. Reiß (1969 et passim) und Koller (1992). Vgl. auch Adamzik (2000) mit Darlegung über Neuansätze in der Textsortenforschung.

munikation verwendet werden. Merkmale, die zu rechtssprachlichen Handlungen gehören, sind z.B., dass mit der Sprachhandlung ein festgelegtes Kommunikationsziel der jeweiligen Institution durch den Autor verfolgt wird (z.B. Urteile) und/oder dass der Autor durch diese Sprachhandlung zeigen will, dass er zur Gruppe der Juristen gehört (Engberg 1993:32). Außerdem ist das Fach Recht *sub specie translationis* auch dahingehend aufzuteilen, dass es in zwei Sprach(gemeinschaft)en, Ausgangssprache (AS) und ZS, vorliegt.

Das weiter unten zur Exemplifizierung herangezogene Sprachenpaar ist Norwegisch-Deutsch. Die Beispiele entstammen verschiedenen Sub-Bereichen der beiden nationalen Rechtsordnungen und verschiedenen juristischen Textsorten, was eine wichtige Rolle für die zu wählenden Übersetzungsstrategien spielt.

Das Übersetzen von Rechtstexten und die Rechtsvergleichung weisen gemeinsame Züge auf: In beiden Bereichen werden Vergleiche zwischen den Größen 'A' und 'B' gezogen, mit dem Unterschied jedoch, dass diese in der Übersetzung implizit gezogen werden, während sie bei der Rechtsvergleichung explizit gemacht werden.

Als ein Gemeinplatz darf gelten, dass ein Vergleich jedoch nur zu einem Erkenntnisgewinn führen kann, wenn Vergleichbares miteinander verglichen wird – alles andere ergäbe keinen Sinn. In der Rechtsvergleichung kann 'vergleichbar' aber nur heißen, wenn das, was verglichen wird, in der jeweiligen Rechtsordnung "dieselbe Funktion" erfüllt (Zweigert & Kötz 1996:11). Das gleiche gilt, wie noch zu zeigen sein wird, für die Übersetzung.

Zentrale Erkenntnis der Rechtsvergleichung ist, dass es in der Welt unterschiedliche Rechtskreise gibt. Für diesen Aufsatz sind nur der nordische und deutsche Rechtskreis von Interesse, die beide auf das römische Recht zurückgeführt werden können, was allerdings für den nordischen Rechtskreis in geringerem Umfang als für den deutschen zutrifft. Trotz gemeinsamer Wurzeln hat die unterschiedliche Entwicklung in beiden Rechtsordnungen dazu geführt, dass einzelne ihrer Rechtsinstitute dennoch nicht den gleichen Begriff abdecken, was gezwungenermaßen beim Übersetzen zu berücksichtigen ist (Šarčević 1989:277f.; Stolze 1992:227ff.; 1999:170ff.; de Groot 2000:134ff.).

5 Juristische Textsorten – Gliederungsvorschlag

Für den Zweck dieses Aufsatzes ergibt sich folgender Gliederungsvorschlag, und zwar bei Zugrundelegung von textexternen Merkmalen in Anlehnung an Hoffmanns (1976:186f.) vertikale Schichtung von Fachsprachen:

- Gesetze (im materiellen Sinn)
- Öffentliche Urkunden
- Rechtswissenschaftliche Literatur

Besondere textinterne Merkmale werden, soweit möglich, kurz mit am Rande erwähnt.

5.1 Gesetze

In *Civil Law*-Ländern,[10] auf die hier Bezug genommen wird, gelten Gesetzestexte als zentrales Beispiel für die Rechtsquellen. Als textexternes Merkmal werden bei Gesetzen die intendierten Rezipienten – "Adressaten" nach Reiß & Vermeer (1991:101) – herangezogen. Allerdings gibt es in der Literatur gegensätzliche Auffassungen darüber, wer als primärer Rezipientenkreis anzusehen ist. So sieht der österreichische Jurist und Begründer der österreichischen Verfassungsgerichtsbarkeit, Hans Kelsen, als unmittelbare Adressaten nur die Individuen, die ermächtigt sind, bei Normverstößen Sanktionen anzuordnen und zu vollstrecken. Für Kelsen sind dies (1) die gesetzgebenden Organe und (2) die Vollziehungsorgane. Den Normalbürger sieht Kelsen dagegen nur als mittelbaren Adressaten (1979:40f.). In *Civil Law*-Ländern wird allerdings vom Durchschnittsbürger erwartet, dass er das Recht seiner Gesellschaft kennt. Wenn der Bürger das Gesetz nicht verstanden hat, kann er sich auch nicht an das Recht halten, was einleuchtend ist. Dabei werden Gesetzestexte schon lange als nicht immer leicht verständlich eingestuft.[11] Jeder Jurist ist sich dessen bewusst, dass Normtexte keineswegs eindeutig sind, sondern porös und vage, die Rechtssprache mithin – trotz weit verbreiteter gegenteiliger Vorstellung – oft ebenso ungenau ist wie die Allgemeinsprache. Der Jurist ist daher verpflichtet, vor der Anwendung das betreffende Gesetz für sich und seine Rezipienten, i.S.v. Kelsens mittelbaren Adressaten, auszulegen. Aus dieser Doppelfunktion, sowohl für den Laien als auch für den Experten verständlich sein zu müssen und für Änderungen in der Gesellschaft offen (genug) zu sein, rühren die vielen bekannten Verständnisprobleme der Gesetzestexte her. Dieses Problem wird bei der interlingualen Übersetzung noch verschärft.

---

[10] In den 'Civil Law'-Ländern wird angestrebt, jeden zu behandelnden Einzelfall a priori formulierten Rechtsregeln zuordnen ('subsumieren') zu können, während in den so genannten 'Common Law'-Ländern über den jeweiligen Einzelfall mit Blick auf bereits ergangene Urteile in vergleichbaren Fällen entschieden wird ('Case Law' oder auch 'Fallrecht' genannt).

[11] Vgl. hierzu u.a. Strouhal & Pfeiffer &Wodak (1986:505f.), Hoffmann (1992:123 ff.), Busse (1994:36ff.) und Lerch (o.J.:1 ff.).

Ein zentrales textinternes Kennzeichen dieser Textsorte ist, dass jeder Paragraph für sich alleinstehend zu lesen ist. Daraus resultiert der weitgehende Verzicht auf Pronominalisierung über die Grenze eines einzelnen Paragraphen hinaus. Die Allgemeingültigkeit wird u.a. durch den Gebrauch von indikativischen Präsensformen ausgedrückt.

5.2 Öffentliche Urkunden

Eine weitere Gruppe stellen die öffentlichen Urkunden dar, wozu als Untergruppe die Judikatur zu rechnen ist. Wie bei den Gesetzestexten hat man es bei der Judikatur mit Rechtstexten zu tun, die für eine doppelte Rezipientengruppe (textexternes Kriterium) geschrieben werden. Zum einen sind dies die vom Urteil betroffenen Laien (Kelsens 'indirekte' Adressaten), zum anderen die Richter als Experten bzw. 'direkte' Adressaten (nach Kelsen a.a.O.), weil die meisten Streitfälle schließlich durch eine gerichtliche Entscheidung endgültig entschieden werden. Für den Richter ist es wichtig, dass er seine Entscheidung so abfasst, dass seine juristische Begründung der rechtlichen Nachprüfung standhält, wenn das Verfahren vor eine höhere Instanz kommt, auch wenn die Verständlichkeit für den Rechtsunterworfenen dadurch eventuell geringer wird. Für besondere textinterne Merkmale der Judikatur (hier zivilrechtlich) wird exemplarisch auf Schuschke (1994:37ff.) verwiesen.

5.3 Rechtswissenschaftliche Literatur

Im Rahmen dieses Beitrags muss für die Textsorte rechtswissenschaftliche Literatur die Unterteilung in Lehrbücher und Kommentarwerke genügen. Auch hier kann erneut der Rezipientenkreis als textexternes Kriterium herangezogen werden. Zu den Rezipienten von Lehrbüchern gehören die Studierenden, die hier als Laien zu sehen sind; ihnen muss ein Großteil der *termini technici* erklärt werden. Bei den Kommentarwerken wiederum sind der Rezipientenkreis sowohl die werdenden Experten als auch die Experten, denen die verschiedenen Auslegungsmöglichkeiten eines *terminus technicus* dargeboten werden, was in Form von Definitionen, Erklärungen,[12] herrschender Lehre, früherer Rechtsprechung usw. geschieht.

Zu den textinternen Kriterien dieser Textsorte gehören u.a. viele Definitionen und Erklärungen, die dem Rezipienten durch metasprachliche Elemente signalisiert werden, sowie (bei Lehrbüchern) häufig der Einbezug von Graphik. Für den Übersetzer sind somit diese Textsorten eine ergiebige Quelle zur Erweiterung seines Fachwissens.

---

[12] Zur Abgrenzung zwischen 'Definition' und 'Erklärung' vgl. auch Quine (1953:25).

6 Übersetzungskompetenz

Der Übersetzer hat also kraft seiner Kompetenz darauf zu achten, dass der AT unter Berücksichtigung der Textfunktion in AS und ZS sprachlich und fachlich korrekt übersetzt wird. Bei Auseinanderklaffen von RO1 und RO2 stehen dem Übersetzer theoretisch folgende Möglichkeiten offen.:

(1) Totalentlehnung[13] [no. *ombudsmann* → dt. *Ombudsmann*]
(2) Lehnwort [dt. *GmbH* → no. *GmbH-selskap*][14]
(3) Ersetzen durch eine ZS-Benennung, sofern diese keinen direkten Bezug zum ZS-System hat [no. *høyesterett* → dt. *Oberstes Gericht*]
(4) Beibehaltung der AS-Benennung mit Explikation durch ZS-Erläuterung [no. *fylke* → dt. *Fylke*, + Erläuterung, exemplarisch *verwaltungsmäßige Einheit*]
(5) Ergänzung der ZS-Benennung durch AS-Bezeichnung zwecks Referenzbezugs [no. *Førstestatsadvokat* → dt. *Leitender Oberstaatsanwalt (Førstestatsadvokat)*]
(6) Neologismus [*Kunstnapping, Artnapping*][15]

Welche Strategie der Übersetzer wählt, ist davon abhängig, ob "dokumentarisch" oder "instrumentell" (Nord 1989:102f.) übersetzt wird. So empfehlen sich die Verfahrensweisen 4-5 besonders für das "instrumentelle" Übersetzen. Die Explikation kann dann entweder voran- oder nachgestellt werden. Meines Erachtens empfiehlt sich aufgrund des Leseflusses eine Nachstellung, weil dann das fremdsprachliche, also AS-Element, auch prosodisch vom ZS-Kotext deutlich abgetrennt wird. Das gleiche gilt für die Ergänzung.

7 Von der Theorie zur Praxis

Aus Platzgründen sollen im Folgenden nur Beispiele für die juristischen Textsorten 'Gesetzestexte' und 'Rechtswissenschaftliche Literatur' eingehender behandelt werden. Im vorgegebenen Rahmen müssen dabei jeweils 'Minitexte' ausreichen.

---

[13] Zur Kritik an diesem Übersetzungsverfahren, vgl. de Groot (1990:125).

[14] Dieses Beispiel hat nur Gültigkeit für die Zeit v o r dem Jahr 2000. Nach der Gesetzesänderung in Norwegen im Bereich der Kapitalgesellschaften (2000) entspricht eine GmbH nunmehr mehr oder weniger der Rechtsform einer norwegischen 'AS' (aksjeselskap), während die AG mehr oder weniger der Rechtsform einer norwegischen 'ASA' (allmennaksjeselskap) entspricht.

[15] So z.B. im *Hamburger Abendblatt* im Zusammenhang mit der Berichterstattung über den Kunstraub von zwei von E. Munchs bekanntesten Gemälden im Sommer 2004 http://www.abendblatt.de/daten/2004/08/23/332155.html (31.08.2004).

7.1 Gesetzestexte

Wenn nicht gerade die Rede von Rechtsvergleichung ist, werden Gesetzestexte eher selten übersetzt.[16] Es kann dennoch vorkommen, dass im Zusammenhang mit einem Übersetzungauftrag auf Teile eines bestimmten Gesetzes Bezug genommen werden muss, wie im folgenden Fall:

Es dreht sich um die Geschäftsverbindung zwischen norwegischer Tochter- und deutscher Muttergesellschaft. Die norwegische Tochter hat riesige Verluste gemacht und steht kurz vor der Insolvenz. Die norwegische und deutsche Rechtsordnung (RO) haben für die Unternehmensinsolvenz z.T. unterschiedliche Regelungen. Bei der Übermittlung des geltenden norwegischen Gesetzeswortlauts an die Rechtsabteilung der deutschen Mutter zwecks eventueller Schritte von dieser wird auf folgenden norwegischen Gesetzesparagraphen Bezug genommen:

Beispiel 1

(1a) En konkursbegjæring kan tilbakekalles så lenge skifteretten ikke har avsagt kjennelse om hvorvidt konkurs skal åpnes. (kkl. § 68), *AS, Norwegisch*

(1b) *Ein Konkursantrag kann widerrufen werden so lange das Skifteretten nicht hat erlassen Beschluss über inwieweit Konkurs soll eröffnet werden. (norw. KO § 68), *Wörtliche Übersetzung (IS)*

(1c) Ein Konkursantrag kann widerrufen werden, bis das Gericht einen Beschluss darüber erlassen hat, ob Konkurs zu eröffnen ist. (§ 68 norw. KO), *Übersetzungsvorschlag (1) IS*

(1d) Ein Konkursantrag kann widerrufen werden, bis das Gericht (Skifterett) einen Eröffnungsbeschluss erlassen hat. (§ 68 norw. KO), *Übersetzungsvorschlag (2) IS*

(1e) Der Antrag kann zurückgenommen werden, bis das Insolvenzverfahren eröffnet oder der Antrag rechtskräftig abgewiesen ist. (§ 13 Abs. 2 IO), *Paralleltext aus der deutschen Insolvenzordnung (IO)*

In Beispiel (1)] gilt der *Sachverhalt* als Vergleichsgröße. Bis zum Inkrafttreten der Insolvenzordnung (IO) im Jahre 1999 wurde in der deutschen und norwegischen RO von 'Konkurs' gesprochen. In der neuen IO der Bundesrepublik Deutschland wird dagegen von 'Insolvenzverfahren' gesprochen. Ausschlaggebend für den Sachverhalt ist aber die RO1, so dass eine zu enge Anlehnung an den deutschen Wortlaut entfallen sollte. Daher mein Vorschlag, in (1c) und (1d) 'Konkursantrag' beizubehalten, auch wenn die geltende deutsche IO diese Benennung nicht mehr verwendet.

---

[16] Außer Betracht bleiben in diesem Zusammenhang mehrsprachige 'Versionen' z.B. im EU-Recht.

Entsprechendes gilt für die Begründung der Übersetzungswahl mit einem neutralen Oberbegriff 'Gericht' in Vorschlag (1c)].

Für den Empfänger kann es wichtig sein, welches Gericht ggf. zuständig ist. Daher wird in Vorschlag (1d) der Name mit der deskriptiven Funktionsbezeichnung dieses Gerichts nachgestellt in Klammern mit angegeben[17]. Die Angabe von (unübersetzt) 'Skifterett' folgt einer anerkannten Übersetzungsstrategie, dass Eigennamen nicht übersetzt werden (sollen).

An sprachsystembedingten Unterschieden weisen AT und ZS-Übersetzungsvorschlag folgenden Unterschied auf: Statt der AS-Konstruktion Attributsatz zu einem Substantiv ('kjennelse om hvorvidt'), welche in der ZS auch möglich wäre, aber nicht so häufig verwendet wird, wird in Vorschlag (1d) eine Substantivierung 'Konkurseröffnungsbeschluss' vorgeschlagen. Aus sprachökonomischen Gründen wird in Vorschlag (1d) ausserdem das Vorderglied 'Konkurs' fallen gelassen.

Die Passivkonstruktion 'eröffnet werden soll' wird in Vorschlag (1c) durch die 'sein' + 'zu'-Inf.-Konstruktion ersetzt, eine Konstruktion, die sich häufig in juristischen Gesetzestexten findet.[18]

Bei einem 'instrumentellen' Übersetzungsverfahren wäre allerdings folgende Lösung möglich:

(1f) Nach norwegischem Recht kann ein Konkursantrag widerrufen werden, bis das Konkursgericht den Eröffnungsbeschluss erlassen hat. *Übersetzungsvorschlag IS – neue Funktion (Zweck) der Übersetzung*

Aufgrund der neuen Zielsetzung der Übersetzung (Funktionsänderung) in Vorschlag (1f)] entfällt die Notwendigkeit der genauen Namensangabe des zuständigen Gerichts sowie der Angabe des Paragraphen. Die gesamte Information wird auf das norwegische Recht bezogen, aber ohne dass das norwegische Recht (RO1) Rechtswirkung entfaltet. Mit der gleichen Begründung wird für die Wahl von 'Konkurs' als Vorderglied in den beiden Komposita 'Konkursantrag' und 'Konkursgericht' argumentiert. Eine Anpassung an die Wortwahl der geltenden neuen Insolvenzordnung dürfte daher nicht erforderlich sein.

7.2 Rechtswissenschaftliche Literatur

Im Gegensatz zur vorgenannten Kategorie von Rechtstexten ist bei der rechtswissenschaftlichen Literatur davon auszugehen, dass sie insbesondere zu Informationszwecken übersetzt wird. Der ZS-Rezipient will sich über die AS-Rechtskultur orientieren, um gegebenenfalls Rechtsvergleichung vornehmen zu können. Als Beispiel soll hier ein Auszug aus einer Dokumentation über die Strafrechtsentwicklung in Europa dienen

---

[17] Zum Übersetzungsproblem bei Gerichtsnamen, vgl. Simonnæs (1996:368ff.).
[18] Vgl. hierzu u.a. Matzke (1988:17).

(Husabø & Strandbakken 1997), und zwar Dokumentation über die Entwicklung im norwegischen Strafrecht für den deutschsprachigen Rezipienten. Die Rezipienten dieser Dokumentation sind in AS und ZS beide Male Experten. Dem ZS-Leser soll das AS (rechts)kulturgebundene vermittelt werden, wobei insbesondere die AS-Benennungen für AS-Rechtsinstitute ein bekanntes Problem beim Übersetzen darstellen. Hierzu zwei Beispiele:

Es geht um die Darlegung, welche Befugnisse die jeweils zuständige Anklagebehörde hat. An oberster Stelle steht in Norwegen eine Person, die 'Riksadvokat' heisst, wörtlich: 'Reichsanwalt'. Eine solche Übersetzung kann wegen der Konnotationen des Vordergliedes 'Reich-' nicht verwendet werden. In Deutschland wiederum steht an oberster Stelle der 'Generalbundesanwalt'. Diese Benennung lässt sich wegen des Zwischenglieds 'Bund-' nicht auf ein Land übertragen, dessen Staatsform nicht föderativ ist. Bei Husabø & Strandbakken heisst es daher:

Beispiel 2

Somit wurde 1989 die Zuständigkeit der obersten Anklagebehörde (Riksadvokaten) [...] auf die nachgeordneten Staatsanwälte übertragen. Der Riksadvokat entscheidet nur noch bei [...]. (a.a.O.:503)

Die AS-Benennung ist hier explikativ durch einen Oberbegriff übersetzt und zwecks genauer außerlinguistischer Referenz zusätzlich in Klammern hinzugefügt worden. Im weiteren Textverlauf wird dann die AS-Benennung (Lehnübersetzung) verwendet.

Das Übersetzungsproblem wird bei der Beschreibung eines Rechtsinstituts, das es in dieser Form im ZS-Rechtssystem nicht gibt, noch deutlicher, exemplarisch bei der Beschreibung von anderen strafrechtlichen Sanktionen als Strafe i.e.S. In Norwegen gibt es folgendes Rechtsinstitut, das wie folgt beschrieben wird:

Andere [strafrechtliche; IS] Sanktionen sind Unterbringung in psychiatrischer Zwangspflege, [...] Einziehung und Verfall, ö f f e n t l i c h e r W i d e r r u f e e i n e r Ä u ß e r u n g (M o r t i f i k a t i o n) und [...]. (Husabø & Strandbakken 1997:512; Hervorhebung von IS)

Zur Lehnübersetzung 'Mortifikation' gehört eine Fußnote, in der dieses Rechtsinstitut dann beschreibend erklärt wird:

Das norwegische Rechtsinstitut der "Mortifikationsklage" sieht die Möglichkeit vor, daß die gegen den Verletzten vorgebrachten Beschuldigungen durch Urteil für ungültig erklärt werden (Öffentlicher Widerruf einer Äußerung). (a.a.O.)

Das Übersetzungsverfahren, das hier gewählt wurde, ist also beschreibend/explikativ und verwendet zusätzlich das Mittel einer Lehnübersetzung.

8 Schlussfolgerung(en)

Zweck dieses Beitrags war, unter Berücksichtigung des gewählten Ansatzes, Übersetzungsprobleme bei Rechtstexten zu beleuchten, wobei die o.a. Beispiele als stellvertretend für viele gleichartige stehen mögen. Welche Schlussfolgerungen können für die Rechtsübersetzung gezogen und verallgemeinert werden? Zusammenfassend ergeben sich folgende Punkte, die der Übersetzer beachten sollte:

- Aus dem theoretischen Ansatz der funktionalen Übersetzung folgt, dass der Übersetzungszweck (*causa finalis*) eine zentrale Rolle spielt: Wozu soll die Übersetzung dienen – soll sie (zusammen mit dem AS-Original) Recht begründen, oder soll sie über das AS-Recht informieren? Wer ist der Rezipient der Übersetzung – Experte oder Laie? Bei Rechtstexten gilt die Beachtung der Regel, ob sich aus dem AT rechtliche Konsequenzen ergeben, wie z.B. bei gesetzlichen Bestimmungen, Gerichtsurteilen oder anderen beizubringenden öffentlichen Urkunden. Unter der Voraussetzung, dass die Übersetzung auf Funktionskonstanz abzielt, bleibt das Recht der AS (RO1) anzuwendendes Recht, was zu einer eher 'dokumentarischen' Übersetzung (in Nords Terminologie) führt. Dies hat Konsequenzen für die Übersetzungsstrategie: Es darf nicht mit ZS-'Äquivalenten'[19] übersetzt werden, wenn diese hinsichtlich ihrer Funktion nicht vergleichbar sind. Das 'Einbürgern'[20] verschiedener Übersetzungseinheiten ist hier fehl am Platze. Mit anderen Worten: Je stärker die Rechtsbindung des AT ist, je weniger 'instrumentell' darf übersetzt werden.

Bei Zugrundlegung dieser Hauptschlussfolgerung ergeben sich noch zwei weitere Konsequenzen, und zwar:

- Eine selbstverständliche Voraussetzung ist das Vorhandensein fundierten Sprachwissens beim Übersetzer in AS und ZS, einschließlich seines Textsortenwissens von beiden Sprachräumen. Ein Übersetzer muss wissen, welche sprachlichen Mittel üblicherweise in einer bestimmten Textsorte einer bestimmten Zielkultur eingesetzt werden. Beim 'dokumentarischen' Übersetzungsverfahren darf z.B. bei der Urkundenübersetzung keine Anpassung an ZS-Textsortenkonventionen vorgenommen werden. Auch sollte bei diesem Übersetzensverfahren die Satzstruktur des AT beibehalten werden, auch wenn es z.B. in der ZS üblicher wäre, statt Parataxe Hypotaxe zu verwenden.

---

[19] Es ist hier nicht der Platz, auf das umfassende Problem der Abgrenzung von 'Äquivalenz' einzugehen. Um Missverständnissen vorzubeugen, ist hier 'Äquivalenz' im Sinne von 'Entsprechung' zu sehen.

[20] Zur Wortwahl "verfremdend" versus "einbürgernd", vgl. u.a. Luther (1963). Gardt (1989:32ff.) spricht stattdessen von "verfremdender" versus "adaptierender" Übersetzung.

- Wie aus obiger Argumentation deutlich geworden sein dürfte, kommt der Sachbereichskompetenz des Übersetzers ein hoher Stellenwert zu, denn ohne (ausreichendes) Fachwissen über RO1 und RO2 sind die richtig zu wählenden Übersetzungsstrategien und die theoretischen Möglichkeiten, Unterschiede zwischen AS-Recht und ZS-Recht sprachlich zu überbrücken, nicht leicht zu finden.

9 Literatur

Adamzik, Kirsten (2000): "Was ist pragmatisch orientierte Textforschung?". In: Adamzik, Kirsten (Hrsg.) (2000): *Textsorten. Reflexionen und Analysen.* Tübingen: Stauffenburg. 91-112.

Bowker, Lynne & Kenny, Dorothy & Pearson, Jennifer (eds.) (2002): *Bibliography of Translation Studies.* Manchester: St.Jerome.

Brinker, Klaus ([4]1997): *Linguistische Textanalyse. Eine Einführung in Grundbegriffe und Methoden.* 4. Aufl. Berlin: Erich Schmidt. (1. Aufl. 1985).

Busse, Dietrich (1994): "Verständlichkeit von Gesetzestexten – ein Problem der Formulierungstechnik". In: *Gesetzgebung heute* 2, 29-48.

Engberg, Jan (1993): "Prinzipien einer Typologisierung juristischer Texte". In: *Fachsprache* 1-2, 31-38.

Gardt, Andreas (1989): "Möglichkeiten und Grenzen einer pragmatischen Übersetzungstheorie". In: *TextConText* 4 [1-2], 1-59.

Groot, Gerard-René de (2000): "Translating Legal Informations". In: Zaccaria, Giuseppe (Hrsg.) (2000): *Übersetzung im Recht/Translation in Law.* Münster: LIT. 131-149.

Hoffmann, Lothar (1976): *Kommunikationsmittel Fachsprache. Eine Einführung.* Berlin: Akademie-Verlag. (= Sammlung Akademie-Verlag 44 Sprache).

Hoffmann, Ludger (1992): "Wie verständlich können Gesetze sein?". In: Grewendorf, Günther (Hrsg.) (1992): *Rechtskultur als Sprachkultur. Zur forensischen Funktion der Sprachanalyse.* Frankfurt am Main: Suhrkamp. 122-154.

Husabø, Erling J. & Strandbakken Asbjørn, (1997): "Norwegen". In: Eser, Albin & Huber, Barbara (Hrsg.) (1997): *Strafrechtsentwicklung in Europa. Landesberichte 1993/1996 über Gesetzgebung, Rechtsprechung und Literatur.* Übersetzung von Ingrid Simonnæs 480-509, 542-561. Freiburg i.Br.: Max-Planck-Institut für Ausländisches und Internationales Strafrecht. 473-562.

Hymes, Dell H. (1984): *Vers la compétence de communication.* Paris: Hatier-CREDIF. [1971]

Ihering, Rudolph (1893): *Der Zweck im Recht.* 1. Bd. Leipzig: Breitkopf & Härtel.

Kautz, Ulrich (2000): *Handbuch Didaktik des Übersetzens und Dolmetschens.* München: Iudicium.

Kelsen, Hans (1979): *Allgemeine Theorie der Normen.* Wien: Manz.

Koller, Werner ([4]1992): *Einführung in die Übersetzungswissenschaft.* Heidelberg: Quelle & Meyer.

Konkursloven (2005): "Lov om gjeldsforhandling og konkurs (konkursloven)". 01.01.2005. http://www.lovdata.no/all/nl-19840608-058.html (14.01.2005).

Kratochwil, Friedrich V. (1983): "Is International Law 'Proper' Law? The Concept of Law in the Light of an Assessment of the 'Legal' Nature of Prescriptions in the Internatonal [sic] Arena". In: *ARSP: Archiv für Rechts- und Sozialphilosophie* 69 [1], 13-46.

Kupsch-Losereit, Sigrid (1998): "Gerichtsurteile". In: Snell-Hornby, Mary & Hönig, Hans G. & Kussmaul, Paul & Schmitt, Peter A. (Hrsg.) (1998): *Handbuch Translation*. Tübingen: Stauffenburg. 225-228.

Lerch, Kent (o.J.) : "Vom Bemühen, die Gesetze verständlicher zu machen: Eine unendliche Geschichte". http://www.bbaw.de/sdr/content/beitraege.htm (23.01.2004).

Luther, Martin (1963): "Sendbrief vom Dolmetschen". In: Störig, Hans Joachim (Hrsg.) (1963): *Das Problem des Übersetzens*. Darmstadt: Wissenschaftliche Buchgesellschaft. (= Wege der Forschung VIII). (Entstanden 1530). 14-32.

Matzke, Brigitte (1988): "Die Modalität der Fügung 'sein + zu + Infinitiv' in juristischen Texten". In: *Deutsch als Fremdsprache. Zeitschrift zur Theorie und Praxix* 2, 72-74.

Nord, Christiane (1989): "Loyalität statt Treue. Vorschläge zu einer funktionalen Übersetzungstypologie". In: *Lebende Sprachen* 34 [3], 100-105.

— (1993): *Einführung in das funktionale Übersetzen*. Tübingen: Francke Verlag. (= UTB. 1734).

— (1997): *Translating as a Purposeful Activity. Functionalist Approaches Explained*. Manchester: St. Jerome.

Pym, Anthony (2002): "Redefining translation competence in an electronic age. In defence of a minimalist approach". http://www.fut.es/apym/online/competence.pdf (09.02.2004).

Quine, Willard van Orman (1953): *From a logical point of view. 9 Logico-Philosophical Essays*. Cambridge Mass.: Harvard University Press.

Reiß, Katharina (1969): "Textbestimmung und Übersetzungsmethode. Entwurf einer Texttypologie". In: *Ruperto-Carola. Zeitschrift der Vereinigung der Freunde der Studentenschaft der Universität Heidelberg e.V.* 9-10, 69-75.

Reiß, Katharina & Vermeer, Hans J. (²1991): *Grundlegung einer allgemeinen Translationstheorie*. 2. Aufl. Tübingen: Niemeyer. (1. Aufl. 1984).

Sandrini, Peter (1999): "Translation zwischen Kultur und Kommunikation: Der Sonderfall Recht". In: Sandrini, Peter (Hrsg.) (1999): Übersetzen von Rechtstexten. Fachkommunikation im Spannungsfeld zwischen Rechtsordnung und Sprache. Tübingen: Narr. 9-45.

Šarčević, Susan (1989): "Conceptual Dictionaries for Translation in the Field of Law". In: *International Journal of Lexicography* 2, 277-293.

— (ᴿ2000): *New Approach to Legal Translation*. Reprint 2000. The Hague etc.: Kluwer Law International. (1 ed. 1997).

Savigny, Friedrich Carl (1973): "Vom Beruf unsrer Zeit für Gesetzgebung und Rechtswissenschaft". In: Thibaut, Anton Friedrich & Savigny, Friedrich Carl (1973): Thibaut und Savigny. Ihre programmatischen Schriften. Hattenhauer, Hans (Hrsg.). München: Vahlen. (Entstanden 1814).

Schäffner, Christina & Adab, Beverly (eds.) (2000): *Developing Translation Competence*. Amsterdam - Philadelphia: Benjamins.

Schuschke, Winfried (³²1994): *Bericht, Gutachten und Urteil. Eine Einführung in die Rechtspraxis*. München: Vahlen.

Simonnæs, Ingrid (1996): "Übersetzungsprobleme bei juristischen Texten: Sprachenpaar Norwegisch-Deutsch". In: Thelen, Marcel & Lewandowska-Tomaszcyk, Barbara (eds.) (1996): *Translation and Meaning, Part 3, Proceedings of the Maastricht Session of the 2nd International Maastricht-Łódź Duo Colloquium on "Translation and Meaning", 19-22 April 1995*. Maastricht: Euroterm. 365-372.

Snell-Hornby, Mary & Hönig, Hans G. & Kußmaul, Paul & Schmitt, Peter A. (Hrsg.) (1998): *Handbuch Translation*. Tübingen: Stauffenburg.

Spillner, Bernd (1981): "Textsorten im Sprachvergleich. Ansätze zu einer Kontrastiven Textologie". In: Kühlwein, Wolfgang & Thome, Gisela & Wills, Wolfram (Hrsg.) (1981): *Kontrastive Linguistik und Übersetzungswissenschaft. Akten des Internationalen Kolloquiums Trier/Saarbrücken 25.-30.09.1978*. München: Fink. 239-250.

Stolze, Radegundis (1992): "Rechts- und Sprachvergleich beim Übersetzen juristischer Texte". In: Baumann, Klaus-Dieter & Kalverkämper, Hartwig (Hrsg.) (1992): *Kontrastive Fachsprachenforschung*. Tübingen: Narr. 223-230.

— (1999): *Die Fachübersetzung. Eine Einführung*. Tübingen: Narr.

Strouhal, Ernst & Pfeiffer, Oskar E. & Wodak, Ruth (1986): "Ein Mann vom Lande vor dem Gesetz. Empirische Befunde zur Verständlichkeit von Gesetzestexten". In: *Folia Linguistica*. 20 [2-3], 505-537.

Vanderlinden, Jacques (1999): "Langue et Droit". In: Jayme, Erik (éd.) (1999): *Langue et Droit. XVe Congrès International de Droit Comparé. Bristol 1998. Collection des rapports*. Bruxelles: Bruylant. 65-122.

Weisflog, Walter E. (1996): *Rechtsvergleichung und juristische Übersetzung. Eine interdisziplinäre Studie*. Zürich: Schulthess.

Zweigert, Konrad & Kötz, Hein ([3]1996): *Einführung in die Rechtsvergleichung auf dem Gebiete des Privatrechts*. 3. Aufl. Tübingen: Mohr. (1. Aufl.).

Radegundis Stolze   (Darmstadt)

Phänomenologie und Rhetorik in der Translation

1   Translation als verantwortliches Projekt

Im Bereich des Übersetzens verstummt nicht die Klage der Praktiker über mangelnde Relevanz der Theorien, wohingegen die Seite der Wissenschaft gerne der Praxis ihr Desinteresse vorwirft. Gesucht werden Vermittler, die Ergebnisse faktenorientierter translatologischer Deskription für die Reflexion der Praxis als Kennzeichen von Professionalität fruchtbar machen. Das Verbindungsglied zwischen beiden Polen im Sinne einer angewandten Übersetzungswissenschaft ist in der Gestalt des Translators zu sehen. Eine Translatologie, die sich mit der Humantranslation befasst, also die Problematik des Übersetzens von Texten durch kulturell verwurzelte Personen untersucht, hat modellhaft die Frage nach der Relation des Translators zu seiner Textvorlage zu erörtern.

Translation ist ein dynamisches Handeln im sozialen Raum. Faktoren der Orientierung in der Lebenswelt sowie des zweckgerichteten Handelns sind hier zu beschreiben. Translatologie als "holistische Prozesstheorie", wo Raum und Zeit "als Kontinuum potentieller Relationen fassbar" werden (Vermeer 2003a:243) fragt, wie Translatoren an ihren Text herangehen. Aufgrund ihrer sozialen Rolle als Sprachmittler haben sie die Verantwortung zur "Ko-Autorschaft" (Vermeer a.a.O.: 256), um das in sie gesetzte Vertrauen auf eine Wiedergabe des Ursprungstextes zu erfüllen.

Übersetzen heißt authentische Präsentation der aus einem schriftbasierten Text verstandenen Mitteilung in einer anderen Sprache als Projekt (Stolze 2003:183). Damit konzentriert sich die Modellbildung nicht auf eine Relation zwischen einem Ausgangs- und einem Zieltext, und auch nicht auf das Verhältnis zwischen zwei verschiedenen Kulturen. Die Translation stellt sich vielmehr problemorientiert als eine dynamische Aufgabenstellung dar, indem der Übersetzungstext erst noch erstellt werden muss. Statt einer horizontalen Transferrelation ist eine dritte Dimension einzubeziehen – der verstehende Translator. Es geht um dessen kognitive Relation zu den verschiedenen Textarten, mit denen er konfrontiert ist. So liegt die besondere Schwierigkeit der professionellen Translation darin, sich auf immer wieder neue recht unterschiedliche Textformen und Inhalte einstellen zu müssen. Die Übersetzungskompetenz wird in erster Linie nicht in der Tiefe einer Analyse liegen, sondern in einer breit angelegten vernetzenden Querschnittqualifikation.

Translatorische Kompetenz setzt den kognitiven Zugang zu verschiedenen Kulturen und Fachgebieten voraus. Sie besteht nach allgemeiner translatologischer Auffassung aus interagierenden Teilkompetenzen, wie der bilingualen Sprachkompetenz als grundlegendem Faktor, der Textkompetenz, dem Allgemein-, Sach- und Fachwissen, dem Kulturwissen und einer den gesamten Übersetzungsprozess steuernden Transferkompetenz (vgl. Neubert 2000:7-10). Diese Teilkompetenzen sind Rahmenbedingungen der Translation; ihr Zusammenwirken im Einzelfall bleibt noch darzustellen.[1] Die Übersetzungskompetenz realisiert sich im Prozess, indem der Translator sich das Ziel der Textoptimierung vornimmt. So ist es ein Missverständnis bei Chesterman (2004:3), wenn er entsprechende individuelle Zielbeschreibungen als "'universal' prescriptions" kritisiert. Die klassischen Übersetzer gaben keine präskriptiven Regeln vor, sondern hatten vielmehr ihr Konzept des Übersetzens formuliert.

Die Translation gelingt nur, wenn der Translator als Experte handelt. *Expertenwissen* ist nach Erkenntnissen der Kognitionsforschung abstrakt, denn Experten können die oberflächlichen Merkmale eines Problems auf die zu Grunde liegenden Prinzipien zurückführen und daher ganzheitlich herangehen. Es ist strategisch, indem die Anwendung von Prozeduren prospektiv im Hinblick auf das Gesamtziel angewendet wird. Es ist proceduralisiert, indem Experten ihr Verfahrenswissen automatisch anwenden und damit die Problemanalyse steuern. Und es ist selbstreflexiv, indem Experten bewusst ihr eigenes Problemlöseverhalten reflektieren und so steuern können. Dies gilt auch für die Translationskompetenz mit dem Ziel der verantworteten Präsentation einer Mitteilung. Diese Relation gilt es nun näher zu betrachten.

2 Implikationen der Phänomenologie für die Expertenkompetenz

Die Schriftlichkeit der Übersetzungstexte bewirkt, dass diese von ihrer Entstehungssituation losgelöst sind, sie erscheinen dem Leser nur als ein

---

[1] Eine nichtssagende Definition von A. Pym wird bei Chesterman (1997:119) zitiert: "Translational competence consists of two skills: 'the ability to generate a series of possible translations for a given source text or item, and [...] the ability to select from this series one version considered to be optimally appropriate'."

Phänomen, sodass zunächst einmal dieses kognitive Problem der situationsunabhängigen Textverarbeitung zu diskutieren ist. Wohl gibt es ein 'Verhalten-in-Situation', aber keine 'Texte-in-Situation', weil die ja gerade durch die Verschriftlichung von jener getrennt und damit einer unbestimmten Leserschaft zugänglich gemacht wurden.

Ein Text wird auf der Basis des gegebenen fachlichen oder kulturellen Vorwissens wahrgenommen, das ist unstrittig. Das Problem ist jedoch, dass der Translator es mit 'fremden Texten' zu tun hat und übersetzen soll für Leser, die meist auch nicht zu seiner sozialen Gruppe gehören. "Translation ist also Textdesign für fremden Bedarf" (Holz-Mänttäri 1993:259). Die Adressaten einer Übersetzung sind oft Kenner eines Autors oder der fremden Kultur, oder in der Fachkommunikation selbst Fachleute. Für die soll der Translator formulieren. Gutt (2004:81) verweist richtig auf die Unterschiede bei den "cognitive environments" von AS-Autor, Translator und ZS-Lesern und modelliert die notwendige "double metarepresentation". Es gilt in eine fremde Hermeneutik einzutreten.

Der semiotische Input der Textzeichen führt kognitiv in der Reaktion mit dem gegebenen Bestand an Weltwissen zu einer spezifischen mentalen Konstruktion beim Translator. Anders ausgedrückt: der "hermeneutische Zirkel" (Stolze 2003:67) bewirkt, wieviel von dem Text überhaupt verstanden wird. Lücken im Verständnis sind dann kein Defekt in dem zu übersetzenden Ausgangstext, sondern Missverständnisse aufgrund ungenügender hermeneutischer Voraussetzungen. Wir alle sind ja stets versucht Gegenstände, z.B. Texte, nur vor dem Hintergrund der eigenen Einstellungen aus unserer Lebenswelt heraus wahrzunehmen und zu interpretieren. Da wird dann unreflektiert angenommen, dass man als Leser die Bedeutung der Wörter und Sätze schon kenne und nur für die anvisierten Adressaten anzupassen brauche.

Gegenstände erscheinen dem sie erfassenden Betrachter aber immer nur an der Oberfläche als Phänomen, und der verstehende Geist versucht sie in seine Lebenswelt einzuordnen und sinnvoll zu machen. Die Phänomenologie als Frage nach der Erscheinungsweise der Dinge für das Denken der Menschen (Husserl N1986:206) ist also zentral. Sie besagt, dass jede Deutung von Phänomenen durch Erfahrung beeinflusst, also zuerst subjektiv gefärbt ist. Ein Phänomen ist nicht ein Gegenstand, sondern die "[Ap-]Perzeption eines Gegenstandes durch jemanden ~ Erscheinungsweise eines Gegenstandes für jemanden" (Vermeer 2003a:250). Der Translator hat freilich eine besondere Verantwortung, den Text in seiner Mitteilung möglichst umfassend zu begreifen und unverfälscht neu zu formulieren.

Zu erinnern ist an das "intentionale Bewusstsein" (Held 1990:85), welches die subjektive Evidenz auf ein Ganzes hin zu transzendieren vermag. Jede Erscheinungsweise, jedes Zeichen, jede Gegenstandsansicht weist über sich hinaus auf eine gedachte Objektivität. Man kann die Vorderfassade eines Hauses untersuchen, aber man sollte darüber nie vergessen, dass es nur eine Teilansicht ist, aus anderer Perspektive erscheint das Haus anders. Kognitiv wird die Integration der Perspektiven zur 'Objektivität' des Ganzen hin geleistet, das Oberflächenphänomen wird so transzendiert, dass das Objekt in seiner ontologischen Objektivität erfasst wird. Vermeer (2003a:254) bemerkt richtig: "Die Perspektivität wird vergessen oder irrelevant gesetzt."

Eine Vielzahl von Perspektiven macht aber erst die 'Objektivität' des Hauses aus; als Gegenstand ist das Haus dann 'multiperspektivisch'. Und genau so ist im Sinne der Phänomenologie ein Text multiperspektivisch (Stolze 2003:154). Erst alles zusammen ergibt die ontologische Objektivität. So wird ein Text nicht mittels Textanalyse verstanden, sondern in einem schematischen Hindurchblicken auf dessen Mitteilung durch Zusammenschau der feststellbaren Einzelaspekte. Die Strukturen auf der Textebene sind nur ein äußeres Phänomen der Mitteilung, die dahinter steht.

Bedeutungen von Wörtern funktionieren im Rahmen einer Kultur oder eines Fachbereichs. Wörter evozieren kognitiv Szenen aus diesen Bereichen (Fillmore 1977:63). Vermeer (2003a:251) spricht von der "Augenblicklichkeit des Begriffs" in den Kulturen, im Gegensatz zum "abstrakt-wissenschaftlichen Begriff" als "denotativem Krüppel" (a.a.O.: 254). Dazu gehört freilich, dass vergleichbare Szenen beim Leser zur Anknüpfung vorhanden sind, sonst wird gar nichts evoziert, oder etwas falsches. Intersubjektivität ist durchaus möglich aufgrund der menschlichen Fähigkeit, ähnliche Konzepte zu entwickeln und zu vergleichen, und dies geschieht unbewusst (Lakoff 1987:6).[2] Das hat nichts mit den vorfindlichen Sprachzeichen selbst zu tun, denn Sprache ist ein Instrument für viele Zwecke.

Die Phänomenologie fordert dazu auf, über das Phänomen des Erscheinenden, also z.B. den Satz in einem Text, in seiner Evidenz hinauszublicken in ein gedachtes holistisches Ganzes der Mitteilung hinein. Was immer wieder als Kennzeichen von Professionalität und Expertentum genannt wird, nämlich Abstraktion, ist hier gemeint.

3 Interpretation oder Translation

Die verstandene Bedeutung steckt nicht in den Wörtern oder syntaktischen Strukturen als solchen, sondern im Hintergrundwissen, das an den Text heran getragen wird. So ist translatorische Expertenkompetenz zuvörderst ein wissensbasierter Textapproach, eine bestimmte Haltung, eine Art des

---

2 Vermeer (2003a:255) überbetont hier die Monadenhaftigkeit des individuellen Geistes: "In jedem Gehirn entsteht seine Welt" und vergisst, dass gerade die Ähnlichkeit der intersubjektiven Vorstellungen die Grundlage von Verständigung darstellt, worauf schon Husserl (1950:166-219) hingewiesen hatte.

informierten Umgangs mit den Übersetzungstexten. Phänomenologisch führt der Input von Texten dann zu individualspezifischen kognitiven Reaktionen auf der Basis des gegebenen Vorwissens, das ist nicht zu überspringen. Die Subjektivität des Textverstehens soll jedoch durch Integration anderer möglicher, nämlich fachspezifischer und kulturspezifischer Sichtweisen überwunden werden. Es ist die Aufgabe verantwortlicher Translation, gerade nicht eine subjektive Interpretation eines Textes vorzulegen, sondern vielmehr immer wieder von der eigenen Auffassung abzusehen und ständig kritisch zu fragen: Stimmt das denn? Gibt es nicht noch andere Sichtweisen, wo ist noch fachliche oder kulturelle Recherche vonnöten?

Nun wird gerne betont, jedes Verstehen sei schon immer Interpretation, eine Auffassung, die von Dekonstruktivisten vertreten wird, aber auch in der Semiotik-Tradition nach Charles S. Peirce steht.[3] Doch die Behauptung, Übersetzen sei stets "Ausdruck einer kreativen Interpretation" (Vermeer 2003a:31, 34) ist abzulehnen. Dass "Interpretation unvermeidlich" (Vermeer 2003b:256) und aufrichtiges Verstehen demnach unmöglich sei, ist nicht bewiesen. Translatorisches Lesen ist vielmehr selbstreflexiv, wie Frank (1988) anmerkt.[4] Natürlich bewirkt jede neue Lektüre im Sinne der Hermeneutik einen Wissenszuwachs, aber das ist nicht Interpretation, sondern ein Offensein für die Sache des Textes, bis diese sich erschließt. Es gilt "der eigenen Voreingenommenheit innezusein, damit sich der Text selbst in seiner Andersheit darstellt und damit in die Möglichkeit kommt, seine sachliche Wahrheit gegen die eigene Vormeinung auszuspielen" (Gadamer [5]1986:253).

Der translatorische Umgang mit schriftlichen Texten als kognitive Strategie ist in der Literatur und in der Fachkommunikation derselbe, nur das relevante Vorwissen ist entweder in einer kulturgebundenen Lebenswelt oder in einem Fachgebiet verankert. Fachtexte werden in ihren fachlichen Denkwelten gesehen, und literarische Texte werden als kulturspezifisch-ästhetische Seinsdeutung aufgenommen.[5] Einem Laien mag ein Fachtext vielleicht unverständlich erscheinen, ein Bericht aus einer unbekannten

---

[3] Wirksam sind hier Einflüsse des zeichenorientierten Semiose-Konzepts von Peirce, vgl. Gorlée (1994:10): "The key postulate of semiotranslation maintains that translation is interpretation and amounts to Peirce's dynamic sign action – his semiosis".

[4] Er stellt fest: "In dem Augenblick, in dem ich die übersetzungskritische Aufmerksamkeit auf diese Passage lenke, läßt sie sich nicht mehr mit der Unschuld desjenigen lesen, [...] der einfach am Fortgang der Geschichte interessiert ist" (Frank 1988:488).

[5] Demgegenüber übernimmt Zybatow (2004:304) unkritisch Kollers alte Unterteilung in "Sachtextübersetzen auf der einen Seite und literarisches Übersetzen", welche auf dem Unterschied zwischen realen oder fiktionalen Redegegenständen, nicht aber der linguistischen Strukturen gründet. Er behauptet, dies seien "unterschiedliche geistige Operationen [...], die sich unterschiedlicher Strategien bedienen." Als Begründung wird nur genannt, dass dies zu "unterschiedlichen Arten von Texten führen" würde.

Kultur vielleicht seltsam vorkommen. So etwas kann ich dann nicht übersetzen, weil ich es nicht verstanden habe. Ein wissensbasiertes Herangehen an den Übersetzungstext bestimmt entscheidend dessen Verständnis mit allen Konsequenzen für die Ausformulierung des Translats.

Der Lernprozess während des Lesens, wenn man sich allmählich sein Textverständnis klar macht, heißt "Auslegung" (Gadamer [5]1986:362), und diese unterscheidet sich von der Interpretation als interessegeleiteter Deutung. Die Auslegung fragt, was der Text denn sagt, die Interpretation fragt, was dies denn nun sozial bedeutet, und oft wird die Interpretation vor den Text gestellt. Die Aneignung der Textaussage bleibt dann in der eigenen Sonderwelt oder in der für bestimmte Adressaten postulierten verhaftet, der transzendente Horizont einer Multiperspektivität von Texten wird ausgeblendet. Interpretation ist aber den Lesern der Übersetzung selbst zu überlassen, und deswegen stellt die solidarische Auslegung eines Textes ein translatorisches Problem dar. Translatorisches Lesen unterscheidet sich hier deutlich vom gewöhnlichen interessierten Lesen, das meistens sofort interpretiert und deswegen subjektiv genannt werden darf.

Gefordert ist bei der Translation eine Art Solidarität mit dem Text als Mitteilung, so wie er sich dem Translator in kritischer Reflexion erschließt (Stolze 2003:174). Solidarität mit der Mitteilung als humangebundene Haltung verlangt vom Translator innere Selbstüberwindung und Hinwendung zum Anderen im Text, ein Sich-Einlassen auf das Fremde. Die Übersetzungsaufgabe besteht darin, die Mitteilung nachvollziehbar zu machen, auch wenn sie einen etwa persönlich keineswegs anspricht. Damit zeigt sich für die Translation ein Unterschied zur "Interpretation". Der Translator wird sich nicht mit der Mitteilung auseinandersetzen, sondern ihren Sinn mit eigenen Worten offen legen und offen halten.

Die Translation als sprachlicher Vermittlungsprozess soll also eine Interpretation quasi 'unterbinden', die Textmitteilung vielmehr vergegenwärtigend vermitteln, damit sie dann von anderen, den Empfängern der Übersetzung, überhaupt erst interpretiert und für ihre Zwecke gedeutet werden kann. Die Subjektivität der übersetzenden Person in ihrer Auslegung ist zwar nicht zu überspringen, muss aber hermeneutisch kritisch reflektiert werden. Es gehört zur Kompetenz von Translatoren, einzelne Sonderwelten kognitiv zu transzendieren auf ein Ganzes hin. Nur so kann es zu dem mit einer Übersetzung angestrebten Mitteilungsgeschehen zwischen ausgangskulturellem Autor und anvisiertem Leser kommen.

4 Modell der translatorischen Kategorien und Verstehensphase

Wenn translatorisches Lesen als Vorbereitung des Übersetzens eine kritische, wissensbasierte Herangehensweise ist, dann wäre nun zu fragen, worauf denn der Translator hier besonders zu achten hätte. Beim verstehenden Lesen ist der "Zirkel des Verstehens" wirksam, indem das einzelne Textelement aus dem Ganzen heraus und die Einheit des Ganzen aus seinen Teilen verstanden wird (Schleiermacher 1838:187). Die strukturellen Einzelheiten werden im Verstehen gar nicht wahrgenommen, aber das Ganze einer Mitteilung kann trotzdem verstanden werden, und dies erhellt dann die punktuellen Wort- und Satzbedeutungen

Um didaktisch eine Sensibilisierung angehender Translatoren zu erreichen, kann ein Modell der translatorischen Kategorien im Bereich von Literatur und Fachkommunikation vorgestellt werden, wie es in der Tabelle dargestellt ist. Diese Kategorien sind holistische Perspektiven auf den Text. Sie sind für ein präziseres Erfassen der Textmitteilung zum Zweck der Translation und ein adäquates Formulieren in der Zielsprache relevant. Die phänomenologisch reflektierte Aufmerksamkeit auf Übersetzungstexte erweist sich in der Integration oder Vernetzung der verschiedenen wahrgenommenen Phänomene, sie führt zu einer holistischen Zusammenschau diverser semiotischer Aspekte des Textes. Wichtiger als eine detaillierte Textanalyse ist ein Problembewusstsein im Ganzen, welches das Herangehen steuert.

Notwendig ist zunächst eine *Textsituierung*, eine Einordnung des Textes in sein außersprachliches Umfeld an relevantem Vorwissen. Dieses Wissen ist in ständigem Wachstum begriffen, wenn vom Translator die vielfältigen Einzelergebnisse fachlicher sowie sprach- und kulturwissenschaftlicher Forschung integriert werden. Prozessorientiertes Übersetzen kann nur interdisziplinär beschrieben werden.

Um die eigene Relation zum Übersetzungstext zu reflektieren, benötigt der Translator Bezugspunkte. Wir nennen sie "Translatorische Kategorien", die nicht an Strukturen im Text sondern an die kognitive Perspektive anknüpfen. Entsprechende Kategorien sind in der Verstehensphase die Frage nach dem Kontext, dem Diskursfeld, der Begrifflichkeit und dem Aussagemodus, wobei die spezifische Verortung des Textes in der lebensweltlichen oder der fachlichen Kommunikation zu beachten ist.

Text-situierung		*Lebensweltliche Kommunikation*	*Fachliche Kommunikation*
Verstehen	Kontext	Kulturgemeinschaft, Land, Zeit, Autor	Historie, Verfasser, Wissenschaftsbereich (NWT, SGW)
	Diskursfeld	Gesellschaftlicher Ort, Milieu, Ideologie des Autors, Textgattung	Domänenspezifik, Kommunikationsniveau und -form, Texttyp
	Begrifflichkeit	Kulturspezifische Assoziationen, Schlüsselwörter, Metaphorik, Längsachsen	wissenschaftsspezifische Begriffsbildung der Termini (Definition/ Deduktion vs. Konvention/ Interpretation)
	Aussagemodus	Sprecherperspektive, Satzsubjekte, Idiolekt, Fokussierung, Ironie, Intertextualität, Zitate	Informationspräsentation, Sprechakte, Satzkonstruktion, Fußnotenverwendung, Formeln
Rhetorik-aspekt		*Literatur*	*Fachtexte*
Formulieren	Medialität	Genre, Textgestalt, Versanordnung, Bebilderung, Druckbild	Medium der Textsorte, Layout, Illustrationen, Leitzeichen, Schriftart
	Stilistik	Wortspiele, Prosodie der Emotionalität, Tempus/Modus, Milieucharakteristika, Metonymien, Alliteration, Reime	textsortentypische Textbausteine, Funktionalstil, Phraseologie, Passivkonstruktionen, kontrollierte Sprache
	Kohärenz	Titel, semantische Isotopien und Kompatibilität, Synonymie, Andeutungen	Äquivalenzstatus der Termini, Fachhermeneutik der Begriffswörter. Sprachspezifische Wortbildungsformen der Fachlexik
	Textfunktion	Autorintention, Gliederung, intendierte Lesergruppe	Makrostruktur, Adressatenspezifik, Verständlichkeit

Abb.: Modell der translatorischen Kategorien

Wir gehen den Text in einem Top-down-Ansatz von außen nach innen an, was an einem Textbeispiel aufgezeigt wird.[6] Bei der Betrachtung des Textes

---

6 Vgl. Anhang. Es wäre gewiss einfacher, zu jeder Kategorie einen geeigneten Beispieltext anzuführen. Um jedoch die Interdependenz der translatorischen Kategorien zu verdeutlichen, soll dies an einem längeren Einzeltext gezeigt werden. Dies wird ergänzt durch den Vergleich mit einer gedruckten Übersetzung, in der die translatorischen Kategorien ganz offensichtlich nicht beachtet wurden.

im Rahmen seines KONTEXTES wird das Vorwissen zu dessen Herkunft aktiviert.

Es ist das erste Kapitel aus dem Buch *The Mists of Avalon* von Marion Zimmer Bradley (1983). Dabei handelt es sich laut Klappentext des Buches um die Nacherzählung der alten Sage aus dem 5. Jh. um König Artus' Tafelrunde, den Propheten Merlin und die Suche nach dem Gral. Die christliche Kirche verdrängt allmählich den älteren Volksglauben. (Artus war ein König der keltischen Briten und Bretonen, der das Land gegen Angriffe der Sachsen zeitweilig schützen konnte. Schriftliche Zeugnisse über ihn tauchen im 12. Jh. auf). Das haben wir als Vorwissen, wenn wir den Klappentext beachten.

Die ganzheitliche Wahrnehmung von Texten orientiert sich sodann an dem DISKURSFELD des Textes, welches aufgrund des Verfassers oder Ursprungs des Textes gegeben ist. Auch dieses Wissen folgt aus textexternen Informationen, die zum Vorwissen gehören oder recherchiert werden.

Dazu betrachten wir das Nachwort der Autorin. Die schon durch andere Science-fiction- und Fantasy-Romane international bekannte Autorin wurde 1930 im US-Bundesstaat New York geboren. Sie sagt, dass sie sich bei ihrer Materialsuche viel mit amerikanischen nichtchristlichen Gruppen und feministischen Frauenzirkeln befasst habe. Damit steht das Diskursfeld fest. Gattungsgeschichtlich gehört unser Beispiel zum Genre des Fantasy-Romans, einer modernen Form des Märchens. Es ist viel von Feen die Rede, deren keltische Grundform im irischen Volksglauben noch am reinsten erhalten ist.

In der Fachkommunikation geht es um den Kontext des Wissenschaftsbereichs in Naturwissenschaften/Technik oder den Sozial- und Geisteswissenschaften, und das Diskursfeld bestimmt sich nach der Domänenspezifik, dem Fachbereich mit dem besonderen Fachgebiet, und dem Kommunikationsniveau, also der Frage, ob es sich beim vorliegenden Text um fachinterne oder fachexterne Kommunikation handelt. Bis hierher betrifft die Translationskompetenz im Wesentlichen außersprachliches Vorwissen, das phänomenologisch relevant ist.

Im Rahmen eines Diskursfeldes wirkt dann die BEGRIFFLICHKEIT, die sich auf der Textebene spiegelt. Es sind bestimmte zentrale Schlüsselwörter oder Fachtermini, um die herum das Ganze angeordnet ist. Die gilt es in ihrer kulturspezifischen oder fachlichen Bedeutung zu erfassen. Kulturelle Besonderheiten verdichten sich in bestimmten Schlüsselbegriffen oder Konzepten, und in "Schlüsselszenarien" (Turk 1997:281) dienen sie als Projektionsfläche für Wertvorstellungen und Stereotype. Ein Text ist nicht nur reine Individualität, sondern gehört in eine bestimmte Gruppensprache. Auf die Bedeutung von "Längsachsen" als "makrokontextuellen Strukturen literarischer Texte" hat Frank (1988:486) hingewiesen und meint damit semantische Bezüge. Repetitive Strukturen auf der Textebene können ggf. in einem Roman auch mittels Literary Computing ermittelt werden (vgl. Iannidis 1990).

In unserem Beispiel zeigen sich v.a. die Wortfelder aus der Feenwelt gegenüber der Klerikerwelt der katholischen Kirche, denn es geht um den Widerstreit dieser zwei Welten, vgl. (Zeile 2) *queen*, (2;36) *wise-woman*, (1;74) *priestess*, (4) *world of fairy*, (6;41;73) *Goddess*, (4;60;64) *tale*, (38;46;67) *Lady of the Lake*, (13;50;65) *Holy Isle of Avalon*, (34) *dark robe of the Great Mother* versus (4) *Christians*, (6;15) *Christ*, (8;68) *Satan*, (6;24;27;59;61;65;76) *priests*, (15) *saints*, (16) *legends*, (29) *church bells*, (43) *virgin Mary* u.a.

Fachlich ist es wichtig, den Unterschied der Begriffsbildung in Natur- und Technikwissenschaften und bei den Kultur- und Sozialwissenschaften zu beachten, um entsprechenden Fachwortschatz im Text zu erkennen. Hier besteht eine grundsätzliche Dichotomie in der Autorenperspektive und in der Textkonstitution (Stolze 2003:167). Sozialwissenschaftliche Begriffswörter erscheinen oft in einer gemeinsprachlichen Form und sind daher oberflächlich nicht monosemierbar.

Schließlich ist auch der AUSSAGEMODUS in einem Text interessant. Es ist verständnisrelevant für den Translator festzustellen, was der Verfasser in welcher Sprecherperspektive hervorgehoben hat, was ihm aufgrund der Satzsubjekte wichtig war, welche Zeitenfolge und Redeweise (Aktiv/Passiv, Ich-Form, Betonung usw.) vorliegt.

Unser Beispieltext ist in der Ich-Form gesprochen (*Morgaine speaks...*). In jedem Satz erscheint *I*, was in Übers. (A) gleich zu Beginn Z. 1 (*I have been called many things*), Z. 5 (*I have no quarrel with the Christ*), und noch einmal Z. 35 (*I did not undeceive them*) und Z. 40 (*I could greet Arthur*) verändert wurde. Damit ändert sich natürlich die Sprecherperspektive und der Sinn des Textes.[7] – Auch beginnen die Sätze immer mit *now, and now, for* etc. als Signal des Gesprochenen. Vielleicht ist dies auch ein Phänomen der im englischen Sprachraum stärker verbreiteten Kolloquialität. Dies wurde in Übers. (A) uneinheitlich wiedergegeben.

Ein besonderes Merkmal des Textes ist die Fokussierung: sehr viele Sätze weisen eine betonte Aussage am Satzende auf. Dies ist in Übers. (A) an den meisten Stellen verändert worden, bis hin zur Inversion. Dadurch wirkt der Text insgesamt unklar, was nicht gerade das Leserinteresse fördert.

---

[7] Problematische Textstellen wurden in Übersetzung (A) kursiv hervorgehoben.

Auch Intertextualität ist zu beobachten, z.B. in Z. 44: *"she too becomes the World Mother in the hour of death"* erinnert an das Ave Maria, das endet: *"bitte für uns Sünder in der Stunde unseres Todes"* – mit diesem Endfokus.

Wenn so die Textmitteilung holistisch wahrgenommen wurde, der Text endlich verstanden ist, dann stellen sich beim Translator intuitiv autopoietische Formulierungsentwürfe ein (Stolze 2003:207): Der verstandene Mitteilungsinhalt der Textvorlage ist kognitiv präsent und fließt in eine andere Sprachgestalt hinüber.

5 Rhetorik der Textproduktion als Koordinierungsproblem

Erst jetzt kommen die Rhetorik und die Evaluierung ins Spiel, wenn es darum geht die verstandene Mitteilung auszuformulieren. Wie bei einem Originalautor gehört hierzu seitens des Translators eine gewisse solidarische Identifikation mit dem auszusagenden Mitteilungsinhalt und andererseits die Fähigkeit zu kohärenter Textproduktion für die Erfordernisse der Adressaten. Die Textfunktion kann sich aus dem verstandenen Ausgangstext ergeben, wenn z.B. ein Roman wieder als Roman oder eine Bedienungsanleitung wieder als eine solche übersetzt wird; oder es kann jeder beliebige Übersetzungsauftrag vorliegen, wie z.B. den Inhalt zusammenfassen, Umschreiben, Neufassung aufgrund fremdsprachlicher Daten usw.

Viele Forscher sehen die Textproduktion als einen "Problemlösungsprozess", in Übereinstimmung mit Hayes und Flower (1980), die den Prozess professioneller Textherstellung untersucht haben. Sie isolierten die Phasen der *Planung*, d.h. es wird versucht, die Gedanken in eine Textform zu bringen, und der *Revision* der Lösungen nach kommunikativen Zielen. Formulierungsentwürfe und Revision werden mehrfach zyklisch wiederholt, bis endlich ein Text entstanden ist, der dem ursprünglichen Schreibziel am besten entspricht. Während das Textverstehen eher global und schematisch ist und zu einem ungefähren Schreibziel fürs Übersetzen führt, kommt es beim Ausformulieren nun tatsächlich auf die konkrete Gestalt der Textebene in der Zielsprache an (Antos 1982:119). Ausgangs- und Zieltext stehen daher nicht in einer symmetrischen Relation der formalen Äquivalenz, sondern die kognitive Repräsentation der Mitteilung wird als Ganzes neu hervorgebracht. Textproduktion ist nicht einfach die umgekehrte Textrezeption.

Aus der Schreibforschung ist bekannt, dass beim Formulieren eine Art "Vermehrung der Zwänge" zu beobachten ist, d.h. die anfänglich offenen Gestaltungsmöglichkeiten reduzieren sich in dem Maße, wie die "innere Logik" des produzierten Textes wächst (Dörner 1976:96). Je genauer mir mein Schreibziel vor Augen liegt, je umfassender ich also den Ausgangstext verstanden habe, desto schwieriger wird es, alle die erkannten Anforderungen oder Perspektiven unter einen Hut zu bringen. Alle Texteigenschaften können aber rhetorisch und stilistisch auf der Zieltextebene beschrieben werden, und hier begegnet die Theorie wieder der Methodik, wenn der erste Sprachentwurf nach rhetorischen Kriterien überarbeitet wird.

Die konkrete Formulierung eines Satzes wird ja vom Ganzen des Textes her bestimmt. Inhaltlich ist die Schreibaufgabe von der Textvorlage her gegeben, und die Mitteilung soll so reproduziert werden, dass sie im Diskursfeld der anvisierten Empfänger auch sprechend wird. Phänomenologie und Rhetorik als Faktoren der Translation wirken in Relation mit dem Translator als handelnder Person. Das Textverständnis führt zu einem ersten Übersetzungsentwurf aufgrund der vorgefundenen Textstrukturen der schematischen Repräsentation und wird dann schrittwise überarbeitet.

Die Revision des Entwurfs gründet auf linguistischen und rhetorischen Aspekten, wie sie traditionell in der Sprachwissenschaft untersucht wurden. Dies funktioniert wiederum nur, wenn entsprechendes Sprachwissen beim Translator gegeben ist. Die hermeneutische Spirale bei der intuitiven Suche und dem autopoietischen Auftreten zielsprachlicher Formulierungen funktioniert so, dass der Translator in einem Bottom-up-Prozess den Zieltext konstruiert. Beginnend mit den ihm auffällig gewordenen formalen Strukturen, die zu ersten tentativen Sprachentwürfen führen, arbeitet sich die Revision allmählich durch die verschiedenen Ebenen bis hin zu einer funktional angemessenen Gesamttextkohärenz hindurch. Empirische Untersuchungen zeigen immer wieder, dass es Studierenden oft nicht gelingt, den abschließenden Schritt von der stilistischen Textfixierung hin zum holistischen Einbezug der Textfunktion zu vollziehen.[8] Daher sollte dies didaktisch besonders trainiert werden. Die Phänomenologie der Textsituierung und der Rhetorikaspekt des Formulierens begegnen einander.

Die je spezifische Koordinierungshierarchie der verschiedenen Kategorien muss für jeden Übersetzungsfall neu bestimmt werden, hierfür gibt es keine generelle Regel. So wird deutlich, dass die im Modell vorgestellten translatorischen Kategorien untereinander eng verknüpft sind und weder einen linearen Ablauf noch eine exakte Hierarchie bilden.

6 Anwendung der Evaluierungskategorien

Die Mittel der Kommunikation determinieren die Erscheinungsweise schriftlicher Texte, weshalb die MEDIALITÄT des Textes mit ihren Zwängen das translatorische Handeln steuert. Bei Werbetexten ist z.B. die kulturelle Einbettung von Bildern interessant. Oft müssen bei entsprechenden

---

[8] Vgl. Ballansat (2004). Wenn z.B. funktionale Argumentationsmuster in Rechtstexten, wie das Referieren des Parteienvortrags in Urteilen, nicht beachtet werden, führt dies zu einer Missachtung der indirekten Rede in den Übersetzungen und damit zu einer Verfälschung der Textfunktion, wie in einer empirischen Untersuchung gezeigt wurde.

Übersetzungen nicht nur der Text sondern auch die Illustrationen, ja die ganze Botschaft verändert werden, um die Mitteilung in der Zielkultur zu realisieren. Die Druckform, das Layout, Platzprobleme, kulturspezifische Schriftpräferenzen können oft andere sprachlich motivierte Formulierungsentscheidungen überlagern, und die Versanordnung in Gedichten verhindert ohnehin meist eine wörtliche Übersetzung. Daher gilt tatsächlich eine 'Vermehrung der Zwänge' beim translatorischen Schreiben als Koordination verschiedener rhetorischer Textanforderungen.

Konkrete Auswirkungen hat die translatorische Rhetorik als angemessene Formulierungsweise auf dem Feld der STILISTIK. Die Emotion zum Beispiel wird im Satzrhythmus ausgedrückt.

In unserem Beispiel finden wir eine besonders emotionale Stelle gegen Ende Z.65f: *"...whether you arrive in the Holy Isle of Eternity or among the priests with their bells and their death and their Satan and Hell and damnation..."* Es bricht geradezu aus der Erzählerin heraus. Das ist in Übers. (A) mit der Satzklammer *"...oder ob du bei den Mönchen .... ankommst"* völlig zerstört. Die Fokussierung wurde nicht beachtet.

Wortspiele fesseln stets große Aufmerksamkeit für die Translation, was auch die reiche Literatur darüber bezeugt. Beim literarischen Übersetzen wird man nach präzisen Formulierungen suchen, und dies wird oft nicht auf Anhieb gelingen. Manche übersetzungskritisch feststellbare Unzulänglichkeit beruht auch auf sprachenpaarspezifischen Grammatikunterschieden. Hier könnte man u.a. mikrostrukturell auf die Valenztheorie hinsichtlich der Verben (Gerzmyisch-Arbogast 2004:59) und die Deixis verweisen.

Hat der Translator z.B. im Blick auf den Aussagemodus wahrgenommen, dass eine Rede in der Ich-Form wichtig ist, dann ist es weniger wahrscheinlich, dass ein Satz wegen einzelsprachlicher Grammatikprobleme umgedreht wird. Durch die Veränderung des Satzsubjekts wird nämlich der kommunikative Wert einer Aussage verändert. *"I have no quarrel with the Christ..."* (Z. 5) übersetzt mit *"Christus ist nicht mein Feind"* weicht als Aussage signifikant vom Gemeinten im Ausgangstext ab (Christus ist nie jemandes Feind). Dabei wäre eine Übersetzung wie *"Ich habe nichts gegen den Christus..."* unschwer zu erzielen.

In einer kognitiven Suchbewegung wird im Schreibprozess mit Verdichtungsstrategien solange probiert und revidiert, bis das Formulierte genau dem entspricht, was man sagen will. Das geht unabhängig von der Struktur der Textelemente im AS-Text, die kann man sowieso nicht wiederverwenden, denn sie gehören zu einer anderen Sprache. Es gibt viele Möglichkeiten jenseits der wörtlichen Übersetzung, um einen verstandenen Gedanken auszudrücken.

Der Satz Z.75 *"And so perhaps the truth winds somewhere between the road to..."* ist schwierig wörtlich zu übersetzen wie in Übersetzung (A): *Und so windet sich die Wahrheit vielleicht irgendwo...* Andere Formulierungen werden schrittweise gefunden, z.B. *Vielleicht findet sich die Wahrheit irgendwo zwischen...* Oder: *Und so ist die Wahrheit wohl irgendwo auf den verschlungenen Pfaden...* (Übersetzung B).

Noch ein anderes Beispiel: *"Lo splendore avvolto nella nube"* (Angelo G. Roncalli zu einem Heiligenbild). Schrittweise wird der Übersetzungsentwurf verdichtet: (1) *Der Glanz, der in eine Wolke gehüllt ist,* (2) *Der von einer Wolke umhüllte Glanz,* (3) *Der verhüllte Glanz hinter einer Wolke,* (4) *wolkenverhangenes Leuchten.*

Schwierig sind die unbestimmten Aussagen, die sich der Interpretation darbieten, ein bekannter Topos der literarischen Rezeptionstheorie. Übersetzer könnten versuchen – und hier ist oft die sog. Wörtlichkeit näher am Text –, dieses Schwebende im Text zu erhalten, damit auch Leser sich noch etwas vorstellen können, anstatt es interpretierend in eine sehr klare Aussage einzuebnen. Chesterman (1997:71) sieht in dieser übersetzungspraktisch sehr verbreiteten Tendenz deskriptiv "the law of explicitation", doch damit muss man sich nicht abfinden.

Im Beispiel am Ende Z. 73 heißt es: *"And to every man his own truth, and the god within."* Das wurde in Übersetzung (A) ausgewalzt zu: *"Jeder Mensch hat das Recht auf seine eigene Wahrheit und auf den Gott, der durch sie spricht."* Das ist zwar genau das, was gemeint ist, aber das kann und soll sich der Leser doch selber denken.

In Fachtexten ist der Funktionalstil wichtig, denn wissenschaftliche Inhalte verlangen nach einer adäquaten Präsentation in Texten, etwa im Blick auf die Phraseologie, damit diese Texte von Fachleuten auch als autoritativ anerkannt werden. An dieser Stelle verraten viele Übersetzer ihre relative Ahnungslosigkeit, wenn sie Dinge paraphrasieren wollen, die einer Erklärung nicht bedürfen.

Das Textganze wird vermehrt einbezogen, wenn es um die Bedeutung geht. Im Blick auf die notwendige KOHÄRENZ eines Textes auch in der Übersetzung wurde schon auf die Rolle der Schlüsselwörter hingewiesen. Thematische Kohärenz im Zieltext kann mit einem semantischen Netz der Isotopie erzielt werden. Wenn der Übersetzer etwa kulturspezifische Wortfelder im Ausgangstext entdeckt hat, kann er nun entsprechende Lexeme in einem Wortfeld in der Zielsprache suchen, wobei visuelle Imagination hilfreich ist. So ergeben sich kreative Bezüge auf der Gesamttextebene jenseits von Wörterbuchnotierungen. Die einmal gefundenen zielsprachlichen Lösungen und die im Text verbalisierten Relationen könnten in synoptischen Netzen verglichen werden (Gerzymisch-Arbogast 1994:73f.), wodurch ggf. weitere Revisionsschritte eingeleitet werden.

Es wäre z.b. angebracht, deutlich die Wortfelder der Feenwelt und der katholischen Kirche voneinander zu trennen, um den Unterschied zu verdeutlichen. In Übersetzung (A) wurde dies vermischt. So passen Ausdrücke wie *Gewand eines Christuspriesters, Kirchenmänner, Maria aus Nazareth, eine Jungfrau, schwarzes Gewand der Nonnen, Maria in dem blauen Gewand* usw. nicht in den Sprachgebrauch der katholischen Kirche und erschweren ein Wiedererkennen. Kirchliche Bezeichnungen sind dagegen *Priestergewand, Maria im blauen Kleid, jungfräulich, schwarzer Habit der Nonnen, Novizinnen* u.a.

Wörterbücher weisen das Brainstorming in die richtige Richtung, aber deren Angaben sind nicht bindend. Gestelzte Übersetzungen aufgrund sprachlicher Interferenz verhindern dagegen oft das Entstehen einer kognitiven Szene beim Leser und schaffen keine authentische Präsenz für die Mitteilung. In der Fachkommunikation ist der Äquivalenzstatus von Termini zu prüfen, denn die Fachausdrücke sind die Hauptqualität fachlicher Texte. Fachspezifische Wortbildungsmöglichkeiten in einer Sprache werden oft nicht genügend beachtet.

Eine authentische Mitteilung entsteht nur mit einem kohärenten Text. Textkohärenz wird u.a. auch erzielt durch semantische Kompatibilität auf syntaktischer Ebene sowie auf Abschnittebene.

Die Übersetzung von Z.10 *"...but what can a virgin know of the sorrows and travail of mankind?"* mit *"Aber was kann eine Jungfrau von Leid und Mühsal der Menschen wissen?"* ist in Übersetzung (A) unglücklich. 'Kummer und Qualen' wäre eher kompatibel mit einer weiblichen Weltsicht. Z. 14: *"...cover it all with their saints and legends"* stellt in Übersetzung (A) *"...alles unter ihren Heiligen und Legenden begruben"* fast eine Stilblüte der semantischen Inkompatibilität dar.

Im Textbeispiel geht es auch um das Geschlechterverhältnis, ganz konkret um Bruder – Schwester, Mann – Geliebte, christlicher König – Priesterin. Weil dies im Abschnitt über das Sterben von Artus (Z. 45ff) in Übersetzung (A) nicht deutlich benannt wird, entsteht beim Leser keine klare szenische Vorstellung von einem sterbenden Mann, der den Kopf in den Schoß einer Frau legt.

Um schließlich einen Übersetzungstext wirklich adressatengerecht zu gestalten, ist die Beachtung der TEXTFUNKTION in der Zielkultur wichtig. Dies betrifft vor allem die Makrostruktur des Textes, von der die Mikrostruktur abhängig ist. Als Normalfall der Translation wird die Funktionskonstanz angenommen. Es ist naheliegend, für die Übersetzung eines literarischen Textes, wie z.B. eines feministischen Romans, ein ähnliches

Diskursfeld in der Zielkultur anzuvisieren, was dann entsprechende Formulierungsentscheidungen nach sich zieht. Im Blick auf Wortspiele etwa kann aufgrund der Textfunktion entschieden werden, was im konkreten Fall wichtiger ist: Form oder Inhalt. Aufgrund sprachenpaarspezifischer Unterschiede sind nun einmal nicht alle Textqualitäten materiell in der Zielsprache zu erhalten.

Hier greift wieder der hermeneutische Zirkel: der Translator muss wissen, wie eine bestimmte Textfunktion in der Zielsprache realisiert wird, also z.B. die literarische Gattung. Das ist nicht aus der Textvorlage herzuleiten, denn meistens liegen hier kulturspezifische Unterschiede vor. Im vorliegenden Fall des Textbeispiels ist wichtig, dass es sich um einen gesprochenen Erzähltext handelt.

Aus diesem Grund wurden in Übersetzung (B) ganz bewusst die Satzanfänge mit *und...* im Deutschen beibehalten. Auch wenn dies in manchen Stilfibeln für die schriftliche Textproduktion abgelehnt wird, gibt es andere Beispiele. So etwa in Martin Luthers Übertragung der Offenbarung des Johannes, wo fast jeder Satz mit 'und' beginnt, worin die fortlaufend beschriebene Vision und die innere Emotion des Johannes deutlich wird.

Im Blick auf die intendierte Lesergruppe könnte man auch in der Zielsprache an esoterisch interessierte Frauengruppen oder Fantasy-Begeisterte denken. Dies führt dann zur Übersetzungsentscheidung der Auswahl aus dem spezifischen Soziolekt, wie z.B. mit kreativen Ausdrücken wie *Allurheber, Weltenmutter, Große Göttin, Anderswelt im Dunkel, Dunkelwelt, das Zweite Gesicht.* Solche Einzellösungen sind nicht mit äquivalenztheoretischen Überlegungen auf der Satzebene zu begründen. Übersetzung (A) hält sich dagegen an wörtlichen Nachbildungen fest.

Fachliche Formulierungen folgen der Medialität und Adressatenspezifik des Textes und den Dokumentationserfordernissen in den Fachbereichen. Unterschiedliche Textsorten können aber anhand vergleichbarer Paralleltexte in ihrer Makrostruktur kennen gelernt und translatorisch angewendet werden. In der fachexternen Kommunikation mit Laien schließlich sind Verständlichkeitsaspekte in den Texten wesentlich. Sofern Ausgangstexte, wie etwa die berüchtigten Instruktionstexte, hier Defizite aufweisen, kann der Translator mit Verweis auf die Textfunktion seine Mitteilung dennoch logisch und verständlich darbieten und damit kontrastive Textveränderungen sachlich begründen. Die Textfunktion erscheint allerdings eingebettet in den außersprachlichen Kontext, womit deutlich wird, dass die Kategorien des Verstehens und des Formulierens ineinander übergehen.

7 Didaktische Konsequenzen

Übersetzen heißt Textproduktion, und wir haben viele verschiedene Aspekte zu koordinieren – Medialität, Stilistik, Kohärenz und Textfunktion – um eine verstandene Mitteilung authentisch wiederzugeben. In der Revision eines Übersetzungsentwurfs spielen alle genannten Kategorien eine wichtige Rolle, es geht nie nur um einen Aspekt allein. Sie sind untereinander verknüpft, aber nicht alle gleich wichtig. Manche translatorischen Einzelentscheidungen finden sogar Rückhalt in mehreren Kategorien. Multiperspektivische Texte beinhalten viele Aspekte auf verschiedenen Ebenen der Ganzheit, doch bei jeder neuen Übersetzung sieht das Ergebnis der Hierarchisierung anders aus. Der Übersetzer hat in jedem Einzelfall neu festzulegen, welcher Aspekt dominant ist. Didaktisch ist es wichtig, nicht nur einen Forschungsaspekt zu behandeln, sondern ganz bewusst verschiedenste wissenschaftliche Ergebnisse zu integrieren, um die translatorische Sicht auf Texte zu erweitern. In diesem Sinne ist Translatologie tatsächlich pluridisziplinär.

Nur wenn der Translator Verantwortung übernimmt, wird der Leser die Übersetzung auch als einen gültigen Text akzeptieren. Übersetzungen sollen eine literarische Welt eröffnen oder eine mit dem Ausgangstext begonnene fachliche Kommunikation fortführen. Für Leser ersetzt eine Übersetzung normalerweise das Original, und ein Translator wird zum Ko-Autor. Hierzu benötigt er eine reiche Lebens- und Leseerfahrung, weshalb sich die Übersetzerausbildung nicht nur auf den Sprachvergleich beschränken kann.

Das gezeigte Modell der translatorischen Kategorien im Blick auf Phänomenologie und Rhetorik könnte vielleicht zu einer zieladäquaten Sensibilisierung von Translatoren beitragen, deren Kompetenz ja eine variable aber wissensbasierte Offenheit gegenüber Texten und eine stilsichere Formulierungsweise umfassen sollte.

8 Literatur

Antos, Gerd (1982): *Grundlagen einer Theorie des Formulierens. Textherstellung in geschriebener und gesprochener Sprache*. Tübingen: Niemeyer.

Ballansat, Suzanne (2004): "Argumentationsmuster in englischen Rechtstexten und ihre Bedeutung für die Übersetzung ins Deutsche". Unveröff. Paper auf dem EST Congress, 27.-29. September 2004, Lissabon.

Chesterman, Andrew (1997): *Memes of Translation*. Amsterdam – Philadelphia: Benjamins. (Benjamins Translation Library. 22).

— (2004): "Hypotheses about translation universals". In: Hansen, Gyde & Malmkjær, Kirsten & Gile, Daniel (eds.) (2004): *Claims, Changes and Challenges in Translation Studies*. Amsterdam – Philadelphia: Benjamins. 1-13.

Dörner, Dietrich (1976): *Problemlösen als Informationsverarbeitung*. Stuttgart u.a.: Kohlhammer.

Fillmore, Charles J. (1977): "Scenes-and-frames semantics". In: Zampolli, Antonio (ed.) (1977): *Linguistic Structures Processing*. Amsterdam: North-Holland. 55-81.

Frank, Armin Paul (1988): "'Längsachsen'. Ein in der Textlinguistik vernachlässigtes Problem der literarischen Übersetzung". In: Arntz, Reiner (Hrsg.) (1988): *Textlinguistik und Fachsprache*. Hildesheim – Zürich – New York: Olms. 485-497.

Gadamer, Hans Georg (⁵1986): *Wahrheit und Methode. Grundzüge einer philosophischen Hermeneutik*. Tübingen: J.C.B. Mohr (Paul Siebeck). (1. Aufl. 1960).

Gerzymisch-Arbogast, Heidrun (1994): *Übersetzungswissenschaftliches Propädeutikum*. Tübingen – Basel: Francke. (= UTB. 1782).

— (2004): "Translation Decisions under Valency Considerations". In: Fleischmann, Eberhard & Schmitt, Peter A. & Wotjak, Gerd (Hrsg.) (2004): *Translationskompetenz*. Tübingen: Stauffenburg. 59-75.

Gorlée, Dinda L. (1994): *Semiotics and the Problem of Translation: With Special Reference to the Semiotics of Charles S. Peirce*. Amsterdam – Atlanta, GA: Rodopi.

Gutt, Ernst-August (2004): "Challenges of Metarepresentation to Translation Competence". In: Fleischmann, Eberhard & Schmitt, Peter A. & Wotjak, Gerd (Hrsg.) (2004): *Translationskompetenz*. Tübingen: Stauffenburg. 77-89.

Hayes, John Richard & Flower, Linda (1980): "Identifying the organization of writing processes". In: Gregg, L. W. & Steinberg, E. R. (eds.) (1980): *Cognitive Processes in Writing*. Hillsdale, NJ: Erlbaum. 3-30.

Held, Klaus (1990): "Edmund Husserl – Transzendentale Phänomenologie: Evidenz und Verantwortung". In: Fleischer, Margot (Hrsg.) (1990): *Philosophen des 20. Jahrhunderts. Eine Einführung*. Darmstadt: Wissenschaftliche Buchgesellschaft. 79-93.

Holz-Mänttäri, Justa (1993): "Bildungsstrukturen und Netzwerke für ein Tätigkeitenfeld Textdesign". In: *TextconText* 8 [3-4], 259-293.

Husserl, Edmund (ᴺ1986): *Phänomenologie der Lebenswelt. Ausgewählte Texte II*. Mit einer Einleitung herausgegeben von Klaus Held. Stuttgart: Philipp Reclam Jun. (Universal-Bibliothek Nr. 8085) (1. Aufl. 1950).

Iannidis, Fotis (1990): "Was ist Computerphilologie?" In: *Jahrbuch für Computerphilologie* 1, 40-41.

Lakoff, George (1987): *Women, Fire and Dangerous Things: What Categories Reveal about the Mind*. Chicago: University of Chicago Press.

Neubert, Albrecht (2000): "Competence in language, in languages and in translation". In: Adab, Beverly & Schäffner, Christina (eds.) (2000): *Developing translation competence*. Amsterdam – Philadelphia: Benjamins. 3-18.

Schleiermacher, Friedrich D. E. (1838): *Hermeneutik und Kritik. Mit einem Anhang sprachphilosophischer Texte Schleiermachers*. Hrsg. von Manfred Frank 1977. Frankfurt am Main: Suhrkamp.

Stolze, Radegundis (2003): *Hermeneutik und Translation*. Tübingen: Narr.

Turk, Horst (1997): "Schlüsselszenarien: Paradigmen im Reflex literarischen und interkulturellen Verstehens". In: Bachmann-Medick, Doris (Hrsg.) (1997): *Übersetzung als Repräsentation fremder Kulturen*. Berlin: Erich Schmidt. 281-307.

Vermeer, Hans (2003a): "Versuch einer translatologischen Theoriebasis". In: Nord, Britta & Schmitt, Peter A. (Hrsg.) (2003): *Traducta Navis. Festschrift für Christiane Nord*. Tübingen: Stauffenburg. 241-258.

— (2003b): "Die sieben Grade einer Translationstheorie". In: *Studia germanica posnaniensia XXIX.* Poznań: Uniwersytet im. Adama Mickiewicza. 19-38.

Wagner, Emma (2004): "My doubts about the direction of Translation Studies". Unveröff. Vortrag auf dem EST Congress, 27.-29. September 2004, Lissabon.

Zybatow, Lew (2004): "Quo vadis, Translationswissenschaft? Oder: Auf der Suche nach kleinen und großen translatologischen Wahrheiten". In: Fleischmann, Eberhard & Schmitt, Peter A. & Wotjak, Gerd (Hrsg.) (2004): *Translationskompetenz.* Tübingen: Stauffenburg. 287-308.

9 Anhang Beispieltext

PROLOGUE

Morgaine speaks…

IN MY TIME I have been called many things: sister, lover, priestess, wise-woman, queen. Now, in truth I have come to be wise-woman, and a time may come when these things may need to be known. But in sober truth, I think it is the Christians who will tell the last tale. For ever the world of Fairy drifts
5   further from the world in which the Christ holds sway. I have no quarrel with the Christ, only with his priests, who call the Great Goddess a demon and deny that she ever held power in this world. At best, they say that her power was of Satan. Or else they clothe her in the blue robe of the Lady of Nazareth who indeed had power in her way, too and say that she was ever virgin. But
10   what can a virgin know of the sorrows and travail of mankind?

AND NOW, when the world has changed, and Arthur my brother, my lover, king who was and king who shall be lies dead (the common folk say sleeping) in the Holy Isle of Avalon, the tale should be told as it was before the priests of the White Christ came to cover it all with their saints and leg-
15   ends.

FOR, as I say, the world itself has changed. There was a time when a trav-eller, if he had the will and knew only a few of the secrets, could send his barge out into the Summer Sea and arrive not at Glastonbury of the monks, but at the Holy Isle of Avalon; FOR at that time the gates between the worlds
20   drifted within the mists, and were open, one to another, as the traveller thought and willed. FOR this is the great secret, which was known to all edu-cated men in our day: that by what men think, we create the world around us, daily new.

AND NOW the priests, thinking that this infringes upon the power of their
25   God, who created the world once and for all to be unchanging, have closed those doors (which were never doors, except in the minds of men), and the pathway leads only to the priests' Isle, which they have safeguarded with the sound of their church bells, driving away all thoughts of another world lying in the darkness. Indeed, they say *that* world, if it indeed exists, is the property of
30   Satan, and the doorway to Hell, if not Hell itself.

I do not know what their God may or may not have created. In spite of the tales that are told, I never knew much about their priests and never wore the black of one of their slave-nuns. If those at Arthur's court at Camelot chose to think me so when I came there (since I always wore the dark robes of
35   the Great Mother in her guise as wise-woman), I did not undeceive them. And indeed, toward the end of Arthur's reign it would have been dangerous to do so, and I bowed my head to expediency as my great mistress would never have done: Viviane, Lady of the Lake, once Arthur's greatest friend, save for myself, and then his darkest enemy – again, save for myself.

40   BUT the strife is over; I could greet Arthur at last, when he lay dying, not as my enemy and the enemy of my Goddess, but only as my brother, and as a

dying man in need of the Mother's aid, where all men come at last. Even the priests know this, with their ever-virgin Mary in her blue robe; for she too becomes the World Mother in the hour of death.

45 AND SO Arthur lay at last with his head in my lap, seeing in me neither sister nor lover nor foe, but only wise-woman, priestess, Lady of the Lake; and so he rested upon the breast of the Great Mother from whom he came to birth and to whom at last, as all men, he must go. And perhaps, as I guided the barge which bore him away, not this time to the Isle of the Priests, but to the
50 true Holy Isle in the dark world behind our own, that Island of Avalon where, now, few but I could go, he repented the enmity that had come between us.

AS I TELL this tale I will speak at times of things which befell when I was too young to understand them, or of things which befell when I was not by; and my hearer will draw away, perhaps, and say: *This is her magic.* BUT I have
55 always held the gift of the Sight, and of looking within the minds of men and women; AND in all this time I have been close to all of them. AND SO, at times, all that they thought was known to me in one way or another. And so I will tell this tale.

FOR one day the priests too will tell it, as it was known to them. Perhaps
60 between the two, some glimmering of the truth may be seen.

FOR this is the thing the priests do not know, with their One God and One Truth: that there is no such thing as a true tale. Truth has many faces and the truth is like the old road to Avalon: it depends on your own will, and your own thoughts, whither the road will take you, AND whether, at the end, you
65 arrive in the Holy Isle of Eternity or among the priests with their bells and their death and their Satan and Hell and damnation... BUT perhaps I am unjust even to them. Even the Lady of the Lake, who hated a priest's robe as she would have hated a poisonous viper, and with good cause too, chid me once for speaking evil of their God.

70 'FOR all the gods are one God', she said to me then, as she had said many times before, and as I have said to my own novices many times, and as every priestess who comes after me will say again, 'and all the goddesses are one Goddess, and there is only one Initiator. And to every man his own truth, and the god within.'

75 AND SO, perhaps, the truth winds somewhere between the road to Glastonbury, Isle of the Priests, and the road to Avalon, lost forever in the mists of the Summer sea.

BUT this is my truth; I who am Morgaine tell you these things, Morgaine who was in later days called Morgan le Fay.
80

In: Marion Bradley, *The Mists of Avalon*. Sphere Books, London/Sydney 1983, p. IX-XI.

Übersetzung (A):
PROLOG

Morgaine erzählt...
   Zu meiner Zeit *hat man mir viele Namen gegeben:* Schwester, Geliebte, Priesterin,
weise Frau und Königin. Jetzt bin ich wirklich eine weise Frau geworden. Und
vielleicht kommt eine Zeit, in der es wichtig ist, daß all diese Dinge bekannt werden. Aber ich glaube, die nüchterne Wahrheit wird sein, daß die Christen das letzte
Wort haben. Denn die Welt der Feen entschwindet immer weiter, treibt ab von
der Welt, in der die Christen herrschen. *Christus ist nicht mein Feind, aber seine Priester,*
die die Große Göttin einen bösen Geist nennen. Sie leugnen, daß die Macht über
diese Welt einmal in ihren Händen lag. Wenn überhaupt, so sagen sie, kam ihre
Macht vom Teufel. Oder sie kleiden sie in das blaue Gewand der *Maria aus Nazareth* die auf ihre Weise tatsächlich auch Macht besaß - und behaupten, sie sei immer *eine Jungfrau* gewesen. Aber was kann eine Jungfrau von *Leid und Mühsal der
Menschen* wissen?
   Jetzt, nachdem die Welt sich verändert hat und Artus mein Bruder, mein Geliebter, der König, der war und der König, der sein wird *tot ist* (das einfache Volk
sagt, er schläft) *und auf* der Heiligen Insel Avalon *ruht,* soll die Geschichte erzählt
werden. Die Welt soll erfahren, wie es war, ehe die Priester des Weißen Christus in
das Land kamen und alles *unter ihren Heiligen und Legenden begruben.*
   Wie ich gesagt habe, die Welt selbst hat sich verändert. Es gab eine Zeit, in der
ein Reisender, wenn er den Willen besaß und auch nur einige der Geheimnisse
kannte, mit seinem Boot auf den Sommersee hinausfahren konnte und nicht im
Glastonbury der Mönche ankam, sondern auf der Heiligen Insel Avalon. Damals
trieben die Pforten zwischen den Welten in den Nebeln und *waren in beide Richtungen offen* wie der Reisende es dachte und wollte. Es ist das große Geheimnis, das in
unserer Zeit jeder Wissende kannte: *Die Menschen schaffen die Welt,* die uns umgibt,
durch das, was sie denken, jeden Tag neu.
   Die Priester glauben, dies verkleinere die Macht ihres Gottes, der die Welt ein
für allemal unveränderlich geschaffen hat, und haben die Tore geschlossen (die
nur in der Vorstellung der Menschen Tore waren). Heute führt der Weg nur noch
zur *Insel der Mönche,* die sie mit dem Läuten ihrer Kirchenglocken schützen. So
vertreiben sie alle Gedanken an eine *andere Welt, die in der Dunkelheit liegt.* Sie sagen
sogar, daß jene Welt wenn es sie überhaupt gibt dem Teufel gehört und daß die
Pforten zur Hölle führen vielleicht sei diese Welt sogar die Hölle selbst, behaupten sie...
   Ich weiß nicht, was ihr Gott *möglicherweise* geschaffen oder nicht geschaffen hat.
Entgegen der Geschichten, die verbreitet werden, wußte ich nie viel über ihre
Priester. Ich habe auch nie *das schwarze Gewand* ihrer Sklavinnen, der Nonnen,
getragen. Wenn man an König Artus' Hof in Camelot es vorzog, mich für eine
Nonne zu halten (denn ich trug immer die dunklen Gewänder der großen Mutter
in ihrer Erscheinung als weise Frau), so habe ich *den Irrtum nie aufgeklärt.* Gegen
Ende von Artus' Herrschaft wäre es sogar gefährlich gewesen, dies zu tun. *Kluger-
weise* beugte ich das Haupt, *wie meine Große Meisterin* Viviane, die Herrin vom See, es
niemals getan hätte. Einst war sie abgesehen von mir König Artus' beste Freundin und wurde dann seine größte Feindin auch das abgesehen von mir.

Aber der Kampf ist vorbei. Als Artus im Sterben lag, konnte ich ihm nicht mehr als meinem Feind und dem Gegner meiner Göttin *gegenübertreten*, sondern nur noch als dem Bruder und als einem Sterbenden, der die Hilfe der Mutter braucht denn dahin gelangen am Ende alle Menschen. Das wissen selbst die Priester mit ihrer ewig jungfräulichen *Maria in dem blauen Gewand* auch sie wird für die *Kirchenmänner in der Stunde des Todes zur Mutter der Welt.*

Und so *hielt ich schließlich Artus' Kopf in meinem Schoß.* Er sah in mir weder die Schwester noch die Geliebte, auch nicht die Feindin, sondern nur die weise Frau, die Priesterin, die Herrin vom See. Er ruhte an der Brust der Großen Mutter, von der er bei seiner Geburt kam und zu der er am Ende wie alle Menschen zurückkehren mußte. *Vielleicht bereute er unsere Feindschaft, als ich die Barke lenkte,* die ihn davontrug dieses Mal nicht zu der *Insel der Mönche,* sondern zu der wahrhaft Heiligen Insel in der *dunklen Welt hinter* unserer Welt zur Insel Avalon, wohin außer mir nur noch wenige gelangen können.

Im Verlauf dieser Geschichte spreche ich manchmal von Dingen, die sich ereigneten, als ich zu jung war, um sie zu begreifen, oder von Dingen, die sich nicht in meiner Anwesenheit ereigneten. Der Hörer wird sich vielleicht *entsetzt* abwenden und sagen: Das ist ihre Magie! Aber ich habe schon immer die *Gabe des Gesichts* besessen und konnte sehen, was Männer und Frauen dachten. So war ich ihnen allen die ganze Zeit über nahe. Deshalb wurde mir manchmal auf die eine oder andere Weise alles bekannt, was sie dachten, und *ich kann diese Geschichte von Anfang bis Ende erzählen.*

Eines Tages werden auch die Priester sie erzählen. Vielleicht liegt die Wahrheit zwischen beiden Geschichten und wird durch sie *hindurchschimmern.*

Denn das wissen die Priester mit ihrem Einen Gott und der Einen Wahrheit nicht: Die eine wahre Geschichte gibt es nie und nimmer. Die Wahrheit hat viele Gesichter, und die Wahrheit ist wie der alte Weg nach Avalon: Es hängt von deinem Willen und deinen Gedanken ab, wohin der Weg dich führt. Es hängt von dir ab, ob du am Ende die Heilige Insel der Ewigkeit erreichst, oder ob du *bei den Mönchen* mit ihren Glocken, ihrem Tod, ihrem Teufel, *ihrer Hölle und ihrer Verdammnis ankommst...* aber vielleicht bin ich ihnen gegenüber auch ungerecht. Selbst die Herrin vom See, die das *Gewand eines Christuspriesters* haßte wie ein giftige Schlange und das aus gutem Grund , tadelte mich einmal, weil ich schlecht über ihren Gott gesprochen hatte.

"Denn alle Götter sind ein Gott", sagte sie damals zu mir, wie sie es bereits oft getan hatte, und wie ich viele Male zu meinen *Priesterschülerinnen* gesagt habe, und wie jede Priesterin, die nach mir kommt, sagen wird. "Und alle Göttinnen sind eine Göttin, und es *gibt nur einen Gott, mit dem alles begann. Jeder Mensch hat das Recht auf seine eigene Wahrheit und auf den Gott, der durch sie spricht."*

Und so *windet sich die Wahrheit* vielleicht irgendwo zwischen dem Weg nach Glastonbury, der Insel der Priester, und dem Weg nach Avalon, das für immer in den Nebeln des Sommersees verloren ist.

Aber dies ist meine Wahrheit. Ich bin Morgaine, und ich erzähle euch diese Dinge... ich, Morgaine, die in späteren Zeiten Morgan le Fay genannt wurde die Fee Morgana.

Fischer, Frankfurt am Main 1983, Taschenbuchausgabe 1987, S. 7-9.

Übersetzung (B):
PROLOG

Morgaine spricht...

Damals zu meiner Zeit hatte ich viele Namen: Schwester, Geliebte, Priesterin, Weise Frau, Königin. Nun bin ich wirklich die Weise Frau geworden, und irgend wann einmal wird vielleicht all dies bekannt werden müssen. Doch ganz nüchtern betrachtet glaube ich, nach den Christen werden keine Märchen mehr erzählt. Unaufhaltsam treibt die Welt der Feen fort von der Welt, in der der Christus herrscht. Ich habe nichts gegen den Christus, nur gegen seine Priester, die die Große Göttin als Dämon bezeichnen und leugnen, daß sie jemals in dieser Welt Macht gehabt hat. Bestenfalls sagen sie, ihre Macht sei vom Satan gewesen. Oder sie kleiden sie in das blaue Gewand der Dame von Nazareth die tatsächlich auf ihre Weise auch Macht besaß und behaupten, sie sei immer jungfräulich gewesen. Doch was kann schon eine Jungfrau vom Kummer und den Qualen der Menschheit wissen?

Und nun, da die Welt sich verändert hat, und Artus – mein Bruder, mein Geliebter, der König, der war und der sein wird begraben liegt (die einfachen Leute sagen, er schläft) auf der Heiligen Insel von Avalon, da sollte die Geschichte erzählt werden, wie es war, bevor die Priester des Weißen Christus kamen, und alles mit ihren Heiligen und Legenden zudeckten.

Denn, wie ich sage, die Welt selbst hat sich verändert. Es gab einmal eine Zeit, da konnte ein Reisender, wenn er den Willen hatte und nur ein paar von den Geheimnissen kannte, seine Barke in den Sommersee hinausfahren lassen und nicht im Glastonbury der Mönche anlangen, sondern auf der Heiligen Insel von Avalon; denn zu jener Zeit trieben die Pforten zwischen den Welten dort in den Nebeln, und der Durchgang war offen von der einen zur andern, so wie es der Reisende durch Gedanken und Willenskraft bewirkte. Denn dies große Geheimnis war allen Berufenen in unseren Tagen bekannt: daß wir uns durch unser Denken die Welt um uns her täglich neu erschaffen.

Und nun haben die Priester in dem Glauben, dies greife in die Macht ihres Gottes ein, der die Welt ein für alle Mal unveränderlich geschaffen hat, jene Tore verschlossen (die immer nur in der menschlichen Vorstellung Tore waren), und der Pfad führt nur noch zur Priesterinsel, die sie mit dem Geläute ihrer Kirchenglocken beschützten, die jeden Gedanken an eine Anderswelt im Dunkel verscheuchten. Sie behaupten sogar, *jene* Welt, so sie wirklich existiert, sei das Eigentum Satans und der direkte Weg zur Hölle, wenn nicht gar die Hölle selbst.

Ich weiß nicht, was ihr Gott geschaffen hat oder nicht. Trotz der Geschichten, die erzählt werden, wußte ich nie viel über ihre Priester und ich trug nie den schwarzen Habit wie eine ihrer sklavischen Nonnen. Wenn die Leute an Artus' Hof in Camelot mich als eine solche sehen wollten, wann ich dorthin kam (denn ich trug immer die dunklen Gewänder der Großen Mutter in ihrer Erscheinung als Weise Frau), dann nahm ich ihnen diesen Glauben nicht. Und gegen Ende von Artus' Herrschaft wäre dies sogar gefährlich gewesen, und ich beugte mich dem Gebot der Stunde, wie es meine große Herrin niemals getan hätte: Viviane, die Dame vom See, einst außer mir Artus' größte Freundin und dann seine ärgste Feindin, wiederum außer mir selbst.

Aber der Streit ist vorbei; ich konnte Artus schließlich, als er im Sterben lag, ansprechen – nicht als meinen Feind und den Feind meiner Göttin, sondern nur als meinen Bruder und als sterbenden Mann, der die Hilfe der Mutter braucht, in einer Lage also, in die alle Menschen am Ende kommen. Auch die Priester mit ihrer ewig jungfräulichen Maria in ihrem blauen Kleid wissen das; denn auch sie wird zur Weltenmutter in der Stunde des Todes.

Und so lag Artus am Ende da, den Kopf in meinem Schoß, und sah in mir nicht die Schwester, noch die Geliebte, noch die Widersacherin, sondern nur die Weise Frau, die Priesterin, die Dame vom See; und so ruhte er an der Brust der Großen Mutter, von der er ins Leben kam und zu der er endlich, wie alle Menschen, wieder heimkehren muß. Und als ich die Barke, die ihn davontrug, dieses Mal nicht zur Insel der Priester sondern zu der wahrhaft Heiligen Insel in der Dunkelwelt hinter der unsrigen, zu jener Insel von Avalon lenkte, wo nunmehr außer mir nur noch wenige hinfanden, da bereute er vielleicht die Feindseligkeit, die zwischen uns getreten war.

Im Erzählen dieser Geschichte werde ich bisweilen von Dingen reden, die sich ereigneten, als ich noch zu jung war, um sie zu verstehen, oder von Ereignissen, die sich in meiner Abwesenheit zutrugen; und der Hörer mag sich vielleicht abwenden und sagen: *Das ist ihre Zauberei.* Doch ich hatte immer das Zweite Gesicht und die Gabe, in den Gedanken von Männern und Frauen zu lesen; und die ganze Zeit über war ich ihnen allen nahe. Und so kam es, daß zu Zeiten alles, was sie dachten, mir auf diese oder jene Weise bewußt war. So werde ich diese Sage also berichten.

Denn eines Tages werden auch die Priester sie erzählen, so wie sie sie kannten. Und vielleicht scheint dann zwischen den beiden etwas von der Wahrheit auf.

Denn dieses eben wissen die Priester mit ihrem Einen Gott und der Einen Wahrheit nicht: daß es so etwas wie eine wahre Geschichte gar nicht gibt. Die Wahrheit hat viele Gesichter, und die Wahrheit gleicht dem alten Weg nach Avalon; es hängt von deinem Willen und von deinen Gedanken ab, wohin dich die Straße führt, und ob du am Ende auf der Heiligen Insel der Ewigkeit ankommst oder bei den Priestern mit ihren Glocken und ihrem Tod und ihrem Teufel und der Hölle und der Verdammnis... aber vielleicht bin ich auch ungerecht gegen sie. Sogar die Dame vom See, die ein Priestergewand wie eine giftige Natter verabscheute, und das zudem mit gutem Grund, schalt mich einmal, weil ich schlecht von deren Gott geredet hatte.

'Denn alle Götter sind ein Gott', sagte sie damals zu mir, wie sie schon viele Male zuvor gesprochen hatte, und wie ich es meinen Novizinnen oft gesagt habe, und wie es jede Priesterin nach mir wiederholen wird: 'und alle Göttinnen sind eine Göttin, und es gibt nur einen Allurheber. Und jedem Menschen seine Wahrheit, und der Gott ist darin.'

Und so ist die Wahrheit wohl irgendwo auf den verschlungenen Pfaden zwischen dem Weg nach Glastonbury, der Priesterinsel, und jenem nach Avalon, das für immer in den Nebeln des Sommersees verschwunden ist.

Aber das ist nun meine Wahrheit: Ich, Morgaine, erzähle Euch diese Dinge – Morgaine, die in späteren Zeiten Morgan le Fay, die Fee Morgana genannt wurde.

Übersetzung: Radegundis Stolze, 1988

Leona Van Vaerenbergh (Antwerpen)

'Covert', 'instrumentell', 'interlingual deskriptiv'. Der Stellenwert der multilingualen Textredaktion in Theorie und Praxis der Translation

1 Einführung

Die kommunikative Realität des 21. Jahrhunderts kennzeichnet sich durch die Produktion einer Vielfalt von Texten, die in mehreren Sprachen und in mehreren Ländern gleichzeitig verbreitet werden. Manche dieser Texte sind Übersetzungen eines Ausgangstextes, andere sind in den einzelnen Sprachen auf parallele Weise verfasst worden. In vielen Fällen liegt ein gemischtes Verfahren von Translation und multilingualer Textredaktion vor. Solches Verfahren lässt sich im Bereich der Arzneimittelinformation verfolgen.

Dieser Beitrag untersucht, ob und inwiefern die multilinguale Textredaktion in Translationstheorien berücksichtigt wird und welcher innerhalb der Theorien ihr Stellenwert ist. Der Beitrag geht auch am Beispiel der

Arzneimittelinformation der Frage nach, inwiefern die Theorien der Realität gerecht werden.

2 Der funktionalistische, der relevanztheoretische und der funktional-linguistische Ansatz

Der Funktionalismus und die Relevanztheorie stimmen darin überein, dass sie Translation als Handlung und als Kommunikation auffassen, und dass sie beide auf ihre eigene Art und Weise mit der für translatorische Arbeitsprozesse weithin postulierten Äquivalenznorm brechen. Doch ihre Kommunikationstheorie unterscheidet sich in der Methodologie und ihre Ablehnung der Äquivalenznorm wird auf eine andere Weise begründet. Der Funktionalismus ordnet die Äquivalenz der Adäquatheit im Hinblick auf den Skopos unter (Reiß & Vermeer 1984:139-140), die Relevanztheorie lehnt die Äquivalenz als unpräzise, nicht verallgemeinerbar und ungeeignet zur Evaluation ab und setzt das Prinzip der Relevanz an die Stelle der Äquivalenz (Gutt 2000:9-14).

House kritisiert sowohl den funktionalistischen als den relevanztheoretischen Ansatz. Sie bezeichnet den Angriff auf den Äquivalenzbegriff als veraltet, weil er von einer rein formal, syntaktisch und lexikalisch orientierten Definition des Äquivalenzbegriffs ausgehe, und setzt dem alten Äquivalenzbegriff einen neuen gegenüber, der sich auf die kontrastive Linguistik stützt, in der funktionale, kommunikative und pragmatische Äquivalenz anerkannte Konzepte sind (House 1997:26).

2.1 Der funktionalistische Ansatz

1984 erscheinen zwei Standardwerke der funktionalistischen Translationstheorie: *Grundlegung einer allgemeinen Translationstheorie* (Reiß & Vermeer 1984) und *Translatorisches Handeln. Theorie und Methode* (Holz-Mänttäri 1984).

In ihrem Modell der interkulturellen Kommunikation definieren Reiß und Vermeer die Translation als *Informationsangebot* in Kultur Z (IA_Z) über ein Informationsangebot in Kultur A (IA_A) (Reiß & Vermeer 1984:89). Die Translationstheorie bezeichnen sie als eine spezielle, komplexe *Handlungstheorie*:

> Eine Translationstheorie als spezielle Handlungstheorie geht von einer Situation aus, in der bereits immer schon ein Ausgangstext als "Primärhandlung" vorhanden ist; die Frage ist also nicht: ob und wie gehandelt, sondern ob und wie weitergehandelt (übersetzt: gedolmetscht) werden soll. (a.a.O.:95)

Die oberste Regel der Translation und einer Translationstheorie ist für Reiß und Vermeer der Zweck, der *Skopos* der Translationshandlung (a.a.O.:101).

Holz-Mänttäri geht in ihrer Basistheorie des translatorischen Handelns von dem Grundsatz aus, dass "Ko-Operation" einen "Koordinationsbedarf, dieser Kommunikationsbedarf und dieser Kommunikationsmittelbedarf" hervorrufe (Holz-Mänttäri 1984:84). Texte als *"Botschaftsträger* im *Verbund"* (a.a.O.:84, meine Hervorhebung) seien solche Kommunikationsmittel. Wenn man den Grundsatz von links nach rechts liest, bedeutet dies auch, dass menschliche Kommunikation zur Koordination von Kooperation diene. In der Koordination von Kooperation bzw. der menschlichen Kommunikation spielt, laut Holz-Mänttäri, der Kulturkontext eine wichtige Rolle. Er bedinge "die Herausbildung von *Handlungsmustern,* speziell Kooperationsmustern" (a.a.O.:85, meine Hervorhebung). Von translatorischem Handeln ist laut Holz-Mänttäri die Rede, wenn Texte als Botschaftsträger im Verbund zur Koordinierung von Kooperation *über Kulturbarrieren hinweg* eingesetzt werden (a.a.O.:86). Solches Handeln sei an Experten gebunden. Ihre Kompetenz bezeichnet sie als die "Artifizierung" "einer gesamtmenschlichen Befähigung" (a.a.O.:87). Der Experte handelt "nicht in eigener Sache, sondern in fremder Sache" (a.a.O.:87). Sein Handeln sei also eine neue Art von *Handeln.* Das Verhältnis zwischen Ausgangstext und Zieltext, das in der Theorie von Reiß und Vermeer dem Skopos untergeordnet wird, ist auch in Holz-Mänttäris Handlungstheorie durch das Handlungsgefüge der Zielkultur bestimmt. Da jeder Text als Botschaftträger auf Handlungsmustern beruht, "ein Element eines kulturell organisierten Gefüges" (a.a.O.:91) ist, soll auch jeder Text, der das Ergebnis eines translatorischen Handelns ist, *"prospektiv zweckgerichtet auf ein kulturelles Gefüge hin produziert werden"* (a.a.O.:91, Hervorhebung im Original).

Der Funktionalismus bildet auch die translationstheoretische Grundlage für Nords Textanalysemodell (1995). Doch während für Funktionalisten wie Reiß und Vermeer sowie Holz-Mänttäri die Funktion der Übersetzung in der Zielkultur der wichtigste Standard ist, fügt Nord diesem Standard einen zweiten hinzu: das Prinzip der *Loyalität.* Unter *Loyalität* versteht sie die Verantwortlichkeit des Translators gegenüber seinen Partnern in der translatorischen Interaktion. Der Translator sei bilateral gebunden; er sei sowohl dem Adressaten des Zieltextes als dem Autor des Ausgangstextes verpflichtet (Nord 1995:32, 1997:125). Letzteres bedeutet, dass vom Translator auch Respekt vor den kommunikativen Intentionen des Ausgangstextautors verlangt wird.

2.2 Der relevanztheoretische Ansatz

Gutt wendet die Relevanztheorie von Sperber und Wilson (Gutt 2000:24) auf die Translation als Form der Kommunikation an. Das bedeutet, dass seine Definition der Translation, des Übersetzens als 'Fall interlingualen interpretativen Gebrauchs' ('instance of interlingual interpretive use') aus

seiner Auffassung von Kommunikation abzuleiten ist. Diese wiederum
hängt mit seiner Auffassung von 'Sprachäußerung' ("utterance") zusammen. Deshalb werden zuerst die Begriffe 'Sprachäußerung' und 'Kommunikation' kurz erläutert, um eine verständliche Darstellung des Übersetzungsbegriffs zu ermöglichen.[1]

Sprachäußerungen

Sprachäußerungen – auch 'verbale Stimuli' oder 'verbale ostensive Stimuli'
("verbal ostensive stimuli") genannt – implizieren zwei Arten mentaler Repräsentationen: einerseits semantische Repräsentationen, die ein 'Annah-
me-Schema' ("assumption schema"), eine 'Quelle von Hypothesen' ("a
source of hypotheses") bilden (Gutt 2000:138), und andererseits Gedanken
mit propositionalen Formen. Die Beziehung zwischen den beiden mentalen Repräsentationen ist inferentieller Art.

Die 'Bedeutung' ("meaning") von Sprachäußerungen hängt nicht nur
vom Stimulus ab, sondern auch von der Interaktion zwischen Stimulus
und 'kognitiver Umwelt' ("cognitive environment"). Kognitive Umwelt ist
nicht als 'Kontext' im Sinne einer externen Wirklichkeit oder einer vorangehenden Textstelle oder Äußerung zu verstehen, sondern als mentale
Anwesenheit von Annahmen über die Welt (Gutt 2000:26-27)

Die Auswahl der Annahmen geschieht nach dem Prinzip der optimalen
Relevanz: Der Rezipient geht von der Erwartung aus, dass sein Interpreta-
tionsversuch 'adäquate kontextuelle Wirkung' ("effects") zu einem minima-
len 'Verarbeitungsaufwand' ('processing cost') bringen wird.

Sowohl die oben genannten mentalen Repräsentationen als auch Äußerungen können 'deskriptiv' – d.h. als Beschreibung einer Sachlage – oder
'interpretativ' – d.h. aufgrund ihrer Ähnlichkeit mit einer anderen Repräsentation oder Äußerung – gebraucht werden. Dieser Unterschied zwischen dem 'deskriptiven Gebrauch' ("descriptive use") und dem 'interpretativen Gebrauch' ("interpretive use") von Äußerungen ist von Bedeutung
für die Definition von Übersetzen.

Kommunikation

Für die Relevanztheorie ist menschliche Kommunikation inferentiell. Die
'Zielgruppe' ("audience") leitet aufgrund von Inferenz aus dem Stimulus
die Mitteilungsintention des Kommunikators ab. Außerdem ist Kommunikation kontextabhängig. Sie ist nur erfolgreich, wenn der produzierte Text
oder die produzierte Äußerung mit den richtigen kontextuellen Annahmen
verknüpft wird.

---

[1] Für eine ausführlichere Darstellung der von Gutt für die Übersetzung bearbeitete Relevanztheorie vgl. Van Vaerenbergh (2004).

Der Kommunikator muss dafür sorgen, dass seine Zielgruppe die informative Intention erkennt; sie muss diese Intention aus den ostensiven Stimuli ableiten können. Dabei gilt das schon erwähnte Prinzip der Relevanz: Wenn ein Stimulus einen höheren Verarbeitungsaufwand erfordert, erwartet die Zielgruppe, dass dies durch eine 'Zunahme an kontextueller Wirkung' ("increase in contextual effects", vgl. Sperber & Wilson (1986:220) zitiert nach Gutt 2000:148) ausgeglichen wird.

Erfolgreiche Kommunikation soll zu einer wechselseitigen Erweiterung der kognitiven Umwelt führen.

Übersetzen als Fall interlingualen interpretativen Gebrauchs

Den in der Relevanztheorie gemachten Unterschied zwischen deskriptivem und interpretativem Gebrauch einer Sprachäußerung führt Gutt auch in seiner Definition von Übersetzen ein: Kriterium zur Unterscheidung ist die Notwendigkeit der Beziehung zwischen Ausgangstext und Zieltext. Ist der Bezug auf den Ausgangstext nicht notwendig, spricht er von 'interlingualem deskriptivem Gebrauch'; ist dagegen der Bezug auf den Ausgangstext notwendig, spricht er von 'interlingualem interpretativem Gebrauch'. Nur im letzten Fall ist Gutt zufolge von Übersetzung die Rede. Übersetzung sieht er als interlinguale interpretative Kommunikation an, was bedeutet, dass der zielsprachliche Text dem Original interpretativ ähnlich ist.

Die 'Ähnlichkeit' ("resemblance") wird vom Prinzip der Relevanz aus definiert. In der Übersetzung manifestiert sich das Prinzip der Relevanz als 'Vermutung optimaler Ähnlichkeit' ("presumption of optimal resemblance"): eine Ähnlichkeit mit dem Original, von der angenommen wird, dass sie ohne unnötigen Verarbeitungsaufwand adäquate kontextuelle Wirkung hat. Damit ist die Frage beantwortet, in welcher Hinsicht die Interpretation der Übersetzung dem Original ähnlich sein muss. Doch wie muss diese Ähnlichkeit zum Ausdruck kommen?

Diese Frage beantwortet Gutt ausgehend von der Definition von 'Stimulus'. Stimuli können vom Gesichtspunkt ihrer kognitiven Wirkung oder vom Gesichtspunkt ihrer inhärenten linguistischen Eigenschaften aus betrachtet werden. Diese Unterscheidung ist entscheidend für den Unterschied zwischen indirekter und direkter Wiedergabe. Parallel zu diesem Unterschied zwischen indirekter und direkter Wiedergabe unterscheidet Gutt zwischen indirektem interpretativem Gebrauch und direktem interpretativem Gebrauch, kurz 'indirekte Übersetzung' bzw. 'direkte Übersetzung' genannt. In einer direkten Übersetzung bleiben alle inhärenten Eigenschaften des Originals erhalten. Das bedeutet nicht, dass die Übersetzung die linguistischen Merkmale des Originals übernimmt. Was sie übernimmt, sind alle 'kommunikativen Hinweise' ("communicative clues"); das sind die Hinweise, die die Zielgruppe zur original intendierten Interpretation führen müssen.

In Wirklichkeit ist die Trennung zwischen indirekter und direkter Übersetzung weniger scharf. Gutt fasst interpretative Ähnlichkeit als ein gradu-
elles Konzept auf, als ein Kontinuum, das in vollkommene Ähnlichkeit
mündet. Es gehört zur Aufgabe des Übersetzers, den Grad der Ähnlichkeit
festzulegen. Dazu soll er, dem Prinzip der Relevanz, d.h. der Relation zwischen Verarbeitungsaufwand und kontextueller Wirkung, Rechnung tra-
gend, die kognitive Umwelt einschließlich der Erwartungen seiner Zielgruppe richtig einschätzen.

2.3 Der funktional-linguistische Ansatz

Wie oben angeführt kritisiert House sowohl den funktionalistischen als
den relevanztheoretischen Ansatz.

Am Funktionalismus kritisiert sie die Entthronung des Originals, die
Reduzierung des Ausgangstextes zum Ausgangsmaterial, zum Informationsangebot, die unklare Definition des Funktionsbegriffs, den Mangel an
Kriterien zur Realisierung des Skopos und das einseitige Interesse für
Gebrauchstexte ("texts of quick consumption"). Der Funktionalismus
beschäftige sich weder mit dem Verhältnis zwischen Ausgangstext und
Translation noch mit der Abgrenzung der Translation von anderen Verfahren der Textproduktion, sondern nur mit der Beziehung zwischen Texten und handelnden Personen. Der funktionalistische Ansatz gehöre nicht
zur Linguistik, die eine empirische Wissenschaft ist, sondern eher zu den
rezeptionsbezogenen Kulturstudien (House 1997:12-16).

An Gutts relevanztheoretischem Ansatz – mit dem sie auch gewisse
Ansichten teilt – kritisiert House, dass er sich zu sehr auf die Empfänger-
seite richte und sich damit auf die Seite der Funktionalisten stelle. Die Relevanztheorie sei reduktionistisch und simplistisch, zu allgemein und zu
eng. Gutt reduziere das komplexe multidimensionale Phänomen der
Translation auf eine einzige Dimension: die kognitiv-kommunikative Dimension (House 1997:21-22).

Das linguistische Modell, das House entwickelt, setzt sich aus vier Ebenen zusammen: der Funktion des individuellen Textes, der Gattung, dem
Register und der Sprache/dem Text (House 1997:106-108). Beim Vergleich von Original und übersetztem Text wird jede dieser Ebenen auf das
Kriterium der Äquivalenz – für House ein wesentliches Kriterium für
Translationsqualität – geprüft. Die Art der geforderten Äquivalenz variiert,
je nachdem, ob es sich um eine 'overt translation' oder eine 'covert translation' handelt (siehe 3.4). Durch diesen empirisch abgeleiteten Unterschied
zwischen 'overt translation' und 'covert translation' und dank der Einführung des Begriffs 'Kulturfilter' ("cultural filter") (a.a.O.:115-117), der ebenfalls auf empirischer Verifizierung beruht, kann House zwischen verschiedenen Formen der Translation sowie zwischen Translation und anderen

Verfahren der Textproduktion ("versions") unterscheiden. Ihre Abgrenzung des Translationsbegriffs und der verschiedenen Formen von Translation wird im nächsten Abschnitt mit der Gutts und der der Funktionalisten verglichen.

3 Multilinguale Textredaktion in Translationstheorien

Indem der Funktionalismus die Begriffe 'Übersetzungsauftrag' und 'Übersetzungsziel' einführt, ermöglicht er verschiedene Verhältnisse zwischen Ausgangstext und Zieltext, und dies führt zu einer Erweiterung des Begriffs 'Translation'. Gutt engt aufgrund seines Unterschieds zwischen dem interpretativen und dem deskriptiven Gebrauch von Sprachäußerungen den Translationsbegriff eher ein. Die Differenzierung dessen, was er unter Translation versteht, erfolgt durch die Einführung der Begriffe 'direkt' und 'indirekt'. House definiert den Translationsbegriff enger als die Funktionalisten, aber breiter als Gutt. Ihre Diffferenzierung des Translationsbegriffs beruht auf verifizierbaren linguistischen Kriterien.

Die Definitionen des Translationsbegriffs und die Differenzierung einzelner Formen der Translation werden in diesem Abschnitt unter vier Begriffspaaren zusammengefasst und verglichen.

3.1 Äquivalenz und Adäquatheit

Reiß und Vermeer unterscheiden zwei Regeln: die Regel der (intratextuellen) *Kohärenz* und die Regel der *Fidelität* (intertextuelle Kohärenz). Die *Kohärenzregel* bedeutet, dass "die vom Translator produzierte Nachricht (das Translat)" "mit der Zielrezipientensituation kohärent interpretierbar sein" muss (Reiß & Vermeer 1984:113). Fidelität bezieht sich auf die Relation zwischen Ausgangstext und Zieltext und die Fidelitätsregel lautet: "Eine Translation strebt nach kohärentem Transfer eines Ausgangstextes" (Reiß & Vermeer 1984:114). Imitation ist ein Sonderfall von Fidelität und die Fidelität ist der Kohärenz untergeordnet.

Dieses Begriffspaar Kohärenz und Fidelität steht mit dem Begriffspaar der Überschrift *Adäquatheit* und *Äquivalenz* in Verbindung.

> Adäquatheit bei der Übersetzung [...] bezeichne die Relation zwischen Ziel- und Ausgangstext bei konsequenter Beachtung eines Zweckes (Skopos). (Reiß & Vermeer 1984:139)

> Äquivalenz bezeichne eine Relation zwischen einem Ziel- und einem Ausgangstext, die [...] die gleiche kommunikative Funktion erfüllen (können). (Reiß &Vermeer 1984:140)

Das bedeutet, dass so, wie Imitation ein Sonderfall von Fidelität ist, die *Äquivalenz* ein Sonderfall von *Adäquatheit* ist, nämlich Adäquatheit bei Funktionskonstanz zwischen Ausgangstext und Zieltext. Das bedeutet auch, dass Translation keine Funktionskonstanz oder Funktionsäquivalenz voraussetzt. Auf diese Weise wird der Bereich der Translation auf multilinguale Textproduktionsverfahren ausgedehnt, die in anderen Theorien nicht zur Translation gerechnet werden.

3.2 Dokument und Instrument

Nord unterscheidet zwei Funktionsrelationen zwischen Zieltext und Ausgangstext und baut in dem Sinne die Theorie von Reiß und Vermeer konkret weiter aus. Der Zieltext kann "(1) Dokument einer vorangegangenen Kommunikationshandlung sein" oder "(2) Kommunikationsinstrument in einer neuen Kommunikationshandlung" (Nord 1995:82). Beide Kategorien werden in ihrem Werk weiter unterteilt, doch vor allem die Definition und die weitere Einteilung der instrumentellen Übersetzung enthält Angaben über die Beziehung zwischen Translation und anderen Verfahren der Textproduktion. Sie definiert:

> Bei der instrumentellen Übersetzung dient das Translat [...] als Instrument zur Erreichung eines kommunikativen Ziels, ohne daß der Zielempfänger sich bewußt sein muß, daß er es mit einem Text zu tun hat, der bereits in anderer Form in einer anderen Kommunikationshandlung als Instrument gedient hat. (Nord 1995:83)

Sie unterteilt die instrumentelle Übersetzung in *funktionskonstante* Übersetzung, *funktions"variierende"* Übersetzung und *korrespondierende* Übersetzung. Auch bei Nord liegt also das für den Funktionalismus kennzeichnende umfassende Verständnis von Translation vor.

3.3 Interlinguale interpretative Kommunikation und interlinguale deskriptive Kommunikation

Dieser breiten Auffassung der Übersetzung widerspricht die von Gutt ausgearbeitete Relevanztheorie. Gutt schließt aus seinem Konzept des Übersetzens alle Zieltexte aus, deren Relevanz nicht auf der interpretativen Ähnlichkeit mit dem Ausgangstext beruht. Das ist der ganze Bereich der interlingualen deskriptiven Kommunikation, also alle Übersetzungsformen, die von Nord als 'instrumentelle Übersetzung' und von House als 'covert translation' (siehe 3.4) bezeichnet werden.

Explizit räumt Gutt dem interpretativen Gebrauch deskriptiver Äußerungen in seiner Theorie keinen Platz ein. Obwohl er der Meinung ist, dass der Unterschied zwischen Translation und Nicht-Translation nicht vom

Standpunkt einer Texttypologie aus, sondern nur von einem kognitiven, kommunikativ-intentionalen Standpunkt aus gemacht werden darf, führt er doch selbst Beispiele von Textsorten an, die besser nicht 'übersetzt' werden, wie unter anderen Gebrauchsanweisungen, Werbung, touristische Broschüren. Einschränkend fügt er aber hinzu, dass dennoch kommunikative Situationen denkbar seien, in denen solche Texte 'übersetzt' werden müssen. Hier ist also implizit vom interpretativen Gebrauch deskriptiver Äußerungen die Rede.

Mit Nords Begriff der instrumentellen Übersetzung setzt sich Gutt nicht ausdrücklich auseinander, wohl aber mit Houses 'covert translation'. Er schreibt: "Translation cannot be covert" (Gutt 2000:215) und führt für die Ablehnung der 'covert translation' drei Argumente an:

- Von einer 'covert translation' wird nicht interpretative Ähnlichkeit mit dem Ausgangstext, sondern Akkuratheit und Adäquatheit verlangt.
- Eine 'covert translation' braucht keinen Übersetzungsprozess.
- Der Begriff führt zur Verwirrung über Funktionsvarianz.

Im Grunde deuten die Argumente vielmehr auf eine Kritik an den Funktionalisten und tragen Houses Weiterentwicklung und Neuformulierung der 'overt'-'covert'-Dichotomie in der revidierten Neuausgabe ihres Werkes (House 1997) keine Rechnung.

3.4 'Overt translation' und 'covert translation'

House macht den Unterschied zwischen 'overt' und 'covert translation': Während eine 'overt translation' sich offen als Übersetzung präsentiert, ist eine 'covert translation' eine Übersetzung, die nicht die Merkmale einer Übersetzung aufweist, d.h. dass der Zieltext für die Zieltextrezipienten genauso direkt und original ist wie der Ausgangstext für die Ausgangstextrezipienten (House 1997:66,69).

Grundsätzlich für den Unterschied zwischen 'overt' und 'covert' sei die Funktion. Die *'overt translation'* habe eine Funktion zweiter Ebene, da der Text in ein neues Sprachgeschehen, in einen neuen Rahmen gestellt wird. Diese Form des Übersetzens ermögliche den Zugang zur originalen Funktion; sie sei in ihrem Verfahren vergleichbar mit einem Zitat (a.a.O.:112). In einer *'covert translation'* versuche der Translator die Funktion des Originals neu zu schaffen. Dabei sei es nicht die Absicht, die Diskurswelt des Originals mit-zu-aktivieren. Deshalb sollten solche Übersetzungen wie originale Texte rezipierbar sein (a.a.O.:114).

Diese Dichotomie integriert House in ihr Modell zur Analyse der Äquivalenz. In einer *'overt translation'* soll Äquivalenz auf den Ebenen: Sprache/Text, Register und Gattung erreicht werden. Auf der Ebene der individuellen Textfunktion sei funktionale Äquivalenz zweiter Ebene anzu-

streben (a.a.O.:112). In einer *covert translation'* sei Äquivalenz auf den Ebenen Gattung und individueller Textfunktion erforderlich; auf den Ebenen
Sprache/Text und Register seien Änderungen möglich. Diese werden
durch einen auf empirischer Erforschung sprachkultureller Unterschiede
beruhenden Kulturfilter gesteuert (a.a.O.:114).

House vergleicht selbst ihre Dichotomie mit der anderer Forscher, unter anderem mit Nords Unterscheidung zwischen dokumentarischer und
instrumenteller Übersetzung. Sich auf Gutt beziehend, vergleicht sie ihre
'overt translation' mit Gutts 'direkter Übersetzung', dem direkten interpretativen Gebrauch (a.a.O.:111). Diesem Vergleich liegt gewiss die Äquivalenz in den Bereichen Sprache/Text, Register und Gattung zugrunde.
Doch Gutt fasst inhärente Eigenschaften des Originals nicht als linguistische Merkmale, sondern als 'kommunikative Hinweise' auf (vgl. 2.2.3).
Außerdem legte die 'Zitat'funktion der 'overt translation' eher einen Vergleich mit Gutts interlingualem interpretativem Gebrauch überhaupt nahe.
Gutt seinerseits setzt Houses 'covert translation' dem interlingualen deskriptiven Gebrauch gleich, ohne Houses Unterscheidung zwischen 'covert
version' und 'covert translation' zu berücksichtigen.

3.5 Schlussfolgerung und Praxisbezug

Sowohl Funktionalisten wie Reiß und Vermeer und Nord, als auch Gutt
und House zeigen in ihrem Bemühen zur Definition von Translation, zur
Unterscheidung von verschiedenen Formen der Translation und zur Abgrenzung der Translation von der Nicht-Translation, dass sie sich eines
Grenzbereichs bewusst sind. Sie suchen auch nach Kriterien zur Unterscheidung zwischen Translation und Nicht-Translation sowie zur Differenzierung von Formen der Translation: Für die Funktionalisten ist das
Kriterium der Skopos, für Gutt die kommunikative Intention. Für House
beruht die Wahl zwischen 'overt' und 'covert' auf einer Vielzahl von Faktoren. Sie erwähnt: den Translator, den Text, die Gründe für die Übersetzung, die implizierten Leser sowie die Veröffentlichungs- und Marketing-
politik.

Die theoretische Auseinandersetzung soll aber nicht Zweck an sich sein
und das ist sie auch nicht. Was alle hier berücksichtigten Theoretiker ge-
mein haben, ist ihr Versuch zu einer Optimierung der Textqualität beizutragen:

- Die Funktionalisten stellen dazu die Adäquatheit in der Zielkultur in
  den Mittelpunkt.

- Gutt rät für bestimmte kommunikative Intentionen (und bestimmte
  Textsorten) von der Übersetzung ab und empfiehlt ein anderes Verfahren der Textproduktion.

- House stellt ein Evaluierungsmodell auf, das je nach der Translationsform andere geeignete Kriterien zur Bemessung der Textqualität vorsieht.

Im nächsten Abschnitt wird ein Praxisbezug hergestellt. Thema sind Verfahren der Textproduktion im Bereich der Arzneimittelinformation. Von den Ergebnissen einer beschränkten Umfrage und Textuntersuchung findet die Rückkopplung an die theoretischen Ansichten statt, um auf diese Weise ein weites Arbeitsfeld für die Forschung zu umreißen.

4 Translation und multilinguale Textredaktion in der Praxis der Arzneimittelinformation

4.1 Abgrenzung und Beschreibung der Textgattung

Im Bereich der Arzneimittelinformation unterscheiden wir als Texte: die Etikettierung, die Fachinformation, die Packungsbeilage, die in der BRD die Aufschrift 'Gebrauchsinformation' und in der Schweiz die Aufschrift 'Patienteninformation' bekommt, die Werbung, und eine Menge Texte im Internet, deren Untersuchung noch aussteht. In diesem Beitrag stehen die Fachinformation und die Packungsbeilage im Mittelpunkt.

Aufgrund allgemeinen Wissens und allgemeiner Recherchen sind vier wichtige Merkmale dieser Texte festzuhalten:

- Sie haben eine dreifache Funktion: Produktdarstellung, Instruktion und Warnung.
- Sie unterscheiden sich voneinander aufgrund ihrer kommunikativen Funktion: Die Fachinformation richtet sich an Experten, die Packungsbeilage richtet sich an Nicht-Experten.
- Sie stehen gleichzeitig in vielen Sprachen zur Verfügung und wenden sich an Menschen unterschiedlicher Kulturen.
- Sie unterliegen gesetzlichen Richtlinien.

Bevor das Entstehungsverfahren der Texte als Translation oder multilinguale Textredaktion erforscht wird, ist es von wesentlichem Belang den zu berücksichtigenden gesetzlichen Rahmen zu skizzieren. Die Gesetzgebung, sowohl die europäische als auch die nationale, bestimmt nicht nur, welche Angaben in der Fachinformation und der Packungsbeilage enthalten sein sollen, sondern auch ihre Reihenfolge. Außerdem enthält die Gesetzgebung über die Packungsbeilage Forderungen in Bezug auf die Mehrsprachigkeit und Hinweise für die sprachliche Gestaltung der Texte.

Die Richtlinie 2001/83/EG des europäischen Parlaments und des Rates vom 6. November 2001 zur Schaffung eines Gemeinschaftskodexes für

Humanarzneimittel enthält im Artikel 63 folgende Bestimmung in Bezug auf die Mehrsprachigkeit der Packungsbeilagen:

> (2) Die Packungsbeilage ist so zu formulieren und zu konzipieren, dass sie klar und verständlich ist, so dass sich der Verwender, erforderlichenfalls mit Hilfe von Angehörigen der Gesundheitsberufe, angemessen verhalten können. Die Packungsbeilage ist gut lesbar in der bzw. den Amtssprachen des Mitgliedstaats abzufassen, in dem das Arzneimittel in Verkehr gebracht wird. Unbeschadet der Bestimmung von Unterabsatz 1 kann die Packungsbeilage in mehreren Sprachen abgefasst sein, sofern in allen verwendeten Sprachen *dieselben Angaben* gemacht werden. (meine Hervorhebung) (Richtlinie 2001/83/EG Art. 63)

Ähnlich formuliert die belgische Gesetzgebung (Königlicher Erlass vom 3. Juli 1969 Art. 2 sexies §4):

> Die Packungsbeilagen werden in den drei Nationalsprachen erstellt. Dabei trägt der pharmazeutische Unternehmer die Verantwortung für die *Übereinstimmung* zwischen den einzelnen sprachlichen Fassungen. (eigene Übersetzung / eigene Hervorhebung) (Königlicher Erlass 3. Juli 1969 Art. 2 sexies §4)

Während die in der europäischen Richtlinie formulierte Voraussetzung heißt, dass "dieselben Angaben" gemacht werden, schreibt das belgische Gesetz "die Übereinstimmung der einzelnen sprachlichen Fassungen" vor. Vermutlich hat sich der Gesetzgeber über die Vagheit und Mehrdeutigkeit dieses Begriffs für den Translator bzw. den Redakteur und für die Translationswissenschaft wenig Gedanken gemacht. Davon ausgehend, dass beide Gesetze dasselbe bezwecken, wäre 'Übereinstimmung' rein inhaltlich zu interpretieren. Doch eine beschränkte Befragung (vgl. 4.2) zeigt, dass nicht nur im belgischen, sondern auch im europäischen Kontext 'Übereinstimmung' als 'Gleichheit' verstanden und auf formal-linguistische Bereiche übertragen wird. Damit eine optimale Textqualität erreicht wird, ist es erforderlich, dass das anzustrebende Verhältnis zwischen den einzelnen sprachlichen Fassungen fachkundig, im wissenschaftlichen Dialog zwischen Forschern, Gesetzgebern, Sprach- und Fachexperten der Pharmaindustrie, beraten und festgelegt wird.

4.2 Translation und multilinguale Textredaktion: eine Befragung

4.2.1 Adressaten und Inhalt der Fragebögen

Die Befragung bezieht sich auf das Textproduktionsverfahren der multilingualen Fachinformation und Packungsbeilage der Arzneimittel 'Viramune' (Boehringer) und 'Insulatard' (Novo Nordisk). Ein Fragebogen wurde jeweils an die deutsche, belgische und schweizerische Filiale des pharmazeutischen Unternehmers gesandt. Der Text des Fragebogens besteht in drei Fassungen, die auf die sprachliche Situation der drei Länder zugeschnitten sind (vgl. Anhang). Die Fragen beziehen sich auf:

(1) das Arbeitsverfahren, das der Entstehung der einzelnen sprachlichen Fassungen der Fachinformation zugrunde liegt;
(2) das Arbeitsverfahren, das der Entsehung der einzelnen sprachlichen Fassungen der Packungsbeilage zugrunde liegt;
(3) den Ort, an dem die Texte geschrieben bzw. die Übersetzungen angefertigt werden;
(4) die für die Übersetzung und Redaktion zuständige(n) Person(en);
(5) die Übersetzungsnorm.

Alle Adressaten, bis auf einen, haben die Fragebögen beantwortet zurückgeschickt.

4.2.2 Ergebnisse

In den Antworten dieser beschränkten Befragung, die als Voruntersuchung zu betrachten ist, zeichnen sich einige Tendenzen ab, die vor allem als Grundlage für eine spätere umfassendere Studie Wert haben.

(a) Die Basis-*Fachinfomation* ist in englischer Sprache. Die anderssprachigen Fassungen sind direkte oder indirekte Übersetzungen aus dem Englischen.[2] Unter indirekter Übersetzung ist eine Übersetzung der Übersetzung zu verstehen: Die niederländische Fachinformation von 'Insulatard' in Belgien ist eine Übersetzung der französischen Fassung, die ihrerseits eine Übersetzung der englischen Fachinformation ist. In der Schweiz ist die französische Fachinformation eine Übersetzung der deutschen, die ihrerseits eine Übersetzung aus dem Englischen ist oder die deutsche Fachinformation ist eine Übersetzung der französischen, die ihrerseits eine Übersetzung aus dem Englischen ist.
(b) Die *Packungsbeilage* ist eine nach gesetzlichen Vorschriften erstellte Bearbeitung der Fachinformation.
  • Aus den Antworten geht hervor, dass zur Redaktion der Packungsbeilage häufig mit verschiedenen Vorlagen gearbeitet wird. Die deutsche Packungsbeilage entsteht teilweise aus einer Bearbeitung der englischen Fachinformation und der Übersetzung der englischen Packungsbeilage. Die französische Packungsbeilage von 'Insulatard' in Belgien wird unter Einbeziehung der englischen Packungsbeilage und der französischen Fachinformation erstellt. Die deutschsprachige Packungsbeilage von 'Insulatard' in

---

2 Dies wird nur in einer Antwort verneint. Da die anderen Filialen desselben Unternehmens die obige Stellungnahme bestätigen, ist die Antwort vermutlich auf eine falsche Lektüre der Frage zurückzuführen.

Belgien ist teilweise Übersetzung der französischen Packungsbeilage, teilweise Bearbeitung der bundesdeutschen Gebrauchsinformation.

- In mehrsprachigen Ländern wie Belgien und der Schweiz ist die
Packungsbeilage in mehreren Sprachen abgefasst. Es stellt sich
heraus, dass es zwei Verfahrensweisen gibt: Entweder wird jede
einzelne Sprachfassung direkt aus dem Englischen übersetzt oder
eine der beiden Landessprachen bildet – eventuell zusammen mit
anderen Vorlagen – die Grundlage für weitere Übersetzung(en).

- Die kleine Voruntersuchung zeigt, dass Packungsbeilagen das
Produkt eines komplexen Produktionsverfahrens, einer Mischung
von Translation und Redaktion, sind.

(c) Die Übersetzung in mehrere Sprachen bzw. die multilinguale Redaktion erfolgt teilweise firmenintern, teilweise firmenextern. Nach ersten
Angaben werden in der Schweiz häufiger als in Belgien Übersetzungsbüros in Anspruch genommen.

(d) Firmenintern erstellte Texte und Übersetzungen entstehen aus einer
Kooperation zwischen verschiedenen Fachexperten (u.a. Apothekern,
Ärzten) und Fachübersetzern. Eine einheitliche Aufgabenverteilung ist
aus den Antworten jedoch nicht abzuleiten.

(e) In drei der fünf Fälle ist die Übersetzungsnorm Übereinstimmung in
Inhalt und Form. Ebenfalls in drei der fünf Fälle ist die Norm eine getreue Übersetzung, Satz für Satz, und einmal sogar Wort für Wort.
Auffällig ist die Korrelation zwischen dem Fachübersetzer als der für
den Text zuständigen Person und der Auffassung einer 'getreuen' Ü-
bersetzung. Müssen wir daraus ableiten, dass die Arbeit des Fachüber-
setzers mit der Satz-für-Satz- oder sogar Wort-für-Wort-Übersetzung
assoziiert wird, dass ihm in der Praxis tatsächlich wenig redaktionelle
Freiheit erlaubt wird?

4.3 Translation und multilinguale Textredaktion: Praxis und For-
schungsperspektiven

4.3.1 Redaktionelle Translationsarbeit und translatorische Redaktionsarbeit

Aus der Befragung ist hervorgegangen, dass vor allem der Packungsbeilage
ein komplexer Verfahrensprozess von Redaktions- und Translationsarbeit
zugrunde liegt. Die Arbeit an diesem multilingualen Textangebot ist Translation unter Einbeziehung redaktioneller Eingriffe; sie ist Redaktion auf der
Grundlage eines Translationsprozesses. In diesem Teilabschnitt werden
einige Statements der Unternehmen in Bezug auf die Komplexität des
Verfahrens mit Feststellungen an den Texten selbst konfrontiert.

Redaktionelle Translationsarbeit

Die Packungsbeilage der beiden berücksichtigten Arzneimittel, 'Viramune' und 'Insulatard', weisen in den belgischen Sprachfassungen redaktionelle Eingriffe in Bezug auf die englische Vorlage und die bundesdeutsche Übersetzung dieser Vorlage auf. Im Fall 'Viramune' handelt es sich um einen inhaltlichen Widerspruch (1) und inhaltliche Ergänzungen (2), im Fall 'Insulatard' um Anpassungen der Darstellungsform(3).

(1) Die Angaben über den Einfluss des Arzneimittels auf die Verkehrstüchtigkeit sind widersprüchlich:

There are no specific studies on the ability to drive vehicles and use machinery. (Viramune)

Es gibt keine speziellen Untersuchungen über die Verkehrstüchtigkeit oder die Fähigkeit zur Bedienung von Maschinen. (Viramune – Deutschland)

Es gibt Anhaltspunkte dafür, dass Viramune Tabletten Schläfrigkeit verursachen. Deswegen sollte im Straßenverkehr und beim Bedienen von Maschinen besondere Vorsicht geübt werden. (Viramune – Belgien)

(2) In der belgischen sowie in der schweizerischen Packungsbeilage von 'Viramune' wird die Verbreitung der Nebenwirkung 'Hautausschlag' quantifiziert:

However, in *some* patients a rash, which appears as a blistering skin reaction, can be severe or life-threatening [...]. (Viramune)

Bei *einigen* Patienten kann ein Hautausschlag, der als eine blasenbildende Hautreaktion erscheint, jedoch schwerwiegend oder lebensbedrohend sein [...]. (Viramune – Deutschland)

Bei *ungefähr 7%* der Patienten kann ein Hautausschlag, der als eine blasenbildende Hautreaktion erscheint, jedoch schwerwiegend oder lebensbedrohend sein. (Viramune – Belgien)

Bei *ungefähr 7%* der Patienten kann dieser Hautausschlag jedoch schwerwiegend oder lebensbedrohend sein. (Viramune – die Schweiz)

(3) Die belgische Packungsbeilage von 'Insulatard' ist deutlich um die Verständlichkeit bemüht. Die Darstellung der Anwendungsinstruktionen wird angepasst, das Mischen des Insulins wird anhand einer Zeichnung veranschaulicht.

Die Konfrontation mit den Statements der Unternehmen führt für 'Viramune' und 'Insulatard' zu unterschiedlichen Ergebnissen. Die belgische Filiale von Novo Nordisk gibt in der Befragung an, dass die Texte der Packungsbeilage 'Insulatard' eine 'Bearbeitung' verschiedener Vorlagen sind und das zeigt sich auch an den Texten. Die redaktionellen Eingriffe in der belgischen Packungsbeilage von 'Viramune' sind offensichtlich nicht in Einklang mit der Antwort, dass alle sprachlichen Fassungen Übersetzungen des Englischen sind, und dass Übersetzung eine Übereinstimmung in Inhalt und Form voraussetzt.

Translatorische Redaktionsarbeit

Die redaktionelle Freiheit, die sich Fachübersetzer und Fachexperten bei der Translation der Texte nehmen, ist ein positiver Faktor, wenn sie zur funktionalen, kommunikativen und sprachlichen Qualität der Texte beiträgt. Jeder Konsument liest den Text einer Packungsbeilage in der oder einer der Sprachen seines Landes, er liest ihn als originale Redaktionsarbeit, als Instrument. Dass die Redaktion mit Translation einhergeht, soll dem Text möglichst nicht anzusehen sein. 'Covert translation' ist das Ziel, doch meistens weist der Text in unterschiedlicher Größenordnung Merkmale 'übersetzter' Sprache oder Einflüsse des Englischen auf (vgl. House 2004:192-194). Die folgenden Beispiele zeigen Einflüsse der englischen Vorlage (1) im syntaktischen, (2) im lexikalischen und (3) im stilistischen Bereich.

(1) Neben der Schwierigkeit, die vier Satzebenen des englischen Satzes in den anderen Sprachen wiederzugeben, ist im folgenden Beispiel für die Bedeutung des Satzes die Stellung der Negation entscheidend.

It is also important to realise that Viramune tablets *has not been shown* to reduce the risk of transmission of HIV to others [...]. (meine Hervorhebung)

Es muss außerdem beachtet werden, dass Viramune Tabletten das Risiko einer HIV-Übertragung auf andere [...] *nicht* verringern. (meine Hervorhebung)

Het is *niet* aangetoond dat Viramune tabletten de kans op overdracht van HIV op anderen [...] vermindert. (meine Hervorhebung)

['Es ist nicht nachgewiesen worden, dass Viramune Tabletten das Risiko einer HIV-Übertragung verringert.' (meine Übersetzung)]

Die Nähe der Verben 'show' und 'reduce' im Englischen "has not been shown to reduce" kann nicht ins Deutsche oder ins Niederländische übertragen werden. Die deutsche Übersetzung verknüpft die Negation mit dem Verb 'verringern' ('reduce') und trifft damit exakt die Bedeutung des Satzes. Im Niederländischen führt die Entfernung der Negation vom semantisch wichtigsten Verb zu einer Bedeutungsverzerrung.

(2) Unklar ist die Bedeutung des deutschen Satzes im folgenden Beispiel:

During clinical trials every one in five patients experienced a hypo *requiring help from others.* (meine Hervorhebung)

In klinischen Studien trat bei jedem fünften Patienten eine Hypoglykämie auf, *die eine Unterstützung bei der Behandlung erforderte.* (meine Hervorhebung)

Es ist anzunehmen, dass 'Behandlung' als Übersetzung von 'help' und 'Unterstützung' als Übersetzung von 'from others' entstanden ist. Doch 'Behandlung' ist im Vergleich zu 'help' spezifischer und impliziert schon einen 'anderen', so dass die Übersetzung von 'others' überflüssig wird. Mehr noch: Die Verbindung mit 'Unterstützung' ist nicht nur überflüssig, im Sinne, dass sie nicht zur Bedeutungserhellung beiträgt, sondern sie führt zum Bedeutungsschwund (falsche Explizierung). Die Bedeutung liegt hier wohl zwischen 'Hilfe von Dritten' und 'medizinischer Behandlung'.

(3) Die Lektüre eines Textes wird beschleunigt, die Interpretation erleichtert, wenn die Inhalte übersichtlich und stilistisch kohärent dargeboten werden. Im folgenden Beispiel aus der Packungsbeilage von Insulatard trägt das Layout zur Übersichtlichkeit bei, doch die syntaktisch-stilistische Inkohärenz in der Auflistung hat die entgegengesetzte Wirkung.

Ursachen für hohen Blutzucker

• Sie haben eine Insulininjektion vergessen
• Wiederholtes Injizieren von weniger Insulin als Sie benötigen
• Eine Infektion oder Fieber
• Mehr Essen als üblich
• Weniger körperliche Bewegung als üblich

Das Durcheinander von persönlicher Anrede, substantiviertem Infinitiv, Substantiv und Verbalsubstantiv geht zum Teil auf die Übersetzung von englischen '-ing'-Formen zurück, und zeigt, dass nach Ablauf des translatorischen Schreibens eine redaktionelle Revision des gesamten Textes der Kohärenz zugute kommen würde. Ein Bereich, der dabei besondere Berücksichtigung verdient, ist der Gebrauch der Modalverben.

4.3.2 Eine Schnittfläche als neuer Aufgabenbereich der Forschung

Die Ergebnisse der Befragung (4.2.2) und die Untersuchung an den Texten (4.3.1) führen zur Feststellung, dass Fachinformation und Packungsbeilage Texte sind, denen ein komplexes Verfahren zugrunde liegt: die Verschränkung von Translation und multilingualer Redaktion. Die Funktionalisten ordnen dieses Verfahren in den erweiterten und differenzierten Bereich der Translation ein. Gutt ordnet diese Texte dem Bereich der deskriptiven

Äußerungen zu: Bei der multilingualen Erstellung spiele die interpretative Ähnlichkeit mit dem Original keine Rolle, deshalb sei es der Textqualität dienlich, diese Texte nicht zu übersetzen. Dies widerspricht aber den gesetzlichen Vorschriften und der realen Arbeitssituation, was er zum Teil selbst zugibt (Gutt 2000:220). Nach Houses Modell zur Evaluierung von Translation soll für diese Texte das Verfahren der 'covert translation' gewählt werden, doch wie sie selbst andeutet, muss das Gebiet der 'covert translation', der Grenzbereich zwischen 'covert translation' und 'covert version', zwischen 'covert translation' und multilingualer Textproduktion noch weiter erforscht werden (House 1997:117, 2004:186-188).

Es soll künftig diesem Grenzbereich größere Aufmerksamkeit gewidmet werden, zumal sehr viele Texte aus diesem Feld auf dem Schreibtisch bzw. im Rechner des Übersetzers landen. Die Ergründung dieses Bereichs ist meiner Meinung nach in verschiedene Schritte einzuteilen, die im nachfolgenden Modell von (1) bis (6) nummeriert werden. Sie stellen jedoch kein einmaliges Nacheinander dar, sondern werden wiederholt durchlaufen, da zwischen den einzelnen Fasen Wechselwirkung und Rückkopplung besteht.

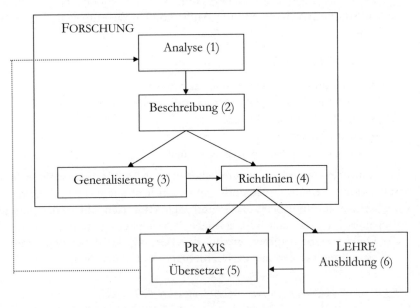

Abb: 4.3.2: Erforschungsmodell Grenzbereich Translation-multilinguale Redaktion

Die Erläuterung erfolgt im Hinblick auf die behandelte Gattung (Fachinformation und Packungsbeilage) und aufgrund der bisherigen Erkenntnisse. Es ist eindeutig, dass Untersuchungen an anderen Textgattungen und Sachgebieten die in (3) gemeinte Theoriebildung weiter prägen können.

(1) Zur Analyse müssen umfassende multilinguale Korpora Englisch-Deutsch (Niederländisch, Französisch) zusammengestellt werden. Dabei ist es von Belang, die Korpora aufgrund der folgenden bestehenden Zulassungsverfahren für Arzneimittel zu unterscheiden: europäisch zentralisierte?, europäisch dezentralisierte? oder nationaler Zulassung, denn diese bestimmen den Anteil der Translation am Entstehungsprozess der Texte. Die Zusammenstellung und Analyse der Korpora soll von Befragungen bei den Unternehmen begleitet werden, denn nur eine richtige Erkenntnis des Arbeitsprozesses kann zu zuverlässigen Ergebnissen führen. Die Untersuchung könnte bereichert und verfeinert werden, indem kontrastiv an vergleichenden Korpora von im Internet veröffentlichten Texten geforscht wird, die eine ähnliche kommunikative Intention haben, jedoch nicht denselben gesetzlich-juristischen Rahmenbedingungen unterworfen sind. Als Gegenstand der Analyse sollen aufgrund von Hypothesen einzelne lexikalische, syntaktische und stilistische Aspekte abgegrenzt werden.

(2) Die Analyse soll dazu beitragen, dass sowohl die Komplexität der Gattung als auch die Komplexität der Textproduktionsverfahren genauer beschrieben werden kann. Ausgehend von der in diesem Artikel zusammengefassten Befragung und Textuntersuchung zeichnen sich einige Beschreibungsebenen ab:

- die Packungsbeilage (Gebrauchs- bzw. Patienteninformation) als 'Interpretation' der Fachinformation

- die Fachinformation und die Packungsbeilage als Texte, die sich aus den Funktionen: Produktdarstellung, Instruktion und Warnung zusammensetzen

- die Arbeit mit mehreren Vorlagen ?

(3) Analyse und Beschreibung führen zu einer Modifizierung des Translationsbegriffs und der Unterscheidung zwischen Translationsformen (Generalisierung). Jede der oben behandelten Theorien kann mit ihrer eigenen Terminologie zur neuen Definition und Differenzierung beitragen.

Die erforschten Daten ermöglichen, dass die Äquivalenzmöglichkeiten und -anforderungen (vgl. Houses Unterscheidung 'overt' – 'covert' in House 1997:115) unter Berücksichtigung der Adäquatheit in jeder Kultur (funktionalistischer Standpunkt) festgelegt werden. Im Rahmen der Relevanztheorie könnte das Verhältnis zwischen interpretativer Ähnlichkeit und deskriptivem Gebrauch unter Berücksichtigung der realen kommunikativen Intentionen revidiert und modifiziert werden. Zur wissenschaftlichen Untermauerung der Adäquatheit und eines angemessenen deskriptiven Gebrauchs soll die mögliche Rolle eines empirisch verifizierten kulturellen Filters integriert werden (vgl. House

1997:115-117; 2004:186-188). Adäquatheit und angemessener deskriptiver Gebrauch setzen auch voraus, dass redaktionelle Faktoren, die die Textkohärenz und das Layout betreffen, in den Translationsbegriff integriert werden.

(4) Die erforschten Daten führen nicht nur zur Modifizierung in der Theoriebildung, sondern münden direkt oder indirekt, d.h. über die Theoriebildung, in Richtlinien für die Praxis, in unserem Fall Richtlinien für die Translatoren und Redakteure, die Sachverständigen und die Gesetzgeber im Bereich der Arzneimittelinformation.

(5) und (6) In der Vermittlung zwischen Forschung und Praxis spielt die Ausbildung eine wichtige Rolle. Sie vermittelt den künftigen Translatoren nicht nur Richtlinien, sondern soll sie auch in der Wissensübertragung und der Kompetenzentwicklung auf die komplexen Aufgaben der Translation vorbereiten. Neue Forschungsergebnisse sollten kontinuierlich in eine Neuformulierung der Ausbildungsaufgaben umgesetzt werden.

5 Schlussfolgerung

In diesem Beitrag wurde der Stellenwert der Schnittfläche zwischen Translation und multilingualer Redaktion im Funktionalismus, in der Relevanztheorie und in Houses funktional-linguistischer Theorie untersucht. Die aus einer Befragung und einer Textanalyse bestehende Beschäftigung mit dem Bereich der Arzneimittelinformation, genauer der Textgattung Fachinformation und Packungsbeilage, lässt erkennen, dass das Verhältnis zwischen Translation und multilingualer Redaktion komplexer ist als in den meisten Theorien angenommen wird. Das Modell, das die Beziehung zwischen Forschung, Praxis und Lehre als kreislaufförmige Bewegung darstellt, ist gleichzeitig als Schlussfolgerung dieses Beitrags und als neue Forschungsperspektive gedacht.

6 Literatur

Belgischer Königlicher Erlass vom 3. Juli 1969.
    http://www.afigp.fgov.be/New/NL/Archief/wetgeving.htm (17.12.2004)
European Medicines Agency. http://www.emea.eu.int/index/indexh1.htm
    (17.12.2004)
Gutt, Ernst-August (2000): *Translation and Relevance. Cognition and Context*. Manchester – Boston: St. Jerome.
Holz-Mänttäri, Justa (1984): *Translatorisches Handeln. Theorie und Methode*. Helsinki: Suomalainen Tiedeakatemia. (= Annales Academiae Scientiarum Fennicae. B 226).

House, Juliane (1997): *Translation quality assessment: a model revisited*. Tübingen: Narr. (= Tübinger Beiträge zur Linguistik. 410).

House, Juliane (2004): "Explicitness in Discourse across Languages". In: House, Juliane & Koller, Werner & Schubert, Klaus (Hrsg.) (2004): *Neue Perspektiven in der Übersetzungs- und Dolmetschwissenschaft*. Bochum: AKS. (= Fremdsprachen in Lehre und Forschung. 35). 185-207.

Nord, Christiane (³1995): *Textanalyse und Übersetzen. Theoretische Grundlagen, Methode und didaktische Anwendung einer übersetzungsrelevanten Textanalyse*. Heidelberg: Groos. (1. Aufl. 1987).

— (1997): *Translating as a Purposeful Activity. Functionalist Approaches Explained*. Manchester: St. Jerome. (= Translation Theories Explored. 1).

Reiß, Katharina & Vermeer, Hans J. (1984): *Grundlegung einer allgemeinen Translationstheorie*. Tübingen: Niemeyer. (= Linguistische Arbeiten. 147).

Richtlinie 2001/83/EG des Europäischen Parlaments und des Rates vom 6. November 201 zur Schaffung eines Gemeinschaftskodexes für Humanarzneimittel. Konsolidierte Fassung vom 30.04.2004. http://www.zlg.de/cms.php?mapid=414 (17.12.2004).

Vaerenbergh, Leona Van (2004): "Loyalität und Relevanz: kompatible Prinzipien?" In: House, Juliane & Koller, Werner & Schubert, Klaus (Hrsg.) (2004): *Neue Perspektiven in der Übersetzungs- und Dolmetschwissenschaft*. Bochum: AKS. (= Fremdsprachen in Lehre und Forschung. 35). 300-319.

7 Anhang

FRAGEBOGEN – BUNDESREPUBLIK DEUTSCHLAND

- Die deutsche Fachinformation ist eine Übersetzung der englischen Fachinformation:
  ❑ Ja
  ❑ Nein
  ❑ eventuell Kommentar

- Die deutsche Packungsbeilage (Gebrauchsinformation) ist:
  ❑ eine Übersetzung der englischen Packungsbeilage
  ❑ eine Bearbeitung der englischen Fachinformation
  ❑ eine Kombination beider
  ❑ eventuell Kommentar

- Die Übersetzungen werden angefertigt / die Texte werden geschrieben:
  ❑ firmenintern
  ❑ firmenextern:
    o von einem Übersetzungsbüro
    o von einem europäischen Beamten
    o von einer anderen Instanz
    o eventuell Kommentar

- Die Übersetzungen werden angefertigt / die Texte werden geschrieben:
  ❑ von einem Fachübersetzer
  ❑ von einem technischen Redakteur
  ❑ von einem medizinischen Fachexperten
  ❑ von verschiedenen Personen (Erläuterung über Arbeitsverteilung)

- An die Übersetzung werden folgende Anforderungen gestellt:
  ❑ Übereinstimmung qua Inhalt
  ❑ Übereinstimmung qua Form
  ❑ getreue Übersetzung Wort-für-Wort
  ❑ getreue Übersetzung Satz-für-Satz
  ❑ andere

FRAGEBOGEN – BELGIEN

- Die französische Fassung der F a c h i n f o r m a t i o n ist:
  ❑ eine Übersetzung der englischen Fachinformation
  ❑ eine Bearbeitung der englischen Fachinformation

- Die niederländische Fassung der F a c h i n f o r m a t i o n ist:
  ❑ eine Übersetzung der englischen Fachinformation
  ❑ eine Übersetzung der französischen Fachinformation
  ❑ eine Bearbeitung aufgrund....

- Die Packungsbeilage ist dreisprachig. Der Basistext ist:
  ❑ auf Niederländisch
  ❑ auf Französisch

- Dieser Basistext ist:
  ❑ eine Übersetzung der englischen Packungsbeilage
  ❑ eine Bearbeitung der englischen Fachinformation
  ❑ eine Bearbeitung der englischen Packungsbeilage
  ❑ eine Kombination von ....

- Die deutsche Fassung der Packungsbeilage ist:
  ❑ eine Übersetzung der niederländischen Fassung
  ❑ eine Übersetzung der französischen Fassung
  ❑ eine Bearbeitung der deutschen Packungsbeilage der BRD
  ❑ eine Kombination von ...

- Die Übersetzungen werden angefertigt / die Texte werden geschrieben:
  ❑ firmenintern
  ❑ firmenextern
      o   von einem Übersetzungsbüro
      o   von einem europäischen Beamten
      o   von einer anderen Instanz

- Die Übersetzungen werden angefertigt / die Texte werden geschrieben:
  - ❑ von einem Fachübersetzer
  - ❑ von einem technischen Redakteur
  - ❑ von einem medizinischen Fachexperten
  - ❑ von verschiedenen Personen (Erläuterung über Arbeitsverteilung)

- An die Übersetzung werden folgende Anforderungen gestellt:
  - ❑ Übereinstimmung qua Inhalt
  - ❑ Übereinstimmung qua Form
  - ❑ getreue Übersetzung Wort-für-Wort
  - ❑ getreue Übersetzung Satz-für-Satz
  - ❑ andere

FRAGEBOGEN – SCHWEIZ

- Die Fachinformation besteht:
  - ❑ in deutscher Sprache
  - ❑ in französischer Sprache
  - ❑ in italienischer Sprache

- Entstehung der einzelnen sprachlichen Fassungen der Fachinformation:
  - ❑ die Fassungen sind alle Übersetzungen der englischen Fachinformation
  - ❑ die Fassungen sind alle Bearbeitungen der englischen Fachinformation
  - ❑ eine sprachliche Fassung bildet die Grundlage:
    - o die deutsche Fassung
    - o die französische Fassung
    - o die italienische Fassung
  - ❑ die anderen sprachlichen Fassungen sind Übersetzungen der Grundlage:
    - o Ja
    - o Nein

- Die Packungsbeilage (Patienteninformation) ist dreisprachig. Der Basistext ist:
  - ❑ Deutsch
  - ❑ Französisch
  - ❑ Italienisch
  - ❑ Es gibt keinen Basistext

- Dieser Basistext ist:
  - ❑ eine Übersetzung der englischen Packungsbeilage
  - ❑ eine eigene Bearbeitung der englischen Fachinformation
  - ❑ eine eigene Bearbeitung der englischen Packungsbeilage
  - ❑ eine Kombination von ...

- Die anderen sprachlichen Fassungen sind:
    - ❑ Übersetzungen des Basistextes
    - ❑ Bearbeitungen der bestehenden sprachlichen Fassungen (z. B. französische Fassung in Frankreich; deutsche Fassung in Deutschland ...)
    - ❑ eine Übersetzung der englischen Packungsbeilage
    - ❑ eine Bearbeitung der englischen Fachinformation
    - ❑ eine Bearbeitung der englischen Packungsbeilage
    - ❑ eine Kombination von ...

- Die Übersetzungen werden angefertigt / die Texte werden geschrieben:
    - ❑ firmenintern
    - ❑ firmenextern:
        - o von einem Übersetzungsbüro
        - o von einem europäischen Beamten
        - o von einer anderen Instanz
        - o eventuell Kommentar

- Die Übersetzungen werden angefertigt / die Texte werden geschrieben:
    - ❑ von einem Fachübersetzer
    - ❑ von einem technischen Redakteur
    - ❑ von einem medizinischen Fachexperten
    - ❑ von verschiedenen Personen (Erläuterung über Arbeitsverteilung)

- An die Übersetzung werden folgende Anforderungen gestellt:
    - ❑ Übereinstimmung qua Inhalt
    - ❑ Übereinstimmung qua Form
    - ❑ getreue Übersetzung Wort-für-Wort
    - ❑ getreue Übersetzung Satz-für-Satz
    - ❑ andere

Marc Van de Velde *(Gent)*

Der fliegende Holländer. Das Verb-Frame 'fly' im Englischen, im Niederländischen und im Deutschen

1 Einführung

In meinem Beitrag will ich auf die Frage eingehen, inwieweit die Valenzgrammatik auch für die Übersetzungswissenschaft von Bedeutung sein kann, insbesondere, inwieweit sie Übersetzungsentscheidungen beeinflussen bzw. erklären kann.

Dabei gehe ich von dem Modell der situativen Valenz aus, wie es von Storrer (1992) entwickelt und von Gerzymisch-Arbogast (2006) um eine kontrastive Komponente erweitert wurde.

Kern dieses Modells ist, dass die Entscheidung darüber, welches Verb in einer Äußerung gewählt wird, von der Frage abhängt, welche Valenzstellen realisiert oder nicht realisiert werden sollen, damit eine Äußerung als situationsangemessen beurteilt werden kann.

Für jedes Verb wird ein Frame aufgestellt, das zeigt, welche Rollen bei diesem Verb realisiert werden können. Dabei wird, da diese aus der Sicht der situativen Valenz nicht relevant ist, die in der traditionellen Valenzgrammatik gemachte Unterscheidung zwischen Angaben und Ergänzungen aufgegeben.

Gerzymisch-Arbogast hat diese Theorie auf die Analyse des Verb-Frames *fly* angewandt und dazu die englische Kurzgeschichte Jonathan Livingston Seagull (Bach & Munson 1970a) mit ihrer deutschen Übersetzung verglichen.

Im Folgenden will ich den Vergleich Englisch-Deutsch um eine niederländische Komponente erweitern und untersuchen, inwieweit die von Gerzymisch-Arbogast fürs Deutsche aufgedeckten Kategorien auch in

der niederländischen Übersetzung wiederzufinden sind und ihre Klassifikation revidiert und/oder ergänzt werden muss.

In ihrer Klassifikation unterscheidet Gerzymisch-Arbogast (2004:65ff.;
demn.) zwei Ebenen, die Systemebene und die Textebene. Auf der
Systemebene behandelt sie zwei Arten von Problemen. Zum einen sind
das Probleme, die mit kontrastiven Unterschieden des verbspezifischen
Rolleninventars zu tun haben. So stellt Gerzymisch-Arbogast fest, dass bei
dem englischen Verb *try* die *was*-Rolle nicht realisiert zu werden braucht,
während das deutsche Äquivalent *versuchen* immer ein Objekt bei sich
haben muss und der deutsche Übersetzer aufgrund des Kontextes ein
Objekt ergänzt:

(1)   Ten times he tried (Bach & Munson 1970a:20)
       Zehnmal nacheinander versuchte er den Sturz (Bach & Munson 1970b:20)

Weiter kommt auch die Frage zur Sprache, inwieweit Valenzeigenschaften
des ausgangssprachlichen Verbs die Verwendung des entsprechenden
Verbs in der Übersetzung beeinflussen können, mit anderen Worten,
inwieweit hier Interferenzerscheinungen auftreten. Ein Beispiel für eine
solche Interferenz ist die nicht korrekte monovalente Verwendung des
bivalenten Verbs *verreißen* unter dem Einfluss des (auch) monovalenten
Verbs *snap* im Original:

(2)   With a tenth of a second to avoid the youngster, Fletcher Lynd Seagull
       snapped to the left... (84)[1]
       * Im Bruchteil einer Sekunde verriß Fletcher scharf nach links (79)

Zum anderen handelt es sich auf der Systemebene um das Problem der
unterschiedlichen Lexikalisierung bestimmter Bedeutungsaspekte in unterschiedlichen Sprachen. Im Englischen z.B. wird die *wie*-Rolle oft in das
Verblexem integriert, im Deutschen dagegen wird sie viel häufiger durch
ein Adverbial zum Ausdruck gebracht; vgl. *slide – bei Gleitflügen* in:

(3)   When he began sliding into feet-up landings on the beach (14)
       Als er dann aber auch bei Gleitflügen über dem Strand mit angezogenen
       Beinen zur Landung anzusetzen begann (14)

Auf der Textebene unterscheidet Gerzymisch-Arbogast zwei kontextuelle
Dimensionen valenzgebundener Übersetzungsprobleme, die vom Übersetzer Übersetzungsentscheidungen verlangen:

• Entscheidungen im Zusammenhang mit der Verbalisierung bestimmter Bedeutungsaspekte des Verbs im Kontext (Aspektivierung) wie in:

---

1 Im Folgenden wird der Verweis auf das Corpus jeweils auf die Seitenzahl beschränkt. Es
   wird neben dem Original der Übersichtlichkeit wegen immer die niederländische und die
   deutsche Übersetzung aufgeführt; den für den behandelten Aspekt nicht relevanten
   Übersetzungen ist eine linke eckige Klammer ([) vorangestellt.

(4) A blurred grey shape roaring out of a dive (75)
     Ein verwischter grauer Fleck im sausenden Sturzflug (71)

• Entscheidungen im Zusammenhang mit der Frage, wie die im Szenario im Originaltext gewählte Perspektive in die Zielsprache übertragen werden kann (Perspektivierung) und, eng damit zusammenhängend, die Thematisierung als Wahl des relevanten Topics/Subjekts im Kontext:

(5) We can learn to fly (27)
     Der Höhenflug ist erlernbar (26)

Die von Gerzymisch-Arbogast aufgestellte Klassifikation dient als Ausgangspunkt für die Beschreibung und den Vergleich des niederländischen und des deutschen Materials in 2 und 3. Das deutsche Material wird z.T. aus Gerzymisch-Arbogast (2006) übernommen.

2 Übersetzungsprobleme auf der Systemebene

2.1 Kontrastive Unterschiede im Rolleninventar

Es kann festgestellt werden, dass das Englische über mehr Verben verfügt, die transitiv(/reflexiv) und intransitiv verwendet werden können als das Deutsche und das Niederländische (vgl. schon Van Haeringen 1956:69 fürs Niederländische) und dass das Deutsche statt einer intransitiven Form öfters eine reflexive verwendet. Vgl. *lift* und seine niederländischen und deutschen Entsprechungen:

(6) To lift himself without a single flap of wing from sand to cloud and down again (79)
     Om zonder een enkele vleugelslag omhoog te zweven van het strand naar de wolken, en weer omlaag (79)
     Daß er sich ohne einen Flügelschlag vom Sand emporhob und hoch zu den Wolken hinaufsegelte und wieder zurück (74)
(7) And lifted into the dark night air (83)
     En vloog zonder enige moeite op, de donkere hemel in (83)
     Und erhob sich mühelos in die dunkle Nachtluft (78)

Wenn die Verben *fly/ride* transitiv verwendet werden, können sie mit semantisch ganz unterschiedlichen Objekten (*was*-Rollen) verbunden werden. Wie die Valenzbeschreibungen (z.B. Contragram fürs Englische und Niederländische,[2] Helbig & Schenkel 1996:248-249 fürs Deutsche) zeigen,

---

[2] Die Beschreibung der Verben *fly* und *vliegen* im Contragram-Projekt 'A Dutch –French - English verb valency dictionary', das an der Universität Gent durchgeführt wurde, wurde uns freundlicherweise von der Projektleitung zur Verfügung gestellt. Das niederländische Verb *vliegen* wurde von Timothy Colleman bearbeitet, das englische Verb *fly* von Dirk

hat das niederländische Verb *vliegen* und, anders als Gerzymisch-Arbogast (2006) behauptet, auch das deutsche *fliegen*, eingeschränktere Verbindungs-möglichkeiten. Das zeigt sich auch in den Übersetzungen, in denen entweder das intransitive *vliegen/fliegen* oder ein anderes (bedeutungsver-wandtes) (in)transitives Verb verwendet wird:

(8) And Jonathan had flown the first aerobatics of any seagull on earth (27)
     En zo werd Jonathan de eerste zeemeeuw ter wereld die aan luchtacrobatiek deed (34)
     So wurde Jonathan die erste und einzige Möwe, die Kunstflugfiguren voll-brachte (26)
(9) Yet in delight he flew a loop to landing, with a snap roll just before touch-down (27)
     Toch maakte hij van verrukking een looping voordat hij landde, en een snelle rol voordat hij neerkwam (34)
     Aber so glücklich, daß er beim Landen noch einen Looping machte (26)
(10) Till you can fly the past and the future (60)
     Zodat je in het verleden en in de toekomst kunt vliegen (61)
     Du wirst lernen, durch Vergangenheit und Zukunft zu fliegen (57)
(11) Likewise Charles-Roland Gull flew the Great Mountain Wind to twenty-four thousand feet (79)
     En zo vloog Charles-Roland Meeuw met de Grote Bergwind mee omhoog, tot een hoogte van achtduizend meter (79)
     Auch die Möwe Charles schwebte auf dem Großen Bergwind so hoch hinauf (74)
(12) He learned to ride the high winds far inland (36)
     Hij leerde om op de hogere luchtstromen diep landinwaarts te vliegen (46)
     Er lernte, auf Hochwinden weit ins Land hinein zu schweben (34)

Im Englischen können Verben, die nicht primär als Bewegungsverben zu charakterisieren sind, trotzdem mit einer *wohin*-Rolle kombiniert werden und so als Bewegungsverb verwendet werden. Wie aus den Bedeutungs-umschreibungen im Wörterbuch hervorgeht, ist diese Verwendung manch-mal lexikalisiert:

(13) Roar: move at high speed making a roar (Pearsall 1999:1237)
(14) Screech: move rapidly with a screech (Pearsall 1999:1287)

Das ist aber nicht immer so; vgl. die Verwendung von *blurr* in (15) oder *grow* in (16):

(15) In ten seconds he had blurred through ninety miles per hour (20)
     Binnen tien seconden haalde hij meer dan honderdtachtig per uur (21)
     Innerhalb von zehn Sekunden hatte er das schwindelnde Tempo von hun-dertfünfzig Stundenkilometern erreicht und überschritten (20)

Noël. Näheres zu den Contragram-Projekten und zum kontrastiven Valenzwörterbuch, siehe http://www.contragram.ugent.be.

(16) The boat and the crowd of gulls tilting and growing, meteor-fast, directly in his path (26)
De boot en de groep meeuwen schoten met de snelheid van een meteoor op hem af, hij kon ze niet ontwijken (27)
Boot und Möwenschwarm kippten seitwärts ab und schienen dann mit meteorgleicher Schnelligkeit genau in seine Flugbahn zu stürzen (25)

Im Niederländischen und im Deutschen ist diese Möglichkeit zwar nicht ganz ausgeschlossen, sie scheint aber viel beschränkter zu sein als im Englischen, was auch aus den Übersetzungen hervorgeht, in denen zum Teil ein 'echtes' Bewegungsverb verwendet wird.

Wie ich gezeigt habe (1995:326), hat das Deutsche in diesem Punkt mehr Möglichkeiten als das Niederländische. So sind z.B. Verbindungen wie:

(17) aufs Land, ins Ausland, nach Amerika heiraten (Duden 1999:1722)

im Niederländischen vollkommen ausgeschlossen. Anders als im Englischen können andererseits im Niederländischen (wie übrigens auch im Deutschen) Modalverben direkt mit einer '*wohin*'-Rolle kombiniert werden:

(18) I must fly home to the Flock (21)
Ik moet terug naar de Vlucht (21)
[Flieg heim zu deinem Schwarm (21)

Abgesehen von der unterschiedlich ausgeprägten Möglichkeit, Verben als Bewegungsverben zu verwenden, zeigen Niederländisch und Deutsch im Vergleich zum Englischen insgesamt dieselben Unterschiede im Rolleninventar.

Für die von Gerzymisch-Arbogast beobachteten Interferenzerscheinungen wie in (2) (*snap/verreißen*) enthält mein niederländisches Material zwar keine Belege, aber das scheint mir Zufall zu sein.

2.2 Bedeutungsaspekte

Obwohl festgestellt werden kann, dass Bedeutungsaspekte, die im Englischen Bestandteil des Verbs sind, in der niederländischen Übersetzung hin und wieder nicht-verbal ausgedrückt werden, ist aus meinem Material nicht zu schließen, dass es in diesem Punkt systematische Unterschiede zwischen dem Niederländischen und dem Englischen gäbe, wie sie von Gerzymisch-Arbogast (2004:67-69) für das Sprachenpaar Englisch-Deutsch angenommen werden (vgl. 3). So wird z.B. das englische *roll* nicht nur als *een rol maken* (19) übersetzt, sondern auch als *rollen* (20), während im Deutschen nur eine Umschreibung oder eine freie Übersetzung vorkommt:

(19) Rolling to glide inverted for a while (84)
      En maakte een rol opzij om een paar ogenblikken ondersteboven te vliegen
      (84)
      Und zog schwebend und glänzend seine Kreise (79)
(20) They rolled with him, smiling (46)
      Ze rolden naast hem, in formatie, glimlachend (47)
      Und sie folgten wie schwerelos (35)

3   Übersetzungsentscheidungen auf der Textebene

3.1   Perspektivierung

Die niederländische Übersetzung enthält nur einige wenige Belege für
einen Wechsel der Perspektive, die unmittelbar mit der Wahl des Verbs zu
tun haben:

(21) The reason you fly is to eat (15)
      Vliegen dient om te kunnen eten (15)
      [Zweck des Fliegens ist, daß man etwas zu Essen hat (15)
(22) That he was flying as fast as he could fly (51)
      Dat dit de grootste snelheid was die die hij kon halen (52)
      [Bei vierhundertfünfzig hatte er das Äußerste erreicht (49)

Eine strukturelle Notwendigkeit für die Perspektivierung gibt es aber nicht.
Dies gilt übrigens auch für deutsche Fälle wie (5).

Daneben kommen auch Fälle vor, in denen die Perspektivierung nicht
mit dem Verb als solchem, sondern mit der Satzstruktur zusammenhängt.
Es handelt sich immer um im Englischen relativ geläufige Konstruktionen
mit einer *ing*-Form oder um Infinitivkonstruktionen. Diese Konstruktionen
werden oft zu einem selbständigen Satz oder zu einem Nebensatz mit
einem finiten Verb (und einem Subjekt) umgebildet. Das lässt sich nicht
nur im Niederländischen, sondern auch im Deutschen beobachten:

(23) A moment later Jonathan's body wavered in the air, shimmering (92)
      Een ogenblik later zweefde Jonathans lichaam in de lucht, werd wazig (92)
      Und Jonathans Körper flimmerte in der Luft, erstrahlte (86)
(24) If I were meant to fly at speed (21)
      Als het de bedoeling was dat ik zo snel zou vliegen (21)
      [Wärest du zum raschen Fliegen bestimmt (21)
(25) To lift himself without a single flap of wing from sand to cloud and down
      again (79)
      [Om zonder een enkele vleugelslag omhoog te zweven van het strand naar de
      wolken, en weer omlaag (79)
      Daß er sich ohne einen Flügelschlag vom Sand emporhob und hoch zu den
      Wolken hinaufsegelte und wieder zurück (74)

Anders ist es mit dem Perspektivenwechsel, bei dem die Nominalphrase,
von der die *ing*-Form abhängt, zur Vergleichsangabe wird; der kommt nur

in der niederländischen Übersetzung vor (wäre aber auch im Deutschen ohne weiteres möglich):

(26) A long grey streak firing a few inches above the beach (84)
      En schoot als een lange grijze streep vlak over het strand (86)
      [Schoß ein paar Zentimeter über dem Sand waagrecht dahin. Es war, als zeichne er einen grauen Strich in die Luft (79)

(27) A blurred grey shape roaring out of a dive (75)
      Als een vage grijze flits schoot hij omhoog uit een duikvlucht (75)
      [Ein verwischter grauer Fleck im sausenden Sturzflug (71)

(28) Our drab slogging forth and back to the fishing boats (27)
      In plaats van als duffe vogels achter vissersboten aan te scharrelen (34)
      [Statt der einförmigen Alltagsplage mit dem ewigen Hin und Her zwischen Küste und Fischkuttern (26)

Die theoretischen Möglichkeiten, die Perspektive zu wechseln, sind im Deutschen und im Niederländischen dieselben, in meinem Material macht das Niederländische aber von diesen Möglichkeiten mehr Gebrauch als das Deutsche.

3.2 Aspektivierung

Bei den meisten Abweichungen der Übersetzung vom Original handelt es sich um Belege für Aspektivierung. Zu den von Gerzymisch-Arbogast (demn.) unterschiedenen Subkategorien (Analogie, Rekurrenz, Tilgung, Pro-Verb, doppelte/mehrfache Realisierung) kommt Hinzufügung als weitere Subkategorie hinzu.

3.2.1 Analogie

Wenn in der Zielsprache ein synonymes oder bedeutungsverwandtes Verb vorhanden ist, ist eine direkte Übersetzung möglich. Dies ist (abgesehen von den in 2.1 beschriebenen Fällen, in denen es strukturelle Unterschiede gibt) der Fall bei *fly/vliegen/fliegen*:

(29) The gull sees farthest who flies highest (62)
      De meeuw die het hoogst vliegt, kijkt het verst (62)
      Am weitesten sieht, wer am höchsten fliegt (58)

(30) He flew with them through night and cloud and storm, for the sport of it, while the Flock huddled miserably on the ground (79)
      Hij vloog met ze door nacht en wolken en stormweer, zuiver terwille van de sport, terwijl de Vlucht mistroostig bijeengekropen zat op de grond (82)
      Aus Sport flog er mit ihnen durch Nacht und Wolken und Stürme, während sich die Möwen armselig auf dem Erdboden aneinanderdrängten (75)

aber auch bei anderen Verben:

(31) Jonathan circled slowly over the Far Cliffs (75)
     Jonathan cirkelde langzaam rond boven het Grijze Klif (75)
     Jonathan kreiste langsam über den fernen Klippen (71)
(32) So he climbed painfully to a hundred feet (21)
     En hij steeg met moeite naar dertig meter (24)
     So stieg er mühsam bis zu dreißig Meter Höhe (21)
(33) He had just pulled out of his dive from seven thousand feet (84)
     Hij trok net op uit een duikvlucht vanaf tweeduizend meter (86)
     [Er hatte sich nach einem rasenden Sturzflug elegant abgefangen (79)
(34) If I dive from five thousand feet instead of two thousand (25)
     Als hij nu eens dook vanaf vijftienhonderd meter in plaats vanaf zeshonderd
     (26)
     [Wenn ich aus der doppelten Höhe herabstoße (24)
(35) Came down blue from the cold thin air, amazed and happy, determined to go
     still higher tomorrow (79)
     [En kwam weer terug, blauw van de koude ijle lucht, maar verbaasd en
     gelukkig, vastbesloten om morgen nog hoger te gaan (79)
     Daß sie zitternd vor Kälte, überrascht von der eigenen Leistung und über-
     glücklich herunterkam, fest entschlossen, morgen noch höher hinaufzu-
     steigen (74)

Oft beschränkt sich die Analogie auf das Valenzmuster, während der
Übersetzer einen anderen Bedeutungsaspekt hervorhebt; das mag damit
zusammenhängen, dass in der Zielsprache kein direkt inhaltlich äquivalen-
tes Verb vorhanden ist:

(36) He pushed wearily away from the dark water (21)
     Hij steeg moeizaam op uit het donkere water (24)
     Erschöpft hob er von der dunklen Wassermasse ab (21)
(37) A moment later Jonathan's body wavered in the air, shimmering (92)
     Een ogenblik later zweefde Jonathans lichaam in de lucht, werd wazig (92)
     Und Jonathans Körper flimmerte in der Luft (86)
(38) And stumbled in the air (64)
     En zigzagde in de lucht (65)
     [Und durch die Luft taumelte (60)
(39) Away off to the north, at the horizon itself, flew a few others (52)
     [Heel ver weg in het noorden, bij de horizon, vlogen nog een paar anderen
     (52)
     Fern im Norden, fast am Rande des Horizonts, kreisten noch ein paar Vögel
     (50)

Wie aus den Belegen hervorgeht, unterscheiden sich Niederländisch und
Deutsch in diesem Punkt nicht.

3.2.2 Rekurrenz

Von Rekurrenz ist die Rede, wenn derselbe Bedeutungsaspekt sowohl im
Verb als in einem nicht-verbalen Element des Satzes ausgedrückt wird.
Dies kommt im Niederländischen wie im Deutschen eher selten vor:

(40) And Jonathan Livingston Seagull rose with the two starbright gulls to disappear into a perfect dark sky (47)
En Jonathan Livingston Zeemeeuw steeg naar boven, samen met de twee witte sterrevogels, om te verdwijnen in de strakke donkere lucht (47)
[Und die Möwe Jonathan erhob sich mit den beiden sternenhellen Möwen und entschwand in vollkommene Dunkelheit (35)

(41) Determined to go still higher tomorrow (79)
[Vastbesloten om morgen nog hoger te gaan (79)
Fest entschlossen, morgen noch höher hinaufzusteigen (74)

(42) He could outfly any gull in the Flock (55)
[Hij had meer uithoudingsvermogen dan enige andere meeuw in deze Vlucht (55)
Er konnte jede andere Möwe im Flug überholen (52)

Die Rekurrenz bei *slow/vertragen* ist im Niederländischen, anders als im Deutschen, zwar nicht notwendig, der Übersetzer macht aber von der *vertragen*-Möglichkeit keinen Gebrauch:

(43) (He) slowed to a single mile per hour above stall (46)
En liet zijn snelheid teruglopen tot een enkele mijl boven zijn omtreksnelheid (46)
Und verlangsamte seinen Flug fast bis zum Stillstand (35)

(44) The two radiant birds slowed with him, smoothly, locked in position (46)
De twee stralende vogels vertraagden hun vlucht tegelijk met hem, soepel, hun formatie gesloten houdend (46)
[Die beiden strahlenden Vögel taten das gleiche mühelos, ohne die Position zu ändern (35)

3.2.3 Tilgung

Meistens wird ein Bedeutungsaspekt des Verbs getilgt, typischerweise der *wie*-Aspekt (*fly how*, *move how*).

Aus einer funktionalistischen/situationsbezogenen Perspektive sind aber die nicht-verbalen Rollen, die nicht unmittelbar mit der Bedeutung des Verbs zusammenhängen, genauso wichtig für die Äußerung als Ganzes. Innerhalb des Modells der situativen Valenz sollte also auch systematisch untersucht werden, inwieweit auch sie in der Übersetzung getilgt werden.

Tilgung (von Bedeutungsaspekten) des Verbs

Statt eines Verbs mit einer spezifischen Bedeutung verwendet der Übersetzer hin und wieder ein Verb mit einer allgemeineren Bedeutung, ohne dass er die 'verlorengegangene' Bedeutungskomponente sonstwie zum Ausdruck bringt. Dieses Phänomen wurde schon von Levý (1969:113) in literarischen Übersetzungen beobachtet und als lexikalische Verarmung bezeichnet.

So wird aus einer typischen Form des Fliegens einfach ein Fliegen, ein Sichfortbewegen, ein In-einen-anderen-Zustand-Übergehen, oder es wird ein Verb verwendet, das überhaupt keine solche Bedeutungskomponente enthält:

(45) When a young bird on its first flight glided directly into his path (84)
Toen een jonge meeuw op zijn eerste vlucht pal in zijn weg vloog (86)
Da geriet ihm ein junger Vogel direkt in die Flugbahn (79)

(46) And turned east, toward the home grounds of the Flock (77)
En vloog naar het oosten naar de woongebieden van de Vlucht (77)
[Und wandte sich gen Osten zu den Heimatgründen des Schwarmes (73)

(47) From a thousand feet, flapping his wings as hard as he could, he pushed over into a blazing steep dive toward the waves (15)
Vanaf driehonderd meter hoogte, zijn vleugels zo snel mogelijk bewegend, ging hij over in een halsbrekend steile duikvlucht, recht op de golven af (20)
[Aus dreihundert Meter Höhe stürzte er sich nach kräftigen Flügelschlägen tollkühn in die Tiefe, den Wellen entgegen (15)

(48) By the time he had pulled his beak straight up into the sky he was still scorching along at a hundred and sixty miles per hour (26)
Zelfs toen zijn snavel al recht omhoog wees naar de hemel, had hij nog een snelheid van meer dan driehonderd kilometer (27)
[Als er den Schnabel endlich wieder hochgereckt hielt, flitzte er immer noch pfeilschnell dahin (25)

(49) Henry Calvin struggling gamely at his left (78)
En Herman Calvijn dapper voortploeterend aan zijn linker (78)
Und Henry hielt sich tapfer an seinem linken Flügel (73)

Die (nicht strukturell notwendige) Tilgung kommt im Niederländischen typischerweise in Sätzen vor, in denen der Übergang einer (im Verb ausgedrückten) Form des Fliegens in eine andere (in einem Substantiv ausgedrückte) beschrieben wird:

(50) Rolling into his dive (20)
Hij begon zijn duikvlucht (20)
[Aus sechshundert Meter Höhe kippte er, Schnabel senkrecht nach unten zum Sturzflug (20)

Als extremster Fall der Tilgung kann der betrachtet werden, in dem das Verb als zentraler Knoten ganz verschwindet. Das ist oft der Fall in Vergleichssätzen (in denen übrigens auch andere Formen der Ersparung von Satzgliedern zu verzeichnen sind):

(51) How do you expect us to fly as you fly (83)
Dat we net zo vliegen als jij (83)
Daß wir fliegen so wie du (79)

Die Tilgung kann auch durch andere Eigenschaften der Satzstruktur begünstigt werden, wie z.B. das Vorkommen einer komplexen Verbalgruppe:

(52) In the very moment that one fl i e s u p t o e n t e r it [3](51)
Op het moment dat je er eindelijk binnenging (51)
Wo er doch gerade in den Himmel kam (49)

oder eines Bewegungsverbs in einem nebengeordneten Satz oder in einer inkorporierten *ing*-Form:

(53) And with the faintest twist of his wingtips he e a s e d o u t of the dive and s h o t above the waves (25)
En met een geringe beweging van zijn vleugeltips schoot hij vanuit zijn duikvlucht omhoog, tot hoog boven de golven (25)
[Jetzt konnte er sich mit einer ganz leisen Wendung der Flügelspitzen abfangen, aus der Senkrechten in die Waagerechte übergehen und wie eine grauweiße Kugel unter dem Mond über die Wasserfläche hinschießen (24)

(54) An inch from his right wingtip f l e w the most brilliant white gull in the world, g l i d i n g effortless along (65)
[Op een centimeter afstand van zijn rechtervleugel vloog de mooiste en witste meeuw die hij ooit gezien had, zonder enige inspanning voortglijdend (65)
Kaum einen Zoll entfernt von ihm segelte wie schwerelos und ohne eine einzige Feder zu rühren die reinste, strahlendste Möwe der Welt (60)

Tilgung von nicht-verbalen Elementen

In einigen Sätzen werden nicht-verbale Elemente des Originals in der Übersetzung getilgt. Es handelt sich um ganz unterschiedliche Elemente; getilgt werden sowohl Verbadverbiale (Richtungsangaben, Artangaben) als Satzadverbiale (Temporalangaben):

(55) To fly as fast as thought, to a n y w h e r e t h a t i s (58)
Om zo snel te kunnen vliegen als een gedachte (59)
[Um in Gedankenschnelle zu fliegen, ganz gleich an welchen Ort (56)

(56) Climb w i t h m e f r o m t h e g r o u n d (82)
Stijg op (82)
[Steig mit mir vom Boden auf (75)

(57) Asked to learn h o w to fly (82)
En vroeg om te mogen leren vliegen (82)
[Und bat um Aufnahme in die Lehrstunde (75)

(58) Flashing o n e h u n d r e d m i l e s p e r h o u r past his instructor (75)
[Vlak langs zijn leermeester, met een snelheid van driehonderd kilometer per uur (75)
Er schoß an seinem Lehrmeister vorbei (71)

(59) The boat and the crowd of gulls tilting and growing, meteor-fast, d i r e c t l y in his path (26)

---

[3] Zur Verdeutlichung werden im Folgenden die betreffenden (getilgten, hinzugefügten, verschobenen) Satzteile im Original und/oder in den Übersetzungen gesperrt.

De boot en de groep meeuwen schoten met de snelheid van een meteoor op
hem af, hij kon ze niet ontwijken (27)
[Boot und Möwenschwarm kippten seitwärts ab und schienen dann mit
meteorgleicher Schnelligkeit genau in seine Flugbahn zu stürzen (25)

(60) But already it flew far better than his old one had ever flown (51)
Maar vloog veel beter dan het oude ooit had gedaan (52)
Doch Jonathan flog besser und leichter als je zuvor (49)

(61) A moment later Jonathan's body wavered in the air, shimmering (92)
[Een ogenblik later zweefde Jonathans lichaam in de lucht, werd wazig (92)
Und Jonathans Körper flimmerte in der Luft, erstrahlte (86)

Ein besonderer Grund kann sein, dass dieses nicht-verbale Element mit
einem anderen, neu eingefügten Verb verbunden wird:

(62) With a tenth of a second to avoid the youngster, Fletcher Lynd Seagull
snapped hard to the left, at something over two hundred miles
per hour, into a cliff of solid granite (84)
Hij had geen tiende van een seconde om het jong te ontwijken, en Frederik
sloeg een haak naar links, en botste met iets minder dan
vierhonderd kilometer per uur tegen een blok graniet (86)
Im Bruchteil einer Sekunde verriß Fletcher scharf nach links und prallte in
höchster Geschwindigkeit gegen eine Klippe (79)

(63) One by one, each of the eight birds pulled sharply upward into a full
loop (78)
Eén voor één trokken de acht meeuwen scherp op, maakten een
looping (78)
[Die acht weißen Vögel zogen nun einer nach dem anderen im steilen Winkel
hoch zum Überschlag in ein volles Looping (73)

(64) To lift himself without a single flap of wing from sand to cloud and
down again (79)
[Om zonder een enkele vleugelslag omhoog te zweven van het strand naar de
wolken, en weer omlaag (79)
Daß er sich ohne einen Flügelschlag vom Sand emporhob und hoch zu
den Wolken hinaufsegelte und wieder zurück (74)

Wie aus den Belegen hervorgeht, ist auch das Phänomen der Tilgung in
(fast allen) seinen unterschiedenen Erscheinungsformen sowohl im Niederländischen als auch im Deutschen zu verzeichnen.

3.2.4 Hinzufügung

Es werden nicht nur Elemente ausgelassen, auch das entgegengesetzte
Phänomen kommt vor, dass ein Element hinzugefügt wird.

Hinzufügung eines Bedeutungsaspektes im Verb

Ein neutrales Bewegungsverb (*move/come*) wird mit dem spezifischeren
Verb *vliegen/fliegen-schießen* übersetzt:

(65) They came across the Flock's Council Beach at a hundred thirty-five miles per hour (77)
Ze vlogen over het Vergaderstrand van de Vlucht met bijna driehonderd per uur (78)
Pfeilschnell überflogen sie den Versammlungsplatz des Schwarms (73)

(66) In just six seconds he was moving seventy miles per hour (15)
In amper zes seconden vloog hij meer dan honderdveertig kilometer per uur (20)
Schon nach sechs Sekunden schoß er mit einer Geschwindigkeit von mehr als hundert Stundenkilometern abwärts (15)

Es wird sogar ein Verb eingeführt zur Verselbständigung oder Verstärkung eines nicht-verbalen Elements:

(67) Screeching and fighting with the flock around the piers and fishing boats (15)
Hij vocht met de anderen in de Vlucht, c i r k e l e n d om de pieren en de vissersboten (15)
[Er flatterte und kreischte mit dem Schwarm um die Anlegestellen und Fischerboote (15)

(68) And we fly now at the peak of the Great Mountain Wind (46)
[En we vliegen nu in de hoogste zone van de Grote Bergwind (47)
Und wir fliegen jetzt schon sehr hoch, wir f l i e g e n auf dem Gipfel des Großen Bergwindes (35)

Gelegentliche Einfügungen nicht-verbaler Elemente

Es handelt sich zum Teil um dieselben Elemente, die, wie in den Beispielen 55 – 64 gezeigt wurde, an anderer Stelle ausgelassen werden (Lokal- und Direktionalangaben, Artangaben, Temporalangaben):

(69) And shot above the waves, a gray cannonball under the moon (25)
En met een geringe beweging van zijn vleugeltipsschoot hij vanuit zijn duikvlucht o m h o o g, tot hoog boven de golven, een grijze kanonskogel in het maanlicht (25)
[Und wie eine grauweiße Kugel unter dem Mond über die Wasserfläche hinschießen (24)

(70) Till a crowd of a thousand seagulls came to dodge and fight for bids of food (13)
Totdat een massa van honderden zeemeeuwen rondtuimelde b o v e n z e e, jagend en vechtend om voedsel te bemachtigen (13)
[Tausende flitzten hin und her und balgten sich kreischend um ein paar Brocken (13)

(71) Came down blue from the cold thin air, amazed and happy, determined to go still higher tomorrow (79)
En kwam w e e r terug, blauw van de koude ijle lucht, maar verbaasd en gelukkig, vastbesloten om morgen nog hoger te gaan (79)
[Daß sie zitternd vor Kälte, überrascht von der eigenen Leistung und überglücklich herunterkam, fest entschlossen, morgen noch höher hinaufzusteigen (74)

(72) A blazing drive to learn to fly (75)
      [De vurige wens te leren vliegen (75)
      Daß er nichts sehnlicher wünschte, als richtig fliegen zu lernen (71)

Daneben werden aber auch Elemente eingefügt wie trennbare Vorsilben
(*verder, voort...*) oder Modalpartikeln, Satzverknüpfer u.Ä. (*wel, zelfs...;auch,
denn...*):

(73) And flapped his wings harder, pressing for shore (21)
      (Bewoog zijn vleugels sneller) en zwoegde verder naar de kust (24)
      [Schlug angestrengt mit den Flügeln und strebte der Küste zu (21)
(74) Henry Calvin struggling gamely at his left (78)
      En Herman Calvijn dapper voortploeterend aan zijn linker (zijde) (78)
      [Und Henry hielt sich tapfer an seinem linken Flügel (73)
(75) And I will fly like one (21)
      En ik vlieg dus ook als alle andere meeuwen (24)
      Ich will auch fliegen wie die anderen Möwen (21)
(76) He could fly higher (47)
      Hij ... kon wél hoger vliegen (47)
      [Er konnte höher fliegen (35)
(77) And climbed above them into dazzling clear skies (36)
      En steeg daar zelfs boven uit, tot hoog in de duizeligmakende blauwe lucht
      (36)
      [Und stieg über sie hinaus in blendend lichte Höhen auf (34)
(78) And so they flew in from the west that morning (77)
      [En zo vlogen ze die morgen naar het oosten (78)
      Und so flogen sie denn an jenem Morgen vom Westen herein (73)

Ein Grund kann darin liegen, dass das Element einem anderen (folgenden
oder vorangehenden) Verb/Satz entnommen wurde:

(79) It happened that morning then, just after sunrise, that
      Jonathan Seagull fired directly through the centre of Breakfast Flock, ticking
      off two hundred twelve miles per hour (26)
      [En zo gebeurde het op die morgen, even na zonsopgang, dat Jonathan
      Livingston Zeemeeuw als een raket middendoor de Ontbijt Vlucht
      heenschoot, met vierhonderdtwintig per uur (27)
      Und so geschah es, daß die Möwe Jonathan an jenem Morgen, kurz
      nach Sonnenaufgang, im rasenden Sturzflug wie ein Schuß durch das
      Zentrum des Möwenschwarms knallte (25)
(80) Kirk Maynard Gull spread his wings, effortlessly, and lifted into the dark
      night air (83)
      En in een wip spreidde Pieter Mijndert Meeuw zijn vleugels uit en vloog
      zonder enige moeite op, de donkere hemel in (83)
      Und Kirk Maynard breitete die Flügel aus, ganz einfach und rasch und erhob
      sich mühelos in die dunkle Nachtluft (78)

Dieses Verb kann selbst ausgelassen (oder in das nicht-verbale Element
integriert) werden:

(81) That Jonathan Seagull fired directly through the centre of Breakfast Flock,
ticking off two hundred twelve miles per hour (26)
Dat Jonathan Livingston Zeemeeuw als een raket middendoor de Ontbijt
Vlucht heenschoot, met vierhonderdtwintig per uur (27)
Daß die Möwe Jonathan an jenem Morgen, kurz nach Sonnenaufgang, im
rasenden Sturzflug wie ein Schuß durch das Zentrum des Möwenschwarms
knallte (25)
(82) I could be spending all this time learning to fly (15)
Ik had nu al de hele tijd kunnen vliegen (15)
[Wieviel könnte ich da richtig fliegen üben (15)
(83) A blurred grey shape roaring out of a dive, flashing one hundred fifty
miles per hour past his instructor (75)
Als een vage grijze flits schoot hij omhoog uit een duikvlucht, vlak langs zijn
meester, met een snelheid van driehonderd kilometer per uur (75)
[Ein verwischter grauer Fleck im sausenden Sturzflug. Er schoß an seinem
Lehrer vorbei (71)
(84) Just to stop thinking and fly through the dark, toward the lights above
the beach (24)
[Het was goed om niet meer te hoeven denken, en kalm verder te vliegen
door het donker, naar de lichtjes van de kust toe, ver weg schitterend boven
het strand (24)
So gedankenlos durch das Dunkel auf die Lichter der Kuste zufliegen (21)

Wie bei Tilgung können auch bei Hinzufügung die gleichen Phänomene
im Niederländischen und im Deutschen beobachtet werden. Das gilt übrigens auch für die Kombination von sich also nicht gegenseitig ausschlie-
ßender Tilgung und Hinzufügung im selben Satz:

(85) Flapping around from place to place (64)
Alleen maar wat heen en weer fladderen (64)
[Von einem Ort zum anderen Sausen (60)
(86) A long grey streak firing a few inches above the beach (84)
[En schoot als een lange grijze streep vlak over het strand (86)
Schoß ein paar Zentimeter über dem Sand waagrecht dahin. Es war, als
zeichne er einen grauen Strich in die Luft (79)

3.2.5 Aspektivierung über ein Pro-Verb

Mein niederländisches Material enthält nur einen Beleg für die
Verwendung eines Pro-Verbs; es handelt sich um einen Vergleichssatz,
einen typischen Kontext für Pro-Formen:

(87) Far better than his old one had ever flown (51)
Veel beter dan het oude ooit had gedaan (52)
[Besser und leichter als je zuvor (49)

Das deutsche Material ist in diesem Punkt etwas ergiebiger:

(88) The two radiant birds slowed with him, smoothly, locked in position (46)
      [De twee stralende vogels vertraagden hun vlucht tegelijk met hem, soepel,
      hun formatie gesloten houdend (46)
      Die beiden strahlenden Vögel taten das gleiche mühelos, ohne die Position
      zu ändern (35)

Es finden sich übrigens nicht nur Pro-Verben, sondern auch andere Pro-
Formen:

(89) Do you want to fly so much that you will forgive the Flock (65)
      [Wil je werkelijk zo graag leren vliegen dat je de Vlucht wil vergeven? (65)
      Willst du es so sehr, daß du bereit bist, deinem Schwarm zu vergeben (61)
(90) To stall in the air is for them disgrace and it is dishonour (13)
      [Zo traag worden dat je valt is voor een meeuw iets lelijks, het is onwaardig
      (13)
      Für eine Möwe bedeutet das Schmach und Schande (14)

Wenn auch hier im Niederländischen Pro-Formen hätten verwendet
werden können, von dieser Möglichkeit wird in meinem Material kein
Gebrauch gemacht.

3.2.6 Doppelte oder mehrfache Realisierung des Verb-Frames

Die Bedeutungsaspekte des englischen Verbs können in der Übersetzung
auf mehrere (verbale und nicht-verbale) Elemente verteilt werden:

(91) He stalled and fell (13)
      Hij verloor zijn vliegsnelheid, overtrok en tuimelde neer (13)
      [Er sackte durch und kippte ab (13)
(92) To stall in the air is for them disgrace and dishonour (13)
      Zo traag worden dat je valt is voor een meeuw iets lelijks, het is
      onwaardig (13)
      [Für eine Möwe bedeutet das Schmach und Schande (14)
(93) In ten seconds he had blurred through ninety miles per hour (20)
      [Binnen tien seconden haalde hij meer dan honderdtachtig per uur (21)
      Innerhalb von zehn Sekunden hatte er das schwindelnde Tempo von
      hundertfünfzig Stundenkilometern erreicht und überschritten (20)
(94) He...tumbled slammed savagely into an inverted spin (75)
      [En klapte woest in een vrille (75)
      Taumelte, trudelte, warf sich wutentbrannt in einen einwärtsdrehenden
      Kreiselflug (71)
(95) That Jonathan Seagull fired directly through the centre of Breakfast Flock,
      ticking off two hundred twelve miles per hour (26)
      [Dat Jonathan Livingston Zeemeeuw als een raket middendoor de Ontbijt
      Vlucht heenschoot, met vierhonderdtwintig per uur (27)
      Daß die Möwe Jonathan an jenem Morgen, kurz nach Sonnenaufgang, im
      rasenden Sturzflug wie ein Schuß durch das Zentrum des
      Möwenschwarms knallte (25)

Dies kann damit zusammenhängen, dass das zielsprachliche Verb eine weniger spezifische Bedeutung hat; insbesondere die Bewegungsrichtung wird im Niederländischen und mehr noch im Deutschen explizite zum Ausdruck gebracht:

(96) Stalling once more (13)
Tuimelde opnieuw naar beneden, schaamteloos en opnieuw (14)
[Und immer langsamer werdend wieder absackte (14)

(97) He pulled abruptly into another try at the sixteen-point vertical slow roll (75)
[Dan begon hij direct aan een nieuwe poging om een langzame zestienpunts rolvlucht te maken (75)
Zog dann unvermittelt wieder hoch zu einem neuen Versuch mit einer vertikalen langsamen Rolle mit sechzehn Umdrehungen (71)

(98) Crashing down into the water (20)
Die met een plons het water indook (20)
[Und klatschte haltlos als wild gesträubtes Federnbündel hart auf dem Wasser auf (20)

(99) After a time, Fletcher Gull dragged himself into the sky (93)
[Na een poos hees Frederik zichzelf de lucht in (93)
Und ihr Schüler flog schwerfällig auf, wandte sich unter grauem Himmel heimwärts (87)

(100) Streaking down in flawless formation (46)
Naar omlaag flitsend nog steeds in formatie, zonder een enkele hapering (47)
Schossen in geschlossener Formation senkrecht ab (35)

Verdopplung einer nicht-verbalen Rolle schließlich, wodurch unterschiedliche Bedeutungsaspekte des einfachen Satzglieds im Original zum Ausdruck gebracht werden, tritt auf in:

(101) They rolled with him, smiling (46)
Ze rolden naast hem, in formatie, glimlachend (47)
[Und sie folgten wie schwerelos (35)

(102) Streaking down in flawless formation (46)
Naar omlaag flitsend nog steeds in formatie, zonder een enkele hapering (47)
[Schossen in geschlossener Formation senkrecht ab (35)

(103) And plunged directly toward the sea (25)
En schoot als een pijl uit een boog naar beneden, op de zeespiegel af (26)
[Und stürzte sich senkrecht hinab (26)

Abgesehen von der letztgenannten Form der Verdopplung zeigen Deutsch und Niederländisch auch in dieser Hinsicht große Ähnlichkeiten.

4 Zusammenfassung

Es kann allgemein festgestellt werden, dass die typischen Übersetzungsprobleme mehr auf der Textebene als auf der Systemebene auftreten.

Auf der Textebene ist Perspektivierung in meinem Material eher selten. Dies mag seinen Grund darin haben, dass das Verb Frame *fly* in diesem Punkt relativ wenig Möglichkeiten bietet.

Was die Aspektivierung angeht, ist klar geworden, dass der Übersetzer möglichst ein Verb verwendet, das Analogie zum englischen Verb aufweist. Andere Formen der Aspektivierung treten eher selten auf.

Wie aus dem gleichzeitigen Vorkommen von Tilgung und Hinzufügung, sogar im selben Satz, hervorgeht, ist Aspektivierung kein unidirektionales und systematisches Vorgehen. Im Gegenteil, es ist in einem gewissen Maße als arbiträr zu bezeichnen. Der Übersetzer scheint von Fall zu Fall zu entscheiden, ohne dass immer klar ist, was ausschlaggebend für seine Wahl ist.

Im Rahmen der situativen Valenz sollten neben Bedeutungsänderungen, die das Verb betreffen, auch Änderungen in dem Vorkommen anderer nicht-verbaler Rollen systematisch untersucht werden. Es soll untersucht werden, inwieweit Phänomene wie Tilgung und Hinzufügung mit Storrers Idee von Filtern, die die Realisierung von Rollen in der konkreten Äußerung regeln (Storrer 1992:276ff.), vereinbar sind.

Wie die Änderungen in der Verbbedeutung (lexikalische Verarmung) beschränken sich andere Erscheinungen wie Tilgung und Hinzufügung nicht auf den hier untersuchten Themenkomplex der Valenz, sondern sie sind als allgemeinere Übersetzungsphänomene zu bezeichnen (vgl. Langeveld 1986; Levý 1969).

Dass es sich dabei meistens um sprachenübergreifende Phänomene, vielleicht Übersetzungsuniversalien (vgl. z.B. Baker 1993), handelt, mag daraus hervorgehen, dass fast alle der beschriebenen Änderungen sowohl in der deutschen als in der niederländischen Übersetzung auftreten.

5 Literatur

Bach, Richard. & Munson, Russell (1970a): *Jonathan Livingston Seagull*. London: Turnstone Press.
— (1970b): *Die Möwe Jonathan*. Ins Deutsche übertragen von Jeannie Ebner. Berlin – Wien: Ullstein.
— (1972): *Jonathan Livingston Seagull*. Geautoriseerde Nederlandse vertaling door Lennaert Nijgh. Naarden: Strengholt.
Baker, Mona (1993): "Corpus linguistics and translation studies – Implications and applications". In: Baker, Mona. & Francis, Gill & Tognini-Bonelli, Elena (eds.) (1993): *Text and technology. In honour of John Sinclair*. Amsterdam: Benjamins. 233-250.
Duden (1999): *Das große Wörterbuch der deutschen Sprache in zehn Bänden*. Mannheim – Zürich: Duden-Verlag.

Gerzymisch-Arbogast, Heidrun (2004): "Translation decisions under valency considerations". In: Fleischmann, Eberhard & Schmitt, Peter A. & Wotjak, Gerd (Hrsg.) (2004): *Translationskompetenz*. Tübingen: Stauffenburg. 59-75.

— (2006): "Valenz und Übersetzung". In: Ágel, Vilmos & Eichinger, Ludwig M. & Eroms, Hans-Werner & Hellwig, Peter & Heringer, Hans Jürgen & Lobin, Henning (Hrsg.) (2006): *Dependenz und Valenz / Dependency and Valency*. Halbband 2. (= Handbücher zur Sprach- und Kommunikationswissenschaft. 25.2). 1549-1560.

Haeringen, Coenraad Bernardus Van (1956): *Nederlands tussen Engels en Duits*. Den Haag: Servire.

Helbig, Gerhard & Schenkel, Wolfgang (1996): *Wörterbuch zur Valenz und Distribution deutscher Verben*. Tübingen: Niemeyer. (1. Aufl. 1969. Leipzig: VEB Bibliograhisches Institut).

Langeveld, Arthur (1986): *Vertalen wat er staat*. Amsterdam: Arbeiderspers.

Levý, Jiří (1963): *Umění překladu*. Praha: Československý spisovatel. – Übersetzung von Walter Schamschula: Levý, Jiří (1969): *Die literarische Übersetzung*. Frankfurt am Main – Bonn: Athenäum.

Pearsall, Judy (1999): *The Concise Oxford Dictionary*. Oxford: Oxford University Press.

Storrer, Angelika (1992): *Verbvalenz. Theoretische und methodische Grundlagen ihrer Beschreibung in Grammatikographie und Lexikographie*. Tübingen: Niemeyer. (= Reihe Germanistische Linguistik. 126).

Velde, Marc Van de (1995): "Lokal- und Direktionalerweiterungen im Deutschen und im Niederländischen". In: Eichinger, Ludwig M. & Eroms, Hans-Werner *Dependenz und Valenz*. Hamburg: Buske. 319-335.

Lew Zybatow   (Innsbruck)

Translationswissenschaft:
Gegenstand – Methodologie – Theoriebildung

1 Einstimmung

Wenn die im Titel benannten Kategorien (Gegenstand – Methodologie – Theoriebildung) in Bezug auf die Geisteswissenschaften zur Sprache kommen, so bekommt man von wissenschaftstheoretischer Seite zuweilen wenig Schmeichelhaftes zu hören bzw. zu lesen. So bemerkt Mittelstraß nicht ohne hintergründigen Witz

> [...] dass sich die Geisteswissenschaften offenbar dem ordnenden Willen jeder Wissenschaftssystematik entziehen. Sie sind weder über ihre Gegenstände, noch über ihre Methoden, noch über ihre Theorien eindeutig zu fassen. Jedes geisteswissenschaftliche Fach hat da seine eigenen Vorstellungen, und jeder Geisteswissenschaftler auch. Die Unendlichkeit der Forschung, von der auch ihre naturwissenschaftlichen Nachbarn schwärmen, ist in den Geisteswissenschaften auf beunruhigende Weise Wirklichkeit geworden. Kein Gegenstand ist vor ihnen sicher, weder die Briefe eines römischen Bürgers an seine Freundin, noch das Lächeln bei Molière, noch der verborgenste Nasal auf Haiti; keine Methode ist ihnen fremd, von der hermetischen über die hermeneutische bis hin zur dekonstruktivistischen (gelegentlich begleitet von tiefer Abneigung gegenüber allem Methodischem überhaupt). (Mittelstraß 1998:111)

Wie zutreffend oder gerechtfertigt sind diese Bemerkungen in Bezug auf unsere, in jüngerer Zeit expandierende Disziplin Translationswissenschaft?

Man kann nicht umhin festzustellen, dass sich das expandierende Element (und das ist so neu nicht, denn hier war die Translationswissenschaft schon immer in ihrem Element) sowohl in der Erweiterung bzw. additiven

Hinzunahme immer neuer Gegenstände als auch im Zurück- bzw. Vor-
wärtsgreifen auf immer weitere theoretische Ansätze aus anderen Wissenschaftsdisziplinen manifestiert. Es scheint in der Tat so zu sein, dass der
Traum von der Unendlichkeit der Forschung in der Translationswissenschaft auf eine – wenn nicht 'beunruhigende', so doch – sich 'dem ordnen-
den Willen jeder Wissenschaftssystematik' entziehende Art und Weise
Wirklichkeit geworden ist. So hat es die zugegebenermaßen noch junge
Translationswissenschaft geschafft, sich bis heute mit Erfolg der Bestimmung ihres wissenschaftlichen Gegenstandes zu entziehen, indem in der
Literatur dazu entweder gar nichts oder Vages oder Widersprüchliches zu
finden ist. Und in Bezug auf ihren zentralen Begriff 'Translation' stellt man
ebenfalls die Tendenz fest, dass sich die AutorInnen entweder einer verbindlichen expliziten Definition entziehen oder diese so weit wie möglich
fassen: "Nowadays, translation is understood in its broader sense as any
transformation of a source language text into a target language text"
(Prunč 2003:29).

Solch 'breite' Definitionsversuche haben seinerzeit Koller zu folgendem
Kommentar veranlasst:

> Verstehe ich K. Reiß/H.-J. Vermeer (1984) richtig, so umfasst die "allge-
> meine Translationstheorie" ganz unterschiedliche Verarbeitungsformen aus-
> gangssprachlicher Texte in einer Zielsprache, abhängig davon, welche Funk-
> tion der Translator "(begründet) wählt: Don Quijote als literarisches Kunst-
> werk der Weltliteratur, als Kinder- und Jugendbuch usw." (57). Mehr noch:
> Translation ist "gesamtmenschliches Handeln" und "schließt als Sondersorte
> von Transfer auch die Möglichkeit des Umsetzens von sprachlichem in aktio-
> nales Handeln und umgekehrt ein" (91). Bei diesem Ausgangspunkt dürfte es
> einfacher sein, eine Antwort auf die Frage zu finden, was *nicht* Translation ist;
> jedenfalls verliert die Übersetzungswissenschaft (Translatologie) ihre spezifi-
> sche empirische Basis: sie wird zur All-Text-Wissenschaft (oder Text-All-
> Wissenschaft). (Koller [7]2004:213)

Und dieser Kommentar wird noch mit folgender Fußnote versehen:

> Insbesondere ist (nach H.J. Vermeer 1987a:170) auch die Transmutation eine
> Form der Translation: "Neulich hat Peter Bretthauer, IÜD, Heidelberg, vor-
> geführt, wie eine wortreiche chinesische Betriebsanleitung für einen Kas-
> settenrecorder in eine fast textlose deutsche Bildanweisung übersetzt wird."
> P. Bretthauer ist allerdings vorsichtiger, setzt er doch *Übersetzung* in
> Gänsefüßchen und verwendet den Konjunktiv. "Die 'Übersetzung' wäre in
> diesem Fall eine graphische Arbeit." (Koller [7]2004:213, Fußnote 38)

Soweit der ebenso treffende wie zutreffende Kommentar von Werner
Koller.

Es ist auffallend, dass die Translationswissenschaft bis heute nicht
müde wird, immer wieder auf neu entstehende Arten der Translation aufmerksam zu machen, die den konzeptionellen Rahmen des 'traditionellen

Übersetzens und Dolmetschens' und natürlich die überholte Kategorie der 'Äquivalenz' – nach Meinung ihrer Autoren – in Frage zu stellen angetan sind.

Und obwohl die 'traditionellen' Translationsarten immer noch einer adäquaten wissenschaftlichen Abbildung und einer methodologisch fundierten und empirisch verifizierbaren explanativen Theorie harren, schauen die modernen Translation Studies darüber hinweg und voller Hoffnung auf die neu entstehenden Forschungsgegenstände und Translationsarten, die alle neuer Theorien und neuer interdisziplinärer Ansätze bedürfen.

In diesem Gesamtkontext mutet die eingangs zitierte, wenig erbauliche Beobachtung von Mittelstraß – übertragen auf die heutige Translationswissenschaft – als eine Art Verdrängung oder Flucht vor alten ungelösten wissenschaftlichen Fragen in die Suche nach Vermehrung der "Unendlichkeit [ihrer] Gegenstände, Methoden, Theorien und Strukturen" (Mittelstraß 1998:110) an.

Um Missverständnissen vorzubeugen: Ich bin weit davon entfernt, eine empirisch gerechtfertigte Gegenstandserweiterung sowie den sich daraus ergebenden Bedarf an einer modernen transdisziplinären Kooperation von Vornherein ablehnen zu wollen. Aber ich möchte daran erinnern, dass die Erforschung 'traditioneller' wie auch 'neuer' translationswissenschaftlicher Explikanda immer einer methodologischen Fundierung bedarf, um am Ende erfolgreich – insbesondere erfolgreicher als die bisher in der Translationswissenschaft praktizierte Interdisziplinarität (vgl. Wilss 1997; Gerzymisch-Arbogast & Mudersbach 1998; Zybatow 2004a,b) – die Translation beschreiben und erklären zu können.

Um zu zeigen, wie die methodologische Fundierung der Translationswissenschaft aus meiner Sicht auszusehen hat, werde ich im Abschnitt 2 auf den Gegenstand der Translationswissenschaft und im Abschnitt 3 auf ihre Methodologie eingehen, bevor ich im Abschnitt 4 den Stand der Theoriebildung in der Translationswissenschaft kurz einschätzen werde.

2 Zum Gegenstand der Translationswissenschaft

Es bedarf wohl keiner besonderen Begründung, dass die Translationswissenschaft – wie jede andere Wissenschaft auch – durch nichts der Notwendigkeit enthoben ist, ihren Gegenstand zu bestimmen. Was aber ist der Gegenstand der Translationswissenschaft?

Hier ließe sich sicher mit einer rhetorischen Frage klar antworten: Was wird wohl der Gegenstand der Translationswissenschaft sein? – Der Gegenstand der Translationswissenschaft ist – wie dies bereits der Name nahe legt – offensichtlich die Translation! Doch so offensichtlich ist das offensichtlich doch nicht.

Denn die Skopostheorie, die den Anspruch erhebt, die beste allgemeine Translationstheorie zu sein (vgl. Zitat 1), sieht keineswegs die Translation als ihren Gegenstand an (vgl. Zitat 2).

Zitat (1):

> [...] ich betrachte die Skopostheorie als eine unter anderen möglichen Theorien. Daß ich sie bevorzuge, liegt daran, daß sie mir – bis zu einer noch ausstehenden Widerlegung – die fruchtbarste Theorie zu sein scheint.

In dieser Hinsicht möchte ich Quine (1980, 54) anführen:

> "[...] mehr als den Standpunkt der einen oder anderen Theorie – *der besten, die wir jeweils aufbieten können* – einzunehmen, können wir niemals erreichen." (Vermeer ²1990: 22, Hervorhebung LZ)[1]

Zitat (2):

> Der "Skopos" bestimmt, was, wie etc. übersetzt/gedolmetscht wird. [...] Damit ist die Theorie allgemein, d.h., sie gilt für alle Fälle von Translation. ... Wie ein spezifisches Translat im gegebenen Einzelfall zustande kommt, kann die Skopostheorie natürlich nicht angeben. Mikrofeststellungen hierzu gehören wohl in verschiedene Disziplinen, z.B. die Gehirnforschung und die Psychologie und in eine (psychologische) Handlungstheorie – nach unserem Verständnis von Allgemeiner Translatologie aber nicht mehr in diese letztere Disziplin.
>
> [...] Welche Beziehungen zwischen Ziel- und Ausgangstext bestehen, kann im nachhinein (!) u.a. von der Sprachwissenschaft festgestellt werden. Die Sprachwissenschaft gibt also keine Anweisungen dazu, wie übersetzt werden soll; sie kann feststellen, wie übersetzt worden ist. (Vermeer ²1990:31f.)

Wie man in Zitat (2) nachlesen kann, wird hier der Gegenstand der Translationswissenschaft auf die Bestimmung des Zwecks der konkreten Translation reduziert (der dann offensichtlich automatisch das richtige Übersetzen und Dolmetschen auslöst?). Wie übersetzt und gedolmetscht wird, was die Translation in ihrem Prozess und in ihrem Ergebnis determiniert und konstituiert, wird als Aufgabe der Translationstheorie explizit negiert. Dies sollen – nach Vermeer – andere Wissenschaften herausbekommen (obwohl die Translation nicht deren Gegenstand ist!). Das heißt, wir haben es in (2) mit einer höchst paradoxen wissenschaftlichen Gegenstandsbestimmung zu tun, nach welcher die Translation nicht Gegenstand der Translationstheorie ist.

Noch weiter vom Gegenstand entfernt ist die Gegenstandsbestimmung der Translationswissenschaft bei Witte (Zitat 3).

---

[1] Die von Vermeer zitierte Stelle entstammt der deutschen Übersetzung von Quine (¹⁰1976).

Zitat (3):

> Nicht mehr die Sprache stellt den primären Untersuchungsgegenstand der Translationswissenschaft dar, sondern das *Gesamtverhalten von Menschen in unterschiedlichen kulturellen Kontexten.* (Witte 2000:26)[2]

Im Gegensatz zu den obigen Festlegungen (2) und (3) möchte ich postulieren:

(4) Gegenstand der Translationwissenschaft ist der komplexe Vorgang und das Ergebnis der Translation.

Die Benennung unserer Disziplin als 'Translationswissenschaft', die beide Arten der Translation – Übersetzen und Dolmetschen – umfasst, wurde bereits 1973 in Leipzig von Otto Kade vorgeschlagen. Sie hat sich allerdings erst in den 90-er Jahren des 20. Jahrhunderts gegen die eingebürgerte Bezeichnung Übersetzungswissenschaft als Oberbegriff durchsetzen können (vgl. Salevsky 2002:58).

Salevsky nimmt bei der Gegenstandsbestimmung der Translationswissenschaft eine Unterscheidung von Objekt- und Gegenstandsbestimmung vor, indem sie die *Translation* als *"das ureigene Objekt* der Translationswissenschaft" bezeichnet, von dem *"verschiedene Aspekte als Gegenstand der Translationswissenschaft"* (Salevsky 2002:72, Hervorhebungen LZ) abgeleitet werden können.

Ich hingegen möchte das, was Salevsky als Objekt der Translationswissenschaft ansieht, gleichzeitig zu ihrem Gegenstand machen. Also noch einmal, etwas präziser ausgedrückt: Der Gegenstand der Translationswissenschaft ist nach meiner Auffassung die professionelle Translation in ihrer ganzen Komplexität, mit allen mit ihr zusammenhängenden Fragen.

Was nun in der Translationswissenschaft gebraucht wird, ist eine theoretische Abbildung der Abläufe und Entwicklungen beim Übersetzen und Dolmetschen. Eine solche Theorie (oder besser: solche Theorien) gibt es aber noch nicht. Deshalb stehen wir vor der Frage: Wie kommen wir zu einer Wissenschaft über diesen sehr komplexen Gegenstand der Transla-

---

[2] Bemerkenswert bis merkwürdig ist, dass in dieser Bestimmung des Gegenstandes der Translationswissenschaft – ebenso wie im Göhringschen Kulturbegriff (Göhring 1978) – die Verhaltenskomponente eine prominente Rolle spielt, gegen die Floros bereits treffend eingewandt hat: "Darüber hinaus wird durch die Betonung der Verhaltenskomponente eher die nonverbale Kommunikation angesprochen, denn für die verbale, schriftliche (Übersetzen) oder mündliche (Dolmetschen), reicht ein 'Anstreben eines erwartungskonformen Verhaltens' als Handlungsanweisung für die Erschließung von Kultur in Texten nicht aus. Trotz der eher problematischen Auffassung von Kultur prägte der Göhringsche Kulturbegriff das Kulturverständnis vieler Autoren in der Übersetzungswissenschaft (Reiß & Vermeer 1984:26; Vermeer 1986:178f.; Holz-Mänttäri 1984:34; Snell-Hornby 1988:40) und liegt vielen übersetzungswissenschaftlichen Werken zu Grunde (Nord 1993; Ammann 1995; Lauscher 1998; Schmid 2000:51)" (Floros 2001:77).

tion, die sich konkret immer entweder als Übersetzen oder als Dolmetschen realisiert, und die auch die neu entstehenden Formen einschließt, die als Translation betrachtet werden?

Die Translationswissenschaft gehört ihrem Gegenstand nach zu den Geisteswissenschaften, ihren Methoden nach zu den empirischen Wissenschaften. Warum meine ich (und nicht nur ich), dass sie zu den empirischen Wissenschaften gehört?

Sie gehört zu den empirischen Wissenschaften, weil es ihren Untersuchungsgegenstand – die professionelle Translation – schon viel, viel länger gibt als die Translationswissenschaft. So ist seit der Antike im ägyptischen Alten Reich im 3. Jahrtausend v. Chr. das Dolmetschen und seit 196 v. Chr. das Übersetzen belegt, während die Geburt der Translationswissenschaft zumeist mit Nidas Buch *Toward a Science of Translating*, also erst 1964 angenommen wird. Das heißt, die Translationswissenschaft hat einen Gegenstand, der außerhalb und unabhängig von der Wissenschaft existiert. Somit hat die Translationswissenschaft die Realität des Übersetzens und Dolmetschens zu beobachten, darüber eine Theorie (bzw. Theorien) zu formulieren und diese wiederum an der Realität zu überprüfen.

Für die Theoriebildung stehen allen Wissenschaften die wissenschaftlichen Methoden der Wissenschaftstheorie zur Verfügung.

So schlägt die Wissenschaftstheorie eine Einteilung der Schritte des wissenschaftlichen Forschens vor, die für Natur- wie Geisteswissenschaften gleichermaßen gelten.

Diese fünf Schritte des wissenschaftlichen Forschens (deren Reihenfolge und Zahl sich im konkreten Einzelfall aber auch ändern kann) sind nach Menne (1984:119ff.) die folgenden: 1. Die Frage; 2. Das Problem; 3. Die Hypothese; 4. Die Theorie; 5. Das Modell.

Bevor wir diese generellen methodologischen Anforderungen konkret in Bezug auf die Translationswissenschaft und ihre Theoriebildung verfolgen werden, möchte ich die Wichtigkeit unterstreichen, zwischen der Methodologie der Translationswissenschaft und den Methoden der Translation zu unterscheiden.

3 Zur Methodologie der Translationswissenschaft

Machen wir uns den Unterschied zwischen Methodologie und Methode anhand eines Beispiels (nach Menne 1984:1) klar.

Stellen Sie sich vor, Sie würden sich aus irgendeinem Grunde eine Hütte oder ein Haus bauen wollen. Dafür müssen Sie mindestens drei Arten von Überlegungen anstellen:

(a) Sie müssen sich über das Ziel Ihrer Bemühungen klar werden: Soll es eine Schrebergartenhütte für Gartengerät oder zur Zuflucht bei Regen werden? Oder ist das Ziel vielleicht eine Blockhütte in den Bergen als Ausgangspunkt und Rastplatz für Wanderungen? Oder gar ein Haus, das als ständige Wohnung dienen kann?

(b) Sie werden sich überlegen, was Ihnen an Voraussetzungen und Hilfsmitteln zur Verfügung steht bzw. was leicht beschafft werden kann oder noch unbedingt beschafft werden muss: z.b. Baumaterial, Handwerkszeug, Bauplatz. (Natürlich gehört auch noch Geld dazu, behördliche Genehmigungen. Zufahrt, Versorgungsleistungsanschlüsse usw. usf.)

(c) Sie werden sich Gedanken machen über den Weg, der von den Voraussetzungen zu dem Ziele führt. Dieser Von-nach-Weg ist die Methode der Verwirklichung des Ziels. Denn *Methode* von griechisch *methodos*, aus *meta* 'nach … hin' und *hodos* 'Weg' abgeleitet, heißt wörtlich 'Nach-Weg'. Unter Methode versteht man also das Vorgehen, das Verfahren oder die Art und Weise, wodurch ein Ziel bei gegebenen Voraussetzungen erreicht wird.

Dabei gibt es für jedes Vorhaben verschiedene Arbeitsmethoden. Mit solchen konkreten Arbeitsmethoden darf die Methodologie als Lehre von den Methoden – auch Wissenschaftstheorie genannt – aber nicht gleichgesetzt werden. Denn die Methodologie behandelt keine praktischen Methoden, sondern wissenschaftliche, d.h. Methoden, die als Ziel die Gewinnung wissenschaftlicher Erkenntnisse haben. Die Methodologie oder Wissenschaftstheorie legt sozusagen – um bei unserem Bild zu bleiben – das gedankliche Fundament für das wissenschaftliche Bauen von Theoriegebäuden. Es ließe sich auch noch nuancierter ausdrücken: Die Methodologie ist das Fundament des Theoriegebäudes und ohne ein solches Fundament fällt das Theoriegebäude wie ein Kartenhaus zusammen.

Deshalb möchte ich ausgehend von diesen Vorüberlegungen dafür plädieren, dass wir zwischen den Methoden des Übersetzens und Dolmetschens und der Methodologie der Translationswissenschaft klar unterscheiden. Dieses Plädoyer mag zwar manchem als eine Banalität erscheinen, doch finden sich gerade in unserer Disziplin auf Schritt und Tritt Beispiele dafür, dass diese Banalität und ihre methodologischen Konsequenzen weder verstanden noch befolgt werden. Worum es in der Translationswissenschaft im Grunde immer nur geht, sind die Methoden der Translation! (Wer kennt nicht die in unserem Fach verbreitete Attitüde, dass nur die Translationstheorie etwas taugt, die uns hilft, besser zu übersetzen oder das Übersetzen besser zu lehren?)

Ich bin zwar sehr dafür, dass die Translationswissenschaft in ihrem Angewandten Bereich die Translationspraxis optimiert. Aber ich bin sehr dagegen, dass sich darin die Aufgaben der Translationswissenschaft erschöpfen. Und erst recht bin ich dagegen, dass der Erfolg der Translationswissenschaft an und mit der unmittelbaren Translationspraxis zu messen wäre.

Es scheint in unserer jungen Disziplin noch keine hinreichende Klarheit über das Verhältnis zwischen Grundlagenforschung und angewandter Forschung bzw. zwischen Theorie und Praxis zu bestehen (ausführlicher dazu Kaindl 2005), weshalb es im Interesse einer erfolgreichen Entwicklung der Disziplin liegt zu begreifen, dass eine Wissenschaft in erster Linie für die Wissenschaft da ist. Denn wenn die Translationswissenschaft sich selbst lediglich dadurch legitimieren will, den Praktikern oder Lehrenden gute Hinweise zu geben, wie zu sie zu übersetzen oder zu dolmetschen haben, dann beraubt sich die Translationswissenschaft selbst der Möglichkeit, ihren Gegenstand – die Translation – wissenschaftlich zu klären, bevor sie darauf aufbauend praktische Methoden und Hinweise formulieren kann.

Welche Methodologie schlägt also die Wissenschaftstheorie für die wissenschaftliche Forschung, darunter auch die translationswissenschaftliche Forschung, vor? Ein mögliches Vorgehen ist – wie oben bereits erwähnt – Menne (1984) zu entnehmen, dessen fünf Schritte ich im Folgenden für die Translationswissenschaft nachvollziehen möchte.

3.1 Die Frage

Am Anfang der wissenschaftlichen Beschäftigung mit einen Gegenstand, muss sich der Forscher die Frage stellen: Was will ich durch meine Tätigkeit (d.h. meine Forschungen) herausfinden? Die grundlegenden Fragen, die die Translationstheorie – oder besser: die Translationstheorien – beantworten müssen, sind die folgenden:

(1) Wie versteht der Übersetzer/Dolmetscher den Ausgangstext (AT)?
(2) Wie übersetzt/dolmetscht er den Text aus der AS in die ZS? Welche Wissenssysteme werden für diese Tätigkeit aktiviert und was für einen Entwicklungsstand benötigen sie für ein erfolgreiches Ausführen der Translation?
(3) Wie produziert der Übersetzer/Dolmetscher den Zieltext (ZT)?

Antworten auf diese Fragen liefern empirische Daten zum Prozess, dem Resultat und den Bedingungen von Übersetzen und Dolmetschen, mit deren Hilfe man eine wirklichkeitsnahe theoretische Abbildung der jeweiligen Translationsart erreichen kann. Deshalb halte ich die obigen drei Fragen für grundlegend für die Konstitution einer explanativen Translationstheorie.

3.2 Das Problem

Die oben formulierten drei Fragestellungen sehe ich als allgemein gültig für alle Translationsarten an. Man kann aber, ohne ein Hellseher zu sein, leicht vorwegnehmen, dass diese drei Fragen in Abhängigkeit von der untersuchten Translationsart (Dolmetschen oder Sachtext- oder Fiktivtextübersetzen) sehr unterschiedlich beantwortet werden und sich in ihrer Verallgemeinerung unterschiedliche Spezialtheorien dieser Translationsarten ergeben. Deshalb habe ich unter 3.1 bereits von Translationstheorien (im Plural) gesprochen. Ich erachte es also als nicht angemessen, die obigen Fragen mit einer Allgemeinen Translationstheorie beantworten zu wollen, die von den Arten der Translation abstrahiert. Im Gegenteil. Da die AT- und ZT-Beschaffenheit sowie die translatorischen Strategien beim Dolmetschen vs. Übersetzen bzw. beim Fiktivtext- vs. Sachtextübersetzen gravierende Unterschiede und Spezifika aufweisen, halte ich drei verschiedene spezifische Translationstheorien (mit einer entsprechenden Erklärungskraft für die jeweiligen Spezifika) für notwendig. Dass ich mit dieser Meinung offensichtlich nicht ganz allein bin, zeigt der folgende Satz, den ich in einem Tagungsbericht über den EST Congress in Kopenhagen 2001 gefunden habe:

> I wonder if literary and special language translation have enough in common to be covered by the same theory, and if so, whether the practice of developing theories of translation solely on the basis of literary translation and then declaring them general theories of translation can be continued. (Heltai 2002:135)

Man könnte hinzufügen: und vice versa, denn es gibt auch genug angeblich 'allgemeine' Übersetzungstheorien, die nur vom Sachtextübersetzen als Maßstab aller Dinge für die Übersetzung ausgehen.

   Ich vertrete (nach wie vor – Zybatow 2003; 2004c) die Auffassung, dass wir je eine eigenständige Theorie für das literarische und das Sachtextübersetzen brauchen. Und außer den von mir früher zu diesem Thema bereits hervorgebrachten Begründungen kommt mir in dieser Hinsicht die Definition des Übersetzens von Wolfram Wilss (1992:12) als "besonders komplizierte Form der Sprachverwendung" gut zu pass, denn in Bezug auf die Muttersprache würde wohl niemand darauf kommen, die Verwendung von Sprache in nicht-literarischen Texten mit denselben Voraussetzungen und Koordinaten beschreiben zu wollen wie für literarische Texte. Dies gilt aber natürlich gleichermaßen für die Übersetzung. Zur Begründung der Unterschiede zwischen Fiktiv- und Sachtextübersetzen vgl. auch Koller (⁷2004:272ff.).

   Um zu den entsprechenden Theorien zu kommen, müssen wir den nächsten Schritt in Richtung wissenschaftlicher Erkenntnis tun und Hypothesen aufstellen.

3.3 Die Hypothese

Wenn sich die unter 3.1 genannten drei Fragen dazu eignen, die Translation in ihrer Komplexität und in ihrer Spezifik zu erfassen, und ihre unterschiedliche Beantwortung bei den drei verschiedenen Translationsarten –
Dolmetschen, Fiktivtextübersetzen, Sachtextübersetzen – notwendigerweise zu spezifischen Translationstheorien führt, dann folgt daraus, dass
die bisherigen theoretischen Ansätze, die von sich behaupten Allgemeine
Translationstheorien zu sein (in Wirklichkeit aber ohnehin nur das Übersetzen behandeln), ihren postulierten Anspruch nicht erfüllen, da sie den
Gesamtvorgang der Translation nicht erfassen, sondern zumeist nur eine
oder zwei der o.g. Fragestellungen herausgreifen. So finden wir – wenn wir
die existierenden Übersetzungs- und Dolmetschtheorien Revue passieren
lassen – textorientierte, prozessorientierte und übersetzer-/dolmetscherorien-
tierte Ansätze (vgl. Salevsky 2002).

In den textorientierten Ansätzen wird der AT und der ZT oder auch
nur jeweils einer von beiden fokussiert, aber die Translation an sich, der
Prozess, nicht berücksichtigt.

In den prozessorientierten Theorien wird versucht, kommunikations-
theoretisch oder tätigkeits- bzw. handlungstheoretisch vorzugehen und
lediglich den Prozess der Translation zu erfassen, während die AT-ZT-
Beziehung weitgehend ausgeblendet bleibt.

Und schließlich versuchen die übersetzer-/dolmetscherorientierten
Theorien die Generierung von Übersetzungsvarianten und die Problemlö-
sungsprozesse im Kopf des Übersetzers/Dolmetschers zu beleuchten,
erfassen dabei aber in der Regel zu wenig die spezifischen Bedingungen,
unter denen die Textrezeption und -produktion bei Übersetzungs- und
Dolmetschprozessen vonstatten geht.

Noch einseitiger ist die ausschließliche Fokussierung der funktionalistischen Theorien auf den Zweck der Translation. Denn die Frage, was zu
welchem Zweck wie übersetzt/gedolmetscht werden soll (wofür sich die
funktionale, kulturell orientierte Translationswissenschaft interessiert), und
die Frage, wie das Übersetzen und Dolmetschen im Einzelnen vor sich
geht (womit sich die linguistisch/kognitionswissenschaftlich orientierte
Translationswissenschaft befasst), sind zwar zwei unterschiedliche Fragestellungen, die zu unterschiedlichen Hypothesen führen, die aber beide von
der Translationswissenschaft behandelt werden müssen. Dass es solch eine
Einheit von verschiedenen Fragestellungen innerhalb einer Wissenschaft
geben kann und sogar muss, macht die Wissenschaftsmethodologie mit der
Unterscheidung von 'Verfügungswissen' und 'Orientierungswissen' deut-
lich (vgl. Mittelstraß 1998), die beide Bestandteil einer wissenschaftlichen
Disziplin sind. Unter Verfügungswissen wird ein Wissen um Ursachen,
Wirkungen und Mittel verstanden (d.h. konkret für die Translationswissen-

schaft: das, was wir empirisch erforscht und dann theoretisch begründet haben), unter Orientierungswissen hingegen ein regulatives Wissen um (begründete) Zwecke und Ziele. Etwas schematisch auf die Translationswissenschaft übertragen heißt das: die linguistisch/psycholinguistisch orientierten Theorien müssen dem Können des Translators auf die Spur kommen und die funktionalen dem Sollen. Und dazu müssen wir das gesamte Tun des Translators wissenschaftlich erforschen statt nur beliebig herausgefischte Teilbereiche dieses Tuns in unseren Theorien zu thematisieren.

Die bis jetzt vorhandenen Ansätze kranken aber nicht nur daran, dass sie sich nur auf Teilbereiche des komplexen Vorgangs der Translation beziehen, sondern auch daran, dass sie die den Ansätzen zugrunde liegenden Begriffe aus anderen Theorien in der Regel nicht wirklich adäquat in eine Translationstheorie übertragen, d.h. nicht definieren, was darunter in Bezug auf die Translation zu verstehen ist. So werfen z.B. linguistische Handlungstheoretiker der funktionalen Übersetzungstheorie eine falsche Bestimmung und Einpassung von Kategorien – wie z.B. die 'Handlung' – in translationswissenschaftliche Zusammenhänge vor (vgl. die Kritik an der Skopostheorie in Liedtke 1997; 2005).

Was wir brauchen, sind Hypothesen, die das mehrdimensionale Zusammenspiel der verschiedenen Faktoren und Einflussgrößen bei den verschiedenen Arten der Translation berücksichtigen und in einen Erklärungszusammenhang bringen, um schließlich zu Theorien zu kommen.

3.4 Die Theorie

Adäquate, explanative Translationstheorien müssen einer Reihe von methodologischen Anforderungen genügen und Kriterien wie Einfachheit, Generalisierbarkeit und Falsifizierbarkeit erfüllen, d.h. wissenschaftlich angemessen sein. Außerdem ist es methodologisch wichtig, die bereits verifizierten Hypothesen dem entsprechenden Bereich der Translationstheorie zuzuordnen und die Theorie um die bisher offenen und theoretisch noch aufzuarbeitenden Teilbereiche zu ergänzen.

An anderer Stelle bin ich auf Methoden und Kriterien zur wissenschaftstheoretischen Überprüfbarkeit von Translationstheorien eingegangen (vgl. Zybatow 2003; 2004a).

Rickheit, Sichelschmidt und Strohner (2002) demonstrieren die Arbeitsweise/Methodik der Psycholinguistik bei der empirischen Überprüfung von wissenschaftlichen Hypothesen und Theorien. Dieses Vorgehen kann für die Translationswissenschaft hilfreich sein, denn die Translationswissenschaft steht bei der Beschreibung und Erklärung der Translation vor dem gleichen Problem wie die Psycholinguistik, dass die kognitiven Prozesse, die bei der Translation ablaufen, sich nicht direkt beobachten lassen.

Um unsere Theorien zu verbessern, müssen wir für bisher nicht er-
klärte Dinge Hypothesen formulieren, die dann wiederum anhand empirischer bzw. simulativer Beobachtungen systematisch überprüft werden
müssen. Entspricht das Beobachtungsergebnis dem Vorausentwurf der
Theorie, so hat die Theorie eine weitere Bestätigung erfahren; steht das
Beobachtungsergebnis aber im Widerspruch zu dem Vorausentwurf, so ist
die Theorie zu revidieren. Dieses letztere Ergebnis ist – wie die drei
Psycholinguisten Rickheit, Sichelschmidt und Strohner (2002) sagen –
ohne Zweifel das wissenschaftlich fruchtbarere.

Solch ein Bewusstsein – die eigene Theorie zu revidieren, weil das Beobachtungsergebnis den theoretischen Entwürfen widerspricht, und die
Revision der eigenen Theorie auch noch als den wissenschaftlich fruchtba-
reren Weg anzusehen, wäre in unserer Disziplin mit Sicherheit ein absolutes Novum. Denn es gibt zum einen sehr wenige empirische Überprü-
fungen und zum anderen mangelt es an der Einsicht, dass translationswissenschaftliche Theorien überhaupt überprüfbar sein müssen.

Dennoch gibt es seit den 80-er Jahren erste Untersuchungen des Translationsprozesses – sowohl des Übersetzens als auch des Dolmetschens –
die sich dem methodologischen Anspruch an eine moderne empirische
Wissenschaft stellen.

Dabei scheint die Dolmetschwissenschaft mit der Untersuchung des
Translationsprozesses im Vergleich zu der Übersetzungswissenschaft etwas
weiter fortgeschritten zu sein, denn es gibt hier sowohl neuropsychologi-
sche als auch neurophysiologische Untersuchungen., Doch liegt auch hier
bis jetzt kein den gesamten Prozess z.B. des Simultandolmetschens (d.h.
von dem ausgangssprachlichen Input bis zum zielsprachlichen Output)
erfassendes Modell vor, das das Kriterium der psychologischen Plausibili-
tät und der experimentellen Überprüfbarkeit erfüllen würde.

Das heißt, auch die Dolmetschtheorie hat die dringliche Aufgabe, die
'black box' des (Simultan-)Dolmetschers theoretisch zu knacken, noch vor
sich, denn wie Setton zu Recht schreibt:

> Die Ergebnisse der empirischen Untersuchung des Simultandolmetsch-
> prozesses sind, zweifellos z.T. aufgrund der Schwierigkeiten bei der
> Datenerhebung und Versuchsanordnung, immer noch mager und verworren.
> Zudem ist es schwierig, die heute verfügbaren empirischen Untersu-
> chungsergebnisse mit den bestehenden Modellen in Beziehung zu setzen, da
> letztere noch nicht ausreichend spezifische Behauptungen enthalten, weil sie
> nur aus allgemeinen Prinzipien der Psycholinguistik, Linguistik,
> Soziolinguistik oder Neurologie extrapoliert sind und in einigen Details von
> wenigen Beispielen aus einer beschränkten Datenbank gestützt werden.
> (Setton 2005:93)

Es kommt also darauf an, nicht irgendwelche Experimente zu machen,
sondern wir müssen im Voraus eine Hypothese im Rahmen einer Theorie

aufgestellt haben, die durch die Ergebnisse des Experiments bestätigt wird oder nicht.

3.5 Das Modell

Ein Modell ist ein Gebilde, das einem Untersuchungsgegenstand in bestimmten Eigenschaften oder Relationen entspricht. Es kann sich dabei um eine Struktur-, Funktions- oder Verhaltensanalogie handeln. In der Regel verkörpert ein Modell Annahmen darüber, wie eine bestimmte Handlung oder ein Ereignis A unter bestimmten Bedingungen zu dem Resultat B führt. Alle Bestimmungsgrößen müssen so präzis wie möglich definiert sein, damit das Modell geprüft und verbessert werden kann.

Als Modelle werden in der Wissenschaftstheorie Gebilde verstanden, deren Gesetzmäßigkeiten als bereits erforscht gelten. Das mag einer der Gründe dafür sein, dass in der Translationswissenschaft meist Modelle aus anderen Wissenschaftsdisziplinen genutzt werden.

In der Wissenschaftstheorie spricht man beim Entlehnen von Modellen aus anderen Wissenschaften oder Disziplinen von methodenbezogener Interdisziplinarität, bei der es darum geht, die fremd entwickelten Modelle auch für den eigenen Untersuchungsgegenstand – konkret: die Translation – zu verwenden. Das setzt aber voraus, dass überprüft wird, ob die Methode oder das gesamte Modell für den eigenen Gegenstand überhaupt adäquat ist, und dass es bei positiver Beantwortung der Frage dann für den eigenen Gegenstand passfähig gemacht wird. Doch gerade Letzteres ist bei den bisherigen Anleihen der Translationswissenschaft bei anderen Disziplinen meist versäumt worden. So wurden z.B. Kommunikations- bzw. Handlungsmodelle für die Übersetzungstheorie übernommen, ohne die Bestimmungsgrößen speziell für das Übersetzen festzulegen. So wurde z.B. der Begriff der Handlung weitgehend undifferenziert verwendet. Denn wie Liedtke (2005) zu Recht einwendet, ist das Übersetzen als Gesamtprozess keine Handlung. Vielmehr besteht es aus einem komplexen Gefüge von Einzelhandlungen (wie z.B. Nachschlagen von Wörtern, probeweises Formulieren, Tilgen von Text, das in sich wiederum komplexe Hinschreiben der Endfassung). Also es kann nicht von *einer* Handlung die Rede sein. Auch das Übersetzen eines einzigen Satzes ist keine Handlung, denn die Formulierungs- und Reformulierungsprozesse sind auch in diesem Fall komplex.

Deshalb müssen bei der Entlehnung einer Methode oder eines Modells aus einer anderen Wissenschaft stets die methodologischen Voraussetzungen für das entsprechende Herangehen in der Translationswissenschaft festgelegt werden, so wie es z.B. Liedtke mit seinen methodologischen Voraussetzungen für eine handlungstheoretische Herangehensweise an das Übersetzen getan hat (vgl. Liedtke 2005:11f.)

Ein anderes Beispiel für den misslungenen methodenbezogenen Import ist die v.a. in der sog. modernen Allgemeinen Translationstheorie praktizierte Entlehnung kulturwissenschaftlicher Modelle, die nach meiner Überzeugung für die Modellierung der Translation kaum etwas nützen, da sie weder zur Analyse des Translationsprozesses noch seines Produktes auch nur irgendetwas beitragen können, da sie sich bis in die Niederungen der Sprache gar nicht begeben können.

Wenn wir also *eine besonders komplexe Form der Sprachverwendung* – wie es die Translation nun einmal ist – mit einem Modell beschreiben wollen, in dem es die Ausgangsgröße, den Parameter 'S*prache*', gar nicht gibt, dann ist auch nicht verwunderlich, dass ein solches Modell wenig – oder eben auch gar nichts – über die Translation auszusagen vermag. Natürlich ist das Kulturelle/Kulturwissenschaftliche im translationswissenschaftlichen Diskurs nach wie vor in aller Munde, und Experte für interkulturelle Kommunikation zu sein, klingt auch ganz gut und lässt sich angesichts massiver Sparzwänge vielleicht für die Rettung des Faches benutzen, nur kommt das Reden über Kultur im Zusammenhang mit Sprache nicht aus der Kulturwissenschaft, sondern aus der Sprachwissenschaft und noch dazu aus der antiken. Denn bereits von Platon und seinem Schüler Aristoteles stammen die gegensätzlichen Auffassungen vom Begriffsrealismus vs. Begriffsrelativismus (vgl. Keller 1995). Die naiv realistische These, die auf Aristoteles zurückgeht, besagt: Die Dinge sind so, wie sie sind, bei allen Menschen dieselben, und die Sprache klassifiziert sie nicht, sondern bildet sie nur ab. Demzufolge stehen sprachliche Zeichen für Ideen, Begriffe, Konzepte. Die Kommunikation ist ein Transport von Ideen von A nach B. Zu meinen Ideen hast du keinen unmittelbaren Zugang, so verschaffe ich dir Zugang mittels Zeichen, die für meine Ideen stehen. Wer so denkt, ist Vertreter einer repräsentationistischen Zeichenauffassung.

Die instrumentalistischen Zeichentheorien bzw. der naive Relativismus, der sich auf Platon beruft, besagt hingegen, dass wir die Dinge der Welt ausschließlich durch die Brille unserer Sprache sehen. Und da die Realität immer schon eine sprachlich vermittelte ist, ist die Frage nach der tatsächlichen Existenz der Kategorien, die wir durch unsere Sprache wahrnehmen, unangemessen.

Keller ist in diesem Zusammenhang voll zuzustimmen: sowohl – der Begriffsrelativismus als auch der Begriffsrealismus – "sind, wenn sie fundamentalistisch vorgetragen werden, unangemessen, aber beide haben auch einen wahren Kern. Diesen herauszufinden, ist eine empirische Aufgabe, der man sich durch Sprachvergleich, durch wahrnehmungspsychologische Tests" (Keller 1995:74) und – ich möchte hinzufügen – vor allem auch durch translationswissenschaftliche Untersuchungen des Möglichen und Notwendigen beim Übersetzen nähern kann.

Platons instrumentalistische Zeichenauffassung bezieht sich insofern auf die Sprechergemeinschaft und ihre Kultur, als sie die Bedeutung von Sprache durch ihren Gebrauch bestimmt. Bei dem Verhältnis von Sprache und Kultur handelt es sich also um eine zutiefst sprachphilosophische und sprachwissenschaftliche Fragestellung. So dass – man sieht es wieder einmal deutlich – die Kulturwissenschaft mitsamt der immer noch gepriesenen kulturellen Wende der Translationswissenschaft nichts nützt. Die Frage nach der Kultur in der Translationswissenschaft ist die Frage nach den Gebrauchsregeln von Sprache, den Textsortenkonventionen, der Semantik (ich verweise z.b. auf meine translationsrelevante Stereotypensemantik – Zybatow 1995; 2002a,b) – also immer Fragen des Sprachbezugs an der Schnittstelle von Weltwissen und Sprachwissen. Die kulturwissenschaftlichen translatologischen 'Modelle' haben jedoch den Sprachbezug, die Sprache in der Translation wie das berühmte Kind mit dem Bade ausgeschüttet.

Deshalb ist es höchste Zeit, das Kind zu retten, wieder zu beleben und der Translation mit Sprachverwendungsmodellen auf den Leib zu rücken, die translationsbezogen, translationsrelevant und für die Specifica translationis auch wirklich operationalisierbar sind.

Außer dem Modellimport gibt es noch eine zweite Möglichkeit der Realisierung methodenbezogener Interdisziplinarität, bei der man keine einzelwissenschaftlichen, gegenstandsabhängigen Methoden oder Modelle importiert, sondern mit Fächern kooperiert, die Methoden zur Erforschung von Gesetzmäßigkeiten entwickeln wie z.B. die Logik, die Mathematik, die Semiotik, die Spieltheorie, die Systemtheorie usw. Auch das wurde in der Vergangenheit in der Translationswissenschaft praktiziert: So gehen die ersten Versuche zur Untersuchung der Generierung von Übersetzungsvarianten auf die Spieltheorie zurück (vgl. Levý 1967). Aber auch hier bedarf es der empirischen Überprüfung, ob das entsprechende Modell für translatorische Phänomene wirklich greift und nicht so abstrakt ist, dass gerade die Specifica translationis mit diesem Modell nicht erfasst werden können.

Zusammenfassend ist zu sagen, dass die Methodologie der Translationswissenschaft immer noch in den Anfängen steckt, sich jedoch ein entsprechendes Problembewusstsein in der Disziplin insgesamt zu erhöhen scheint und methodologisch und experimentell fundierte translationswissenschaftliche Versuche vorgenommen werden (vgl. z.B. Hansen 2004). Auf die einzelnen, diesen positiven Trend illustrierenden Beispiele kann ich an dieser Stelle nicht eingehen.

Insgesamt wird die Translationswissenschaft, wenn sie eine Wissenschaft sein will, nicht umhin kommen, sich ihrem Gegenstand 'Translation' zu widmen und die unter 3.1 gestellten Fragen zu beantworten, indem sie sich der aufgezeigten Methodologie des wissenschaftlichen Arbeitens bedient.

Ich glaube, ein nicht unwesentlicher Grund für das teils angespannte
Verhältnis zwischen Theorie und Praxis der Translation sowie für die des
Öfteren beklagte Legitimationskrise der Theorie gegenüber der Praxis liegt
in der Vermengung des Verständnisses von Methode. Während die Methoden der Translationswissenschaft dazu dienen, wissenschaftliche Erkenntnisse über das Übersetzen/Dolmetschen zu gewinnen (aufzudecken, wie
der professionelle Übersetzer/Dolmetscher von dem Ausgangstext zum
Zieltext gelangt, was dabei bewusst, was unbewusst geschieht, welche
Koordinaten dabei zu berücksichtigen sind, wie das Resultat zu bewerten
ist usw.), geht es bei den Translationsmethoden um die Beschreibung
einzelner Übersetzungsschritte und um das Vermitteln von Vorgehensweisen beim Übersetzen und Dolmetschen, d.h. um Anleitungen zum
praktischen Handeln (wie eben zum Häuserbauen).

4 Zur Theoriebildung in der Translationswissenschaft

Die translationswissenschaftliche Forschung ist von Anbeginn bis heute
durch ein eigentümliches Spannungsverhältnis gekennzeichnet, dass diese
– einerseits – expandierende, an sozialer Relevanz gewinnende und inzwischen wissenschaftliche Selbstständigkeit im Kreise der universitären Wissenschaften beanspruchende Disziplin, sich – andererseits – bis heute
schwer tut, sich wissenschaftstheoretisch zu orten und eine eigene gegen-
standsadäquate und empirisch verifizierbare Theorie zu begründen. Mehr
noch, neuere Tendenzen scheinen sogar in Richtung Negation der Notwendigkeit einer eigenen Theorie zu gehen. So schlägt Steiner Leitthemen
einer Übersetzungswissenschaft der Gegenwart und der Zukunft vor:

> 1. Translation und ihre Rolle in Sprachkontakt, Sprachvariation und Sprach-
> wandel; 2. Evaluation von Texten nach 'Register'; 3. Der menschliche Über-
> setzungsprozess; 4. Multilinguale und multifunktionale sprachliche System-
> komponenten und die Begriffe der Generalisierung und Abstraktion im
> sprachlichen System; 5. Multilinguale Textverarbeitung, Textgenerierung und
> Maschinelle oder maschinell-unterstützte Übersetzung; 6. Grammatische
> Metapher und Übersetzung), die eine wissenschaftliche Beschäftigung mit
> Translation motivieren und organisieren.(Steiner 2004:352ff.)

> Diese Themen [...] können einen Gegenstandsbereich Translation und
> mehrsprachige Wissensverarbeitung konstituieren, sowie die Erarbeitung und
> Integration eines Bestandes an Methoden motivieren, die unabhängig von der
> Frage einer engen Grenzziehung zwischen den Disziplinen Sprach- und
> Übersetzungswissenschaft – eine Grenzziehung, die ich im Übrigen für ein
> zunehmend nachrangiges Thema halte – von hoher Bedeutung für unser
> Verständnis von menschlicher Sprache sind. (Steiner 2004:352)

So sehr ich die vorgeschlagenen Leitthemen für wichtige und wertvolle
Fragestellungen halte, mit denen sich die Translationswissenschaftler mit

Gewinn beschäftigen und die Sprachwissenschaftler im Sinne der 3. Stufe der Interdisziplinarität (vgl. Kaindl 1999; Zybatow 2004a,b) von der Übersetzungswissenschaft profitieren können, so sehr bestreite ich, dass eine Wissenschaft – und konkret die Translationswissenschaft – lediglich einen (offenen) Fragenkatalog nach dem Geschmack jedes einzelnen Forschers zu behandeln hat. Analog dazu, obwohl im Unterschied zu Steiner ohne Reflexion und Begründung, entwerfen Williams & Chesterman (2002) eine recht bunte 'Karte' möglicher translationswissenschaftlicher Betätigungsfelder, was sicher ebenfalls nützlich, methodologisch gesehen aber ein Ad-hoc-Produkt ist. Die geographisch-topographische Metapher scheint (ob ihrer radikal-konstruktivistischen Vorteile als Instanz für bzw. anstatt einer theoretischen Einordnung?) nicht bar einer gewissen Faszination zu sein. So versieht, das topographische Ordnungsprinzip nutzend, auch Albrecht Neubert seine neuesten translationswissenschaftlichen Überlegungen mit dem Titel "Topographie der Translation". Viele Translationswissenschaftler machen sich jedoch nicht die Mühe irgendeiner methodologischen Einordnung, sondern sorgen stattdessen für eine grenzenlose Vielfalt: immer neue Gegenstände, Themen, Facetten und Blickwinkel – von der Translationsethik über das feministische Translationsparadigma bis hin zu den verschiedensten neuartigen Translationsarten – die unsere theoretischen Vorstellungen revolutionieren und das überkommene Paradigma des traditionellen, veralteten Übersetzens und Dolmetschens aufzubrechen versprechen, werden eingeführt.

Vor diesem Hintergrund wird die Notwendigkeit umso evidenter, die Vielfalt der disziplinären Phänomene wissenschaftlich beherrschbar zu machen, innerhalb der Disziplin methodologisch einzuordnen. In diese Richtung geht der wissenschaftliche Entwurf Multidimesnionalen Translation (Gerzymisch-Arbogast 2005 und (erscheint)), der das gesamte empirische Feld der Translation (u.a. unter Heranziehung des dreidimensionalen Modells von Roman Jakobson 1959), analytisch erfasst und als ein fruchtbarer Weg in eine methodologisch fundiertere Translationswissenschaft der Zukunft erscheint.

Ein anderer Weg, die empirische Vielfalt wissenschaftlich in den Griff zu bekommen, der in vielen Wissenschaften erfolgreich gegangen wird und mir auch in der Translationswissenschaft als gangbar und sinnvoll erscheinen würde, wäre eine prototypensemantisch basierte Definition der Translation. D.h., wir hätten die prototypische Translation im Kern und andere Formen (bis hin zur Noch-Translation und Kaum-noch-Translation) an der Peripherie des Gesamtfeldes anzusiedeln, wobei als prototypische Translation – gemäß den Äquivalenzauffassungen von Werner Koller (⁷2004:188ff.) bzw. der Äquivalenzdefinition von Jörn Albrecht (1990:74) ("Äquivalenz = Relation 'Übersetzung von' zwischen zwei Texten oder Textsegmenten") – die translatorische Text*re*produktion auf das wie oben definierte Äquivalenz-Ziel hin (als das wichtigste kriteriale, prototypische Merkmal bzw. das relevanteste Regularitätsmerkmal) zu definieren wäre. So ließe sich nach Maßgabe der für die Translation zu entwickelnden relevanten Regularitäts- bzw. Irregularitätsmerkmale eine prototypen-semantische An- bzw. Einordnung verschiedenartiger Translationsarten erreichen (womit man den oft entbehrlichen semiwissenschaftlichen Diskussionen künftig den Boden teilweise entzöge), wobei die sog. 'traditionellen' (und auf ihre Theori(en) immer noch wartenden!) Translationsarten in das Zentrum der prototypensemantischen Struktur zu rücken wären. Das heißt, dass die prototypischen Translationsarten (und nicht einzelne Randphänomene) zum prototypischen Forschungsgegen-stand einer wissenschaftstheoretisch fundierten Translationswissenschaft werden. Ein so entwickeltes prototypensemantisches Feld der Translation wäre freilich nur ein Hilfsmittel und erst der Anfang der translations-wissenschaftlichen Theoriebildung und keineswegs ihr Ende, wie manch-mal geglaubt oder getan wird. Denn es mangelt der Translationswissen-schaft nicht an verschiedenartigen Entwürfen von Klassifizierungen, Taxonomien oder Benennungen der verschiedenen Translationsarten, doch haben sie alle bislang keinen fruchtbaren Theoriebildungsversuch ausgelöst. In dieser Hinsicht konstatiert Salevsky mit Recht:

> Gebraucht wird ein Modell bzw. eine Theorie des Übersetzens, die die Wirk-lichkeit simuliert, die ein Abbild der Abläufe und Entwicklungen ist, die in der Wirklichkeit stattfinden (können). [...] Eine solche Theorie aber steht noch aus. (Salevsky 2002:255)

Doch diese Aufgabe – auch wenn Gerzymisch-Arbogast und Mudersbach leider konstatieren müssen, dass die Translationswissenschaft "ihre Theo-rien noch weitgehend aus den Nachbardisziplinen entlehnt" (Gerzymisch-Arbogast & Mudersbach 1998:16) – wird uns keine andere Disziplin ab-nehmen, ebenso wenig wie eine andere Disziplin uns etwa von unseren eigenen theoretischen Spekulationen und Irrungen erlösen und befreien könnte.

Deshalb ist es an der Zeit, dass angesichts der Vielfalt und Multidimen-sionalität der Translation in der modernen Welt die genuine Aufgabe jeder Translationstheorie darin gesehen wird, in Bezug auf die entsprechenden Translationsarten die drei von mir oben formulierten (und hier noch ein-mal wiederholten) Fragen zu beantworten:

(1) Wie versteht der Translator den Ausgangstext?
(2) Wie transferiert der Translator den Text aus der Ausgangssprache in die Zielsprache?
(3) Wie produziert der Translator den Zieltext?

In Abhängigkeit von der Art der medialen Präsentation des AT und des ZT, vom Übersetzungsauftrag, vom Entwicklungsstand der technischen

Hilfsmittel und der Translationstechniken, von gesellschaftlichen Normativen für die einzelnen Translationsarten fallen die Antworten auf diese Fragen in verschiedenen Kulturen zu verschiedenen Zeiten unterschiedlich aus. Worauf es jetzt ankommt, ist, dass die Translationswissenschaftler Stück für Stück die Methoden zur Untersuchung und Beantwortung dieser Fragen für die einzelnen Translationsarten in Vergangenheit und Gegenwart zusammen tragen, damit wir alle zusammen – d.h. die Wissenschaftler, die Studierenden und die praktizierenden Übersetzer und Dolmetscher – das Geheimnis der seit Jahrtausenden praktizierten Translation(en) lüften können. Aufgabe der Wissenschaftler ist es dann, aus den repräsentativen empirischen Daten verifizierbare Theorien und Modelle zu erarbeiten, die wiederum Grundlage für die Translationsdidaktik und Optimierungen des Translationsprozesses sein können. In der Ausbuchstabierung dieses Kreislaufes von der Fragestellung bis zu der verifizierbaren Theorie sehe ich die Aufgabe und den Maßstab für die Methodologie der Translationswissenschaft. Eine solche methodologische Vorgehensweise würde uns von den beliebigen Fragenkatalogen nach dem Geschmack einzelner Forscher weg und zu den 'gebrauchten, aber noch ausstehenden' Translationstheorien hin führen.

Eine weitere disziplinimmanente Schwäche der Translationswissenschaft scheint in den internen Zweifeln ob der Notwendigkeit/Angemessenheit von Translationstheorien überhaupt zu liegen.

Hier ist einerseits ein gewisses Understatement und realistische/selbstkritische Einschätzung des in dem eigenen 'Paradigma' Erreichten natürlich angebracht und verständlich. Angesichts des Zustandes der Translationswissenschaft und eingedenk der Tatsache, dass Kuhn selbst davon ausging, dass sich die Geistes- und Sozialwissenschaften noch in einem vor-paradigmatischen Zustand befänden und den Status einer 'normalen' Wissenschaft noch gar nicht erreicht haben, bin ich hinsichtlich der ausgerufenen translationswissenschaftlichen Paradigmenwechsel eher geneigt, Theo Hermans zuzustimmen, wenn er schreibt:

> To call on his (Kuhn's – LZ) notion of paradigms in the context oft translation studies, a discipline of huge ambition but as yet modest dimension and achievement, looks a bit overblown. (Hermans 1999: 10).

Auch sind die Motive von Jörn Albrecht sehr wohl verständlich, der es vorzieht, nicht von Translationswissenschaft oder Übersetzungstheorie, sondern lediglich von Übersetzungsforschung zu sprechen. Doch bei allem Verständnis und auch Respekt vor dieser Zurückhaltung dürfte eine solche Attitüde – Übersetzungsforschung von Übersetzungstheorie abzuspalten – wissenschaftstheoretisch nicht aufrechtzuerhalten sein. Denn die Wissenschaftstheorie hält uns die Erkenntnisse bereit (Mittelstraß 1998:104ff.), wie die Wissenschaft heute beschaffen ist und wie sie funktioniert, was ich in folgenden thesenartigen Bemerkungen zu umreißen versuche:

(1) Wissenschaft existiert in drei verschiedenen Formen: einer Theorieform, einer Forschungsform und einer institutionellen Form. In ihrer Forschungsform sucht Wissenschaft herauszufinden, was der Fall ist (= Ausdruck von Objektrationalität – *wissen, was der Fall ist*); in ihrer Theorieform stellt die Wissenschaft dar, was sie herausgefunden hat, was sie weiß und in welcher Form sie das weiß (= Ausdruck von Begründungsrationalität – *wissen, wie etwas der Fall ist und warum etwas der Fall ist*). Die institutionelle Form der Wissenschaft (in ihrer Theorie- und Forschungsform) findet ihren Ausdruck in den Disziplinen.

(2) Theorie ist Darstellung. Forschung ist Handlung. Beide folgen bestimmten Normen (Darstellungsnormen und Handlungsnormen, die unterschiedlichen Klassen von Normen angehören, im Wissenschaftskontext aber aufeinander bezogen sind). Forschung ist stets theorieorientiert, Theorie ist stets forschungsorientiert. Forschung, die nicht theorieorientiert ist, verliert ihre wissenschaftliche Identifizierbarkeit. Theorie, die nicht forschungsorientiert ist, wird dogmatisch und stirbt ab.

Bereits hier wird deutlich, worin das Grundproblem unserer Disziplin besteht: Einerseits werden die Theorien (wie etwa die einseitig-funktionalistisch orientierten Ansätze, allen voran die Skopostheorie mit ihrem Anspruch eine Allgemeine Translationstheorie (aber ohne Empirie) zu sein), die nicht forschungsorientiert sind, ja dies sogar explizit ablehnen (siehe. Zitat (2)) und damit der Translationswissenschaft ihre empirische Basis entziehen, dogmatisch und sterben ab. Aber andererseits tappt auch eine noch so gründliche Übersetzungsforschung notwendigerweise im Dunkeln und fördert nur ad hoc-Ergebnisse zutage, wenn sie nicht theorieorientiert forscht. So beißt sich bei der fehlenden Verbindung von Theorieform und Forschungsform die translationswissenschaftliche Katze in den Schwanz und die translationswissenschaftliche Theoriebildung bleibt mit Notwendigkeit auf der Strecke. Und es ist gerade dieser translationswissenschaftliche Circulus vitiosus, der künftig durchbrochen werden muss.

5 Statt einer Schlussbemerkung

Zu den wissenschaftstheoretischen Bemühungen in den Geisteswissenschaften ist bei Mittelstraß zu lesen:

> Diese (= die Geisteswissenschaften – LZ) graben, so gesehen, selbst an ihrem wissenschaftstheoretischen Grab – und ziehen sich gleichzeitig immer wieder an den eigenen (wissenschaftshistorischen) Haaren aus demselben: ihr philologischer und historischer Fleiß verbirgt das systematische Defizit, das ihre eigene wissenschaftstheoretische Arbeit offenbart. Deshalb scheint im übrigen auch die Tradition der *Humanities* ruhiger zu verlaufen; der angelsäch-

sische Weg verzichtet weitgehend auf Theorie, die wissenschaftstheoretische Blöße bleibt bedeckt oder besser: unerkannt. (Mittelstraß 1998:119)

In diesem Lichte scheint die Translationswissenschaft sich an der Gabelung von zwei Wegen bald entscheiden zu müssen: entweder für den angelsächsischen Weg der *Humanities* mit weitgehendem Verzicht auf Theorieanspruch, damit die eigene wissenschaftstheoretische Blöße (die leider jetzt schon unverkennbar ist) möglichst bedeckt bzw. unerkannt bleibt. Oder für den Weg, auf dem die empirisch (und womöglich auch experimentell) basierte Translationsforschung mit methodologisch fundierter translationswissenschaftlicher Theoriebildung Hand in Hand geht. Oder man macht Beides und entwickelt demzufolge über die bislang nur vorhandenen sehr heterogenen angewandten Translation Studies (wo nichts hinsichtlich Gegenstand, Methode, Theorie unmöglich ist) hinaus eine translationswissenschaftliche Grundlagenforschung, über die jede – zumal den Anspruch auf eigenständige Wissenschaftsdisziplin erhebende – Wissenschaft zu verfügen hat, und die das dringend notwendige Fundament für methodologisch fundierte und verifizierbare explanative Translationstheorie(n) der Zukunft begründen soll.

6 Literatur

Albrecht, Jörn (1990): "Invarianz, Äquivalenz, Adäquatheit". In: Arntz, Reiner & Thome, Gisela (Hrsg.) (1990): *Übersetzungswissenschaft. Ergebnisse und Perspektiven. Festschrift für Wolfram Wilss zum 65. Geburtstag.* Tübingen: Narr. 71-81.

Floros, Georgios (2001): "Zur Repräsentation von Kultur in Texten". In: Thome, Gisela & Giehl, Claudia & Gerzymisch-Arbogast, Heidrun (Hrsg.) (2001): *Kultur und Übersetzung: Methodologische Probleme des Kulturtransfers.* (= Jahrbuch Übersetzen und Dolmetschen. 2). Tübingen: Narr. 75-94.

Geryzmisch-Arbogast, Heidrun & Mudersbach, Klaus (1998): *Methoden des wissenschaftlichen Übersetzens.* Tübingen: Francke. (= UTB. 1990).

Gerzymisch-Arbogast, Heidrun (2005): "Multidimensionale Translation". In: Mayer, Felix (Hrsg.) (2005): *20 Jahre Transforum.* Hildesheim: Olms. 23-30.

— (erscheint): "Multidimensional Translation". In: Gerzymisch-Arbogast, Heidrun et al. (erscheint): *Challenges in Multidimensional Translation.* Manchester: St. Jerome.

Göhring, Heinz (1978): "Interkulturelle Kommunikation: Die Überwindung der Trennung von Fremdsprachen- und Landeskundeunterricht durch einen integrierten Fremdverhaltensunterricht". In: Kühlwein, Wolfgang & Raasch, Albert u. a. (Hrsg.) (1978): *Kongreßberichte der 8. Jahrestagung der Gesellschaft für Angewandte Linguistik.* Band 4: Hartig, Matthias & Wode, Henning (Hrsg.): *Soziolinguistik, Psycholinguistik.* Stuttgart: HochschulVerlag. 9-14.

Hansen, Gyde (2004): "Die Beschreibung von Übersetzungsprozessen". In: Fleischmann, Eberhard & Schmitt, Peter A. & Wotjak, Gerd (Hrsg.) (2004): *Translationskompetenz.* Tübingen: Stauffenburg. 91-101.

Heltai, Pál (2002): "Conference Report: 'Claims, Changes and Challenges', EST Congress Copenhagen, Denmark, 30 August – 1 September, 2001". In: *Across Languages and Cultures* 3 [1], 129-138.

Hermans, Theo (1999): *Translation in Systems. Descriptive and Systematic Approaches Explained.* Manchester: St. Jerome.

Jakobson, Roman (1959): "On Linguistic Aspects of Translation". In: Brower, Reuben A. (ed.) (1959): *On Translation.* Cambridge, Mass.: Harvard University Press. 232-239.

Kaindl, Klaus (1999): "Interdisziplinarität in der Translationswissenschaft. Theoretische und methodische Implikationen". In: Gil, Alberto & Haller, Johann & Steiner, Erich & Gerzymisch-Arbogast, Heidrun (Hrsg.) (1999): *Modelle der Translation.* Frankfurt am Main u. a.: Lang. (= Sabest Saarbrücker Beiträge zur Sprach- und Translationswissenschaft. 1). 127-155.

— (2005): "Perturbation als Kommunikationsprinzip: Zum Verhältnis von Theorie und Praxis der Translation". In: Sandrini, Peter (Hrsg.) (2005): *Fluctuat nec mergitur. Translation und Gesellschaft.* Frankfurt :Lang. 47-57.

Keller, Rudi (1995): *Zeichentheorie: zu einer Theorie des semiotischen Wissens.* Tübingen – Basel: Francke.

Koller, Werner (⁷2004): *Einführung in die Übersetzungswissenschaft.* 7., aktualisierte Aufl. 2004. Wiebelsheim: Quelle & Meyer. (1. Aufl. 1979).

Levý, Jiří (1967): "Translation as a Decision Process". In: *To Honor Roman Jakobson.* (1967). The Hague: Mouton. (= Janua linguarum, Series maior. 32). 1171-1182. – Übersetzung: "Übersetzung als Entscheidungsprozess". In: Wilss, Wolfram (Hrsg.) (1987): *Übersetzungswissenschaft.* Darmstadt: Wissenschaftliche Buchgesellschaft. (= Wege der Forschung. 535). 219-235.

Liedtke, Frank (1997): "Übersetzen in funktionaler Sicht". In: Keller, Rudi (Hrsg.) (1997): *Linguistik und Literaturübersetzen.* Tübingen: Narr. 17-33.

— (2005): "Äquivalenz in der Übersetzung. Eine handlungstheoretische Begründung". In: Zybatow, Lew (Hrsg.) (2005): *Translationswissenschaft im interdisziplinären Dialog. Innsbrucker Ringvorlesungen zur Translationswissenschaft III.* Frankfurt Lang. (= Forum Translationswissenschaft. 4). 11-34.

Menne, Albert (1984): *Einführung in die Methodologie. Elementare allgemeine wissenschaftliche Denkmethoden im Überblick.* Darmstadt: Wissenschaftliche Buchgesellschaft.

Mittelstraß, Jürgen (1998): *Häuser des Wissens.* Frankfurt: Suhrkamp.

Neubert, Albrecht (2005): Topographie der Translation. Vorlesung am 19.10.2005 zur Festveranstaltung "60 Jahre Institut für Translationswissenschaft" an der Universität Innsbruck.

Nida, Eugene (1964): *Toward a Science of Translating.* Leiden: Brill.

Prunč, Erich (2004): "Editorial: Quo vadis Translation Studies?" In: *EST Newsletter* [25].

Quine, Willard van Orman (¹⁰1976): *Word and Object.* 10th ed. Cambridge, Mass.; MIT Press. (1st ed. 1960). – Übersetzung: Quine, Willard van Orman (1980): *Wort und Gegenstand.* Stuttgart: Reclam. (= Reclam Universalbibliothek. 9987 [6]).

Rickheit, Gert & Sichelschmidt, Lorenz & Strohner, Hans (2002): *Psycholinguistik.* Tübingen: Stauffenburg.

Salevsky, Heidemarie (2002): *Translationswissenschaft. Ein Kompendium.* Frankfurt am Main u. a.: Lang.

Setton, Robin (2005): "Dolmetschmodelle. Stand der Forschung" In: Zybatow, Lew (Hrsg.) (2005): *Translatologie – neue Ideen und Ansätze. Innsbrucker Ringvorlesungen zur Translationswissenschaft IV*. Frankfurt am Main u. a.: Lang. (= Forum Translationswissenschaft. 5), 65-97.

Snell-Hornby, Mary & Pöchhacker, Franz & Kaindl, Klaus (eds.) (1994): *Translation Studies. An Interdiscipline*. Amsterdam – Philadelphia: Benjamins. (= Benjamins Translation Library. 2).

Steiner, Erich (2004): "Wege in die Übersetzungswissenschaft". In Pöckl, Wolfgang (Hrsg.) (2004): *Übersetzungswissenschaft. Dolmetschwissenschaft. Wege in eine neue Disziplin*. Wien: Edition Praesens. 351-359.

Vermeer, Hans J. (²1990): *Skopos und Translationsauftrag – Aufsätze*. 2. Aufl. Heidelberg: Institut für Übersetzen und Dolmetschen der Universität Heidelberg. (= Translatorisches Handeln. 2).

— (1994): "Translation today: Old and new problems." Snell-Hornby, Mary & Pöchhacker, Franz & Kaindl, Klaus (eds.) (1994): *Translation Studies. An Interdiscipline*. Amsterdam – Philadelphia: Benjamins. (= Benjamins Translation Library. 2). 3-16.

Williams, Jenny & Chesterman, Andrew (2002): *The Map. A Beginner's Guide to Doing Research in Translation Studies*. Manchester: St. Jerome Publishing.

Wilss, Wolfram (1992): *Übersetzungsfertigkeit. Annäherung an einen komplexen übersetzungspraktischen Begriff*. Tübingen: Narr.

— (1997): "Übersetzungswissenschaft: eine Interdisziplin?". In Drescher, Horst W. (Hrsg.) (1997): *Transfer. Übersetzen – Dolmetschen – Interkulturalität*. Frankfurt: Lang, 35-47.

Witte, Heidrun (2000): *Die Kulturkompetenz des Translators. Begriffliche Grundlegung und Didaktisierung*. Tübingen: Stauffenburg. (= Studien zur Translation. 9).

Zybatow, Lew (1995): *Russisch im Wandel. Die russische Sprache seit der Perestrojka*. Wiesbaden: Harrassowitz.

— (2002a): "Stereotyp als translationswissenschaftliche Größe und die kulturelle Kompetenz des Translators". In: Rapp, Reinhard (Hrsg.) (2002): *Sprachwissenschaft auf dem Weg in das Dritte Jahrtausend. Teil II: Sprache, Computer, Gesellschaft*. Frankfurt: Lang. 385-393.

— (2002b): "Sprache – Kultur – Translation, oder Wieso hat Translation etwas mit Sprache zu tun?" In: Zybatow, Lew (Hrsg.) (2002): *Translation zwischen Theorie und Praxis*. Frankfurt am Main usw.: Lang. (= Forum Translationswissenschaft. 1). 57-86.

— (2003): "Wie modern ist die 'moderne' Translationstheorie?" In: Gerzymisch-Arbogast, Heidrun & Hajičová, Eva & Sgall, Petr & Jettmarová, Zuzana & Rothkegel, Annely & Rothfuß-Bastian, Dorothee (Hrsg.): *Textologie und Translation*. Tübingen: Narr. (= Jahrbuch Übersetzen und Dolmetschen. 4/II). 343-360.

— (2004a): "Quo vadis, Translationswissenschaft? Oder: Auf der Suche nach kleinen und großen translatologischen Wahrheiten". In: Fleischmann, Eberhard & Schmitt, Peter A. & Wotjak, Gerd (Hrsg.) (2004): *Translationskompetenz*. Tübingen: Stauffenburg. 287-308.

— (2004b): "Was sagt die Wissenschaft zur Wissenschaft zur Translationswissenschaft?" In: Albrecht, Jörn & Gerzymisch-Arbogast, Heidrun & Rothfuß-

Bastian, Dorothee (Hrsg.) (2004): *Übersetzung – Translation – Traduction.* Tübingen: Narr. (= Jahrbuch Übersetzen und Dolmetschen. 5). 253-271.

— (2004c): "Methodologie der Translationswissenschaft und Methoden der Translation". In: House, Juliane & Koller, Werner & Schubert, Klaus (Hrsg.) (2004): *Neue Perspektiven in der Übersetzungs- und Dolmetschwissenschaft.* Bochum: AKS. (= Fremdsprachen in Lehre und Forschung. 35). 47-72.

Teil II: Erfahrungen

Barbara Ahrens   (Germersheim)

Structure und *prominence* in Simultanverdolmetschungen

1   Einleitung

'Dolmetscher klingen alle gleich!' Dieser in der Berufspraxis häufig gehörte Kommentar von Zuhörern über Dolmetscher[1] bezieht sich offenbar auf die Art und Weise, wie Dolmetscher während des Dolmetschens sprechen. Die Sprechweise von Dolmetschern und die sie begründenden prosodischen Phänomene wurden in der Dolmetschforschung lange Zeit vernachlässigt, obwohl ihre Bedeutung für die mündliche Sprachproduktion bereits in sehr frühen Arbeiten zum Ausdruck kam. So schreibt z.B. Kade (1963):

> Es ist zu beachten, daß suprasegmentale Elemente des Ausgangstextes wesentlichen Informationsgehalt haben können (z.B. Ausdruck von Ironie durch entsprechende Intonation). Der Informationsgehalt suprasegmentaler Elemente des Ausgangstextes muß bei der motorisch-phonetischen Umsetzung in die Zielsprache ebenfalls durch entsprechende Intonation wiedergegeben werden, sofern es nicht geraten scheint, ihn mit anderen sprachlichen Mitteln (lexikalisch und grammatikalisch) darzustellen. Die letzte Phase des

---

[1] Sämtliche Personenbezeichnungen in diesem Beitrag werden aus Gründen der Übersichtlichkeit und besseren Lesbarkeit in inkludierender Form verwendet.

Dolmetschvorgangs unterstreicht die Bedeutung der angewandten Phonetik und der Sprecherziehung für die Dolmetscherausbildung. (Kade 1963:19)

Trotz des Wissens um die Relevanz prosodischer Phänomene bei der Sprachrezeption und -produktion gibt es bis heute nur wenige Studien, die sich mit Prosodie beim Simultandolmetschen beschäftigen. Das mag zum einen darin begründet liegen, dass die als sehr ähnlich klingend empfundene Sprechweise von Dolmetschern wohl als der 'Normalfall' angesehen wird, der keiner weiteren Erforschung bedarf, zum anderen ist die Analyse prosodischer Elemente sowohl in zeitlicher als auch in technischer Hinsicht sehr aufwändig (vgl. Williams 1995:58; Ahrens 2004:75), weshalb viele Forscher davor zurückschrecken.

Im vorliegenden Beitrag sollen zunächst die Grundlagen und Funktionen prosodischer Elemente in der mündlichen Kommunikation dargestellt werden, die den Ausgangspunkt für die im weiteren Verlauf vorgestellte empirische Untersuchung eines authentischen Korpus aus drei professionellen Simultanverdolmetschungen eines englischen Ausgangstextes von 72,72 Minuten bilden.

2 Prosodie: Definition und Funktionen

Die Prosodie ist ein Charakteristikum gesprochener Sprache, das Einzelphänomene tonaler, dynamischer und durationaler Natur umfasst (vgl. Selting 1995:11; Schönherr 1997:12 Fußnote 4; Heuft 1999:14; Neppert ⁴1999:155). Diese Kategorisierung weist bereits auf die Relation der einzelnen Phänomene zu den akustischen Parametern hin, die sie bedingen. Zu den tonalen – also auf dem akustischen Parameter Grundfrequenz beruhenden – Phänomenen gehören die Intonation bzw. der Tonhöhenverlauf und der Tonhöhenumfang. Dynamische Phänomene werden durch Änderungen des akustischen Parameters Intensität bedingt. Das sich daraus ergebende prosodische Merkmal ist die Lautheit. Durationale Phänomene beruhen auf der zeitlichen Dauer, deren akustischer Parameter die Quantität ist. Zu ihnen zählen Dauer, Sprechtempo und Pausen. Darüber hinaus lassen sich als weitere Kategorie die Misch- oder auch Hybridphänomene abgrenzen. Sie ergeben sich aus dem Zusammenspiel der tonalen, dynamischen und durationalen Parameter. Akzente werden i.d.R. als prosodisches Mischphänomen realisiert.

Aus funktionaler Sicht kommen der Prosodie zwei wesentliche Aufgaben zu: Sie dient einerseits der Strukturierung des lautsprachlichen Kontinuums (*structure*) und andererseits der Hervorhebung inhaltlich wichtiger Elemente in einer Äußerung (*prominence*) (vgl. Huber 1988:33). Dadurch unterstützt sie den Zuhörer bei der Verarbeitung des Gesagten (vgl. Cutler 1983:91).

Neben diesen beiden Hauptaufgaben erfüllt die Prosodie eine indexikalische Funktion, aufgrund derer sie Aufschluss über die Person und die innere Verfassung des Sprechers gibt (vgl. Huber 1996:264). Außerdem hat sie eine komplementär-kompensatorische Funktion, d.h., die prosodischen Elemente können die verbalen noch bekräftigen bzw. das ergänzen, was verbal nicht geäußert wird. Außerdem kompensieren sie den Wegfall bestimmter Kommunikationselemente oder Merkmale, so z.B. im Falle des Flüsterns, bei dem der tonale Parameter Tonhöhe, der auch zur Realisierung von Akzentuierungen beiträgt, wegfällt und bei dem Akzente auf einer Änderung der Intensität beruhen.

Darüber hinaus wird die Prosodie als Indikator kognitiv-mentaler Prozesse angesehen. Besonders deutlich wird dies im Falle von Pausen, die durch die Planung dessen, was der Sprecher noch sagen möchte, verursacht werden (vgl. Goldman-Eisler 1958:67).

2.1 Strukturierung des lautsprachlichen Kontinuums: structure

Diese erste Hauptfunktion der Prosodie wird im Wesentlichen durch zwei prosodische Phänomene erfüllt: durch die Intonation und Pausen.

2.1.1 Intonation

Unter Intonation wird der Tonhöhenverlauf einer sprachlichen Äußerung verstanden (vgl. u.a. Cruttenden [2]1997:7, Günther 1999:62).[2] Das akustische Korrelat der Tonhöhe ist die Grundfrequenz (F_0).

Die Intonation hat vielfältige Funktionen. Sie dient der syntaktischen und semantischen Disambiguierung, steuert die kommunikative Interaktion (vgl. Selting 1995:50ff.) und ist Ausdruck der seelisch-körperlichen Verfassung eines Sprechers (vgl. Quilis 1993:409).

Der Tonhöhenverlauf einer Äußerung weist globale und lokale Veränderungen auf. Eine prosodische Universalie ist, dass in allen Sprachen die F_0-Kontur im Laufe einer Äußerung abfällt. Dieses Phänomen wird als 'Deklination' bezeichnet (vgl. Vaissière 1983:55ff.). Das globale Absinken der F_0 verstärkt den auditiven Eindruck fallender finaler Tonhöhenverläufe, wie sie z.B. am Ende von Aussagesätzen vorkommen. Die Deklination spielt somit bei der intonatorischen Unterscheidung von Satzmodi eine Rolle (vgl. Vaissière 1983:57; Huber 1988:42).

Der globale Tonhöhenverlauf kann durch lokale Veränderungen der F_0 überlagert werden. Die lokalen Veränderungen werden durch Akzente bedingt, die zu Tonhöhengipfeln (oder auch -tälern) im F_0-Verlauf führen.

---

[2] In der einschlägigen Literatur findet sich daneben auch eine Definition, die Intonation als Synonym zu Prosodie verwendet (vgl. u.a. Crystal 1969:195). Eine derartig weit gefasste Definition erweist sich jedoch für die Analyse prosodischer Elemente als zu ungenau.

Hier besteht ein direkter Bezug zur *prominence* als zweite Hauptfunktion der Prosodie. Daneben sind jedoch auch noch die finalen Verlaufsmuster an den Grenzen intonatorischer Einheiten von Interesse. Grundsätzlich sind drei Grundtypen zu unterscheiden: fallend, steigend und gleich bleibend (vgl. u.a. von Essen 1956:15ff., Halliday 1966:177ff.). In Kombination können die Grundmuster auch als komplexe Formen auftreten, z.B. als steigend-fallend bzw. umgekehrt (vgl. Kohler ²1995:195ff.). Diese lokalen Tonhöhenmuster am Ende einer intonatorischen Einheit werden als Hinweis für das Ende derselben angesehen.

2.1.2 Intonationseinheit

Wie im vorstehenden Abschnitt bereits angedeutet, wird das lautsprachliche Kontinuum beim Sprechen intonatorisch in kürzere Einheiten, so genannte *chunks*, segmentiert. Sie dienen dazu, die der Äußerung zugrunde liegende Informationsstruktur zur verdeutlichen (vgl. Halford 1996:38).

Die Segmentierung in diese Intonationseinheiten ist am Tonhöhenverlauf erkennbar:

> This segmentation into *chunks* is reflected in the time course of F_0 where it appears as a sequence of coherent intonation countours optionally delimited by pauses and containing at least one salient pitch movement. (Huber 1988:71; Hervorhebung im Original)

Hierin zeigt sich der unmittelbare Zusammenhang, der zwischen der Intonation und der Segmentierung bzw. Phrasierung einer Äußerung besteht.[3] Daher wird eine Intonationseinheit (IE) definiert als

> [...] eine prosodische Einheit, die eine kohärente F_0-Kontur mit mindestens einer als prominent wahrgenommenen Tonhöhenbewegung aufweist und die sich durch bestimmte F_0-Verlaufsmuster sowie eventuell weitere Grenzsignale von den sie umgebenden Intonationseinheiten absetzt. Die Intonation einer Äußerung kann somit durchgehend in Intonationseinheiten segmentiert werden. (Ahrens 2004:111/112)

Die Segmentierung in IE erfolgt auf der Grundlage prosodischer Parameter wie der Deklination und ihrem *reset*, *onset*-Phänomenen im F_0-Verlauf (vgl. Crystal 1969:143) oder auch typischen Grenzsignalen, zu denen Pausen, Laryngalisierungen und bestimmte finale Tonhöhenverläufe zählen. In der Prosodieforschung setzt sich zunehmend die Auffassung durch, dass für die Segmentierung in erster Linie tonale Parameter ausschlaggebend sind (vgl. Huber 1988:73). Zu den Pausen ist anzumerken, dass nicht an

---

3 Die meisten Forscher gehen heute von einer Segmentierung mündlicher Äußerungen aus. Je nach Forschungsansatz gibt es jedoch auch hier stark divergierende Meinungen und Bezeichnungen. Für eine ausführliche Darstellung sei auf Ahrens (2004:85) verwiesen.

jeder IE-Grenze zwingend eine messbare Pause vorkommt. Der *reset* der F_0 kann auch ohne durationale Unterbrechung erfolgen.

2.1.3 Pause

Pausen werden als Unterbrechung im akustischen Signal des Lautkontinuums definiert, wobei häufig der durationale Aspekt betont wird (vgl. u.a. Crystal 1969:166; Cruttenden [2]1997:30). Das ist jedoch insofern problematisch, als Pausen auch an Stellen perzipiert werden können, an denen keine durationale Unterbrechung im akustischen Signal festgestellt werden kann, so wie z.b. im Falle des F_0-*reset*. Dagegen kann die Artikulation von Okklusiven zu einer durationalen Unterbrechung führen, die nicht als Pause empfunden wird.

Man unterscheidet in der Regel zwischen gefüllten (*voiced*) und ungefüllten (*silent*) Pausen (vgl. Crystal 1969:166ff.). Gefüllte Pausen werden den Häsitationsphänomenen zugerechnet.

Neben der physiologischen Funktion des Atmens dienen Pausen dazu, den Sprechfluss gemäß semantischen, kognitiven, kommunikativen und situativ-emotionalen Bedingungen zu gliedern. Hierin liegt ihr direkter Bezug zur Strukturierung des lautsprachlichen Kontinuums.

2.2 Hervorhebung inhaltlich wichtiger Elemente: prominence

Die Hervorhebung inhaltlich wichtiger Elemente wird prosodisch durch Akzentuierung erreicht. Wie bereits erläutert, ist ein Akzent ein typisches Mischphänomen, da er in der Regel durch das Zusammenspiel eines oder mehrerer der akustischen Parameter Grundfrequenz, Intensität und Quantität realisiert wird.

Unter Akzent versteht man die Hervorhebung einer Silbe im Sprechfluss. Eine akzentuierte Silbe weist im Vergleich zu den nicht-akzentuierten Silben in ihrer Umgebung einen höheren Grad an Prominenz auf (vgl. Heuft 1999:59ff.), wobei Prominenz als wahrnehmbare Hervorhebung eines Elements im lautsprachlichen Kontinuum definiert wird (vgl. Ahrens 2004:112).

In der einschlägigen Literatur wird inzwischen mehrheitlich davon ausgegangen, dass im komplexen akustischen Korrelat von Akzenten die F_0 der dominierende Parameter ist (vgl. u.a. Crystal 1969:55, 120; Schönherr 1997:13ff.; Günther 1999:49). Hierin zeigt sich der Zusammenhang zur Intonation.

Die Realisierung von Akzenten auf Satzebene folgt keinen festen Regeln. Der Sprecher kann frei darüber entscheiden, welche Elemente er in seiner Äußerung als wichtig erachtet und durch Akzentuierung fokussiert, wobei grundsätzlich mehr Silben potenziell akzentuierbar sind, als tatsächlich akzentuiert werden. Die Akzentuierung bestimmter Elemente ist daher ein Mittel der prosodischen Gestaltung des lautsprachlichen Kontinuums.

3 Stand der Forschung zur Prosodie beim Simultandolmetschen

Es gibt nur relativ wenige wissenschaftliche Arbeiten, die sich mit der Stimme und Sprechweise von Simultandolmetschern befassen (vgl. Collados Aís 1998:60), obwohl die Bedeutung der Prosodie beim Dolmetschen aufgrund des mündlich produzierten Ausgangstextes (AT) und dem mündlich simultan produzierten Zieltext (ZT) auf der Hand liegt.

Innerhalb dieser wenigen Arbeiten zu prosodisch-sprecherischen Aspekten herrschen durchaus konträre Meinungen vor. Einerseits gibt es Autoren, die Dolmetschen mit einem einsprachigen, spontanen Sprechakt gleichsetzen, in dem der Dolmetscher allerdings den vom AT-Produzenten vorgegebenen Inhalt wiedergibt (vgl. Willett 1974:103). Daraus lässt sich ableiten, warum die Prosodie von Dolmetschern kein viel beachteter Untersuchungsgegenstand ist: Simultanverdolmetschungen weisen keine prosodischen Besonderheiten auf. Eine ähnliche Meinung findet sich bei Kirchhoff (1976):

> Der ZS-Output [zielsprachliche Output – Anm. B.A.] muß kontinuierlich erfolgen und kommunikativ optimal wirksam sein. Im Normalfall wirkt der gedolmetschte Text wie eine spontane Rede. Individuelle Merkmale der Senderperformanz bleiben weitgehend erhalten [...] eine sprecherische Optimierung der Aussage ist dagegen möglich. (Kirchhoff 1976:67)

Im Gegensatz zu Willett, die mögliche Schwierigkeiten nicht problematisiert, ist sich Kirchhoff jedoch bewusst, dass ein natürlich klingender ZT leicht gefährdet wird:

> Unter erschwerten Bedingungen kann sich der Spontaneitätsgrad der Wiedergabe verringern, treten Rhythmusschwankungen durch Zögern, Abweichungen von der Gebrauchsnorm im syntaktischen und lexikalischen Gebrauch auf. (Kirchhoff 1976:67)

Die sprecherische Leistung des Dolmetschers kann durch Faktoren wie Geschwindigkeit des AT, Wissensdefizit des Dolmetschers, starken Akzent des AT-Produzenten etc. beeinträchtigt werden. Das Hören und Verstehen in der Ausgangssprache sowie die Wiedergabe in der Zielsprache sind aufgrund der zeitlichen Überlagerung dieser Prozessphasen ohnehin sehr störanfällig.

Auffälligkeiten in der Sprechweise von Dolmetschern werden in der einschlägigen Literatur durchaus auch thematisiert. Barik (1975) beschreibt eine Verdolmetschung als "less smooth than 'natural' speech" (Barik 1975:294), was er auf Satzabbrüche, Korrekturen und Interferenzen aus der Ausgangssprache zurückführt. Auch Fiukowski nennt als Grund für prosodisch-sprecherische Auffälligkeiten beim Dolmetschen die simultanen Prozessphasen:

> Die *Sprechweise* des Dolmetschers kann, bedingt durch überwiegend sukzessives Sprechdenken, weitgehend als eine Form des *reihenden* Sprechens bezeichnet werden, bei dem die Äußerung nicht hinreichend sinngemäß strukturiert, akzentuiert und moduliert wird (werden kann). (Fiukowski 1986:186; Hervorhebungen im Original)

Demnach ist ein natürlich klingender Vortrag beim Simultandolmetschen nicht möglich, was der Auffassung Willets und Kirchhoffs widerspricht. Auch Shlesinger (1994) stellte in ihrer Untersuchung professioneller Simultanverdolmetschungen in einer authentischen Situation eine Intonation "sui generis" (Shlesinger 1994:226) fest.

Es erscheint daher eher wahrscheinlich, dass es durch den Dolmetschprozess selbst zu Abweichungen in der Sprechweise von Simultandolmetschern kommen kann. In den folgenden Kapiteln wird der Stand der Forschung in Bezug auf die Prosodie beim Simultandolmetschen kurz vorgestellt.

3.1 Sprech- und Artikulationsrate

Bereits 1969 untersuchte Gerver den Einfluss der AT-Sprechrate[4] auf die ZT-Produktion (vgl. Gerver 1969:162ff.). Er stellte fest, dass sich eine erhöhte Präsentationsrate des AT auf die ZT-Produktion auswirkte, und zwar dergestalt, dass es zu Auslassungen und häufiger zu Fehlern kam. Barik (1973) fand in seiner Studie heraus, dass die Artikulationsrate des ZT unter der des jeweiligen AT lag (vgl. Barik 1973:257). In dem von Shlesinger (1994) analysierten Korpus fiel die Dehnung von Silben und der dadurch entstehende Eindruck des Zögerns auf. Daneben fanden sich auch Beschleunigungen, die z.T. im Zusammenhang mit Korrekturen auftraten (vgl. Shlesinger 1994:232ff.).

3.2 Pausen und Segmentierung

Pausen waren bereits sehr früh Gegenstand wissenschaftlichen Interesses, da sie als Erklärung für das gleichzeitige Hören und Sprechen galten. Goldman-Eisler (1968) untersuchte den Zusammenhang zwischen Pausen und Sprechen beim Simultandolmetschen. Sie kam zu dem Schluss, dass Simultandolmetscher die Pausen des AT-Produzenten nutzen, um selbst

---

[4] Die Sprechrate wird folgendermaßen definiert: Anzahl der geäußerten Silben pro Zeiteinheit, wobei Pausen im Sprechfluss mitgerechnet werden. Dagegen werden bei der Bestimmung der Artikulationsrate die Pausen nicht mit eingerechnet (vgl. Goldman-Eisler 1958:61).

möglichst viel ZT ohne den störenden Einfluss des AT zu produzieren
(vgl. Goldman-Eisler 1968:88). Barik (1973) schloss sich dieser Meinung an
(vgl. Barik 1973:267). Diese Erklärung für das gleichzeitige Hören und
Verstehen ist jedoch längst widerlegt worden, u.a. von Goldman-Eisler
selbst (vgl. Goldman-Eisler 1980:148).

Alexieva (1988) führte ein Experiment mit Studierenden in der Sprachkombination Englisch-Bulgarisch durch, wobei sie die strukturellen Unterschiede dieser beiden Sprachen zur Untersuchung des Vorkommens von
Pausen nutzte. Sie fand heraus, dass in den Verdolmetschungen weniger
und kürzere Pausen auftraten (vgl. Alexieva 1988:485).

Nach Bühler (1989) dienen Pausen dem Verständnis des AT-Inhalts
und können nicht von den semantisch-inhaltlichen Planungsprozessen des
ZT getrennt werden (vgl. Bühler 1989:134).

Shlesinger (1994) ging bei ihrer Untersuchung von Hallidays Kategorien *tonality*, *tonicity* und *tone* aus (vgl. Halliday 1966:114ff.), neben denen sie
außerdem noch die prosodischen Phänomene Dauer und Sprechtempo
berücksichtigte (vgl. Shlesinger 1994:225ff.).[5] In der Kategorie *tonality* stellte sie fest, dass Pausen in den von ihr untersuchten ZT innerhalb gramma-
tikalischer Strukturen auftraten, in denen Zuhörer sie nicht erwarten würden (vgl. Shlesinger 1994:229).

In einer Untersuchung im Sprachenpaar Englisch-Koreanisch wies Lee
(1999) in den ZT einen höheren Anteil an Pausen im Vergleich zum jeweiligen AT nach (vgl. Lee 1999:264). Aus seinen Ergebnissen ergibt sich,
dass Dolmetscher im Falle von AT mit wenigen Pausen weniger Zeit für
die zum Verstehen erforderlichen kognitiven Prozesse haben und damit
die ZT inhaltlich weniger präzise sind (vgl. Lee 1999:264).

3.3 Betonung und Akzentuierung

Zu den von Shlesinger (1994) beschriebenen auffälligen Pausen in der Kategorie *tonality* fanden sich in Bezug auf die Akzentuierung weitere Besonderheiten: Die beobachteten Akzente und die damit verbundenen semantischen Kontraste waren häufig nicht kompatibel (vgl. Shlesinger 1994:231).
Häufig wurden Formwörter betont (vgl. Shlesinger 1994:230), die in der
Spontansprache nur durch kontrastive oder emphatische Akzente hervorgehoben werden (vgl. Kohler ²1995:118ff.).

Ungewöhnliche oder unerwartete Betonungen in Simultanverdolmetschungen untersuchte auch Williams (1995). Dabei handelt es sich um Betonungen, die weder grammatisch noch semantisch noch pragmatisch mo-

---

5 *Tonality* bezeichnet die Segmentierung einer Äußerung in Intonationseinheiten, *tonicity* die
Akzentuierung der Nukleussilbe innerhalb einer IE und *tone* den Tonhöhenverlauf (vgl.
Halliday 1966:114ff.).

tiviert sind (vgl. Williams 1995:48) und die somit die Kohärenz und die Verständlichkeit des ZT beeinträchtigen können. Williams führte diese Betonungen auf den Einfluss des AT zurück (vgl. Williams 1995:51 ff.).

3.4 Finaler Tonhöhenverlauf

In einer Untersuchung des akustischen Parameters Grundfrequenz maß Darò die F_0 einer Dolmetscherin in den verschiedenen Sprachen, die diese beherrscht, ohne die Probandin dabei jedoch dolmetschen zu lassen (vgl. Darò 1990:89ff.). Sie kam zu dem Ergebnis, dass die Dolmetscherin in ihrer Muttersprache den geringsten Grad an emotionaler Erregung aufwies (vgl. Darò 1990:91).

Shlesinger (1994) stellte bei der Analyse der Pausen in ihrem Korpus fest, dass unmittelbar vor diesen häufig ein gleich bleibender oder leicht steigender finaler F_0-Verlauf auftrat, obwohl an diesen Stellen eher ein fallender finaler Verlaufstyp zu erwarten gewesen wäre (vgl. Shlesinger 1994:232). Jenes von ihr als "tentative" (Shlesinger 1994:229) bezeichnete Tonhöhenmuster dominierte in ihrem Korpus.

Eine weitere Studie zum Einfluss der Intonation auf die Evaluierung konkreter Dolmetschleistungen ist die von Collados Aís (1998). Sie konnte einen eindeutigen Zusammenhang zwischen monotoner Intonation und der konkreten Bewertung eines monoton präsentierten ZT nachweisen, was sie auf die geringere Glaubwürdigkeit dieses ZT im Vergleich zu normal oder lebhaft vorgetragenen Texten zurückführte, selbst wenn letztere inhaltliche Fehler enthielten (vgl. Collados Aís 1998:246).

4 Korpus und Methode

Für die im Folgenden vorgestellte Studie konnte ein Korpus mit professionellen Simultandolmetschern in einer authentischen Situation aufgezeichnet werden. Während eines Gastvortrags eines britischen Muttersprachlers über die Bearbeitung eines konkreten Übersetzungsauftrags im Bereich Marketingkommunikation, der sich an Studierende und Lehrende am Fachbereich Angewandte Sprach- und Kulturwissenschaft (FASK) der Universität Mainz in Germersheim richtete, wurden die Dolmetschleistungen von drei Kabinen mit jeweils zwei professionellen Dolmetschern, die parallel aus dem Englischen ins Deutsche dolmetschten, mit Doppelspurtechnik aufgenommen. Der Vortrag dauerte 72,72 Minuten. Die Dolmetscher waren Freiberufler, die für diesen Dolmetschauftrag gewonnen werden konnten. Sie hatten ihre Dolmetscherdiplome entweder an der Universität Heidelberg oder an der Universität Mainz/Germersheim erworben und verfügten zum Zeitpunkt der Aufnahme im Durchschnitt über 4,6

Jahre Berufserfahrung. Alle sechs Dolmetscher sprechen Deutsch als Muttersprache, vier haben Englisch als B-Sprache, zwei als C-Sprache und waren es somit gewohnt, in der Sprachkombination Englisch-Deutsch zu arbeiten. Die Fragestellung der Studie kannten sie nicht. Im Anschluss an
den Vortrag füllten die Dolmetscher jeweils einen Fragebogen zu ihrer
individuellen Einschätzung des Themas, der Redeweise des Redners, ihrer
Probleme und ihrer Lösungsstrategien aus. Die Parallelität der Dolmetschleistungen in derselben Situation mit demselben Redner ist das Charakteristikum des Korpus.

Neben den Audioaufnahmen in Doppelspurtechnik wurden noch Videoaufnahmen mit Splitscreen-Technik angefertigt, die es erlauben, sowohl
den Ausgangstextproduzenten als auch alle drei Kabinen im Bild zu verfolgen. Den Videoaufnahmen wurden die Tonspur des Ausgangstextes
und jeweils einer Kabine unterlegt. Die Audiodaten wurden digitalisiert,[6]
wobei die Trennung der beiden Kanäle erst nach der Digitalisierung erfolgte, so dass die zeitliche Zuordnung der jeweils zusammengehörigen Kanäle
genau übereinstimmt, auch wenn die Kanäle jeweils separat abgespeichert
wurden. Für die Analyse des digitalisierten Audiomaterials wurde die Software *Praat* verwendet,[7] deren Synchronisierungsfunktion das gleichzeitige
Messen und Vergleichen des Sprachsignals beider Kanäle ermöglicht.

Der Ausgangstext und die drei Verdolmetschungen wurden auf Wort-
ebene transkribiert. In den Transkripten wurden die zu analysierenden prosodischen Phänomene markiert: perzipierte Pausen und deren Dauer,
Segmentierung in Intonationseinheiten, Akzente und finale Tonhöhenverläufe. In den Transkripten wurde auf Interpunktion sowie Groß- und
Kleinschreibung verzichtet, da die Interpunktion Satzgrenzen aufgrund
syntaktischer Merkmale definiert und daher u.U. an Stellen setzt, an denen
prosodisch keine Grenze realisiert wird.

Der konzeptionelle Analyseansatz der Studie beruht auf messbaren Parametern. Die Strukturierung des lautsprachlichen Kontinuums sowie die
Hervorhebung des inhaltlichen Kerns der Aussage als Hauptfunktionen
der Prosodie dienen als Bezugspunkt: Es wurde analysiert, wie sich *structure*
und *prominence* im Ausgangstext und den drei Zieltexten manifestieren und
welche Unterschiede bzw. Gemeinsamkeiten zu finden sind.

---

[6] Für die Digitalisierung des Audiomaterials danke ich Herrn Dr. E. Nöth, Herrn Dr. A.
   Batliner und Mitarbeitern am Lehrstuhl für Mustererkennung (Informatik 5) der Universität Erlangen-Nürnberg.
[7] Siehe: http://www.fon.hum.uva.nl/praat/.

5 Analyse

Um die Rolle der Prosodie in Bezug auf die Strukturierung des lautsprachlichen Kontinuums und die Hervorhebung inhaltlich wichtiger Elemente im Korpus aufzuzeigen, wurden im Korpus u.a. die Sprech- und Artikulationsraten, die Pausen, die Segmentierung in Intonationseinheiten und Akzentuierungen untersucht.

5.1 Sprech- und Artikulationsraten

Um die Geschwindigkeit der vier Texte einordnen und vergleichen zu können, wurden in einem ersten Analyseschritt die jeweiligen Sprech- und Artikulationsraten berechnet (Abb. 5.1).

	Textlänge	Anzahl der Wörter	Anzahl der Silben	Sprechrate	Gesamtdauer der Pausen	Artikulationsrate
	(min)			(Silben/s)	(min)	(Silben/s)
AT	72,72	11.140	16.630	3,81	19,80	5,24
ZT$_I$	72,76	7.844	13.971	3,20	22,45	4,63
ZT$_{II}$	72,75	8.031	14.342	3,28	25,23	5,02
ZT$_{III}$	72,73	8.038	13.856	3,17	24,85	4,82

Abb. 5.1: Übersicht über die Sprech- und Artikulationsraten aller vier Texte des Korpus

Die objektiv messbare Sprech- und Artikulationsrate des AT liegt mit 3,81 Silben/s bzw. 5,24 Silben/s im normalen Bereich. Dennoch wurde der AT von den Dolmetschern in den Fragebögen als schnell beschrieben, womit sich die Subjektivität bei der Einschätzung des Sprechtempos bestätigte (vgl. Déjean Le Féal 1980:161ff.). Die Sprech- und Artikulationsraten der drei ZT deuten darauf hin, dass in ihnen eine Anpassung an die Geschwindigkeit des AT-Produzenten erfolgte. Darüber hinaus gilt auch für dieses Korpus, dass die Artikulationsraten der ZT unter der des AT liegen (vgl. Barik 1973:257).

5.2 Pausen

Ausgangspunkt der Analyse der Pausen als Strukturierungsmittel war Alexievas Auffassung, dass Verdolmetschungen im Vergleich zum jeweiligen AT weniger und kürzere Pausen aufweisen (vgl. Alexieva 1988:485). Zur Überprüfung wurde zunächst eine quantitative Untersuchung der Pausen im Korpus vorgenommen. Dafür wurde die Dauer sämtlicher wahrnehmbaren Pausen im AT und den drei ZT gemessen, um anschließend die Gesamtdauer und ihren Anteil an der jeweiligen Sprechzeit der einzelnen Texte berechnen und vergleichen zu können (Abb. 5.2a).

	Textlänge (min)	Anzahl der Pausen	Gesamt- dauer der Pausen (min)	Anteil der Pausen an Textlänge (%)
AT	72,72	1.948	19,80	27,23
ZT$_I$	72,76	1.670	22,45	30,85
ZT$_{II}$	72,75	1.708	25,23	34,68
ZT$_{III}$	72,73	1.637	24,85	34,17

Abb. 5.2a: Vergleich der Anzahl und der Dauer der Pausen im AT und den drei ZT

Der direkte Vergleich zeigt, dass die ZT trotz quantitativ weniger Pausen einen höheren Anteil von Pausen an der Gesamtlänge des jeweiligen Textes aufweisen. Das deutet darauf hin, dass die Pausen in den Verdolmetschungen im Durchschnitt länger sind, was sich bei der Berechnung des arithmetischen Mittels auch bestätigte: Der Mittelwert für den AT liegt bei 0,61 s, der für ZT$_I$ bei 0,81 s, für ZT$_{II}$ bei 0,89 s und für ZT$_{III}$ bei 0,91 s. Die höheren Mittelwerte der ZT lassen den Schluss zu, dass in ihnen der Anteil längerer Pausen größer sein muss. Zur Überprüfung wurden sämtliche Pausen in 0,10 s-Schritten klassiert, um eine Histogramm-Darstellung zu ermöglichen.

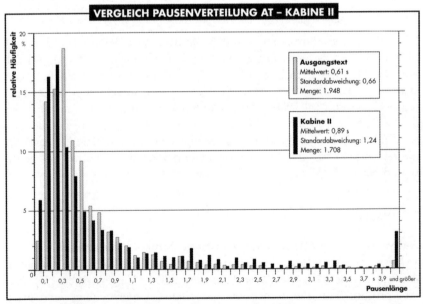

Abb. 5.2b: Relative Häufigkeit der Pausen unterschiedlicher Dauer im Vergleich AT – ZT$_{II}$

Die unterschiedliche Verteilung der Pausen unterschiedlicher Dauer kommt in dem für ZT_{II} erstellten Histogramm deutlich zum Ausdruck (Abb. 5.2b). Es zeigt sich, dass im AT die kurzen Pausen dominieren, wohingegen in ZT_{II} ab einer Pausenlänge von 1,31 s oder länger fast durchgehend eine größere Häufigkeit als im AT zu finden ist. Die hier für ZT_{II} exemplarisch dargestellte Verteilung findet sich auch in den Histogrammen für ZT_I und ZT_{III}.[8] In diesem Korpus professioneller Verdolmetschungen eines langen und zusammenhängenden AT konnte die von Alexieva vertretene These, dass Verdolmetschungen weniger und kürzere Pausen aufweisen (vgl. Alexieva 1988:485), nicht bestätigt werden. Vielmehr verifizierte sich der von Lee für das Sprachenpaar Englisch-Koreanisch nachgewiesene höhere Anteil der Pausenzeiten auch im hier untersuchten Sprachenpaar Englisch-Deutsch (vgl. Lee 1999:264).

5.3 Segmentierung in Intonationseinheiten

Unter Berücksichtigung der prosodischen Grenzsignale wurden alle vier Texte des Korpus hinsichtlich ihrer prosodischen Segmentierung analysiert. Mithilfe der computergestützten Analyse konnten die Intonationseinheiten (IE) aller Texte identifiziert werden. Abb. 5.3a zeigt exemplarisch zwei aufeinander folgende IE im AT.

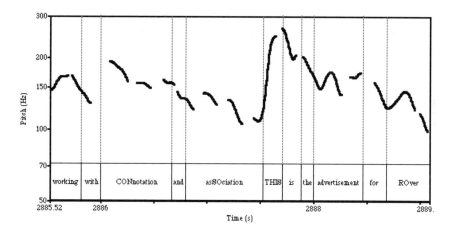

Abb. 5.3a: Zwei aufeinander folgende IE mit Deklination und reset im AT

In beiden IE ist die fallende Deklination sowie der *reset* der F_0 zu Beginn der zweiten IE zu erkennen. Ebenso klar zeigen sich die lokalen Tonhö-

---

[8] Die drei Histogramme sowie die Klassierung sämtlicher Pausen in absoluten Zahlen und gemäß ihrer relativen Häufigkeit finden sich in Ahrens (2004:154ff.).

hengipfel auf den betonten Silben.[9] Bei 'THIS' findet sich der *reset* nach der fallenden Deklination der ersten IE, im Falle von 'ROver' liegt ein *rise-fall*, ein typischer finaler Tonhöhenverlauf in einer IE vor, bei ein dem ein lokaler F_0-Anstieg vor dem endgültigen Abfall der Grundfrequenz am Ende der IE zur Akzentuierung der betreffenden Silbe führt. Die auf diese Weise vorgenommene Segmentierung aller vier Texte in IE ergab, dass die ZT mehr IE aufweisen (Abb. 5.3b).

	IE Insgesamt	Differenz absolut	Differenz %
AT	2.061	–	AT = 100 %
ZT$_I$	2.391	+ 330	+ 16,0 %
ZT$_{II}$	2.410	+ 349	+ 16,9 %
ZT$_{III}$	2.382	+ 321	+ 15,6 %

Abb. 5.3b: Übersicht und Vergleich der IE im AT und den drei ZT

Die Zahlen belegen, dass alle drei ZT mehr IE aufweisen und dass die für sie errechneten Werte alle in derselben Größenordnung liegen. Dieses Ergebnis deutet darauf hin, dass jeweils ähnliche Dolmetschstrategien angewandt wurden.

Anhand dieser Auswertung kann festgestellt werden, dass sich der beim ersten Anhören der Audiodaten ergebene Eindruck, dass die Verdolmetschungen prosodisch stärker segmentiert sind, also kürzere Spannungsbögen aufweisen, bestätigt hat. Diese Art der prosodischen Segmentierung kann in dem vorliegenden Korpus als charakteristisch für die ZT angesehen werden.

Eine Analyse der Segmentierungsstrategie hat ergeben, dass in den drei Verdolmetschungen häufig ein und dieselbe Passage ähnlich segmentiert wurde.

Beispiel für ähnliche Segmentierung in IE in den ZT[10]

AT:

and i said SEND it over/ <0.55A>

a=nd i have a LOOK at it\ <0.48>

---

[9] Die betonten Silben sind in diesem und allen folgenden Beispielen mit Großbuchstaben markiert.

[10] Es gelten folgende Transkriptionskonventionen: Eine Zeile entspricht einer IE. Ist die IE länger als eine Zeile, wurde die zweite Zeile eingerückt. Akzentuierte Silben sind in Großbuchstaben geschrieben. Fallender finaler Tonhöhenverlauf: \, steigender finaler Tonhöhenverlauf: /, halb fallender finaler Tonhöhenverlauf: ¬, gleich bleibender finaler Tonhöhenverlauf: —, *rise-level*: —*, gedehnter Laut: =, Pause mit einer Länge von 0,33 Sekunden: <0.33>, Pause mit einer Länge von 0,33 Sekunden und hörbarem Atmen: <0.33A>, paraverbale Kommentare, wie z.B. leiser, lauter, schneller, tiefer, stehen jeweils am Ende der IE, auf die sie sich beziehen: {...}.

because although i'm not a transLAtor i do occasionally
get asked to do transLAtions of one kind or another\
<0.47A> {tiefer, schneller}

ZT$_I$:

und dann ham mir da=s geSCHICKT/ <0.06>

und ich hab <0.10> das <0.31A> dann ANgeschaut¬

also ich BIN jetzt persönlich kein überSETzer\

obwohl ich A— <0.16>

obwohl ich das ab und ZU mal TU=e/

ZT$_{II}$:

ich habe den text dann ANgeguckt—* <0.23A>

ich bin EIgentlich KEIN übersetzer als SOLches/

aber ICH=—

äh MAche ab und zu überSETzungen¬

ZT$_{III}$:

ich HAB dann geSAGT\ {tiefer}

naJA/

SCHIcken sie mir den TEXT/

ich SCHAU mir das mal AN—

ich BIN ja kein überSETzer— <0.40A>

A=ber manchmal BITtet man mich=— {tiefer}

SO etwas zu TUN\ <0.68A>

Die lange IE des AT wird von allen drei Kabinen in kürzere IE aufgespal-
ten, wobei der erste Teil der IE von allen gleich segmentiert wird. Die
Segmentierung nach 'transLAtor' deutet darauf hin, dass die AT-Elemente
bis dahin verstanden wurden und in der Zielsprache weiterverarbeitet werden konnten. Im Gegensatz zu ZT$_{III}$, in dem diese IE mit einer fallenden
F$_0$-Kontur endet, deuten die finalen Tonhöhenverläufe in ZT$_I$ und ZT$_{II}$ an,
dass weitere Informationen folgen, die zu dieser Informationseinheit gehö-

ren. Beispiele, in denen die ZT die gleiche oder eine ähnliche intonatorische Segmentierung aufweisen, lassen den Schluss zu, dass die beteiligten Dolmetscher in Bezug auf die Analyse des AT und die Produktion des ZT dieselben oder zumindest ähnliche Strategien eingesetzt haben.

An dem vorstehend genannten Beispiel wird deutlich, dass die drei ZT eine ausgeprägtere prosodische Segmentierung aufweisen. Die sich daraus ergebenden kürzeren Spannungsbögen in der Intonation führten zu der Hypothese, dass die IE in den ZT kürzer sind als im AT. Zur Überprüfung wurde die Anzahl der Wörter pro IE analysiert. Die Klassierung der einzelnen Längen ergab eine unterschiedliche Streuung für den AT und den jeweiligen ZT, der in der Histogramm-Darstellung für ZT$_I$ deutlich zum Ausdruck kommt (Abb. 5.3c).[11]

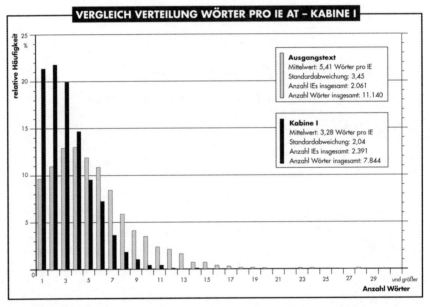

Abb. 5.3c: Relative Häufigkeit von IE unterschiedlicher Länge im Vergleich AT – ZT$_I$

Der AT weist eine breitere Streuung von IE unterschiedlicher Länge auf. Während sich in ZT$_I$ die größten Häufigkeiten bei einer Länge zwischen einem und vier Wörtern finden und die Streuung bei 14 Wörter/IE endet, sind im AT IE mit einer Länge von drei bis fünf Wörtern besonders häufig, und es kommen auch viel häufiger IE mit einer Länge von sieben Wör-

---

[11] Die drei Histogramme sowie die Klassierung sämtlicher IE in absoluten Zahlen und gemäß ihrer relativen Häufigkeit finden sich in Ahrens (2004:175ff.).

tern oder mehr vor, wodurch sich der höhere Mittelwert des AT für die Anzahl der Wörter pro IE erklärt.[12]

Aus dieser unterschiedlichen Verteilung lässt sich schließen, dass das Kurzzeitgedächtnis beim Dolmetschen anders eingesetzt wird als bei der spontanen Sprachproduktion. Im Gegensatz zum AT-Produzenten, der den intendierten Inhalt seiner Äußerung in größeren Einheiten speichern kann, sind die Dolmetscher bei der AT-Rezeption zunächst auf die *bottom-up*-Analyse einzelner Wörter angewiesen. Ergeben die kurzzeitig gespeicherten Wörter eine sinnvolle Einheit, werden sie schnellstmöglich in der Zielsprache formuliert, um das Kurzzeitgedächtnis zu entlasten. Das oben angeführte Beispiel aus dem Korpus demonstriert diese Vorgehensweise sehr plastisch.

5.4 Akzentuierung

Aus der Länge der IE ergibt sich außerdem eine Erklärung für das in der Literatur beschriebene Phänomen der Überakzentuierung in Verdolmetschungen (vgl. Kalina 1998:200). Jede IE weist *per definitionem* mindestens eine als prominent wahrgenommene Tonhöhenbewegung auf, so dass das Wort, auf dem diese Tonhöhenbewegung realisiert wird, als akzentuiert wahrgenommen wird. Umfasst eine IE nur ein Wort, wird dieses zwangsläufig akzentuiert. Aus einer Sequenz von IE mit nur einem Wort ergibt sich daher ein *staccato*-Rhythmus, bei dem jedes einzelne Wort betont wird. Der Vergleich der relativen Häufigkeiten von kurzen IE mit einem oder zwei Wörtern Länge in allen vier Texten des Korpus zeigt deutliche Unterschiede zwischen dem AT und den drei ZT (Abb. 5.4).

Klasse (Anzahl der Wörter)	Relative Häufigkeit AT (%)	Relative Häufigkeit ZT_I (%)	Relative Häufigkeit ZT_{II} (%)	Relative Häufigkeit ZT_{III} (%)
1 2	20,63	43,16	40,75	38,83

Abb. 5.4: Relative Häufigkeit kurzer IE (ein und zwei Wörter) im AT und den drei ZT

In den ZT dominieren kurze IE, die nur ein oder zwei Wörter umfassen. Folgen mehrere derartig kurze IE aufeinander, wird in ihnen jedes bzw. mindestens jedes zweite Wort betont. Im Vergleich zum AT kommt dieses Akzentuierungsmuster in den ZT relativ häufig vor. Es besteht also ein

---

[12] Die Verteilung in den anderen beiden ZT gestaltet sich ähnlich: Dominanz von IE mit einer Länge von ein bis drei Wörtern und eine maximale Länge von 13 Wörtern/IE (vgl. Ahrens 2004:180).

klarer Zusammenhang zwischen der intonatorischen Segmentierung in IE und den in den ZT auftretenden Akzentuierungen.

6 Schlussbemerkung

Die Untersuchung prosodischer Phänomene in einem authentischen Korpus professioneller Simultanverdolmetschungen im Sprachenpaar Englisch-Deutsch hat gezeigt, dass die prosodischen Auffälligkeiten der ZT u.a. auf Pausen, der intonatorischen Segmentierung in IE und Akzentuierungen beruhen. Diese prosodischen Elemente dienen zur Markierung von *structure* und *prominence* und bedingen sich dabei gegenseitig, da Pausen z.B. auch dazu eingesetzt werden, IE gegeneinander abzugrenzen. In den ZT ergibt sich aus der stärkeren intonatorischen Segmentierung und der daraus resultierenden geringeren Länge der IE eine häufigere Akzentuierung, so dass hier ein eindeutiger Zusammenhang von *structure* und *prominence* nachgewiesen werden konnte.

Der höhere Anteil längerer Pausen, mehr und kürzere IE sowie die große Häufigkeit von Akzentuierungen sind prosodische Besonderheiten, die sich in allen drei untersuchten ZT finden. Der in dieser Untersuchung vorgeschlagene konzeptuelle Analyseansatz bietet Raum für Präzisierungen, für die weitere Studien erforderlich sind, um auf diese Weise die prosodischen Phänomene besser zu erforschen mit dem Ziel, Aussagen über Prosodie bei Simultandolmetschen auf der Grundlage einer breiteren Datenbasis generalisieren zu können.

7 Literatur

Ahrens, Barbara (2004): *Prosodie beim Simultandolmetschen.* Frankfurt am Main: Lang. (= Publikationen des Fachbereichs Angewandte Sprach- und Kulturwissenschaft der Johannes Gutenberg-Universität Mainz in Germersheim, Reihe A – Abhandlungen und Sammelbände. 41).

Alexieva, Bistra (1988): "Analysis of the Simultaneous Interpreter's Output". In: Nekeman, Paul (ed.) (1988): *Translation, Our Future. Proceedings of the XIth World Congress of FIT.* Maastricht: Euroterm. 484-488.

Barik, Henry C. (1973): "Simultaneous Interpretation: Temporal and Quantitative Data". In: *Language and Speech* 16 [3], 237-270.

— (1975): "Simultaneous Interpretation: Qualitative and Linguistic Data". In: *Language and Speech* 18 [3], 272-297.

Bühler, Hildegund (1989): "Discourse Analysis and the Spoken Text – A Critical Analysis of the Performance of Advances Interpretation Students". In: Gran, Laura & Dodds, John (eds.) (1989): *The Theoretical and Practical Aspects of Teaching Conference Interpretation. First International Symposium on Conference Interpreting at the University of Trieste.* Udine: Campanotto Editore. (= Zeta Università. 12). 131-137.

Collados Aís, Ángela (1998): *La evaluación de la calidad en interpretación simultánea. La importancia de la comunicación no verbal.* Peligros (Granada): Editorial Comares. (= Interlingua. 7).

Cruttenden, Alan (²1997): *Intonation.* 2. Aufl. Cambridge – New York: Cambridge University Press. (= Cambridge Textbooks in Linguistics). (1. Aufl. 1986).

Crystal, David (1969): *Prosodic Systems and Intonation in English.* Cambridge – London: Cambridge University Press. (= Cambridge Studies in Linguistics. 1).

Cutler, Anne (1983): "Speakers' Conception of the Function of Prosody". In: Cutler, Anne & Ladd, D. Robert (eds.) (1983): *Prosody: Models and Measurements.* Berlin u.a.: Springer. (= Springer Series in Language and Communication. 14). 79-91.

Darò, Valeria (1990): "Voice Frequency in Languages and Simultaneous Interpretation". In: *The Interpreters' Newsletter* 3, 88-92.

Déjean Le Féal, Karla (1980): "Die Satzsegmentierung beim freien Vortrag bzw. beim Verlesen von Texten und ihr Einfluß auf das Sprachverstehen". In: Kühlwein, Wolfgang & Raasch, Albert (Hrsg.) (1980): *Sprache und Verstehen. Kongreßberichte der 10. Jahrestagung der Gesellschaft für Angewandte Linguistik GAL e.V., Mainz 1979.* Band I. Tübingen: Narr. 161-168.

Essen, Otto von (1956): *Grundzüge der hochdeutschen Satzintonation.* Ratingen: Henn.

Fiukowski, Heinz (1986): "Zur Sprecherziehung für Konferenzdolmetscher". In: *Fremdsprachen* 30, 186-191.

Gerver, David (1969): "The Effects of Source Language Presentation Rate on the Performance of Simultaneous Conference Interpreters". In: Foulke, Emerson (ed.) (1969): *Proceedings of the Second Louisville Conference on Rate and/or Frequency-Controlled Speech.* Louisville, Kentucky: Center for Rate-Controlled Recordings, University of Louisville. 162-184.

Goldman-Eisler, Frieda (1958): "Speech Analysis and Mental Processes". In: *Language and Speech* 1, 59-75.

— (1968): *Psycholinguistics. Experiments in Spontaneous Speech.* London – New York: Academic Press.

— (1980): "Psychological Mechanisms of Speech Production as Studied Through the Analysis of Simultaneous Translation". In: Butterworth, Brian (ed.) (1980): *Language Production, Volume 1: Speech and Talk.* London – New York: Academic Press. 143-153.

Günther, Carsten (1999): *Prosodie und Sprachproduktion.* Tübingen: Niemeyer. (= Linguistische Arbeiten. 401).

Halford, Brigitte K. (1996): *Talk Units. The Structure of Spoken Canadian English.* Tübingen: Narr. (= ScriptOralia. 87).

Halliday, Michael Alexander Kirkwood (1966): "Intonation Systems in English (1963)". In: MacIntosh, Angus & Halliday, Michael Alexander Kirkwood (1966): *Patterns of Language. Papers in General, Descriptive and Applied Linguistics.* London: Longmans. 111-133.

Heuft, Barbara (1999): *Eine prominenzbasierte Methode zur Prosodieanalyse und -synthese.* Frankfurt am Main: Lang. (= Sprache, Sprechen und Computer. 2).

Huber, Dieter (1988): *Aspects of the Communicative Function of Voice in Text Intonation.* PhD Dissertation. Universität Göteborg.

Huber, Dieter (1996): "Prosodic Transfer: Nonverbal Language in Intercultural Communication". In: Drescher, Horst W. & Hagemann, Susanne (eds.) (1996):

Scotland to Slovenia – European Identities and Transcultural Communication. Proceedings of the Fourth International Scottish Studies Symposium. Frankfurt am Main: Lang. (= Scottish Studies International. 21). 259-277.

Kade, Otto (1963): "Der Dolmetschvorgang und die Notation. Bedeutung und Aufgaben der Notiertechnik und des Notiersystems beim konsekutiven Dolmetschen". In: *Fremdsprachen* 7, 12-20.

Kalina, Sylvia (1998): *Strategische Prozesse beim Dolmetschen. Theoretische Grundlagen, empirische Fallstudien, didaktische Konsequenzen.* Tübingen: Narr. (= Language in Performance. 18).

Kirchhoff, Helene (1976): "Das Simultandolmetschen: Interdependenzen der Variablen im Dolmetschprozeß, Dolmetschmodelle und Dolmetschstrategien". In: Drescher, Horst W. & Scheffzek, Signe (Hrsg.) (1976): *Theorie und Praxis des Übersetzens und Dolmetschens.* Frankfurt am Main: Lang. (= Publikationen des Fachbereichs Angewandte Sprachwissenschaft der Johannes Gutenberg-Universität Mainz in Germersheim, Reihe A. 6). 59-71.

Kohler, Klaus J. (²1995): *Einführung in die Phonetik des Deutschen.* 2. Aufl. Berlin: Schmidt. (= Grundlagen der Germanistik. 20). (1. Aufl. 1977).

Lee, Tae-Hyung (1999): "Speech Proportion and Accuracy in Simultaneous Interpretation from English into Korean". In: *Meta* 44 [2], 260-267.

Neppert, Joachim M. H. (⁴1999): *Elemente einer Akustischen Phonetik.* 4. Aufl. Hamburg: Buske. (1. Aufl. 1984).

Quilis, Antonio (1993): *Tratado de fonología y fonética españolas.* Madrid: Gredos. (= Biblioteca Románica Hispánica, III. Manuales).

Schönherr, Beatrix (1997): *Syntax – Prosodie – nonverbale Kommunikation. Empirische Untersuchungen zur Interaktion sprachlicher und parasprachlicher Ausdrucksmittel im Gespräch.* Tübingen: Niemeyer. (= Germanistische Linguistik. 182).

Selting, Margret (1995): *Prosodie im Gespräch. Aspekte einer interaktionellen Phonologie der Konversation.* Tübingen: Niemeyer. (= Linguistische Arbeiten. 329).

Shlesinger, Miriam (1994): "Intonation in the Production and Perception of Simultaneous Interpretation". In: Lambert, Sylvie & Moser-Mercer, Barbara (eds.) (1994): *Bridging the Gap. Empirical Research in Simultaneous Interpretation.* Amsterdam – Philadelphia: Benjamins. (= Benjamins Translation Library. 3). 225-236.

Vaissière, Jacqueline (1983): "Language-Independent Prosodic Features". In: Cutler, Anne & Ladd, D. Robert (eds.) (1983): *Prosody: Models and Measurements.* Berlin u.a.: Springer. (= Springer Series in Language and Communication. 14). 53-66.

Willett, Ruth (1974): "Die Ausbildung zum Konferenzdolmetscher". In: Kapp, Volker (Hrsg.) (³1991): *Übersetzer und Dolmetscher. Theoretische Grundlagen, Ausbildung, Berufspraxis.* 3. Aufl. Tübingen: Francke. (= UTB. 325). (1. Aufl. 1974. Heidelberg: Quelle & Meyer). 87-109.

Williams, Sarah (1995): "Observations on Anomalous Stress in Interpreting". In: *The Translator* 1 [1], 47-64.

Michaela Albl-Mikasa *(Tübingen)*

Reduction and expansion in notation texts

1 Analysing notation texts

Note-taking in consecutive interpreting is generally regarded as a "TECHNIQUE" (see Herbert 1952:33; Rozan 1956:9; Kade 1963:15, 17; Ilg 1980:125; Matyssek 1989; Pöchhacker 1998:367) and in the relevant specialist literature is often conceived as a language-independent instrument (see Seleskovitch 1975; 1988; Matyssek 1989). Using a cognitive model of language, however, it can be adequately described by means of the theoretical constructs "LANGUAGE" and "TEXT" (see Kohn & Albl-Mikasa 2002).[1] In the process of the reconstruction of note-taking as an individualised language, it has become clear that for the exploration of its text dimension relevance theory (see Sperber & Wilson 1986/1995) is the appropriate theoretical framework.

Relevance theory explains how utterances are understood. According to Grice (1975) there is an enormously wide gap in human communication between the little that is explicitly said and the wealth of what is implicitly meant and understood. This approach is taken much further by Sperber and Wilson (1986/1995). In relevance theory, they are making a point of fundamental importance, namely, that to recover the explicature of an utterance, reference assignment and disambiguation alone are not enough. Since linguistic structures grossly underdetermine their interpretation, various enrichment and completion processes are needed. Furthermore inference, contextual information and pragmatic principles are not only involved in the recovery of implicatures, as Grice would have it, but also in the recovery of explicatures.

---

[1] I wish to thank Kurt Kohn for his extremely valuable comments on this paper.

With its theoretical instruments, comprising the theoretical constructs "explicature" and "implicature" as well as "explicating" and "implicating",[2] relevance theory is highly conclusive in the context of notation (see Kohn & Albl-Mikasa 2002). In consecutive interpreting (ideally[3]) the same content is represented by three text representations (source text, notation text, target text) which differ not only in terms of language (source language, notation language, target language) but also in terms of explicitness: The step from source text to notation text typically involves a considerable amount of reduction, for the interpreter's memory is best supported by a reduced notation text, with most of the information being memorised. This allows the interpreter to reserve most of the processing power for interpreting proper (i.e. source text reception and target text production) and is in line with the individualised purpose and processing conditions:

> [A] notation text is produced for *immediate* and *exclusive* use in the limited temporal framework of a concrete interpreting task. And what is more, it is produced by, addressed to, and interpreted by *one and the same* person, i.e. the interpreter. A notation text need not – and usually does not – contain the linguistic clues deployed in natural language texts to enable their comprehension for third party listeners, or at a later point in time outside the immediate production context (Kohn & Albl-Mikasa 2002:267).

As the interpreter moves from notation text to target text, the reduced information is expanded again.

Since notation text structures are notoriously reduced, ellipsed and condensed, the linguistic contribution in notation texts is substantially minimised. As a result, notation language utterances have to be enriched and completed to a greater degree than natural language utterances.[4] Identical explicatures can therefore only be reconstructed on the basis of the notation text and the source text after extensive and pragmatically

---

2 A speaker's utterance such as "He is going to Paris tomorrow" yields the semantic representation < Human/male go to Paris day after utterance >. In the given communicative context the hearer may derive a proposition such as *John is going to Paris by train on 23 February 2002* or *Peter is flying to Paris on 5 August 1997*. Such a fully developed propositional form reconstructed as intended by the speaker is the explicature. On the basis of this fully explicated propositional meaning the implicated meaning, i.e. the implicature (e.g. *John wants to avoid the pilot strike* or *Peter wants to avoid the railway strike*), is then inferred (see Blakemore 1992:58-59).

3 Unless other task-specific requirements have to be satisfied.

4 At the same time, it has to be borne in mind that in some cases, for example in "Off to Paris!", the semantic representation of natural language utterances provides only a very skeletal clue as to the explicature the hearer is supposed to recover. Here, too, the process of developing the semantic representation into an explicature depends heavily on contextual information and involves a great number of completion and enrichment processes.

derived enrichment. The application of relevance theory to notation texts helps to explain the recovery of the underdetermined notational utterances and to show to what extent pragmatically derived enrichment processes are needed to reach a satisfactory level of relevance in the recovery of source and notation text explicatures. It thus makes for a more differentiated description of the steps from source text to notation text (REDUCTION process) in the first and from notation text to target text (EXPANSION process) in the second consecutive phase, respectively.

With this in mind, I looked into the reduction and expansion processes in note-taking on the basis of five consecutive interpretations, four of which were presented by students with different levels of proficiency as part of a survey conducted by Sylvia Kalina at the Institute of Translating and Interpreting of Heidelberg University in 1992.[5] The fifth interpretation was presented at said institute during the final examinations in late 1992.[6] In each case the students worked from English into German. All students had taken a course in Matyssek's (iconic) symbol-based note-taking system (see Matyssek 1989). A written version of the source texts, the students' notepad notations (notation texts) and the recorded interpretations (target texts) were available for all five interpretations at the beginning of my study. The study first looked at the reduction and then at the expansion process.

2 Reduction: from source text to notation text

Looking at the step from source text to notation text it becomes clear that the interpreters in the study mentioned above use two types of reduction strategies in the production of the notation text, plus an extended version of each of these strategies:

- ellipsis
- restructuring
- high condensation

All strategies aim at condensing surface structures into more compact forms. Ellipsis, i.e. the omission of words, in particular, is generally seen as a cohesive means of contributing to condensation and efficiency ("[e]in [...] kohäsives Mittel, das zur Verdichtung und Effizienz beiträgt", de Beaugrande & Dressler 1981:71). Clark and Clark regard ellipsis and pronominalisation as "the most important [types of condensation]" (Clark & Clark 1977:16). That ellipsis plays an important part in notation texts as

---

[5] I am greatly indebted to Sylvia Kalina for making these data available to me for further analysis.

[6] These data were supplied by courtesy of the Institute of Translating and Interpreting of Heidelberg University.

well, is acknowledged in the specialist literature (see Allioni 1989:197). However, the various types of notation text condensation do not seem to have been described in detail as yet. Generally speaking, condensation processes are of particular importance in the context of notation, since it is the reduction of source text structures, phrases and sentences to highly condensed notational lexemes that turns notations into an effective memory support as mentioned above. It is only in such a reduced form that a notation text can fulfil its special function, i.e. to support retrieval of the mental model built up in the process of source text comprehension (see Kohn & Albl-Mikasa 2002:266-267). The following examples illustrate the various reduction strategies and the resultant condensed structures.

2.1 The ellipsis strategy

The ellipsis strategy involves an omission of source text units and a transfer of selected, often central content words from the source text into the notation text. Ellipsis in notation texts is more of a combination of what Clark and Clark call "sentential ellipsis", where the missing words are predictable from the rest of the sentences, and "contextual ellipsis", where one can tell what has been left unsaid only from the (verbal or situational) context (Clark & Clark 1977:17). The special individualised processing conditions in consecutive interpreting (see chapter 1 above) enable the interpreter to leave out a great number of source text units, which are later reconstructed from memory. However, the ellipsis strategy does not really support the interpreter in detaching herself from the source text structures, something that is generally regarded as a precondition for the successful rendering of the target text. Its use results in an (at times highly) elliptical stringing together of source text lexemes, which follow closely the sequential order in the source text. The result of the ellipsis strategy is therefore not so much a detachment from the source text's surface structures, but rather some kind of loosening of it, as is illustrated by the following example:[7]

---

[7] In this notation text example as well as in all others in this paper, the source text (ST) in standard typeface precedes the notation text (NT). For better comprehension a natural language transcript in capital letters is added to the original notation. In some cases, where only a very short extract of the notation text is required to illustrate a particular point, only the natural language transcript is provided (examples 2.3 and 3b-c). The notation text is followed by the target text (TT) in italics. In the source text, square brackets mark those units which are not made explicit in the notation text, i.e. which are left out in the course of the reduction process. In the natural language transcript of the notation text, square brackets give the full form of the abbreviations used in the original notation. Square brackets in the target text refer to preceding sentences not addressed in the example as a whole.

CITES

[does not provide a] l e g a l   b a s i s [for turning the] w o r l d

[into a] z o o

o r   [into a] m u s e u m .

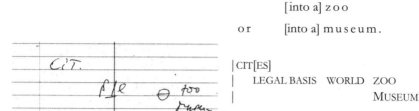

| CIT[ES]
| LEGAL BASIS   WORLD   ZOO
| MUSEUM

CITES kann und darf nicht die rechtliche Grundlage dafür sein, dass die Welt in einen Zoo oder ein Museum verwandelt wird.

Notation example 2.1

Notation example 2.1 shows that selected source text units (spaced out in the example) are transferred to the notation text with a preference for nominal key words. At the same time, grammatical categories, such as determiners, temporal and (in some cases) modal markers etc. are often left out. The same applies to semantically thin verbs or prepositions which can be inferred from the context.

2.2   The restructuring strategy

The restructuring strategy involves substituting non-source text structures for source text structures. In most cases, this leads to a reduction and simplification of the source text structures and, in some cases, to a specification of the intended meaning.

(2.2a)

I   t h i n k   i t   w o u l d   b e   u s e f u l   t o   [bear in mind a number of]

question[s about the] future of CITES.

| YOU |
| SHOULD | QUESTION   FUTURE
| OF | CIT[ES]

... dann bitte ich Sie, folgende Fragen bei Ihrer Antwort zu berücksichtigen.

(2.2b)

But [they] need t o be m a d e a b l e to do t h a t.

BUT | NÖ[TIG] M E A N S

Aber, um dies tun zu können, brauchen sie die nötigen Mittel.

(2.2c)

[The listing in] Appendix A [for the] African elephant, [for instance], h a s
d o n e a g r e a t d e a l t o [significantly] reduce poaching [in much of]
Africa, as [the Worldwide Fund for Nature] (WWF) has made [very] clear [in
its recent] report[s].

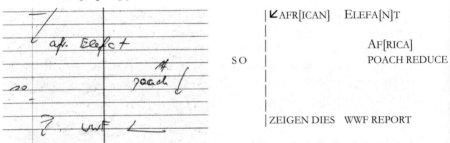

*Im Fall des afrikanischen Elefanten haben wir gesehen, und dies bestätigen auch die
Berichte des World Wildlife Fund, dass die Wilderei in Afrika stark abgenommen hat.*

Notation example 2.2

In the verbal phrase in 2.2c, *has done a great deal to* is reduced to *so*. *To be
made able to do that* in 2.2b is reduced to *means* and *I think it would be useful to*
in 2.2a to *you should* (all spaced out in the example).

The ellipsis and restructuring strategies are used in the study's notations
not only in the form illustrated so far but also in a highly condensed form
(see below). Such high condensation strategies are indicative of the major
role condensation procedures play in the production of notation texts.

2.3   High condensation strategies

Where high condensation strategies are used, source text clauses, sentences
or even whole passages are represented by a single notation word (or in
some cases a small number of single words). Both the ellipsis and the
restructuring strategy may be used in a highly condensed form. In the first
case (see example 2.3a below) a single source text lexeme is transferred

into the notation text, whereas in the latter (example 2.3b below) a single non-source text structure represents more comprehensive information.

(2.3a)

ST: [These are the vital] question[s of our era – of any era].

NT: ?

TT: *Das sind Fragen, auf die wir Antworten finden müssen.*

(2.3b)

ST: Among the tasks our Foundation has set for itself is...

NT: →

TT: *Wir müssen herausfinden...*

Notation example 2.3

The highly condensed and extremely reduced structures produced by high condensation strategies are often regarded as ideal for or typical of note-taking.[8] Looking at the target texts above, however, it can be shown that they often result in imprecision or even omissions in target language reproduction, for it is hardly possible to remember all the details of the source text on the basis of a highly condensed notation text. As a result, some of the more detailed elements and shades of meaning such as *vital* and *era* in example 2.3a or *tasks of Foundation* in example 2.3b are lost.

3   Expansion: from notation text to target text

As the interpreter moves from the notation text to the target text, the aim is to spontaneously produce structures that are as idiomatic as possible. An example is the following source and target text (with the intermediate notation text[9]):

(3a)

[The listing in] Appendix A [for the] African elephant, [for instance], has done a great deal to [significantly] reduce poaching [in much of] Africa, as [the Worldwide Fund for Nature] (WWF) has made [very] clear [in its recent] report[s].

---

[8] This becomes clear from the great importance that is attached to reduced and economical note-taking (see Seleskovitch 1975:148, Ilg 1980:120, Pöchhacker 1998:371).

[9] What is given in notation example 3a is the natural language transcript of the notation. For the original notation see example 2.2c above.

```
   |↙ [SPECIES APP[ENDIX] A] AFRI[CAN]   ELEFA[N]T
   |                                          AF[RICA]
S O  |                                        POACH REDUCE
```

```
   | ZEIGEN DIES                          WWF    REPORT
```

[Wenn eine Art in den Anhang A unseres Abkommens aufgenommen wird, ...] Im Fall des afrikanischen Elefanten haben wir gesehen, und dies bestätigen auch die Berichte des World Wildlife Fund, dass die Wilderei in Afrika stark abgenommen hat.

Notation example 3a

While the notation text in example 3a follows the source text rather closely, the target text is much more detached from it. In contrast with the source text original, the target text links up with the preceding sentence by means of *im Fall des*. In addition, a typical German construction (*und dies bestätigen auch die Berichte des World Wildlife Fund*) is inserted. However, such detachment from the source text – as desirable as it may be – is not the rule. The study's notation data reveal that, in a great number of cases, the choice of target language means of expression is strongly influenced by the structures used in the notation text (on the basis of which the target text is produced). This is illustrated by the following examples:

(3b)

ST:	Let me start... by extending our deep	gratitude to...
NT:		DA[NK]
TT:		*Ich danke...*

(3c)

ST:	But that	is not	the end of the matter.
NT:	ABER DIES	≠	ALLES
TT:	*Aber dies*	*ist nicht*	*alles.*

(3d)

ST:	Obligations beyond my control deprived me of that pleasure.	
NT:	LEIDER	OBLIGATION
TT:	*... aber leider musste ich anderen*	*Verpflichtungen nachkommen.*

Notation examples 3b-d

The structures used in the target texts in examples 3b-d are clearly built on the notation text structures and expressions. A more liberal interpretation of example 3b would have been *Lassen sie mich zunächst meinen Dank zum*

Ausdruck bringen, and in example 3c the phrase *Aber damit nicht genug* would have been more idiomatic. This goes to show that, in many cases, target text production is clearly influenced by the underlying notation text, which may result in stylistically simplified target text structures[10].

4 Overall process of both reduction and expansion

The study first looked at the reduction process (from source text to notation text) and then at the expansion process (from notation text to target text). However, it soon became clear that these processes are inextricably intertwined and that the recovery of notation text explicatures and the related enrichment processes could only be understood by looking at the overall process (leading from source text reception to target text production via the interim steps of notation text production and reception). The expansion process, which (at least from the listeners' point of view) is considered to be the core of interpreting, is fundamentally based on the recovery of source text and notation text explicatures, and as such clearly revolves around relevance theory mechanisms. For instance, parts of an explicature that are reconstructed in the target text even though they were not explicitly stated in either the source text or the notation text must have been recovered during reception in the relevance theory sense of the term[11].

A detailed relevance theory based analysis (see chapter 1) of the interaction of source text, notation text and target text yields the following findings:

- Looking at the enrichment processes it can be said that notation language utterances are supplemented during notation text reception above all with those parts of the explicature that were left out during notation text production (as part of the reduction process). That is, parts of the explicature that are explicitly stated in the source text but left out by the interpreter in the production of a reduced notation text are systematically re-expressed in the target language ('Wiederversprachlichung') as the interpreter expands the notation

---

[10] This may be one of the factors underlying "*text condensation*" as described by Dam, i.e. "target text manifested length reductions of a source text, as it occurs in the context of consecutive conference interpreting" (Dam 1996:273).

[11] This shows that, not only are relevance theory constructs valuable instruments in the analysis and description of notation texts, but also that note-taking as used by consecutive interpreters is a very valuable field of application for relevance theory. This is because the information retrieved from the source text or notation text is explicitly stated in the target text, which makes it possible to observe what developments of the linguistic form the interpreter actually derives. By contrast, in unilingual communication one can only speculate about the hearer's enrichment and completion processes.

text to produce the target text. This process of RE-EXPRESSION is the rule in the study's notations.

- By contrast, FIRST-TIME EXPRESSION ('Erstversprachlichung') of parts of the explicature which are left implicit by the speaker in the source text is rather rare in target text production and occurs to an even lesser degree in the notation text. Where such newly expressed parts of the explicature do occur, they do not seem to promote coherence building in any significant way. The first-time expression of implicatures, i.e. of what is implied by the source text, is hardly found at all in either the target or the notation text.

- Linguistic units are not left out in the reduction process or supplemented in the expansion process at random. Rather, these processes are based on a systematic pattern. It can be shown that in the majority of cases units are left out if they can be linguistically or pragmatically supplied, i.e. if they can be recovered on the basis of (a) the (immediate verbal) notation co-text, (b) linguistic knowledge, (c) the understanding of the text or (d) world knowledge. In cases where such resources cannot be tapped, non-notation of source text units overwhelmingly leads to omissions, imprecision or more or less serious mistakes in target text reproduction.

What follows is an example to illustrate the findings above:

> But that is not the end of the matter.
>
> Another [a n d   e q u a l l y   s e r i o u s] threat to [the] elephant
>
> [is the] destruction of [its] habitat,
>
> and [that is not caused by] poach[ing]
>
> [it is caused by] demographic pressure
>
> and
>
> [by] poverty.

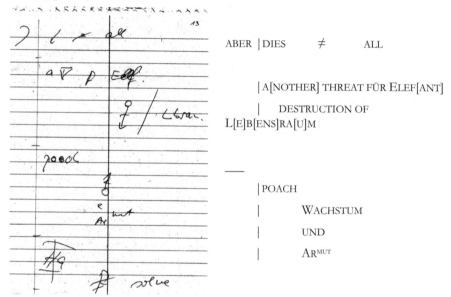

ABER | DIES   ≠   ALL

| A[NOTHER] THREAT FÜR ELEF[ANT]
| DESTRUCTION OF
L[E]B[ENS]RA[U]M

——

| POACH
| WACHSTUM
| UND
| ARMUT

Aber dies ist nicht alles.

Für den afrikanischen Elefanten gibt es noch ganz andere Bedrohungen.

Sein Lebensraum ist bedroht

und daran sind nicht die Wilderer schuld.

Ursache hierfür ist vielmehr die demographische Entwicklung

und

die Armut i n A f r i k a.

Notation example 4

The recovery of notation language explicatures in the study's notations clearly shows that not only implicatures but also explicatures are recovered in the relevance theory sense on the basis of pragmatic factors – as is contended by Sperber and Wilson (see chapter 1). At the same time, in the case of notation language, linguistic resources seem to play a major role, too. In example 4 above, supplementation comes from the notation co-text (the auxiliary *is* and the possessive pronoun *its*), from linguistic knowledge (all determiners (*the*) and, in part, the possessive pronoun *its*) as well as from the understanding of the text (the constituent *is caused by* and quite clearly the negation *not*).

What is not recoverable via those linguistic and pragmatic resources, but has to be remembered spontaneously, is omitted in the target text (e.g. *and equally serious*, spaced out in the source text). The only first-time expression (*in Afrika*, spaced out in the target text) does not support coherence building in any significant way. In this example, re-expression takes an idiomatic form: *is not caused by poaching* is expressed in the target text as *daran sind nicht die Wilderer schuld*. More importantly, it is recovered from the interpreter's understanding of the text.

In the study's notation data, the understanding of the text is a major factor in the pragmatic reconstruction of notation language explicatures and is tapped much more noticeably than background knowledge. This may be due to the special set-up of the study[12] or to the fact that, because it makes them feel safer, beginners tend to rely more on their notation and less on background knowledge in order to make sure that they remember all the details and give a complete rendering (see Gile 1991b:432; Kalina 1998:240). Generally, the importance of both these factors for the reconstruction and interpretation of utterances is well known and widely discussed in the literature (see, for instance, Brown & Yule 1983:61). The data suggest, however, that linguistic factors play an equally important part; i.e. a great number of source text forms and structures are left out because they can be retrieved from linguistic knowledge. Although in the example above, its use is rather restricted, in the notation data as a whole, a great number of (non-determining parts of source text) collocations, communicative formula, grammatical categories and prepositions are recovered from this resource, sometimes in co-operation with pragmatic factors, namely the understanding of the text. Similarly, the reconstruction of the grammatical categories of tense and number as well as the re-establishment of pronominal reference can, in many cases, be traced back to the notation co-text. It is therefore noteworthy that the major resources in the recovery of notation language explicatures are not only the UNDERSTANDING OF THE TEXT and BACKGROUND KNOWLEDGE but

---

[12] The subject matter was not known to the students in advance so that they had not built up subject-related background knowledge by way of preparation. It was only at the beginning of the interpreting task that the students received a few introductory remarks on the speech context.

also LINGUISTIC KNOWLEDGE as well as the immediate verbal NOTATION CO-TEXT.[13]

Pragmatic and linguistic re-expression as well as the first-time expression of parts of an explicature represent, in relevance theory terms, proposition recovery in the true sense of the word since they concern the level of explicature and are the basis for the recovery of implicatures (see Kohn & Albl-Mikasa 2002:263-264). This is the reason why the first-time expression of parts of an explicature is much less problematic than that of implicatures. In both cases, structures that were left implicit in the source text are made explicit in the target text. However, in the first case the only difference is the level of explicitness by which the intended proposition is expressed. On the contrary, if an implicature is made explicit, this means that the propositional content of the source text differs from that of the notation or target text, i.e. that the interpreter deviates from the source text's propositional content, for: "[...] the explicature is distinct from the implicatures of the utterance; they do not overlap in content [...] Implicatures have distinct propositional forms [...]" (Carston 1988:157-158). Since the phenomenon of re-expression occurs much more often than the first-time expression of either parts of a source text explicature or of source text implicatures, source text and target text (in the study) generally show the same level of explicitness. This is in line with the interpreter's task to give a complete and detailed account of the source text (see Seleskovitch 1975:86; Kalina 1998:110).

The important point here is that all parts of an explicature refer to propositional units of meaning. The fact that units are left out in notation text production and re-expressed in target text production does therefore *not* mean that interpreting is a matter of language transposition. The point about the theoretical construct of explicature is that it makes it possible to analyse local text structures at the propositional level, since explicatures and their parts have an intended propositional content but can be expressed in the form of structures that differ in terms of language and explicitness.

5 Processing capacity and risk assessment

The study's findings apply to the trainees that took down the notations. From a cognitive point of view there are a number of aspects which suggest that they are valid on a more general basis and apply to professional interpreters at least in part. For the purpose of this paper,

---

[13] The power of linguistic knowledge and that of co-text in constraining discourse are mentioned in the specialist literature, viz in van Dijk & Kintsch (1983:6) and Brown & Yule (1983:49-50), respectively.

however, I should like to restrict myself to highlighting one particular point which can be derived from the study's findings and might be of interest to the analysis of note-taking more generally, i.e. the role of risk assessment in the interpreter's decision-making process.

Linking up with the work of Gile (1988, 1991a, 1997), who regards effort as the fundamental principle for explaining the task of interpreting, the study, at first, points to the major role played by the capacity issue in the description of note-taking (see Kohn & Albl-Mikasa 2002:263-267). At the same time, it suggests that there may be another factor, viz. that of RISK ASSESSMENT – covering both RISK AWARENESS and the READINESS TO TAKE A RISK (see below) – which should be taken into account in explaining note-taking phenomena (and perhaps those related to interpreting in general).

The interesting point that processing capacity could play a vital role in the reduction and expansion processes arises from looking at the differences in the frequency with which the various reduction strategies are used:

- In the notation texts produced by the trainee interpreters, the ellipsis strategy (see chapter 2.1 above) was used much more frequently than the restructuring strategy. This is not necessarily to be expected since the restructuring strategy (see chapter 2.2 above) helps to avoid interferences and to promote detachment from the source text's surface structures, thus supporting some of the major requirements in the task of consecutive interpreting. One reason for this unexpected finding[14] could be that the simple omission of source text units and the transfer of selected lexemes into the notation text in the same form in which they were presented in the source text requires less effort[15] and can perhaps be done in a more automatic way than restructuring, which necessitates a certain amount of conscious analysis.

- The high condensation strategies (see chapter 2.3 above) are hardly applied at all in the study's notations. This, too, is not necessarily to be expected, since highly condensed notational structures are considered to be the ideal or typical form of note-taking. The advantage lies in producing extremely reduced notations, overcoming source text surface structures, avoiding interferences and in saving processing capacity, as very few notes have to be taken

---

14 Of course, other factors not under scrutiny in my study, such as the presentation form and rate (see Déjean Le Féal 1980), may also play a role in the decision as to what strategy to use.

15 A similar assumption is made by Dam: "Thus, taking notes in the source language is theoretically easier/faster than in the target language, because in the former case the interpreter can simply write down (part of) what s/he hears [...]" (Dam 2004:13).

down in the course of notation text production. However, while the effort needed for these strategies in notation text *production* is extremely low, it is all the greater in notation text *reception*. This is because the highly condensed notation text is extremely implicit and contains only a very limited number of notational clues so that large amounts of information have to be retrieved from memory, thus taking away processing capacity from the essential process of target text production.

- The choice of target language means of expression (see chapter 3 above) can also be explained in processing capacity terms. If notation text structures are often directly taken over into the target text, even though this may bring about linguistically reduced and stylistically simplified solutions rather than the idiomatic target text structures sought for in interpreting, there must be a reason. In the multi-tasking consecutive process, it should be less capacity consuming to follow closely the formula given in the notation text than to search independently and freely for idiomatic target language expressions. If processing capacity is scarce, the free flow of target language verbalisation may simply not be possible.

- Similarly, the finding that re-expression is the rule (see chapter 4 above) may be related to processing capacity, too. In the reduction process, interpreters leave out what can be recovered in the expansion process from linguistic and pragmatic resources. This may be because such "supported" retrieval requires less effort than free reproduction from memory, i.e. the unbacked supplementation or completion of information. This assumption is in line with those studies which stress the efficiency of "cued text recall" (see van Dijk & Kintsch 1983:363) and with cognitive science in general, which regards memory as more efficient on the basis of world knowledge, context and other pragmatic factors (see van Dijk & Kintsch 1983:352-356).

The assumption that not only processing capacity but risk assessment, too, is a major factor in the reduction and expansion processes is based on the following findings:

- High condensation strategies, bringing about a maximally reduced notation text, are regarded as ideal for or typical of note-taking (see above). As was pointed out before, more effort is needed for the expansion of such an extremely reduced notation text than can be saved by the high condensation strategy's low-capacity reduction process (when producing a notation text). However, this may not be the only reason why these strategies are rarely used. The examples in chapter 2.3 show that a high memorisation risk is attached to the reconstruction of notational utterances which provide only a very

limited number of verbal clues for the representation of comprehensive information. It may therefore be safe to assume that both
factors (processing capacity and risk assessment) are responsible for
the low application frequency of this strategy type, or for the fact
that it is used only under ideal processing conditions (i.e. well-
developed and topic related background or subject knowledge,
continuity of text, deep text comprehension, good sound quality
etc.).

- In using the ellipsis strategy the interpreter also takes a risk (though
a minor one) of not remembering essential pieces of information. It
is especially the cohesive relations which are often far from clear in
the elliptical strings of selected but unconnected lexemes (see
chapter 2.1 above). However, this risk is restricted by the relatively
close follow-up of notation clues. Since the ellipsis strategy is least
capacity consuming, the expected saving in processing capacity will
probably outweigh the (less pronounced) retrieval risk, which might
explain why this strategy is used so often.

The risk factor is a common thread running through all reduction strategies: the more elliptical the notation text is, the more the interpreter has to
rely on expansion during target text production and the more information
has to be retrieved from memory, with the reconstruction risk increasing in
the process. The more the notation text is restructured, the easier it is for
the interpreter to produce a first-rate target text and the lower the risk of
creating interferences with the source language. The more condensed the
notation text is, the higher the risk that information is lost during target
text production.

In fact, risk assessment could be of particular importance in the process
of note-taking as it influences the interpreter's strategic decision as to what
information to note and what to leave to memory storage. It thus plays an
important role in determining the delicate balance between explicit and
implicit information in notation texts (see Kohn & Albl-Mikasa 2002:264-
267). Risk assessment has to be seen in the context of the given processing
conditions in a concrete interpreting situation. It includes risk awareness
on the one hand and the readiness to take a risk on the other. RISK
AWARENESS has to do with whether an interpreter in a concrete
interpreting situation is conscious (or not) of the risks linked with certain
strategic decisions. Beginners, for instance, are often not really aware of
the fact that they run a risk of limiting the indispensable comprehension
and analysis process and of affecting storage and retrieval when seeking
security in more comprehensive note-taking, i.e. when relying on too dense
a notation (see Herbert 1952:34, Schweda-Nicholson 1985:150, Matyssek
1989:61, Gile 1991b:432). The READINESS TO TAKE A RISK relates to the
strategic decision as to which risk the interpreter is willing to take. That is,

she may prefer to risk the loss of information details and to revert to reduced and compact note-taking in order to be able to concentrate instead on text comprehension and source text analysis (see Seleskovitch 1975:104; Kalina 1998:245).

From a cognitive point of view there are various degrees of text comprehension related to different mental representations. It is now widely accepted that a major distinction has to be made between the construction of a propositional textbase and that of a mental model (see van Dijk & Kintsch 1983:327ff; Johnson-Laird 1983:395). Lower-level text comprehension results in the construction of a propositional textbase. Comprehension in terms of such local coherence building follows closely the source text's structure and results in the cognitive representation of the various micropropositions. On this level, a deeper understanding of the text as a whole is not possible, as this requires the building of a mental model of the source text. The construction of a mental model, by contrast, means deep and thorough comprehension. A propositional representation is built up only insofar as is necessary for the process of mental modelling, i.e. for global coherence building.

What is interesting here is that the level or degree of comprehension can be adapted flexibly in the course of strategic cognitive text processing (see Schnotz 1994:199-200). In the context of interpreting this means that the interpreter can either adapt a wider or a more restrictive comprehension strategy. A lower-level comprehension strategy aims merely at the building of a propositional textbase, which follows closely the source text's structure. The time and effort available are put into memorising the various micropropositions. On the material level such a low-level comprehension strategy should result in a notation reflecting those micropropositions, i.e. the level of local coherence. On this basis, a relatively detailed reproduction of the source text will be possible but not a comprehensive grasp and account of the text's higher-level meaning intentions (see Schnotz 1994:200; Gile 1994:48).

A high-level comprehension strategy, on the contrary, aims to construct a mental model based on deep and comprehensive understanding. On the material level this should lead to reduced and compact note-taking reflecting the source text's macrostructures. This necessitates a high degree of text comprehension ("einen hohen Grad an Textverstehen", Kalina 1998:245). At the same time, it enables the interpreter to take a problem solving approach, which is necessary for a mediating task that goes beyond the mere and immediate rendering of the source text's content (see below). On the other hand, it has to be borne in mind that, in this case, text reproduction will be less exact since it is based on a looser description of the model (see Schnotz 1994:200).

If the interpreter opts for a high-level comprehension strategy, the risk of an incomplete or less detailed rendering increases. If, on the other hand, she decides to follow a lower-level comprehension strategy, which is geared towards or restricted to retaining information on the local level, she runs the risk of not being able to take a mediating stance in the wider sense of the term. This means that, on these grounds, she will not be able to intervene in the negotiation situation if cultural gaps have to be closed, misunderstandings settled or additional information given for further explanation. However, in the case of acute comprehension problems the interpreter does not have a choice. In times of adverse processing conditions, e.g. in those cases where an interpreter becomes tired, the speaker speeds up the presentation rate or the original text gets more and more complex, the necessary processing capacities may simply not be available for a far-reaching comprehension strategy. Since the building up of a mental model requires more processing effort than that of a propositional textbase, the interpreter will have to satisfy herself with a restricted low-level comprehension strategy. That means that she is forced to take the above-mentioned risk of being able to give a complete or detailed rendering but of not being in full control of the situation.

Generally speaking, strategic processing in the context of interpreting means that the interpreter sets her own processing objectives and – if possible – adapts her processing strategies accordingly. In this decision-making process, e.g. in deciding which comprehension strategy to pursue, it must be assumed that the availability (or non-availability) of processing capacity is not the only relevant factor. The study's notation data suggest that risk assessment, i.e. risk awareness and the readiness to take a risk may play a vital role, too. More specifically, it follows from the discussion above that risk assessment in the context of note-taking concerns the potential risk of adverse effects on (a) comprehension and analysis in the process of source text reception, (b) memorisation and retrieval in the process of notation text production and reception and (c) management and control of the wider interpreting situation in the process of target text production.

In further studies on note-taking it might be of interest to explore the question of how to operationalise the interpreter's strategic risk assessment and to look into the risk taking activity of interpreters in processing notation texts. In the final analysis, it might even be useful to study the effects risk assessment has on the interpreting task as a whole.

6 References

Albl-Mikasa, Michaela (2005): *Notationssprache und Notizentext – Kognitiv-linguistische Untersuchungen zum Konsekutivdolmetschen.* Philosophische Dissertation zur Erlangung des Doktorgrades. Tübingen: Eberhard Karls Universität.

Allioni, Sergio (1989): "Towards a Grammar of Consecutive Interpretation". In: Gran, Laura & Dodds, John (eds.) (1989): *The theoretical and practical aspects of teaching conference interpreting. Proceedings of the Trieste Symposium, 1989.* Udine: Campanotto Editore. 191-197.

Beaugrande, Robert-Alain de & Dressler, Wolfgang U. (1981): *Einführung in die Textlinguistik. Konzepte der Sprach- und Literaturwissenschaft.* Tübingen: Niemeyer.

Blakemore, Diane (1992): *Understanding utterances.* Oxford: Blackwell.

Brown, Gillian & Yule, George (1983): *Discourse Analysis.* Cambridge: Cambridge University Press.

Carston, Robyn (1988): "Implicature, explicature, and truth-theoretic semantics". In: Kempson, Ruth M. (ed.) (1988): *Mental representations. The interface between language and reality.* Cambridge: Cambridge University Press. 155-181.

Clark, Herbert H. & Clark, Eve V. (1977): *Psychology and Language. An Introduction to Psycholinguistics.* New York: Harcourt Brace Jovanovich.

Dam, Helle V. (1996): "'Text condensation in consecutive interpreting – summary of a Ph.D. dissertation". In: *Hermes* 17 , 273-281.

— (2004): "Interpreters' notes. On the choice of language". In: *Interpreting* 6 [1], 3-17.

Déjean Le Féal, Karla (1980): "Die Satzsegmentierung beim freien Vortrag bzw. beim Vorlesen von Texten und ihr Einfluß auf das Sprachverständnis". In: Kühlwein, Wolfgang & Raasch, Albert (Hrsg.) (1980): *Sprache und Verstehen. Kongreßberichte der 10. Jahrestagung der GAL, Mainz, 1979.* Band 1. Tübingen: Narr. 161-168.

Dijk, Teun van & Kintsch, Walter (1983): *Strategies of Discourse Comprehension.* London: Academic Press.

Gile, Daniel (1988): "Le partage de l'attention et le 'modèle d'effort' en interprétation simultanée". In: *The Interpreters' Newsletter* [1] (1988), 4-22.

— (1991a): "The processing capacity issue in conference interpretation". In: *Babel* 37, 15-27.

— (1991b): "Prise de notes et attention en début d'apprentissage de l'interprétation consécutive – une expérience – démonstration de sensibilisation". In: *Meta* XXXVI [2-3], 431-435.

— (1994): "Methodological Aspects of Interpretation and Translation Research". In: Lambert Sylvie & Moser-Mercer, Barbara (eds.) (1994): *Bridging the gap: empirical research in simultaneous interpretation.* Amsterdam: Benjamins. 39-55.

— (1997): "Conference Interpreting as a Cognitive Management Problem". In: Danks, Joseph H. & Shreve, Gregory M., Fountain Steven B., Mc Beath Michael K. (eds.) (1997): *Cognitive Processes in Translation and Interpreting.* London: Sage Publications. 196-214.

Grice, Herbert P. (1975): "Logic and conversation. Unpublished lecture notes". Partly published in: Cole, Peter & Morgan, Jerry L. (eds.) (1975): *Syntax and semantics 3: speech acts.* New York: Academic Press. 41-58.

Herbert, Jean (1952): *Handbuch für den Dolmetscher.* Genève: Georg.

Ilg, Gérard (1980): "L'interprétation consécutive. Les fondements". In: *Parallèles*, [3], 109-136.

Johnson-Laird, Philip N. (1983): *Mental models. Towards a cognitive science of language, inference, and consciousness*. Cambridge: Cambridge University Press.

Kade, Otto (1963): "Der Dolmetschvorgang und die Notation. Bedeutung und Aufgaben der Notiertechnik und des Notiersystems beim konsekutiven Dolmetschen". In: *Fremdsprachen* [1], 12-20.

Kalina, Sylvia (1998): *Strategische Prozesse beim Dolmetschen. Theoretische Grundlagen, empirische Fallstudien, didaktische Konsequenzen*. Tübingen: Narr.

Kohn, Kurt & Albl-Mikasa, Michaela (2002): "Note-taking in consecutive interpreting. On the reconstruction of an individualised language". In: *Linguistica Antverpiensia* [1], 257-272.

Matyssek, Heinz (1989): *Handbuch der Notizentechnik für Dolmetscher: ein Weg zur sprachunabhängigen Notation*. Teil I-II. Heidelberg: Groos.

Pöchhacker, Franz (1998): "Didaktische Aspekte. Vermittlung der Notizentechnik beim Konsekutivdolmetschen". In: Snell-Hornby, Mary & Hönig, Hans G. & Kußmaul, Paul & Schmitt, Peter A. (Hrsg.) (1998): *Handbuch Translation*. Tübingen: Stauffenburg. 367-372.

Rozan, Jean-François (1956): *La prise de notes en interprétation consécutive*. Genève: Georg.

Schnotz, Wolfgang (1994): *Aufbau von Wissensstrukturen: Untersuchungen zur Kohärenzbildung beim Wissenserwerb mit Texten*. Weinheim: Beltz.

Schweda Nicholson, Nancy (1985): "Consecutive interpretation training: videotapes in the classroom". In: *Meta* 1985 [2], 148-154.

Seleskovich, Danica (1975): *Language, langues et mémoire. Etude de la prise de notes en interprétation consécutive*. (Lettres modernes, Cahiers Champollion). Paris: Minard.

Seleskovitch, Danica (1988): "Der Konferenzdolmetscher. Sprache und Kommunikation". [Deutsche Übersetzung von Inge Haas]. In: *TexTconTexT*, Beiheft 2. Heidelberg: Groos.

Sperber, Dan & Wilson, Deidre ([2]1995): *Relevance. Communication and Cognition*. 2nd ed. Oxford: Blackwell. (1st ed 1986).

Helle V. Dam & Jan Engberg (Århus)

Assessing accuracy in consecutive interpreting: a comparison of semantic network analyses and intuitive assessments

1 Introduction

This paper discusses a central methodological issue in an on-going research project on consecutive interpreters' notes. The long-term aim of the project is to explore the role of interpreters' notes in consecutive target-text production and, in particular, to study which note-taking features appear to lead to the production of good target texts, and which do not, i.e. to identify features of efficiency and non-efficiency in interpreters' notes.

As can be derived from this definition of the aim, a central methodological question that needs to be addressed before we can start analysing interpreters' notes as such is how to identify 'good' – and conversely not so good – target texts. In other words, quality assessment becomes a central issue.

Quality is a complex concept indeed, encompassing among many other components voice quality, accent, intonation, fluency of delivery, grammatical correctness, stylistic and terminological adequacy, accuracy/fidelity, communicative effect – just to mention some (e.g. Bühler 1986; Kurz 1989; 1993; 2001; Shlesinger 1994; Collados Aís 1998; Kalina 2002; Pöchhacker 2002; Chiaro & Nocella 2004). As it is often pointed out, the importance attributed to each of the components depends on who is assessing (interpreters, users, trainers, etc.), as different groups of assessors have different needs, purposes and even conceptions of interpreting (e.g. Shlesinger 1997; Pöchhacker 2002; Gile 2003; Tommola 2003). Still, interpreters, users and trainers have one thing in common in their approach to quality and quality assessment: their perspective is generally global, or ho-

listic, quality being viewed as a weighted average of the different components (Gile 2003:110).

The study reported on here is not concerned with quality for interpreters, users, trainers or other agents on the interpreting market or in training
institutions. Rather, quality assessment is used exclusively as an instrument
for research purposes (cf. also Gile 2003). Consequently, for reasons of
manageability, our perspective on quality is not holistic, but partial, insofar
as we do not take into account all possible quality parameters, but focus on
one component only. The component we have chosen to focus on is the
semantic criterion of target-text *accuracy*. Not only is accuracy generally
regarded as a core component of quality (e.g. Pöchhacker 2002; Gile 1999;
2003; Tommola 2003), it is also deemed particularly relevant and central to
the present study, which focuses on the efficiency – or quality – of interpreters' notes. Thus, the very raison d'être of notes is to ensure – through
their function as memory triggers – an accurate rendition of source-text
meaning, and target-text accuracy may therefore be viewed as intrinsically
linked to note quality. In other words, the independent variable in our
study is the quality of interpreters' notes. Target-text accuracy, on the other
hand, is regarded as an important indicator of note quality and is defined as
the dependent variable.

In this paper, we shall not treat the central aspect of our project, i.e. interpreters' notes. Rather, we shall make a methodological deviation and
discuss the dependent variable in our study, i.e. target-text accuracy, and in
particular how to assess the accuracy relation between source and target
texts.

In the pilot phase of our project, which is reported in Dam and Engberg and Schjoldager (2005), the methodology we used to assess accuracy
was that of *semantic network analysis* as developed by Klaus Mudersbach and
Heidrun Gerzymisch-Arbogast (for details and references, see section 3.2
below). Through our work we identified a number of potential problems
involved in applying this methodology to our study. One problem is that
the proposed semantic network analysis has its main focus on semantic
relations in general and coherence in particular. This is clearly only one
aspect of accuracy, and it is therefore a rather narrow methodology, which
is only able to give a partial representation of accuracy. The question is
whether it is in fact too narrow to measure accuracy at a more global level.
A different, but associated, problem is derived from the fact that semantic
network analysis uses a text-linguistic format for assessing accuracy. The
text-linguistic format is more formally than cognitively based, and therefore it does not necessarily represent human processes of understanding.
Consequently, we cannot know whether the kind of accuracy identified
through semantic network analysis does in fact correspond to the kind of
accuracy that would be identified by humans when understanding a target

text. We therefore find it important to find out whether accuracy assessments obtained via the text-linguistic methodology of semantic network analysis would correspond to other – more cognitively based – assessments.

The central question that the present paper seeks to answer is therefore the following: does the necessarily partial and text-linguistically based representation of accuracy, which the semantic network analyses are able to capture, correspond to more general, human perceptions of accuracy?

In order to answer this question, we have performed two types of accuracy analyses based on source-target-text comparisons, namely a series of semantic network analyses, which we also refer to as *formal* analyses here, and a series of so-called *intuitive* analyses, in which a number of independent assessors were asked to assess the texts for accuracy. After a short presentation of the data on which the analyses are based in section 2 below, the two analyses are described in some detail in section 3. Finally, our conclusions are drawn up and discussed in section 4.

2 Data

The data that were assessed for accuracy through the two analyses were drawn from a corpus generated in a simulated conference with consecutive interpreting between Spanish and Danish. The corpus comprises one Spanish speech, which served as the source text (hereafter *the source text*, or *ST*), on the one hand, and five consecutive interpretations of this speech into Danish (hereafter *the target texts*, or *TTs*), on the other hand. The source text was delivered by a native speaker of Spanish on the basis of a manuscript. The target texts were produced by five professional interpreters, who had Danish as their A-language and Spanish as their B- or C-language.

The source and target texts were recorded during the simulated conference and subsequently transcribed in accordance with orthographic standards. In particular, markedly oral features such as filled and unfilled pauses, false starts, etc., were eliminated from the transcripts of the target texts in order to avoid that such features (which were not present in the – written and read aloud – source text) should interfere with the assessors' evaluations of accuracy in the intuitive analyses. Furthermore, the source text was divided into 16 smaller units according to semantic criteria. This division basically followed the division into paragraphs in the original manuscript, although further sub-divisions were made when the paragraphs were long (defined as more than 700 characters in the transcript). These sub-divisions followed textual markers used for text-structuring purposes such as 'furthermore', 'on the other hand', etc. Each of the five target texts was also divided into 16 units that corresponded semantically to the source-text units. Thus, the corpus comprises a total of 16 source-text units and 80 target-text units. These units will be referred to as *paragraphs* in the following.

3 Analyses

As explained, the data were subjected to two types of comparative source-target-text analyses, namely (1) a series of semantic network analyses, which are also referred to as *formal* analyses here, and (2) a series of so-called *intuitive* analyses. As the results of the intuitive analyses serve as input for the formal analyses, the intuitive analyses are presented first (section 3.1), and the formal analyses subsequently (section 3.2).

3.1 Intuitive analyses

The so-called intuitive analyses, then, consist in assessments of target-text accuracy performed by a group of independent assessors. The assessors were seven interpreting students from the Aarhus School of Business, who made the assessments approximately three weeks before their final exams, i.e. at a time when they were well acquainted with interpreting norms and strategies in general and with the concept of accuracy in particular. The subjects made the assessments on the basis of comparisons of transcripts of source and target texts, i.e. the material was presented visually to them. As explained in section 2, the transcripts were divided into 16 paragraphs, and the assessors evaluated each of the target-text paragraphs of the corpus (a total of 80) for semantic accuracy with respect to the corresponding source-text paragraph.[1] Each paragraph was rated on a scale from 1 to 5 – 1 being 'very inaccurate' and 5 being 'very accurate' (following e.g. Gile 1999). Prior to the assessments, the subjects received a full three pages of instructions, in which their task was explained in detail to them. In particular, they were instructed only to assess the target texts for semantic accuracy with respect to the source text and consequently, to disregard e.g. features of form and language.

The choice of assessors and mode of presentation (visual or auditory) are central issues when working with subjective assessments (cf. Gile 1999). In terms of assessors, habitual users of interpreting services may seem an obvious choice. However, users do not – by definition – have access to both source and target languages, or at least they only have a vague understanding of one of them, and accuracy is therefore not a pa-

---

[1] The subjects also made overall assessments at text level, but these assessments will not be discussed here. Suffice it here to say that, generally, the overall ratings converged well with the paragraph ratings.

rameter that they are able to assess (cf. also the discussion on users as assessors in Chiaro & Nocella 2004:281-282). Another apparently obvious choice of assessors, in view of the language constraint, would be interpreters. This is especially obvious in a study like this where the focus is on a concept with a particular interpreting-specific value – in this case accuracy – as knowledge of interpreting norms and strategies is a prerequisite for a reliable assessment of such concepts ('reliable' as seen from interpreters' point of view). The reason why we used interpreting students rather than professional interpreters in this study is simply that students are readily available in larger numbers than professionals. However, we expect experienced students like those who served as assessors here to have sufficient insight into interpreting norms and strategies to make sufficiently reliable assessments. Also, the detailed instructions given to the subjects before the assignment were an attempt to compensate for whatever deficiencies interpreting students may have as compared to professional interpreters.

As to the issue of mode of presentation, this is no less crucial. Clearly, interpreting is not meant to be read or assessed through written records such as transcripts. Like other kinds of speech, interpreting is supposed to be heard and processed on the spot – and the form rapidly forgotten again. Furthermore, transcripts can only be partial representations of the oral product. Nevertheless, we have chosen to base the intuitive assessments on transcripts here. This is mainly due to the choice of parameter to be assessed in combination with the cognitive limitations in human assessors. With respect to the choice of parameter, accuracy is related to content rather than to delivery and may be represented (almost) fully on a written basis. With respect to the issue of cognitive limitations, we may note that, in an experiment on fidelity assessment in consecutive interpreting based on auditory presentation, Gile (1995) found that the assessors were far from able to detect all the target-text errors, including flagrant ones. He suggests that this lack of assessment sensitivity lies in memory limitations (cf. also Gile 1999:53-54). Thus, our choice of visual rather than auditory presentation is also highly motivated by the fact that the former mode is less sensitive to cognitive limitations than the latter. According to the findings in Gile (1999), we may expect the visual mode of presentation to lead to stricter assessments than the auditory mode would have, but not – we assume – to a different assessment pattern altogether.

Moving from potential weaknesses in connection with the initial methodological design to potential problems associated with the findings, in the following we shall address the issue of variability. The validity of intuitive assessments is sometimes questioned in the literature because of high variability – not only between different groups of assessors, but also within one and the same group (e.g. Gile 1999, 2003; cf. also Kim 2004). In fact, Gile states that "findings so far do suggest that considerable variability is intrinsically part of quality performance and quality assessment" (Gile 2003:114). Clearly, if variability is high, the number of assessors also needs to be high to ensure reliable results.

In the assessments performed in the context of our study, however, variability is not very high. The assessors clearly use the rating scale differently, but generally they agree which target-text paragraphs are most – or least – accurate. An example of the relatively high degree of agreement between the assessors in our study is shown in Table 3.1 below:

Ranking Assessor	NO. 1	NO. 2	NO. 3	NO. 4	NO. 5
1	TT-4 (4.4)	TT-3 (4.1)	TT-2 (3.8)	TT-1/-5 (3.4)	TT-1/-5 (3.4)
2	TT-4 (3.7)	TT-3 (3.6)	TT-2 (3.3)	TT-5 (2.6)	TT-1 (2.5)
3	TT-4 (3.3)	TT-3 (3.1)	TT-2 (2.7)	TT-5 (2.0)	TT-1 (1.9)
4	TT-4 (4.1)	TT-3 (3.4)	TT-2 (3.3)	TT-1/-5 (2.3)	TT-1/-5 (2.3)
5	TT-4 (4.8)	TT-2 (4.0)	TT-3 (3.8)	TT-1 (2.8)	TT-5 (1.5)
6	TT-3/-4 (4.7)	TT-3/-4 (4.7)	TT-2 (4.5)	TT-1 (3.3)	TT-5 (3.0)
7	TT-4 (4.3)	TT-3 (4.0)	TT-2 (3.6)	TT-1 (2.9)	TT-5 (2.6)

Table 3.1: The ranking of the 5 target texts in terms of accuracy as evaluated by the 7 assessors

Table 3.1 shows how each of the seven assessors ranks each of the five target texts in terms of accuracy, measured as the average paragraph scores (indicated in brackets). As we can see, even if the number of points given is somewhat different from assessor to assessor (e.g. target text 4 (TT-4) receives 3.3 points from assessor number 3 but 4.8 points from assessor number 5), the subjects largely agree how to rank the target texts. Thus, they generally give target text number 4 the highest average score; only assessor 6 rates target text 3 as equally accurate. The same pattern can be observed in the rest of the table: the number of points given varies, but generally target text 3 is assessed as the second best rendition in terms of accuracy (only assessor 5 ranks TT-2 higher than TT-3), target text 2 is generally ranked as number three, and target texts 1 and 5 are assessed as the two most inaccurate renditions. This means that – even if the subjects do not use the rating scale in exactly the same way – they do tend to agree about the relative position of the target texts in terms of accuracy.

The same pattern of general agreement between the assessors can be observed throughout the corpus. To give just one more example, we may mention that for 82% of the target-text paragraphs, five or more among the seven assessors agree that they are either above or below average in terms of accuracy. In other words, variability is not much of a problem in the intuitive assessments reported on here, and we therefore take the results to be sufficiently valid to serve as a basis for the validation of the semantic network analyses.

As explained, the results of the intuitive analyses served as input for the formal analyses, i.e. the semantic network analyses. Thus, through the intuitive analyses we were able to identify a group of so-called *highly accurate* target-text renditions, on the one hand, and a group of so-called *highly inaccurate* renditions, on the other hand, which were selected for further analysis. The so-called highly accurate renditions are defined as those target-text paragraphs that received scores above a total of 32 points (i.e. 33 points or more) between the 7 assessors. (Please recall that the renditions were rated on a scale between 1 and 5, which means that – with 7 assessors – the maximum score is 35 points.) Thus, the minimum average score for highly accurate renditions is 4.7 points. The so-called highly inaccurate renditions are defined as those target-text paragraphs that received scores below a total of 14 points (i.e. 13 points or less) between the 7 assessors. Thus, the maximum average score for highly inaccurate renditions is 1.9 points.

These selection criteria yielded a total of 7 target-text paragraphs that were identified as highly accurate, and 8 paragraphs which were identified as highly inaccurate. These 15 paragraphs were then subjected to semantic network analyses, with the purpose of finding out whether these formal analyses would yield the same results as the intuitive analyses, i.e. in order to validate the semantic network analyses as reliable indicators of accuracy.

3.2 Formal analyses

By *formal analyses* in this context we mean semantic network analyses. The type of semantic network analysis chosen and developed for our project has its main focus on assessing coherence relations in texts. This is achieved by representing semantic relations at clause and sentence level and then merging them into graphical networks at paragraph level. In order to assess the accuracy of a target-text paragraph, the network resulting from its analysis is compared to the network resulting from an analysis of the similar source-text paragraph, and the structural correspondence between the two networks is assessed. In the following, we will present the basic characteristics of the applied semantic network analysis. However, due to the spatial constraints of this paper we will limit ourselves to giving an overview. A more detailed description of the analysis and the concrete procedure for constructing the networks may be found in Dam and Engberg and Schjoldager (2005).

Our semantic network analysis has been developed on the basis of the so-called *Relatra*-analysis developed by Gerzymisch-Arbogast and Mudersbach (Mudersbach & Gerzymisch-Arbogast 1989; Gerzymisch-Arbogast 1994; 1996; 1999; Gerzymisch-Arbogast & Mudersbach 1998). The *Relatra*-analysis highlights semantic relations between words in context. Funda-mentally, the analysis works with two basic entities, namely *arguments* and *relators*. The prototypical argument is a noun, whereas the prototypical relator is a verb. It draws heavily on the theory of verbal valency. The analysis focuses upon the subject information in texts, i.e. upon informa-tion that speakers may utter about entities in the world, whereas informa-tion about speaker attitude towards the object of communication or to-wards the hearer e.g. in the form of modal auxiliaries are not depicted in the analysis (Gerzymisch-Arbogast & Mudersbach 1998:53).

Generally, we have followed the principles of analysis suggested by Gerzymisch-Arbogast and Mudersbach when constructing the semantic networks. However, at some points we have chosen to put less emphasis on the valency characteristics of textual elements and more emphasis on depicting as much of the information contributing to the subject informa-tion of the text as possible. This choice is due to the fact that we wanted to include maximum information in the representations of the source- and target-text paragraphs in order to get the best picture of the achieved accu-racy. For example, in some versions of the analysis only obligatory adver-bial phrases are included in the networks, whereas non-obligatory adverbial phrases are excluded (e.g. Gerzymisch-Arbogast 1996:51). In the same analyses (which are not interested in interlingual contrasts), however, sub-ordinate clauses with adverbial function are included in the networks. For our purposes, i.e. assessing accuracy between source- and target-text para-graphs, such a distinction would have unwanted consequences. Thus, in the data we have a number of instances where a non-obligatory adverbial phrase in the source text has been rendered as a subordinate clause in the target text. In such cases, the comparison of the two networks would ren-der a lack of agreement which is not relevant from an informational point of view (although it may be from a valency point of view). We have there-fore opted for only excluding modifiers in the form of modal auxiliaries and sentence adverbials that are clearly indicators of attitude and including all other adverbials, irrespective of their status in terms of valency.

The characteristic of the method that distinguishes it from the intuitive assessments described above is that it is fairly automatic, taking its point of departure in syntactic relations in sentences and thus minimizing the de-gree of subjectivity of the analysis. But it is important to state here that there are limits to how far this minimization of subjectivity may go. As the analyst has to make decisions on semantic grounds when performing the analysis, in its core it is based on subjective decisions. Thus, the networks are pictures of the understanding of the analyst. The advantage of the method, however, lies in the fact that the subjective decisions are made visible in the networks and are consequently controllable for the reader (Gerzymisch-Arbogast & Mudersbach 1998:45).

Finally, concerning the graphical conventions applied in this paper, a semantic network is a representation of the relations existing between arguments (presented in squares) and relators (presented in circles) in a text. Relations are represented as arrows. If arguments are connected directly (e.g. in the case of genitive phrases like *the house of the man*) or if relators are connected directly (e.g. when an adverbial subordinate clause is connected to the verb in a superordinate clause like in *we leave the park, because it is too cold*), this is indicated by means of a so-called empty relator in the form of an empty circle in the arrow between the elements. For examples of semantic networks, see section 3.2.1.1 and 3.2.1.2 below.

3.2.1 Comparing highly accurate and highly inaccurate target-text paragraphs

Having described the basic characteristics of the method applied, we will now look at the seven highly accurate target-text paragraphs and the eight highly inaccurate target-text paragraphs identified by the intuitive analysis in order to see whether we may find differences in the semantic networks of the two groups.

3.2.1.1 Highly accurate target-text paragraphs

In order to give an impression of the methodology, we will start by showing an example of the analysis of one of the highly accurate target-text paragraphs. Below you will find first the source text and its representation, followed by the target-text paragraph and its representation. A rather direct English translation is provided in square brackets following the original extracts:

Spanish source text, paragraph 8

Todo ello incrementa el coste de la droga y, por consiguiente, el precio mínimo al que los traficantes están dispuestos a venderla. Los precios inflados derivados de la prohibición tienen un efecto muy grave sobre el mercado. Ahora me refiero al aumento de los robos y otros delitos que cometen los adictos a la droga para poder pagar la mercancía. Otra implicación de los precios artificialmente elevados que caracterizan el mercado negro es la posibilidad que dan a los traficantes de obtener abultados beneficios que, a su vez, amplían el potencial de corrupción en políticos y policías.

[All this increases the cost of drugs and, as a consequence, the minimum price at which the drug dealers are willing to sell them. The forced up prices resulting from the prohibition have a very serious effect on the market. Now I am referring to the increase in robberies and other crimes that the drug addicts commit in order to pay for the goods. Another implication of the artificially high prices that characterize the black market is the possibility that they

give drug dealers of obtaining a handsome profit, which again enhances the
risk of corruption among politicians and policemen.]

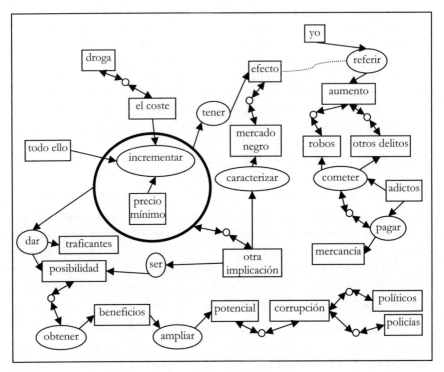

Fig. 3.2.1.1a: Semantic network of source text, paragraph 8[2]

In this part of the source text we have a clear centre in the structure
around the elements *incrementar* and *precios* (inside the circle). All strings are
connected to these elements, either to only one element (*incrementar*) or to
the combination of the elements (circle). These elements therefore play a
major part in achieving coherence. Furthermore, the rest of the paragraph
is structured in the form of two major strings (*tener – efecto* and *dar – posibilidad – obtener*).

---

2 In this representation of the semantic network a circle has been inserted around the
   elements *incrementar – precio mínimo*. The reason is that in the text some elements are related directly to the relator *incrementar*, whereas other elements are related to the combination of the two elements. In the latter case, the arrow indicating a relation starts or ends
   at the circle, whereas in the former case the relation runs directly between the connected
   elements. Furthermore, the two elements *obtener* and *posibilidad* have been connected via
   an empty relator, although we have a relation between an argument and a relator. By this
   representation we indicate that in the text a noun and a verb in the infinitive form are
   connected via a preposition. Both choices have been made in order to represent the relations between the elements as closely to the syntactic features in the text as possible. This
   contributes to the automatisation of the analysis.

We shall now compare the semantic network of the source-text paragraph with the target-text paragraph that has received the highest score in the intuitive analyses (34 points):

Interpreter 4, paragraph 8

Og alt dette gør, at narkotikas omkostninger stiger, og derfor stiger også den minimumspris, hvorunder leverandørerne er rede til at sælge sine varer. Disse meget høje priser har nogle meget alvorlige følger for markedet i form af tyveri og kriminalitet, som bliver begået af narkomaner, fordi de skal have råd til at betale disse varer. Desuden gør de meget høje priser også, at leverandørerne får mulighed for meget høj profit, som giver yderligere muligheder for korruption af politikere og politi.

[And all this causes that the costs of drugs increase, and therefore the minimum price at which the suppliers are willing to sell their goods also increases. These very high prices have some very serious consequences for the market in the form of theft and crime that is committed by drug addicts, because they need to afford to pay for these goods. Besides, these very high prices also cause that the suppliers get the possibility of a high profit, which gives more possibilities of corruption of politicians and the police.]

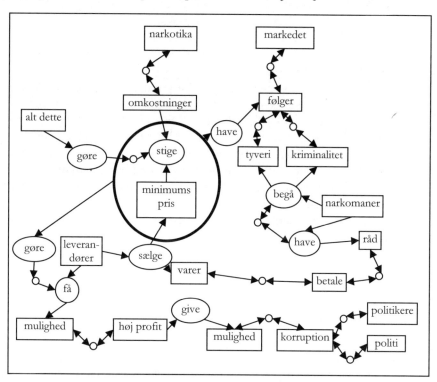

Fig. 3.2.1.1b: Semantic network of target text, interpreter 4, paragraph 8

Looking first at the structure, we find many similarities. Two aspects are especially important: Firstly, the target text structure is centred around the two elements *stige* and *minimumspris*, which are from the point of view of content accurate renditions of the corresponding source-text elements (*incrementar* and *precio mínimo*) also. And secondly, the target-text structure also consists of two main strings (*have – følger* and *gøre – få – mulighed*). And thirdly the internal structures of the strings in the source and target text are very similar. Thus, the two structures have a high degree of correspondence. A further parameter in order to assess the accuracy of the target-text semantic networks is the actual number of arguments and relators, on the one hand, and the number of relations per text, on the other. In the example above, the source text has a total of 30 arguments and relators, whereas the target text has 28 arguments and relators. This means that the correspondence between the number of target text elements and the number of elements in the source text expressed in percentages amounts to 93% (where an equal number of elements in the source and target texts would amount to a correspondence of 100%). The number of relations is 32 in the source text and 30 in the target text, which amounts to a correspondence of 94%.[3]

Due to lack of space, we cannot present the semantic networks of all the highly accurate renditions, but our analyses show in all cases a high degree of structural correspondence, similar to what we have seen in the example above. In order to give an impression of how homogeneous the renditions are, we have calculated correspondence between the number of elements (arguments and relators) and relations in the source-text paragraphs and the numbers found in the corresponding target text paragraphs, expressed as percentages (see above). Although it is not possible to draw final conclusions about structural similarity on the basis of the number of elements in the networks, similarity in the number of arguments, relators and relations at least give us some indication that the source- and target-text structures are not radically different.

The following table shows the corresponding numbers for all seven highly accurate renditions.

---

[3] Please note that because we concentrate on semantic relations, i.e. structures rather than content as such, we have not looked at the semantic correspondence between elements from source and target texts, but solely on the number of arguments, relators and relations.

Target-text paragraph	Arguments, relators	Relations	Score (intuitive analysis)
2 – 1	88%	86%	33
4 – 8	93%	94%	34
4 – 15	94%	89%	33
3 – 2	100%	100%	33
3 – 13	100%	114%	33
4 – 2	100%	80%	33
3 – 3	113%	111%	33

Table 3.2.1.1c: Correspondence between number of arguments/relators and relations, respectively, in source- and target-text semantic networks; highly accurate target-text paragraphs

Apart from one instance (4 – 2, relations), all target texts deemed highly accurate by the intuitive analyses have a correspondence of at least 86%. The average correspondence for arguments and relators is 98%, the average for relations is 96%. Consequently, a general characteristic of all these target texts is that they have almost as many (in some few cases slightly more) elements as the relevant source-text paragraphs. Furthermore, they have a very similar number of relations, compared to the relevant source-text paragraph.

3.2.1.2 Highly inaccurate target-text paragraphs

The first question we want to answer in this section is whether the highly inaccurate target-text paragraphs show a similar picture concerning the correspondence between the number of elements in source and target text as found in table 3.2.1.1:

Target-text paragraph	Arguments, relators	Relations	Score (intuitive analysis)
1 – 8	23%	16%	9
5 – 11	32%	35%	12
1 – 7	43%	39%	11
2 – 9	47%	35%	13
5 – 15	55%	53%	11
5 – 3	76%	60%	13
1 – 12	81%	89%	13
5 – 7	100%	100%	11,5

Table 3.2.1.2a: Correspondence between number of arguments/relators and relations, respectively, between source- and target-text semantic networks; highly inaccurate target-text paragraphs

For the first five target-text paragraphs in the table, the correspondence between source and target texts amounts to less than 55%, concerning the number of elements (arguments/relators) and relations present in the source-text paragraphs (average: 40% concerning elements, 36% concerning relations). There is thus a clear quantitative difference between these renditions and target-text paragraphs assessed as highly accurate in the intuitive analysis. These are straight-forward cases, where the interpreter has rendered substantially less elements than the source-text speaker (problem type: omission).

The last three target-text paragraphs in the table have a higher score in the quantitative analysis (above 76% concerning elements). The average correspondence between source and target text is lower than in the group of highly accurate renditions (88% concerning elements (highly accurate: 98%), 83% concerning relations (highly accurate: 96%)), but the target texts have scores very close to or even above the lowest scores of the highly accurate renditions. Therefore, the reasons for the difference in the results of the intuitive analysis are probably not simply omissions of elements.

As an example of the first type of problem (omissions), we will look at the rendition of paragraph 8 by interpreter 1:

Interpreter 1, paragraph 8

På den måde opstår der en minimumspris på det sorte marked – som sagt er priserne meget høje – og på den måde opstår der også øget korruption.

[In this way, a minimum price arises on the black market – as mentioned, the prices are very high – and in this way more corruption also arises.]

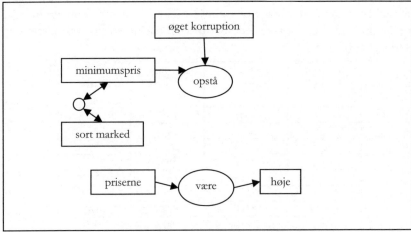

Fig. 3.2.1.2b: Semantic network of target text, interpreter 1, paragraph 8

When we compare the semantic network of this target text paragraph with the source-text paragraph (fig. 3.2.1.1b), we find that the elements contained in the highly inaccurate target-text paragraph are found in the source text, too:

- The lower string (*priserne – være – høje*) corresponds partly to the combination of *incrementar* and *precio mínimo*

- *Øget korruption – opstå* corresponds to the arguments and relators *dar – posibilidad, ampliar* and *corrupción*

- *Sort marked* corresponds to *mercado negro*

- *Opstå* connected to *minimumspris* corresponds to *tener - effecto*

- *Minimumspris* corresponds to *precio mínimo*

In this target-text paragraph interpreter 1 renders some of the central arguments and relators, but omits many elements, as we could see already from table 3.2.1.2a above. Furthermore, the interpreter connects the elements in a different way compared to the source text, or fails to connect them (problem type: restructuring). For example, the central element in the target-text paragraph is the relator *opstå*, which corresponds to two different elements in the source-text semantic network. The source-text semantic network, on the other hand, has the combination *incrementar – precio mínimo* as its centre, and these elements are rendered at two different places in the target-text semantic network. Thus, the coherence structure is quite different in the target-text paragraph. Consequently, in terms of accuracy as measured by the semantic network analysis, the target-text paragraph is highly inaccurate, due to a combination of omissions and restructurings.

Let us now turn to the second group of highly inaccurate target-text paragraphs, namely the ones with a fairly good correspondence in the number of arguments, relators and relations. Here, the problem cannot be simple omissions and restructurings as in the example above. As our example, we will have a look at the highly inaccurate rendition with the highest score concerning the quantitative correspondence between source-and target-text semantic networks, namely target-text paragraph 7 by interpreter 5. The relevant source- and target-text paragraphs give rise to the following representations:

Source text, paragraph 7

En segundo lugar, los suministradores tienen que pagar altos costes por importar la droga o su materia prima, porque la importación de mercancías ilegales requiere evitar la intervención de las autoridades, lo que a su vez supone el pago de sobornos, transportes disfrazados, etcetera

[Secondly, the suppliers have to pay high costs for importing the drugs or raw materials, because the importation of illegal goods requires that you avoid the intervention of the authorities, which then again involves the payment of bribes, disguised transports, etcetera.]

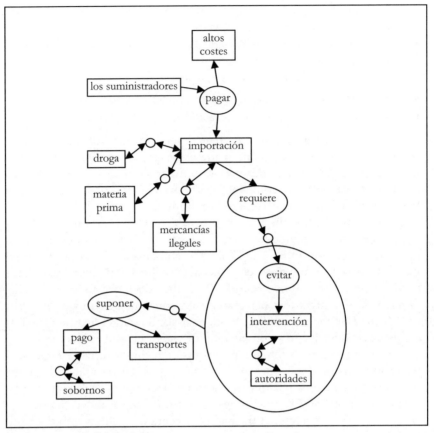

Fig. 3.2.1.2c: Semantic network of source text, paragraph 7[4]

Interpreter 5, paragraph 7

Dertil kommer, at vi har høje priser, fordi der jo er forbud mod import. Altså kan man ikke importere direkte, man må importere ad bagvejen, og det er blandt andet noget, der medfører, at vi har sådan noget som bestikkelse

[Add to this that we have high prices, because, as you know, there is a prohibition against importing. That is, you cannot import directly, you must import indirectly, and this is, among other things, something that leads to the fact that we have such a thing as bribery.]

---

4 The argument *importación* is the representation of the use in the text of the relevant noun as well as the corresponding infinitive form (*importar*), as the latter is used with the same syntactic function as a noun (prepositional object) and because the two forms would be mutually interchangeable in the text. By this choice of representation we put more emphasis on representing the semantic structures of the text than on the surface forms.

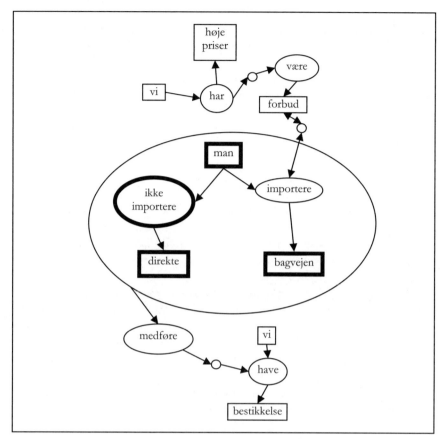

Fig. 3.2.1.2d: Semantic network of target text, interpreter 5, paragraph 7

The comparison of the two semantic networks shows us that the difference once again lies in the two structures. Where the source text consists of a structure centered around the element *importación*, which has a number of relations connected to it, the target text lacks a real centre (although *importere*, which is the element corresponding to *importación* from a content point of view, has two relations connected to it). Here again we find an example of the problem type 'restructuring'. Furthermore, the target text introduces an opposition between *ikke importere – direkte* and *importere – bagvejen*, which is not at all present in the source text. The elements with a thick line have no correspondence in the source text. Consequently, the element in the circle of the target-text semantic network is actually an addition based on an invention by the interpreter and thus an example of a third problem type.

In more detail: If we look at the elements of the target-text semantic network, the upper part of the structure (*vi –> importere*) may be seen as a kind of summary of the source-text paragraph. Its elements hardly have correspondences in the source text (apart from *høje priser* = *altos costes* and *import* = *importación*), but they express the core content of the paragraph, that prices are high, because selling drugs is illegal. The interpreter could have stopped here, and then the target text would be problematic for the same reasons as the example presented above (omission and restructuring). However, the interpreter goes on to utter what is represented inside the circle. This part of the target-text paragraph is an elaboration of the consequences of the prohibition to import drugs. From the point of view of accuracy, the section represented inside the circle does not contribute to a better result, as this elaboration is not contained in the source-text network. Rather, it makes the rendition more inaccurate by introducing new, albeit compatible elements in the target text. The only positive thing to be said about the addition from the point of view of accuracy in the coherence structure of the target-text paragraph is that the addition allows the interpreter to connect a structure to the circle (*medføre* – *bestikkelse*) that corresponds to the structure connected to the circle in the source-text semantic network (*suponer* – *sobornos*).

Consequently, the reason for the apparent contradiction between the high correspondence in the number of elements between source-and target-text semantic networks and the low score in the intuitive analysis is that the target-text paragraph show a combination of not only two, but of three different problem types, namely omission (by giving only a summary of the content of the source-text paragraph and omitting some elements), restructuring (by choosing a different centre for the structure) and addition (by inserting an opposition not present in the source text).

4 Conclusion

The basic research question, which we set up this investigation to answer, was whether there is a correspondence between the human perception of accuracy and the kind of accuracy captured by the formal semantic network analysis. The short answer to this question is 'yes': The differences found in the intuitive assessments correspond to those found in the more formal semantic network analysis, at least when we compare the 8 most inaccurate with the 7 most accurate renditions. Consequently, the features captured by the semantic network analyses also seem relevant for the human perception of accuracy.

The next question would then be whether the two possible methods of assessing accuracy are equally relevant for the purpose for which we need them, or whether one has advantages over the other. In our on-going research project on consecutive interpreters' notes, the methods are only to be used to identify target-text passages with high or low accuracy, respectively. Furthermore, accuracy only has the status of a dependent variable here and is therefore not the object of study. As the result is that the two analyses – the intuitive and the formal – serve this purpose equally well, there seems to be little idea in applying the fairly time-consuming semantic network analyses.

If, however, the purpose is to study *types* rather than *degrees* of accuracy, semantic network analyses may have an advantage over intuitive assessments, as they are more fine-grained. In the present study, this difference becomes clear when we look at table 3.2.1.2a: In the intuitive assessments, there is hardly any difference between the scores that the assessors give to each individual highly inaccurate target-text paragraph in our study: Seven of eight paragraphs receive between 11 and 13 points. However, applying the semantic network analysis enabled us to isolate three different kinds of problems that may be present in different combinations in the target texts (omissions, restructurings, additions) and to give a visual impression of them.

5 References

Bühler, Hildegund (1986): "Linguistic (semantic) and extra-linguistic (pragmatic) criteria for the evaluation of conference interpretation and interpreters". In: *Multilingua* 5 [4], 231-235.

Collados Aís, Ángela (1998): *La evaluación de la calidad en interpretación simultánea. La importancia de la comunicación no verbal.* Granada: Editorial Comares.

Chiaro, Delia & Nocella, Giuseppe (2004): "Interpreters' perception of linguistic and non-linguistic factors affecting quality: A survey through the World Wide Web". In: *Meta* 49 [2], 278-293.

Dam, Helle V. & Engberg, Jan & Schjoldager, Anne (2005): "Modelling semantic networks on source and target texts in consecutive interpreting: A contribution to the study of interpreters' notes". In: Dam, Helle V. & Engberg, Jan & Gerzymisch-Arbogast, Heidrun (Hrsg.) (2005): *Knowledge Systems and Translation.* Berlin – New York: Mouton de Gruyter. (= Text, Translation, Computational Processing. 7) 227-255.

Gerzymisch-Arbogast, Heidrun (1994): *Übersetzungswissenschaftliches Propädeutikum.* Tübingen: Francke. (= UTB. 1782).

— (1996): *Termini im Kontext: Verfahren zur Erschließung und Übersetzung der textspezifischen Bedeutung von fachlichen Ausdrücken.* Tübingen: Narr. (= Forum für Fachsprachen-Forschung. 31).

— (1999): "Kohärenz und Übersetzung: Wissenssysteme, ihre Repräsentation und Konkretisierung in Original und Übersetzung." In: Gerzymisch-Arbogast, Heidrun & Gile, Daniel & House, Juliane & Rothkegel, Annely mit Buhl, Silke (eds.) (1999): *Wege der Übersetzungs- und Dolmetschforschung.* Tübingen: Gunter Narr Verlag. (= Jahrbuch Übersetzen und Dolmetschen. 1). 77-106.

Gerzymisch-Arbogast, Heidrun & Mudersbach, Klaus (1998): *Methoden des wissenschaftlichen Übersetzens.* Tübingen – Basel: Francke. (= UTB. 1990).

Gile, Daniel (1995): "Fidelity assessment in consecutive interpretation: An experiment". In: *Target* 7 [1], 151-164.
— (1999): "Variability in the perception of fidelity in simultaneous interpretation". In: *Hermes* 22, 51-79.
— (2003): "Quality assessment in conference interpreting: Methodological issues". In: Collados Aís, Ángela & Fernández Sánchez, María Manuela & Gile, Daniel (eds.) (2003): *La Evaluación de la Calidad en Interpretación: Investigación*. Granada: Editorial Comares. 109-123.
Kalina, Sylvia (2002): "Quality in interpreting and its prerequisites. A framework for a comprehensive review". In: Garzone, Guiliana & Viezzi, Maurizio (eds.) (2002): *Interpreting in the 21st Century. Challenges and Opportunities*. Amsterdam – Philadelphia: Benjamins. 121-130.
Kim, Shinjwa (2004): "Exploration into perceived quality of simultaneous interpretation". In: *Forum* 2 [1], 71-90.
Kurz, Ingrid (1989): "Conference Interpreting – User Expectations". In: Hammond, Deanne L. (ed.) (1989): *Coming of Age. Proceedings of the 30th Annual Conference of the American Translators' Association*. Medford NJ: Learned Information. 143-148.
— (1993): "Conference Interpretation: Expectations of different user groups". In: *The Interpreters' Newsletter* 5, 13-21.
— (2001): "Conference Interpreting: Quality in the Ears of the User". In: *Meta* 46 [2], 394-409.
Mudersbach, Klaus & Gerzymisch-Arbogast, Heidrun (1989): "Isotopy and translation." In: Krawutschke, Peter W. K. (ed.) (1989): *Translator and Interpreter Training and Foreign Language Pedagogy*. State University of New York at Binghamton (SUNY). (American Translators Association Scholarly Monograph Series. 3). 147-170.
Pöchhacker, Franz (2002): "Researching interpreting quality. Models and methods". In: Garzone, Guiliana & Viezzi, Maurizio (eds.) (2002): *Interpreting in the 21st Century. Challenges and Opportunities*. Amsterdam – Philadelphia: Benjamins. 95-106.
Shlesinger, Miriam (1994): "Intonation in the production and perception of simultaneous interpretation". In: Lambert, Sylvie & Moser-Mercer, Barbara (eds.) (1994): *Bridging the Gap. Empirical Research in Simultaneous Interpretation*. Amsterdam – Philadelphia: Benjamins. 225-236.
— (1997): "Quality in simultaneous interpreting". In: Gambier, Yves & Gile, Daniel & Taylor, Christopher (eds.) (1997): *Conference Interpreting: Current Trends in Research*. Amsterdam – Philadelphia: Benjamins. 123-131.
Tommola, Jorma (2003): "Estimating the transfer of semantic information in interpreting". In: Collados Aís, Ángela & Fernández Sánchez, María Manuela & Gile, Daniel (eds.) (2003): *La Evaluación de la Calidad en Interpretación: Investigación*. Granada: Editorial Comares. 125-146.

Karl Gerhard Hempel   (Messina)

Adressatenbezug und Expliziertheit: zur Übersetzung italienischer Bedienungsanleitungen

1   Hintergrund und bisherige Forschungen

Bedienungsanleitungen (BDA)[1] rufen seit längerem ein spürbares Interesse von Seiten der Textlinguistik hervor (vgl. v.a. Grosse & Mentrup 1982; Serra Borneto 1992; Nickl 2001 mit früherer Literatur). In der Forschung wird vor allem der besondere pragmatische Charakter dieser typischen Gebrauchstexte betont, die ihren Sinn für den Leser nur im Zusammenhang mit dem zugrunde liegenden Produkt entfalten können, mit dem dieser aufgrund der im Text enthaltenen Instruktionen bzw. Anweisungen in Interaktion tritt (z.B. Saile 1982). Außerdem konnte herausgearbeitet werden, dass die BDA neben prozeduralen Textteilen auch solche mit funktional anderem Charakter enthalten können und als Textsorte insgesamt wenig homogen sind, da ihre Gestalt von einer Reihe von Faktoren, wie der Art des zu benutzenden Objekts und dem mehr oder minder großen Wissensgefälle zwischen Textautor und angenommenem Rezipienten abhängt (Ciliberti u.a. 1992:50-52). In der Forschung hat sich daher auch eine Unterscheidung zwischen 'fachinternen' und 'fachexternen' BDA eingebürgert, die der Einteilung der beschriebenen Maschinen bzw. Geräte in Investitions- oder Konsumgüter entspricht und auf einen

---

[1] Im vorliegenden Artikel werden erste Ergebnisse eines größeren Forschungsvorhabens vorgestellt, das Untersuchungen zur Übersetzung technischer Texte aus dem Italienischen ins Deutsche und umgekehrt zum Gegenstand hat (vgl. Hempel 2004). Für die Anregung zur Beschäftigung mit der deutsch-italienischen Fachübersetzung sei Marcello Soffritti (Forlì) gedankt, für ihre Hilfe bei der Literaturbeschaffung Jutta Linder (Messina), Michael Schreiber (Köln), Gerlinde Ebert und Christine Hundt (Leipzig), für Hinweise Fabrizio Comolli (Mailand).

unterschiedlich hohen Fachsprachlichkeitsgrad der Texte hinweist (vgl. z.B. Gläser 1990:241-242).[2] Eine weitere Unterscheidung, nämlich zwischen 'Anleitung' und 'Anweisung', lässt sich – entsprechend dem eher instruktiven oder eher direktiven Charakter der Texte vornehmen – (vgl. z.B. Hoffmann 1998:568). Je nach Art des Produkts empfiehlt sich im Deutschen eine noch feinere Differenzierung zwischen Gebrauchs-, Benutzer-, Bedienungs- usw. -Anweisungen, -Anleitungen und -Handbüchern (Schmitt 1998:209), wobei allerdings fraglich ist, ob diese Unterscheidungen bei der Textdeklaration in der Praxis konsequent durchgehalten werden. In der vorliegenden Untersuchung werden unter dem Begriff BDA allgemein produktbegleitende Informationen für technische Geräte, Vorrichtungen oder Maschinen verstanden, die den Zweck haben, dem Benutzer die für deren Gebrauch erforderlichen Informationen zu liefern.

Angesichts der großen Bedeutung der BDA für die Translationspraxis – ist deren Übersetzung doch Teil der Produktlokalisierung – überrascht es nicht, dass es eine Reihe von kontrastiven Studien gibt, in denen mehr oder minder umfangreiche Textkorpora im Hinblick auf einen Vergleich von BDA in verschiedenen Sprachen bzw. aus unterschiedlichen Kulturen ausgewertet werden. Überwiegend wird dabei das Sprachenpaar Deutsch-Englisch zugrunde gelegt (z.B. Kußmaul 1990; Göpferich 1995:273-294; 1996; Baumgarten 2003), des öfteren aber auch ein Vergleich zwischen BDA in mehr als zwei Sprachen angestellt, wobei meistens Deutsch und mehrere romanische Sprachen auftreten (Ebert & Hundt 1997; Brumme 1999; Schreiber 2004. – Horn-Helf 2003 behandelt dagegen Deutsch, Englisch und Russisch).

---

[2] Fraglich ist m.E. allerdings, ob das Begriffspaar 'fachintern' / 'fachextern' den Unterschied zwischen den beiden Kategorien von BDA unmissverständlich und zutreffend definiert. Insbesondere ist eine Feststellung wie die, dass sich "Anleitungen zu Investitionsgütern grundsätzlich an Fachleute richten" (Horn-Helf 1993:127), differenzierter zu fassen. So werden BDA für Industriemaschinen in der Praxis im Zusammenhang mit der Produktentwicklung erstellt und dienen u.a. der Einweisung bzw. Schulung des Bedienungspersonals, das häufig nur angelernt ist. Es handelt sich also nicht unbedingt um eine Kommunikation zwischen Beteiligten auf demselben qualitativen (Fach-)Wissensniveau, was aber suggeriert wird, wenn man den Begriff 'fachintern' im Gegensatz zu 'fachextern' verwendet, ohne durch eine weitere Differenzierung anzuzeigen, dass es sich in beiden Fällen um eine Form der Kommunikation handelt, für die ein Wissensgefälle konstitutiv ist. Genauer zu untersuchen wäre außerdem, wie stark das Unterschied im Fachsprachlichkeitsgrad zwischen den beiden Textsortenvarianten tatsächlich ist. Dass sich 'fachexterne' BDA in allen Fällen (und allen Kulturen) durch eine "sehr niedrige Abstraktionsstufe" sowie "eine natürliche Sprache mit einigen Fachtermini und ungebundener Syntax" auszeichnen (Gläser 1990:241-242; vgl. Horn-Helf 2003:127), dürfte leicht widerlegbar sein (vgl. dazu im Folgenden Kap. 5).— Angesichts dieser Probleme wäre es vielleicht besser, einfach von BDA für den 'industriellen' und den 'außerindustriellen' Bereich zu sprechen, da es sich eher um domänenbedingte Unterschiede handeln dürfte. Im vorliegenden Beitrag werden die in der Forschung üblichen Bezeichnungen 'fachintern' bzw. 'fachextern' jedoch aus praktischen Erwägungen beibehalten.

In diesen Forschungsarbeiten wird eine Reihe von Unterschieden zwischen BDA in verschiedenen Sprachen ermittelt, von denen sich der größte Teil am besten unter dem Begriff der 'pragmatischen Kulturdifferenz' zusammenfassen lässt, da sie nicht von Besonderheiten im Sprachsystem oder in der Makrokultur abhängen, sondern dadurch zu erklären sind, "dass parallel verfügbare Möglichkeiten interkulturell unterschiedlich genutzt werden" (Horn-Helf 2003:126), wobei die Entscheidung für die eine oder andere Option nicht nur von der Textsorte bestimmt wird, sondern auch von anderen Faktoren wie der zugehörigen Mikrokultur und dem Grad der Fachsprachlichkeit. Translationsrelevant sind vor allem die Beobachtungen zu interkulturellen Differenzen bei der Realisierung besonders der direktiven Sprechakte (v.a. Kußmaul 1990; Göpferich 1996; vgl. auch Schreiber 2004) oder bei der Formulierung deklarativer Textteile, etwa bei der Titelgebung (Horn-Helf 2003). Ein interessanter Aspekt, dessen Betrachtung auf den Text als Ganzes ausgeweitet werden könnte, ist die in verschiedenen Kulturen mehr oder minder ausgeprägte Betonung der kommunikativen Distanzsituation in metakommunikativen Teiltexten, die sich an einer Vielzahl von Einzelbeobachtungen ablesen lässt (Baumgarten 2003). In diesen Bereich fällt auch die Tendenz zur unterschiedlichen Handhabung bei der Realisierung von Sprachhandlungen in einer Kultur im Vergleich zur anderen, die sich in der häufigeren bzw. selteneren Präsenz fakultativer Textteile wie z.b. von Glückwünschen zur Kaufentscheidung äußert (Göpferich 1995:278f.). Unterschiedliche kulturelle Konventionen äußern sich außerdem in der Gestaltung von Graphiken (Göpferich 1995:181f.; Schmitt 1999:194-196), wie überhaupt in der starken Tendenz (z.B. in Japan oder Finnland) zur Informationsvermittlung durch nonverbale Textteile wie durch comicartige Bildsequenzen, die für andere Kulturen ungeeignet sein können (Schmitt 1999:168f.; Spillner 2002:150-152).[3]

Einen Einfluss auf die BDA-Versionen in verschiedenen Ländern üben außerdem die differenten technischen Systeme und juristischen Bestimmungen aus, was sich in der Präsenz bzw. dem Fehlen von Teiltexten (Göpferich 1995:288f.; vgl. auch Schmitt 1999:186f.), bei der Umrechnung von Maßangaben und in bestimmten Formulierungen etwa in Sicherheitshinweisen oder Garantieerklärungen zeigt (Schmitt 1999:127-156). Von diesen Unterschieden abgesehen, wird Makrostruktur der BDA insgesamt durch feste Konventionen bzw. internationale (z.B. europäische) Normen bestimmt (Göpferich 1998:357-366) sowie durch die Funktionsweise des beschriebenen Geräts selbst, weshalb man auch davon ausgeht, dass diese bei der Übersetzung in der Regel keine Veränderungen erfährt (Schmitt 1998:210).

---

[3] Über Erfahrungen mit entsprechenden Reaktionen des italienischen Testpublikums bei Vorarbeiten zur Erstellung einer BDA vgl. Comolli (2001).

Italienische BDA spielen (wie überhaupt italienische technische Texte) in der kontrastiven Textologie bisher nur eine untergeordnete Rolle.[4] Die wichtigste Studie zu BDA in italienischer Sprache (Serra Borneto 1992) – gleichzeitig einer der wichtigsten Forschungsberichte zu dieser Textsorte überhaupt – verzichtet dagegen gänzlich auf die Behandlung möglicher sprachlich-kultureller Differenzen, obschon ihr ein Korpus zugrunde liegt, das fast ausschließlich aus (aus dem Deutschen) übersetzten Texten besteht (vgl. dazu bereits Brumme 1999:263f.). Lediglich in einer kleineren Anschlussrecherche (Serra Borneto 1996) wird anhand zweier BDA eine im deutschen und italienischen Text unterschiedliche Tendenz bei der Zerlegung der prozeduralen Handlungsschritte in Textsegmente festgestellt.[5] Die einzige größere Studie, bei der deutsche und italienische BDA (zusammen mit portugiesischen) behandelt werden (Ebert & Hundt 1997), kommt dagegen zu dem Ergebnis, dass:

> [...] hinsichtlich der Textgestaltung von BDA perspektivisch offensichtlich eine weitere Durchsetzung übereinzelsprachlicher Kriterien zu erwarten ist. Einzelsprachliche Unterschiede scheinen sich auch bei der Umsetzung des direktiven Sprechaktes abzuschwächen. Spezifika der einzelnen Sprachen entsprechen in erster Linie den im allgemeinen Sprachvergleich ermittelten Unterschieden, z.B. in der Wortbildung oder hinsichtlich der Frequenz von Infinitiv- und Gerundialkonstruktionen. (Ebert & Hundt 1997:187)

Dieses Resultat, das wiederum z.T. an übersetzten Texten gewonnen wird, ist angesichts der Ergebnisse der kontrastiven Studien zu anderen Sprachkombinationen eher überraschend und wird im Folgenden noch zu diskutieren sein, spricht aber das wichtige Problem möglicher interlingualer Einflüsse an, von denen anzunehmen ist, dass sie sich bei häufig übersetzten Textsorten besonders deutlich zeigen (vgl. auch Baumgarten 2003). Bei den BDA geht dies sogar so weit, dass diese in Ländern ohne eigene Konsumgüter- oder Maschinenbauindustrie fast nur in Übersetzungen vorliegen und originalsprachliche Texte daher schwer zu beschaffen sind, so etwa im Portugiesischen (Ebert & Hundt 1997:178 Anm. 5) oder Katalanischen (Brumme 1999:265). Im Fall Italiens, das in hohem Maße sowohl als Export- als auch als Importland fungiert, ist es besonders interessant zu untersuchen, welche spezifischen Eigenschaften sich an den BDA in Landessprache ablesen lassen bzw. wo Einflüsse anderer Sprachen nachzuwei-

---

[4] Zu bemerken ist außerdem, dass das Sprachenpaar Deutsch-Italienisch in der kontrastiven Fachtextlinguistik generell nur wenig berücksichtigt wird. In den allgemeinen Forschungen zur Fachübersetzung bzw. *traduzione specializzata* wird in der Regel Englisch als Kontrastsprache (zum Deutschen bzw. Italienischen) der Vorzug gegeben, während einschlägige Recherchen zum Sprachenpaar Italienisch-Deutsch sich bisher fast ausschließlich auf den juristischen Bereich konzentrieren (zu dieser Situation vgl. Hempel 2004:270f.).

[5] Auch hier scheint es sich z.T. um übersetzte BDA zu handeln (vgl. Brumme a.a.O.).

sen sind. So wird in der Forschung zur Fachübersetzung häufig darauf hingewiesen, dass italienische Fachtexte etwa im Vergleich zu englischen ein
formaleres Register bevorzugen und zu einer stärkeren Betonung der Distanz zum Rezipienten neigen (vgl. etwa Katan 1997:61, 64f.), außerdem auf
das Vorkommen 'unschöner' Formulierungen aus der Amtssprache, für die
bei der Übersetzung eine entsprechende 'Normalisierung' empfohlen wird
(Crivello 1998).

2 Fragestellung und Textkorpus

Ziel der hier vorgestellten Recherchen soll es sein, unter Berücksichtigung
einiger der in der kontrastiven Forschung zu BDA für andere Sprachen
bereits untersuchten Parameter eine kleine Bestandsaufnahme der Charakteristika zeitgenössischer italienischer Original-BDA vorzunehmen und
diese im Hinblick auf eventuelle translationsrelevante Unterschiede gegenüber entsprechenden deutschen Texten hin zu diskutieren. Behandelt werden sollen dabei vor allem Eigenschaften, bei denen sich von vornherein
interkulturelle Differenzen vermuten lassen wie die Art des Adressatenbezugs, die Distanz zum Leser oder die stilistische Gestaltung der Texte.

Als Arbeitsgrundlage dient ein entsprechendes Korpus, das etwa 40 italienische BDA enthält (Übersicht im Anhang), ausschließlich rezente
Originale, die meist aus allgemein zugänglichen Quellen wie dem Internet,
aber auch von selbst gekauften Produkten oder aus eigener Übersetzer-
tätigkeit stammen. Großer Wert wurde darauf gelegt, nur Texte zu berücksichtigen, die mit Sicherheit oder zumindest aller Wahrscheinlichkeit nach
nicht aus anderen Sprachen übersetzt sind, also solche, die von (ausschließlich nord-)italienischen Produzenten erstellt wurden.[6] Um hersteller- und

---

[6] Ob es sich bei einer BDA um eine Übersetzung handelt, ist angesichts der internationalen Verflechtung der Volkswirtschaften im Einzelfall u.U. schwer zu entscheiden.
Viele 'historische' italienische Marken (z.B. Rex, Zoppas, Zanussi) gehören inzwischen
internationalen Konzernen an, andere arbeiten mit solchen zusammen. Es ist allerdings
davon auszugehen, dass die im Korpus enthaltenen BDA sich auf italienische Marken-
produkte beziehen, die in der Regel in Italien entworfen sein dürften, und dass eine BDA
in der Regel zuerst in der Sprache des Herstellers erstellt wird, da nur dieser über die erforderliche Produktkenntnis verfügt. Ebenso kann angenommen werden, dass es sich bei
den BDA im Textkorpus um sog. *innocently monolingual texts* (vgl. Baumgarten 2003:18
Anm. 2) handelt, d.h. um Texte, die nicht in einem ausgesprochen polyglotten Klima entstanden sind und auch nicht von vornherein im Hinblick auf eine Erleichterung der
Übersetzungsarbeit hin verfasst wurden. Zwar dürften BDA potentiell fast immer für
eine Übersetzung vorgesehen sein (die meisten gesammelten BDA sind entweder selbst
mehrsprachig oder zumindest auch in anderen Sprachen erhältlich), doch kann eine BDA
in jedem Fall nur an eine eine einzige Fremdkultur angepasst werden; außerdem ist bei den
Textautoren nicht unbedingt mit exzellenten Kenntnissen fremder Sprachen und Kulturen zu rechnen, sodass eine Anpassung der BDA an zielsprachliche Gegebenheiten
häufig gar nicht im Bereich der Möglichkeiten liegen dürfte. Mit Sicherheit für ein italie-

produktbedingte Verzerrungen zu vermeiden, wurde versucht, eine möglichst große Zahl an verschiedenen Firmen und Produktarten zu berücksichtigen. Die Texte lassen sich anhand der zugrunde liegenden Produkte in zwei Gruppen einteilen, wobei die erstere BDA für Maschinen und Geräte enthält, die ausschließlich in der Industrie eingesetzt werden und daher entsprechend der üblichen Nomenklatur als 'fachintern' bezeichnet werden, während in der zweiten ('fachexternen') Gruppe Konsumgüter und Geräte zusammengestellt sind, die ein Publikum ohne spezielle technische Kenntnisse für private oder professionelle Zwecke benutzen kann. Im Korpus überwiegen insgesamt die BDA für Haushaltsgeräte und für kleinere technische Gebrauchsgegenstände, was aber ungefähr dem Gesamtprofil dieser Textsorte entsprechen dürfte.[7]

Angesichts der für deutsche BDA vorliegenden Vorstudien wurde in der hier vorgestellten Arbeit zunächst auf die Zusammenstellung eines eigenen deutschen Textkorpus verzichtet. Für einen Großteil der italienischen Texte liegen aber Übersetzungen ins Deutsche vor, so dass sich die Translationsrelevanz der jeweiligen Beobachtungen anhand der übersetzten Paralleltexte zumindest indikativ verifizieren lässt.[8]

3 Texttitel

Erste Hinweise auf die bei italienischen BDA anzutreffenden Tendenzen ergeben sich aus einer Auswertung der Texttitel. Dabei kann man von den Ergebnissen der schon erwähnten vergleichenden Studie über Deklarationen in Anweisungstexten ausgehen (Horn-Helf 2003), in der aufgezeigt wird, dass die Titel im Hinblick auf ihr Verhältnis zur Gesamtfunktion des bezeichneten Textes grundsätzlich folgenden Formulierungstypen entsprechen können, je nachdem, wie viele Textkonstituenten in der Deklaration genannt werden:

- 'fokussiert' (z.B. "Operating instructions");
- 'integrativ' (z.B. "Installation, Operation and Maintenance Manual");
- 'abstrahierend' (z.B. "User's Guide");

---

nisches Publikum bestimmt sind z.B. [28] und [31] für Registrierkassen, deren Struktur allein italienischem Steuerrecht entspricht, so dass sie nicht für den Export geeignet und daher auch ohne Übersetzung verblieben sind. Auch [2-3] entsprechen sicher italienischen Gepflogenheiten, da dem Verf. bekannt ist, dass sie zwar im Auftrag einer deutschen Firma, aber von einem Italiener ohne Deutschkenntnisse für das Projekt eines italienischen Abnehmers verfasst wurden.

[7] Leider sind 'fachinterne' BDA auch aus Gründen des Informationsschutzes nicht leicht zu beschaffen, während solche für manche Produktgruppen (etwa Kraftfahrzeuge) grundsätzlich nicht im Internet zu finden sind.

[8] Übersetzungen, die vom Verf. selbst erstellt wurden, werden dabei natürlich nicht berücksichtigt.

- 'undeklariert' (Angabe z.B. nur des Produktnamens).

Für das Italienische lässt sich feststellen, dass fachinterne BDA meist einen integrativen Titel zeigen ("Manuale di [installazione,] uso e manutenzione", siehe Anhang), während entsprechende deutsche Anweisungstexte einen fokussierten Titel bevorzugen (Horn-Helf 2003:136). Auffällig ist außerdem, dass fachexterne BDA im Italienischen fast immer deklariert sind (Ausnahmen sind lediglich [6] und [26]), im Deutschen dagegen häufig undeklarierte Titel gewählt werden, auf dem Titelblatt also nur die Bezeichnung des Produkts angegeben wird oder dieses dort abgebildet ist (Horn-Helf a.a.O). Bei den Textdeklarationen fachexterner BDA überwiegen im Italienischen ähnlich wie im Deutschen die fokussierten Titel (v.a. "istruzioni per l'uso", "libretto [di] istruzioni"), häufiger als im Deutschen treten aber auch integrative Bezeichnungen auf (meist "istruzioni per l'installazione e l'uso"), während abstraktere Formulierungen ("manuale d'uso") nur selten anzutreffen sind.

Insgesamt zeigt sich bei den italienischen Texttiteln also eine im Vergleich zum Deutschen stärkere Tendenz zu einer durchgängigen und genauen Bezeichnung des vorliegenden Textes durch oft explizitere Formulierungen (d.h. durch integrative Texttitel), wobei der Grad der Explizitheit bei höherer Fachsprachlichkeit steigt.[9] Für die Übersetzung aus dem Deutschen ins Italienische bedeutet dies, dass bei Fehlen einer Deklaration im Ausgangstext die Wahl eines entsprechenden Titels empfehlenswert ist. Für die konkrete Formulierung kann dabei die Beobachtung von Interesse sein, dass für die meist umfangreichen fachinternen BDA, wohl auch unter dem Einfluss des Englischen, die Bezeichnung *manuale* 'Handbuch' gewählt wird, während für fachexterne Texte der traditionelle Ausdruck *libretto* 'kleines Buch' bevorzugt wird, wenn nicht allein die Textfunktion angegeben ist (*istruzioni* 'Anleitungen'). Für die Übersetzung aus dem Italienischen ins Deutsche dagegen kann es bei fachexternen Texten angebracht sein, auf den integrativen Texttitel zugunsten eines fokussierten zu verzichten, besonders wenn es sich um kürzere BDA handelt, deren Deklaration im Deutschen sonst überdeterminiert erscheinen könnte.

4 Adressatenbezug

BDA werden in einer 'distanten' Kommunikationssituation verfasst, was sich u.a. darin zeigt, dass der Sender (aber auch der Adressat) im Text nur selten direkt in Erscheinung tritt (Ebert & Hundt 1997:173f.). Der Hersteller des beschriebenen Produkts wird in der Regel nur in Garantieerklä-

---

[9] Bei fachinternen BDA werden außerdem bereits auf der Titelseite zahlreiche Angaben gemacht, die bei fachexternen Texten später erscheinen oder ganz fehlen, wie z.B. die genaue Typ- und Versionsbezeichnung des Produkts, Firmensitz und Kunde usw.

rungen oder in metakommunikativen Teiltexten genannt, die fakultativ am
Anfang der BDA erscheinen und in denen dem Leser z.B. ein Glück-
wunsch für den getätigten Kauf ausgesprochen wird. Auf den Hersteller
wird dabei in den italienischen Texten allgemein mit *costruttore* 'Hersteller'
oder *ditta costruttrice* 'Herstellerfirma', auf dessen Kundendienst mit *rete
assistenziale* 'Servicenetz' Bezug genommen, wenn nicht der Firmenname
genannt wird. Der Kunde wird häufig als *cliente* 'Kunde', auch als *utente*
oder *utilizzatore* 'Nutzer' bezeichnet oder mit dem unpersönlichen *si* 'man'
angesprochen, wenn man etwa auf seine Wünsche eingehen will (*Se si
desidera [...]* 'Wenn man wünscht[...]').

Für die BDA ist vor allem die Art der Leseransprache bei Anweisungen
bzw. Anleitungen von Interesse. Direktive Sprechakte können im Deutschen wie im Italienischen durch Imperativformen, durch den imperati-
visch gebrauchten Infinitiv oder auch durch deontische Hinweise (Modalverben o.Ä.) ausgedrückt werden, wobei durch das jeweils gewählte
sprachliche Mittel u.U. ein unterschiedlicher Verbindlichkeitsgrad ausgedrückt werden soll (*'forza' dell'operazione*, vgl. Serra Borneto 1992a:89-93).
Besonders häufig treten direktive Sprechakte in prozeduralen bzw. operati-
ven Teiltexten bzw. Textteilen auf, also solchen, in denen dem Leser
Handlungssequenzen bzw. Handlungen beschrieben werden, die er am
beschriebenen Gerät durchführen muss, wenn er dies zu bestimmten Zwecken benutzen möchte (Ciliberti u.a. 1992:32-40). Es ist darauf hingewiesen worden, dass es sich nicht um eigentliche Direktiven handelt, da deren
Ausführung auf freiwilliger Zusammenarbeit von Seiten des Lesers beruht
(Ciliberti u.a. 1992:27).

In der bisherigen Forschung wird meist angenommen, dass Imperative
der zweiten Person Plural und imperativische Infinitive sich bei der Realisierung direktiver Sprechakte in italienischen BDA in etwa die Waage halten oder dass 'echte' Imperative sogar überwiegen (Ciliberti 1992:119;
Serra Borneto 1996:176; Ebert & Hundt 1997:177f.). Diese Beobachtung
erklärt sich aber wahrscheinlich dadurch, dass in den vorliegenden Studien
häufig auf übersetzte Texte zurückgegriffen wird, denn ein systematischer
Blick auf unser Textkorpus zeigt (Abb. 4), dass der imperativische Infinitiv
nahezu das einzige eingesetzte Ausdrucksmittel ist.[10] Nur in Ausnahmefällen wird der Leser direkt durch Imperative angesprochen, meist durch die
unverbindlicher wirkende zweite Person Plural und nur in Ausnahmefällen
durch die eher formale dritte Person Singular oder die sehr familiäre zweite
Person Singular.

---

[10] Die deontischen Hinweise werden in Abb. 3 ebenso wenig berücksichtigt wie gelegentliche 'Ausreißer' bei der Textformulierung.

BDA	it.	dt.	BDA	it.	dt.
[1]	Inf.	Inf.	[22]	Inf.	
[2]	Inf.		[23]	Inf.	
[3]	Inf.		[24]	2.P.Pl./Inf.	
[4]	Inf.		[25]	2.P.Sg.	3.P.Pl.
[5]	Inf.		[26]	Inf.	
[6]	2.P.Pl.	3.P.Pl./Inf.	[27]	Inf.	3.P.Pl./Inf.
[7]	Inf.		[28]	Inf.	
[8]	Inf.	Inf.	[29]	2.P.Pl.	3.P.Pl.
[9]	Inf.		[30]	Inf.	3.P.Pl./Inf.
[10]	Inf.		[31]	Inf.	
[11]	Inf.		[32]	Inf.	
[12]	Inf.		[33]	Inf.	Inf.
[13]	Inf.		[34]	Inf.	
[14]	2.P.Sg.		[35]	Inf.	
[15]	2.P.Pl.		[36]	Inf.	Inf.
[16]	Inf.	Inf.	[37]	Inf.	3.P.Pl.
[17]	Inf.		[38]	Inf.	
[18]	Inf.	Inf.	[39]	Inf.	
[19]	Inf.	3.P.Pl.	[40]	2.P.Sg.	
[20]	3.P.Sg.	3.P.Pl.	[41]	Inf.	
[21]	Inf.		[42]	Inf./2.P.Pl.	

Abb. 4: Realisierung der direktiven Sprechakte in den untersuchten italienischen BDA und ihrer deutschen Übersetzungen (Inf.= imperativischer Infinitiv; 2.P.Sg.= Imperativ der zweiten Person Singular; 2.P.Pl.= Imperativ der zweiten Person Plural; 3.P.Sg.= Imperativ der dritten Person Singular; 3.P.Pl.= Imperativ der dritten Person Plural).

In der Regel wird die Entscheidung für Imperativ oder Infinitiv konsequent im gesamten Text durchgehalten und kann daher als vom Textautor intentionell gewählt gelten, während nur wenige BDA eine unmotivierte, eher ungeschickt wirkende Mischung mehrer Formen zeigen. Außerdem fällt auf, dass einige der wenigen BDA, in denen der Imperativ benutzt wird (z.B. [6]), sich auch durch andere Charakteristika auszeichnen, die einen stärkeren Einbezug des Lesers in den geschilderten Handlungsablauf bewirken, wie fettgedruckte Zwischenbemerkungen mit emotionalem Charakter oder die Wahl bestimmter Verben, durch die der Leser als handelnde Person in den Vordergrund gerückt wird (vgl. auch Puglielli 1992:167). Eine BDA, in der der Adressat durchgängig in der zweiten Person Singular angesprochen wird ([25]), zeigt ein bewegtes Layout und versucht, durch zahlreiche Bilder auf den Leser zuzugehen. Umgekehrt ist der imperativische Infinitiv, dessen Wahl im Italienischen keine sprachökonomischen Gründe haben kann, da die Syntax und Wortstellung im Satz dadurch nicht verändert werden, unpersönlich und unterstreicht gleichzeitig die 'Zeitlosigkeit' der geschilderten Vorgänge (Berrettoni 1992:160).

Auch in deutschen BDA wird überwiegend der imperativische Infinitiv benutzt, es findet aber auch der Imperativ der Höflichkeitsform Anwendung (Göpferich 1998:156). Symptomatisch ist in diesem Zusammenhang die Beobachtung (Abb. 4), dass etwa bei der Hälfte der hier untersuchten Texte, zu denen Übersetzungen vorliegen, für die deutsche Version durchgängig die Imperativform gewählt worden ist. Offenbar halten die Übersetzer z.t. eine direktere Leseransprache für angemessen. Einige übersetzte Texte zeigen auch eine differenzierte Verwendung wie etwa den Einsatz von Imperativen für Sicherheitshinweise ([8]) und die Benutzung von Infinitiven für kleinere Handlungsschritte ([30]) oder etwa Unsicherheiten wie einen unmotivierten Wechsel zwischen beiden Formen ([27]).

5 Syntax und Stil

In einer neueren Typologie zu italienischen Fachtexten wird als Kriterium für die Einteilung der Texte die kommunikative Übereinkunft (*patto comunicativo*) zwischen Sender und Adressat zugrundegelegt, in der beide Seiten sich über den Grad der interpretatorischen Freiheit bzw. Unfreiheit (*vincolo interpretativo*) verständigen, die der Empfänger beim Entschlüsseln der Nachricht hat (Sabatini 1999:142). Der Grad der Fachsprachlichkeit eines Textes bzw. einer Textsorte hängt also davon ab, inwieweit der Sender gezwungen ist, beim Abfassen der Texte so genau wie möglich zu formulieren. Dabei wird zwischen stark, mittel und wenig interpretatorisch bindenden Texten (*molto – mediamente – poco vincolanti*) unterschieden, wobei es interessant ist, dass die BDA der am stärksten fachsprachlich geprägten Gruppe zugerechnet werden (Sabatini 1999:150).

Der Stil dieser Texte mit verbindlicher Interpretation zeichnet sich u.a. durch folgende syntaktische Eigenschaften aus, die die Formulierung von expliziten, eindeutigen Texten mit klarer funktionaler Satzperspektive und Kohäsion erlauben (Sabatini 2001:103f.):

- Präsenz aller Aktanten des Verbs
- Konstante Präsenz des Subjekts[11]
- Ausdruck des Themas durch typische Wendungen (z.B. *per quanto riguarda [...]* 'was [...] betrifft')
- Ausdruck des Rhemas durch Passivkonstruktion, damit das Thema am Satzanfang untergebracht werden kann[12]

---

[11] Auf die explizite Nennung eines leicht zu ergänzenden Subjekts kann im italienischen Satz normalerweise leicht verzichtet werden.

[12] Ein Akkusativobjekt kann im italienischen Satz nur am Anfang stehen, wenn es anschließend durch ein Pronomen wieder aufgenommen wird.

- Verzicht auf die Verwendung satzwertiger Adverbien und stattdessen Benutzung komplexerer nominaler Ausdrücke (*sotto il profilo di*, *relativamente a* 'bezüglich')

Im hier untersuchten Textkorpus finden sich zahllose Beispiele für die genannten Charakteristika. Translationsrelevant sind vor allem die Beobachtungen, die sich zu den Nominalisierungstendenzen in italienischen BDA anstellen lassen. So werden z.b. die komplexen nominalen Ausdrücke bei der Übersetzung ins Deutsche häufig durch einfache Präpositionen ersetzt, wie dies bei folgendem Beispiel geschehen ist:

Beispiel für Übersetzung eines komplexen nominalen Ausdrucks durch einfache Präposition

All'atto dell'installazione, verificare che [...] ([1]:4)

Bei der Installation darauf achten, dass [...] ([1]:4)

Zur starken Nominalisierung der Texte trägt außerdem die Verwendung semantisch weit gefasster Substantive bei, durch die konkrete Vorgänge oder Zustände systematisch abstrakten, fast schon wissenschaftlichen Kategorien zugeordnet werden (*operazione* 'Operation', *azione* 'Aktion', *fenomeno* 'Phänomen'). Es handelt sich um einen stilistischen Zug, durch den die Fachsprachlichkeit der italienischen BDA besonders unterstrichen wird. Für die Übersetzung ins Deutsche bietet sich eher eine Konkretisierung und damit die Unterdrückung der abstrakten Bezeichnungen an, wie es der Übersetzer in folgendem Beispiel gemacht hat:

Beispiel für die Unterdrückung eines italienischen abstrakten Substantivs im Deutschen:

[...] una permanenza prolungata d'acqua salata all'interno della vasca di lavaggio può provocare fenomeni di corrosione. ([36]:11)

[...] bleibt die Salzlösung längere Zeit im Spülraum, kann es zu Korrosion kommen. ([36]:11)

Im folgenden Beispiel wird ein abstraktes Substantiv benutzt, um Kohäsion zum voraufgehenden Satz herzustellen. Im Deutschen kann die Übersetzung durch ein Pronominaladverb ausreichen:

Beispiel für die Übersetzung eines italienischen abstrakten Substantivs durch Pronominaladverb:

Al termine rimontare tutte le protezioni precedentemente asportate. Durante questa operazione controllare che [...] ([3])

Alle zuvor abgenommenen Schutzverblendungen am Ende wieder montieren. Dabei überprüfen, dass [...] ([3])[13]

---

[13] Eigener Übersetzungsvorschlag des Verf.

Auffällig ist außerdem die häufige Benutzung von Funktionsverben mit verblasster Bedeutung (*effettuare* 'durchführen', *eseguire* 'ausführen', *avvenire* 'erfolgen', *verificarsi* 'kommen zu', *ricorrere a* 'greifen zu'), bei denen der semantische Gehalt hauptsächlich vom zugehörigen Substantiv vermittelt wird und durch die der Text einen prozessorientierten Charakter erhält (Berrettoni 1992:161-164). Funktionsverben treten häufig in Verbindung mit abstrakten Substantiven auf. Für das Deutsche empfiehlt sich der Ersatz des Funktionsverbgefüges durch ein einziges Verb und die Unterdrückung des abstrakten Substantivs.

Beispiel für Übersetzung eines Funktionsverbgefüges mit abstraktem Substantiv:

Quando necessario, e s e g u i r e l'o p e r a z i o n e d i c a r i c a m e n t o del sale prima di avviare il programma di lavaggio. ([36]:11)

Nötigenfalls das Salz vor dem Start des Spülprogramms e i n f ü l l e n. ([36]:11)

Ein weiterer Zug italienischer BDA ist die häufige Verwendung von meist standardisierten Partizipien (*posto* bzw. *situato* 'befindlich', *applicato* 'angebracht'), die zusammen mit präpositionalen Ausdrücken dazu dienen, die genaue Position von Komponenten des beschriebenen Geräts oder anderer Teile zu beschreiben. Durch die Partizipien wird der Bezug zwischen voraufgehendem Substantiv und präpositionalem Ausdruck eindeutig expliziert. Da die Art der Anbringung aus dem Zusammenhang hervorgeht, kann auch hier das Partizip im Deutschen meist unterdrückt werden.

Beispiel für Unterdrückung eines italienischen Partizips in der deutschen Übersetzung:

Assicuratevi di afferrare la macchina dalle cavità p o s t e s u i l a t i della stessa [...]([29]:38)

Fassen Sie bitte in die dafür vorgesehenen Griffmulden a n b e i d e n S e i t e n der Einheit [...]([29]:38)

Häufig finden sich in den BDA außerdem Verben die als grammatikalische Metaphern für Modalverben angesehen werden können (*permettere* 'erlauben', *consentire* 'gestatten') und die Gelegenheit bieten, die Möglichkeiten des beschriebenen Geräts maschinenbezogen zu beschreiben. Der beschriebene Geräteteil steht dabei meist als Thema und Subjekt am Satzanfang. Für die deutsche Übersetzung empfiehlt sich meist der Gebrauch von Modalverben, während das Subjekt als präpositionaler Ausdruck erscheint.

Beispiel für Umsetzung einer grammatikalischen Metapher:

Il comando #14=5 p e r m e t t e d i r i c h i a m a r e in blocco il set dei parametri di default. ([1]:52)

Mit #14=5 k ö n n e n alle Default-Parameter zusammen a b g e r u f e n w e r d e n. ([1]:52)

Die im Italienischen starke stilistische Verwandtschaft der BDA zu anderen interpretatorisch verbindlichen Textsorten, z.b. solchen aus dem juristischen Bereich, ist vermutlich auch die Ursache für das gelegentliche Auftreten von Formulierungen, die offensichtlich aus der Amtssprache entlehnt sind und im technischen Kontext eher unpassend wirken (vgl. auch Crivello 1998). Dazu zählen im hier benutzten Textkorpus z.b. die Bezugnahme auf die BDA selbst durch *il presente manuale* 'das vorliegende Handbuch'([1]:1; [4]:3) oder *le presenti istruzioni per l'uso* 'die vorliegende Bedienungsanleitung' ([33]:16) und Ausdrücke wie *ad esclusione di* ([1]:4) bzw. *ad eccezione di* ([8]:7) 'mit Ausnahme von', *in oggetto* 'betreffend' ([8]:5), *congiuntamente* 'gemeinschaftlich' ([17]:192), *ferme restando* 'unter Beibehaltung' ([17]:196), *ai soli fini* 'zum alleinigen Zweck' ([31]:2), die sonst etwa für Vertragstexte oder Normen typisch sind. Andere dagegen – wie *tassativamente* 'strengstens' ([17]:31) oder *il mancato rispetto di quanto sopra [...]* 'die Nichtbeachtung der obigen Bestimmungen [...]' ([21]) – erinnern eher an Formulierungen auf Verbotsschildern und sollen den jeweiligen Hinweisen offenbar größeren Nachdruck verleihen, bei denen es sich meist um Sicherheitsbestimmungen handelt.

Durch die Benutzung dieser Ausdrücke, die häufig durch andere, einfachere ersetzt werden könnten, wird die Distanz zum Leser, die für italienische Texte mit offiziellem Charakter typisch ist, evoziert und auf die BDA übertragen. Allerdings ist nicht immer klar, ob es sich um einen vom Textautor gewollten Effekt handelt oder um das Resultat eines misslungenen Versuchs, die Stilhöhe im Text anzuheben. Dass sich daraus Probleme für die Übersetzung ergeben können, mag ein Beispiel verdeutlichen:

Beispiel für Formulierung aus der Amtssprache mit deutscher Übersetzung

E' o b b l i g a t o r i o effettuare il collegamento ad un impianto dotato di un efficiente messa a terra [...]. ([8]:2)

E s   i s t   P f l i c h t, das Gerät an eine Stromversorgungsanlage anzuschließen, die mit einer leistungsfähigen Erdung ausgestattet ist [...]. ([8]:3)

Die deutsche Formulierung wirkt eher unidiomatisch; der Übersetzer hätte den direktiven Sprechakt einfach durch Modalverben wiedergeben können.

6 Schlussfolgerungen

Die BDA sind im Italienischen allgemein eine Textsorte mit hohem Fachsprachlichkeitsgrad und zeichnen sich durch einen expliziten, oft stark maschinenbezogenen und damit unpersönlichen, manchmal sehr offiziell wirkenden Stil aus, durch den die Distanz zwischen Sender und Empfänger stark betont wird. Für die Übersetzung ins Deutsche werden häufig einfachere, bei der Leseransprache auch persönlichere Formulierungen gewählt.

Um die Frage nach .eventuellen interlingualen Einflüssen beantworten zu können, wären interkulturelle, diachronische Studien erforderlich, bei denen BDA aus verschiedenen Ländern und Zeiten miteinander verglichen werden. Einstweilen lässt sich aber feststellen, dass zeitgenössische italienische BDA sich von deutschen durch deutliche pragmatische Kulturdifferenzen abheben. Von einer durchgehenden Einebnung zwischensprachlicher Unterschiede kann keine Rede sein.

7 Literatur

Baumgarten, Nicole (2003): "Close or Distant: Constructions of Proximity in Translations and Parallel Texts". In: Gerzymisch-Arbogast, Heidrun & Hajičová, Eva & Sgall, Petr & Jettmarová, Zuzana & Rothkegel, Annely & Rothfuß-Bastian, Dorothee (Hrsg.) (2003): *Textologie und Translation*. Tübingen: Narr. (= Jahrbuch Übersetzen und Dolmetschen. 4/II). 17-34.

Berrettoni, Pierangiolo (1992): "Per una caratterizzazione linguistica del genere procedurale". In: Serra Borneto, Carlo (a cura di) (1992): *Testi e macchine. Una ricerca sui manuali di istruzione per l'uso*. Milano: Franco Angeli. 135-164.

Brumme, Jenny (1999): "Kontrastive Textologie und Korpusanalyse am Beispiel von Bedienungsanleitungen". In: Reinart, Sylvia & Schreiber, Michael (Hrsg.) (1999): *Sprachvergleich und Übersetzen: Französisch und Deutsch*. Bonn: Romanistischer Verlag. 261-280. (= Romanistische Kongressberichte. 6)

Ciliberti, Anna (1992): "Analisi stilistica dei subtesti costituenti". In: Serra Borneto, Carlo (a cura di) (1992): *Testi e macchine. Una ricerca sui manuali di istruzione per l'uso*. Milano: Franco Angeli. 107-134.

Ciliberti, Anna & Giuliani, Maria Vittoria & Puglielli, Annarita & Serra Borneto, Carlo (1992): "Per un modello del manuale di istruzioni per l'uso". In: Serra Borneto, Carlo (a cura di) (1992): *Testi e macchine. Una ricerca sui manuali di istruzione per l'uso*. Milano: Franco Angeli. 21-52.

Comolli, Fabrizio (2001): Scrivere e tradurre manuali di informatica: incontro tra psicologia e tecnologia. http://www.fcomolli.it/interv02.htm (10.11.2005).

Crivello, Roberto (1998): "Style in Italian Technical Translations". In: *ATA Chronicle* 27 [October 1998], 31-35.
http://www.rcrivello.com/styleinitalian.html (10.11.2005).

Ebert, Gerlinde & Hundt, Christine (1997): "Bedienungsanleitungen im Sprachvergleich Italienisch – Portugiesisch – Deutsch". In: Wotjak, Gerd (Hrsg.) (1997): *Studien zum romanisch-deutschen und innerromanischen Sprachvergleich*. Frankfurt am Main usw.: Lang. 169-189.

Gläser, Rosemarie (1990): *Fachtextsorten im Englischen*. Tübingen: Narr (= Forum für Fachsprachen-Forschung. 13).

Göpferich, Susanne (1995): *Textsorten in Naturwissenschaften und Technik. Pragmatische Typologie – Kontrastierung – Translation*. Tübingen: Narr. (= Forum für Fachsprachen-Forschung. 27).

— (1996): "Direktive Sprechakte im Textsortenspektrum der Kraftfahrzeugtechnik: Konventionen im Deutschen und im Englischen". In: Kalverkämper, Hartwig & Baumann, Klaus-Dieter (Hrsg.) (1996): *Fachliche Textsorten. Kompo-*

nenten – Relationen – Strategien. Tübingen: Narr. (= Forum für Fachsprachen-Forschung. 25). 65-99.

— (1998): *Interkulturelles Technical Writing. Fachsprachliches adressatengerecht vermitteln.*. Tübingen: Narr. (= Forum für Fachsprachen-Forschung. 40).

Grosse, Siegfried & Mentrup, Wolfgang (Hrsg.) (1992): *Anweisungstexte*. Tübingen: Narr. (= Forschungsberichte des Instituts für Deutsche Sprache Mannheim. 54).

Hempel, Karl Gerhard (2004): "La traduzione tecnica italiano-tedesco: brevetti e manuali d'uso". In: Cusato, Domenico Antonio & Iaria, Domenica & Palermo, Maria Rosaria (a cura di) (2004): *Atti del III Convegno Internazionale Interdisciplinare su Testo, Metodo, Elaborazione elettronica.*. Messina: Andrea Lippolis. 269-304.

Hoffmann, Lothar (1998): "Sorten fachbezogener Vermittlungstexte II: die Bedienungsanleitung für fachextern Adressaten". In: Hoffmann, Lothar & Kalverkämper, Harwig & Wiegand, Herbert Ernst mit Galinski, Christian & Hüllen, Werner (Hrsg.) (1998): *Fachsprachen / Languages for Special Purposes*. Halbband 1. Berlin – New York: de Gruyter. (= Handbücher zur Sprach- und Kommunikationswissenschaft. 14.1). 568-574.

Horn-Helf, Brigitte (2003): "Deklarationen in Varianten der Textsorte 'Anleitung': makrokulturelle Präferenzen und ihre translatorische Behandlung". In: Gerzymisch-Arbogast, Heidrun & Hajičová, Eva & Sgall, Petr & Jettmarová, Zuzana & Rothkegel, Annely & Rothfuß-Bastian, Dorothee (Hrsg.) (2003): *Textologie und Translation*. Tübingen: Narr. (= Jahrbuch Übersetzen und Dolmetschen. 4/II). 125-144.

Katan, David (1997): "L'importanza della cultura nella traduzione". In: Ulrych, Margherita (a cura di) (1997): *Tradurre. Un approccio multidisciplinare*. Torino: UTET. 31-74.

Kußmaul, Paul (1990): "Instruktionen in deutschen und englischen Bedienungsanleitungen". In: Arntz, Reiner & Thome, Gisela (Hrsg.) (1990): *Übersetzungs. Ergebnisse und Perspektiven*. Tübingen: Narr. (= Tübinger Beiträge zur Linguistik. 354). 369-379.

Nickl, Markus (2001): *Gebrauchsanleitungen. Ein Beitrag zur Textsortengeschichte seit 1950*. Tübingen: Narr. (= Forum für Fachsprachen-Forschung. 52).

Puglielli, Annarita: "Dall'analisi macrolinguistica all'analisi microlinguistica". In: Serra Borneto, Carlo (a cura di) (1992): *Testi e macchine. Una ricerca sui manuali di istruzione per l'uso*. Milano: Franco Angeli. 165-181.

Sabatini, Francesco (1999): "'Rigidità-esplicitezza' vs 'elasticità-implicitezza': possibili parametri massimi per una tipologia dei testi". In: Skytte, Gunver & Sabatini, Francesco (a cura di) (1999): *Linguistica Testuale Comparativa. In memoriam Maria Elisabeth Conte*. Kopenhagen: Museum Tusculanum Press (= Etudes Romanes. 42). 141-172.

— (2001): "I tipi di testo e la 'rigidità' del testo normativo giuridico". In: Covino, Sandra (a cura di) (2001): *La scrittura professionale. Ricerca, prassi, insegnamento*. Firenze: Olschki. (= Biblioteca dell'"Archivum Romanicum", Serie II: Linguistica. 51). 97-105.

Saile, Günter (1982): "Wie montiert man einen Fleischwolf?". In: Grosse, Siegfried & Mentrup, Wolfgang (Hrsg.) (1982): *Anweisungstexte*. Tübingen: Narr. (= Forschungsberichte des Instituts für Deutsche Sprache Mannheim. 54). 134-158.

Schmitt, Peter A. (1998): "Anleitungen / Benutzerhinweise". In: Snell-Hornby, Mary & Hönig, Hans G. & Kußmaul, Paul & Schmitt, Peter A. (Hrsg.) (1998): *Handbuch Translation.* Tübingen: Stauffenburg. 209-213.

— (1999): *Translation und Technik.* Tübingen: Stauffenburg. (= Studien zur Translation. 6).

Schreiber, Michael (2004): "Sprechakte in Bedienungsanleitungen aus sprachvergleichender Sicht". In: *Lebende Sprachen* 49 [2], 52-55.

Serra Borneto, Carlo (1992a): "Caratteri della procedura". In: Serra Borneto, Carlo (a cura di) (1992): *Testi e macchine. Una ricerca sui manuali di istruzione per l'uso.* Milano: Franco Angeli. 53-106.

— (1996): "Deutsch-italienische Gebrauchsanweisungen: Versuch einer kontrastiven Analyse". In: Spillner, Bernd (Hrsg.) (1996): *Stil in Fachsprachen.* Frankfurt am Main usw.: Lang. (= Studien zur Allgemeinen und Romanischen Sprachwissenschaft. 2). 169-181.

Serra Borneto, Carlo (a cura di) (1992): *Testi e macchine. Una ricerca sui manuali di istruzione per l'uso.* Milano: Franco Angeli.

Spillner, Bernd (2002): "Fachtexte im interkulturellen Vergleich. Kontrastive Pragmatik deutscher, französischer und finnischer Wirtschaftsfachtexte". In: Nuopponen, Anita & Harakka, Terttu & Tatje, Rolf (Hrsg.) (2002): *Interkulturelle Wirtschaftkommunikation. Forschungen und Methoden.* Vaasa. (= Proceedings of the University of Vaasa. Reports. Selvityksiä ja Raportteja. 93). 144-164.

8 Anhang (Übersicht Textkorpus)

8.1 Industriemaschinen und -geräte ('fachintern')

[1] Elettronica Santerno S.p.A. (1998): Manuale d'uso – 15P0060A2 – CTM90. Convertitore trifase CA/CC unidirezionali totalcontrollati interamente digitali. – Elettronicasanterno. Casalfiumanese (Bologna). http://www.elettronicasanterno.it (15.10.2004).

[2] ELWEMA GmbH Werkzeug- und Maschinenbau (2002): Manuale di installazione, uso e manutenzione – No. 1 vasca di prova tenuta circuiti d'olio. Ellwangen-Neunheim.

[3] — (2002): Manuale di installazione, uso e manutenzione – No. 1 modulo a CNC per piantaggio anelli e guide. Ellwangen-Neunheim.

[4] EMMEBI di Massimiliano Baroncelli (2002): Manuale d'uso e manutenzione per forno MB-1800-FH. Gerbole di Volvera (Torino).

[5] Record S.p.A. (2002): Manuale d'uso e manutenzione – Confezionatrice Panda. Garbagnate Monastero (Lecco).

8.2 Konsumgüter und Haushaltsgeräte für private Zwecke ('fachextern')

[6] Brevetti Gaggia S.p.A. (o.J.): Gran Gaggia. Ribecco S/Naviglio (Milano).

[7] BTicino S.p.A. (s.d. – 2003): bticino – Living Light Magic – Istruzioni d'uso – L4449 – N4449 – A5719. Milano.

[8]   Clay Paky S.p.A. (o.J.): Clay Paky – Super Scan Zoom HMI 1200 – Manuale di istruzioni. Seriate (Bergamo). http://www.claypaky.it (15.10.2004).

[9]   De' Longhi S.p.A. (o.J. – 1998): Forni a gas – De' Longhi – Istruzioni per l'uso – Consigli per l'installazione. Treviso.

[10] Electrolux Zanussi Italia S.p.A. (o.J. – 2002): Zoppas – Asciugabiancheria PE66C – Libretto istruzioni.
      http://www.electrolux-ui.com:8080/2002/822/901381it.pdf (15.10.2004).

[11] —   (o.J. – 2003): Zoppas – Lavasciuga PLA 1400 EMD – Istruzioni per l'installazione e l'uso.
      http://www.electrolux-ui.com:8080/2003/132/991060IT.pdf (15.10.2004).

[12] (o.J. – 2004): Zoppas – Istruzioni per l'uso – i – lavastoviglie – PS 6240.
      http://www.electrolux-ui.com:8080/2003/152/969560IT.pdf (15.10.2004).

[13] (o.J. – 2004): Libretto istruzioni – Forno a microonde FM 280 – Rex. Porcia (Pordenone).
      http://www.electrolux-ui.com:8080/2004/947/60714700IT.pdf (15.10.2004).

[14] —   (o.J. – 1993): Rex – Televisori a colori con telecomando – Libretto istruzioni. Pordenone.

[15] Electrolux Home Products Italy S.p.A. (o.J.): Rex Electrolux – Cucine a gas e miste – Istruzioni per l'installazione e l'uso. Forlì.
      http://www.electrolux-ui.com:8080/2004/356/861601IT.pdf (15.10.2004).

[16] Fenner by Redi Electronics S.p.A. (1999): Fenner – Ricevitore satellitare stereo – F-SAT 6BE – F-SAT 6BE RF – Manuale d'istruzioni. Vicenza.

[17] Fiat Auto S.p.A. (2001): Multipla Fiat – Libretto di uso e manutenzione – Fiat. Torino.

[18] Foppa Pedretti S.p.A. (o.J. – 1998): Foppapedretti – La fortuna di essere bambino – Modo d'uso – Il Sediolone – Seggiolone chiudibile, regolabile. Grumello del Monte (Bergamo).

[19] HTM Sport S.p.A. (2000): Phos – Libretto d'istruzioni – Mares. Rapallo.
      http://www.mares.com (15.10.2004).

[20] IMETEC S.p.A. (o.J. – 2003): Istruzioni ed Avvertenze – Tostapane – IMETEC. Azzano S. Paolo (Bergamo).

[21] —   (o.J. – 1992): Istruzioni per l'uso – VARplus Twist – VARclock Team – IMETEC. Lallio (Bergamo).

[22] —   (o.J.): Istruzioni per l'uso – Idromassaggiatore plantare – IMETEC. Lallio (Bergamo)

[23] IRSAP S.p.A. (2003): IRSAP – Clima sapiens – Manuale d'uso – IRSAIR C/HP 2045-4100 – C-HP versione – Refrigeratori d'acqua e pompe di calore riversibili […]. Arquà Polesine (Rovigo).
      http://www.irsap.it (15.10.2004).

[24] Merloni Elettrodomestici S.p.A. (o.J.): Lavastoviglie – Istruzioni per l'installazione e l'uso – D42 – Indesit. Fabriano.
      http://www2.merloni.com/indesit/ (15.10.2004).

[25] —   (o.J.): LV 680 DUO. Lavastoviglie – Istruzioni per l'installazione e l'uso – Ariston. Fabriano.
      http://www2.merloni.com/ariston/ (15.10.2004).

[26] —   (o.J. – 1993): Ariston – Scaldabagno gas istantaneo – Mod. ARD 5 – ARD 5C – ARD 10 – ARD 13 – ARD 16. Fabriano.

[27] — (o.J.): Istruzioni per l'uso – Lavabiancheria – AVXD 109 – Ariston. Fabriano. http://www2.merloni.com/ariston/ (15.10.2004).

[28] Olivetti S.p.A. (2001): Registratore di Cassa – ORS 6600 Planet – Istruzioni per l'uso. Ivrea. http://www.olivettioffice.com (15.10.2004).

[29] Olivetti Lexicon S.p.A. (2000): Olivetti – Copia 9916 Digital Copier. – Istruzioni per l'uso. Ivrea. http://www.olivettioffice.com (15.10.2004).

[30] — (1996): Facsimile – OFX 1000 – Istruzioni per l'uso – Olivetti. Ivrea. http://www.olivettioffice.com (15.10.2004).

[31] Olivetti Tecnost S.p.A. (2002): Registratore di Cassa – Logic. – Istruzioni per l'uso. Ivrea. http://www.olivettioffice.com (15.10.2004).

[32] Outline s.n.c. (1999): Outline –"SPL Domina" – Sistema digitale modulare di monitoraggio e limitazione automatica del livello sonoro – Istruzioni. Flero (Brescia). http://www.outline.it (15.10.2004).

[33] Saeco I.G. S.p.A. (o.J.): Type SIN013C – Istruzioni per l'uso. Gaggio Montano (Bologna). http://www.saeco.it (15.10.2004).

[34] Saeco I.G. S.p.A.   (o.J.): Distributore automatico – Uso e manutenzione. Gaggio Montano (Bologna). http://www.saeco.it (15.10.2004).

[35] SMEG S.p.A. (o.J.): Lavabiancheria – Libretto istruzioni. Guastalla (Reggio Emilia). http://www.smeg.it (15.10.2004).

[36] — (o.J.): Manuale d'uso – Lavastoviglie. Guastalla (Reggio Emilia). http://www.smeg.it (15.10.2004).

[37] (o.J.): Macchina per caffè automatica elettronica da incasso – Manuale di installazione. Guastalla (Reggio Emilia). http://www.smeg.it (15.10.2004).

[38] Terim S.p.A. Industria Elettrodomestici (o.J. – 1997): Libretto istruzioni piano incasso – Mod. PR-4.4. Baggiovara (Modena).

[39] Telit Mobile Terminals S.p.A. (2001): Manuale d'uso GM 822. Sgonico (Trieste). http://www.telit.net (15.10.2004).

[40] Telit Mobile Terminals S.p.A. (2002): Manuale d'uso Gm882. Sgonico (Trieste). http://www.telit.net (15.10.2004).

[41] Vema (1996): libretto di istruzioni – Vema – Macchine e attrezzature per bar. Mirano (Venedig). http://www.vemamirano.com (15.10.2004).

[42] Whirlpool Italia S.r.l. (o.J. – 1998): Istruzioni per installare ed usare la vostra lavatrice. Ignis. Comerio (Varese).

Sylvia Kalina   (Köln)

Zur Dokumentation von Maßnahmen der Qualitätssicherung beim Konferenzdolmetschen

1   Erweiterung der Prozessperspektive

Qualitätssicherung (QS) im Zusammenhang mit Konferenzdolmetschen muss sich auf den ersten Blick vor allem auf das Dolmetschprodukt beziehen, also auf das, was vom Dolmetscher[1] in der Konferenzsituation zu hören ist. QS hat zu belegen, dass die Qualität des erstellten Dolmetschproduktes oder Zieltextes (ZT) den Erwartungen des Auftraggebers bzw. der Rezipienten der Verdolmetschung genügt. Die bisherigen Forschungsarbeiten zur Dolmetschqualität, die aus unterschiedlicher Perspektive heraus entstanden sind, deuten darauf hin, dass dieser Beleg nicht einfach zu erlangen ist. Die größten Probleme liegen dabei in dem Umstand, dass die Dolmetschleistung (DL) einmalig für den augenblicklichen Gebrauch produziert wird, kaum korrigierbar, nicht wiederholbar und somit nur schwerlich für eine Ex-post-Überprüfung geeignet ist (vgl. Kade 1968:35; Kalina 1998:17). Zum zweiten ist die Qualität der Verdolmetschung weitgehend Funktion der Qualität des zu dolmetschenden Ausgangstextes (AT), z.B. der Präsentationsweise und -rate, Kohärenz oder Störungen des AT, seiner Kommunikativität und seines Mündlichkeitscharakters. Insofern kann die Verdolmetschung eigentlich gar nicht besser sein als der jeweilige AT, und wenn dies dennoch gelegentlich der Fall sein mag, liegt es daran, dass der Dolmetscher als Sprach-/Kommunikationsprofi häufig Personen zu dolmetschen hat, deren professionelle Qualifikation nicht die Sprache oder die Kommunikation ist, und die oft sogar in einer ihnen nicht sehr geläufigen

---

[1] Die Genusform steht für beide Geschlechter und wurde der besseren Lesbarkeit halber durchgängig verwendet. Der Singularnumerus steht stellvertretend für Dolmetscher im Team, da beim Konferenzdolmetschen generell nicht allein gearbeitet wird.

Fremdsprache kommunizieren. Drittens schließlich sind die Erwartungen der verschiedenen Akteure an eine Dolmetschleistung nicht immer identisch, und eine Reihe von durchaus subjektiven Faktoren beeinflusst die Einschätzung der Rezipienten zugunsten des einen oder des anderen Qualitätsfaktors eines Dolmetschproduktes. So sind Zuhörer in unterschiedlichem Maße empfänglich für bestimmte individuelle sprecherische Merkmale und ihre Präferenzen in Bezug auf das Sprechtempo des Dolmetschers variieren ebenfalls.

Angesichts zahlreicher Faktoren, die die 'gefühlte Qualität' einer DL beeinflussen, reicht es nicht, allein das Dolmetschprodukt zu betrachten, es dem Ausgangstext gegenüberzustellen und die sprachlichen und inhaltlichen Änderungen, Abweichungen, Auslassungen oder Hinzufügungen aufzulisten. Wenn das Dolmetschprodukt von derart vielen Faktoren bestimmt wird, so sind diese im Einzelnen zu analysieren und ihre Bedeutung für den Gesamtprozess Dolmetschen ist zu klären. Der hier vorgeschlagene Ansatz besteht somit darin, die Abhängigkeiten des Dolmetschproduktes von den verschiedenen, bereits den Prozess bestimmenden Faktoren darzustellen und diese zu analysieren. Erst wenn dies gelungen ist, soll – unter neuem Blickwinkel – das Produkt, also die Verdolmetschung, wieder ins Zentrum der Betrachtung gerückt werden. Somit sollen empirische Untersuchungsmethoden im gewählten Ansatz zunächst nicht auf das Dolmetschprodukt angewendet werden, sondern auf die Prozesse, die zu diesem führen.

Die bisherige Prozessforschung hat sich mehr mit der Frage befasst, was ein Dolmetscher mit einem eingehenden Text tut oder tun kann, was dabei in seinem Kopf abläuft, wie die Akteure in der Kommunikationssituation sich gegenüber dem Dolmetscher und dieser sich gegenüber den anderen Akteuren verhalten und wie Texte in der Dolmetschsituation produziert und rezipiert werden (vgl. Gerver 1976; Kurz 1993; Kohn & Kalina 1996). Qualitätsfragen wurden unter der Produkt- und später der Rezipientenperspektive angesprochen (Barik 1971; Moser 1995; Pöchhacker 2001: 413, letzterer bezieht den "process of communicative interaction" in seine Betrachtung ein), wobei letztendlich als Fazit auf die Aussage von Lamberger-Felber zu verweisen ist, dass nämlich eine Qualitätsanalyse von Dolmetschungen im Sinne einer quantitativen Gesamtbeurteilung aus einheitlicher Perspektive derzeit nicht möglich ist (Lamberger-Felber 1998:42f.). Zunächst fehlt es an allgemein gültigen Normen, wie sie z.B. von Stenzl (1989) und Shlesinger (1989) für die Beurteilung von DL postuliert werden. Normen können aber erst dann definiert werden, wenn alle Einflussgrößen bekannt und quantifizierbar sind.

Beim Dolmetschen ist dies bis heute nicht der Fall; mit der Zunahme der Zahl von Dolmetschern, erbrachten Dolmetschleistungen und der

Breite des Leistungsspektrums wird die Frage der Norm und damit der nachprüfbaren Qualität immer dringlicher. Der Berufsstand sieht sich zwar in der Lage, gute Qualität von DL als solche zu erkennen (vgl. Bühler 1986, die eine Umfrage unter Dolmetschern referiert), tut dies aber mehr intuitiv (Methode der Einschätzung durch Kollegen) als nach wissenschaftlichen Postulaten der Messbarkeit und Vergleichbarkeit; man beruft sich dabei, nicht zu Unrecht, auf die bereits angesprochene Flüchtigkeit der DL und ihre komplexe Abhängigkeit von anderen Faktoren. Doch auch für die Dienstleistung Dolmetschen ist eine Qualitätskontrolle unerlässlich, und Qualitätssicherung gehört zu den Aufgaben professioneller Dolmetscher. Die Dolmetschforschung ist daher herausgefordert, Maßstäbe hierfür (im Sinne objektivierbarer Kriterien und anwendbarer Methoden) zu entwickeln.

Ein Ansatz, unterschiedliche Anforderungen an DL methodisch zu klassifizieren, besteht darin, die verschiedenen Arten, Formen und Settings, in denen sich Dolmetschen vollzieht, zum Ausgangspunkt zu machen. Aus dem Vergleich von unterschiedlichen Dolmetscharten bzw. der Art und Weise, wie sie praktiziert und beschrieben werden, ergibt sich somit eine Grundlage dafür, Standards für das Verhalten von Dolmetschern zu beschreiben (vgl. u.a. Wadensjö 1998; Pöchhacker 2000).

So lässt sich heute sagen, dass die Anforderungen an den Dolmetscher bei den Formen des sog. *community interpreting* (auch *public service interpreting PSI*) bei aller Verschiedenheit einige gemeinsame Merkmale haben, nämlich *involvement, active participation* (vgl. Roberts 1997:10, ausgeprägte interkulturelle Mittlerfunktion; vgl. Literaturüberblick in Kalina 2002b), während beim sog. Konferenzdolmetschen einschließlich seiner Unterformen die Merkmale der Neutralität, sachlichen Distanz, *invisibility* u.a. dominieren (vgl. Mesa 2000:74). Besondere Regeln gelten für Zwischenformen mit gleichem oder unterschiedlichem Status der Beteiligten, etwa das sog. Verhandlungsdolmetschen (*business interpreting*), das meist konsekutiv mit kurzen *turns* für Kommunikationspartner und Dolmetscher abläuft und je nach Beteiligten und *setting* entweder mehr dem *community interpreting* oder dem Konferenzdolmetschen zuzuordnen wäre, oder auch beim Gerichtsdolmetschen mit seinen ganz eigenen Merkmalen (Neutralität als oberste Priorität, wörtliche Übertragung statt Übersetzen des Sinns und womöglich gar Satz-für-Satz-Dolmetschen sind gefordert, vgl. Kadric 2000; Driesen 2002). Dieser Artikel befasst sich mit dem Konferenzdolmetschen und hier in erster Linie mit dem Simultandolmetschen (SD) auf bi- und multilingualen Veranstaltungen, für das der Ansatz zunächst entwickelt wurde. Ein Qualitätssicherungsverfahren, das als Resultat solcher und anderer Forschung entstehen soll, muss allerdings auf unterschiedliche Dolmetscharten anwendbar sein, und dies ist auch das Ziel der laufenden Forschungsarbeit. Dolmetschen wird somit als Gesamtheit seiner kommunikativen, sprachmittlerischen, kognitiven und organisatorischen Anforderungen betrachtet, die als Basis für sämtliche die Erbringung der Dienstleistung ausmachenden Aktivitäten anzusehen sind und gleichzeitig die Qualität des Dolmetschproduktes bestimmen (vgl. auch Pöchhacker 2002:97).

Dolmetschqualität (definiert nach Moser-Mercer[2]) ist in nicht geringem Maße auch von externen Faktoren abhängig, wie sie von Kopczyński (1994) beschrieben werden. Diese sind in Produktbewertungen einzubeziehen. Die entscheidende Frage hierfür ist aber: Wie? Beim Übersetzen sind QS-Modelle auf der Basis der Beschreibung des Übersetzungsprozesses entwickelt worden. Sie betreffen sowohl die Übersetzungsmethode (vgl. z.B. Gerzymisch-Arbogast & Mudersbach 1998) als auch die Ergebniskontrolle (DIN-Norm 2345; ISO 9002). Wenn sich der Dolmetschprozess vom Übersetzungsprozess unterscheidet (vgl. Kalina 1998:17f.), muss auch die QS beim Dolmetschen anders verlaufen. Die Gebundenheit eines gedolmetschten ZT an den AT, an Rezipienten und externe Faktoren ist von ganz anderer Art als die einer Übersetzung an eine AT-Vorlage und an ihre Rezipienten. Die Schritte der Qualitätssicherung (QS) sind beim Dolmetschen folglich ebenfalls andere als beim Übersetzen.

Allerdings ist QS heute für das Dolmetschen ebenso wichtig wie für das Übersetzen, denn Dolmetscher sind für ihre Leistung verantwortlich und in gewissem Maße auch haftbar, und Auftraggeber müssen erkennen können, wofür sie die in ihren Augen äußerst hohen Dolmetschhonorare bezahlen.

Um QS betreiben zu können, müssen zunächst alle Phasen und Einflussgrößen eines Dolmetscheinsatzes dokumentiert und analysiert werden. So ist zu beschreiben, welche Schritte der einzelne Dolmetscher bzw. das Dolmetschteam zur Erreichung einer für die konkrete Situation angestrebten Norm, d.h. der jeweils optimalen Dolmetschqualität, unternommen haben. So werden die der dolmetscherischen Arbeit zugrunde liegenden impliziten Standards erkennbar und beschreibbar.

Wenn einmal der Gesamtprozess mit allen potenziellen Einflussfaktoren klar beschrieben ist, kann die Produktanalyse zu neuen Erkenntnissen führen. Konkrete Dolmetschprodukte sind dann als aktualisierte Realisierungen (mit ihren Abhängigkeiten und aus je subjektivem Blickwinkel) eines angestrebten allgemeinen Standards zu sehen.

Dieser Gesamtprozess mit seinen Einflussfaktoren lässt sich in den folgenden Dimensionen darstellen (vgl. auch Kalina 2004; 2005):

---

[2] "[...] a complete and accurate rendition of the original that does not distort the original message and tries to capture any and all extralinguistic information that the speaker might have provided subject to the constraints imposed by certain external conditions." (Moser-Mercer 1996:44)

- *pre-process* (präperformatorische Anforderungen): Voraussetzungen wie Konstitution, Kompetenzen, Wissen und Fertigkeiten der Informationsbeschaffung, Vorbereitungsaufwand und -methodik, Kooperation in der Vorbereitungsphase, Berufsethik

- *peri-process* (periperformatorische Dimension): die das Konferenz- und Dolmetschgeschehen beeiflussenden Faktoren wie Teilnehmerprofile, Sprachenkombinationen, Teamzusammensetzung, technische Gegebenheiten, Zeitfaktoren, Informationsflüsse

- *in-process* (unmittelbar performanzdeterminierende Faktoren): AT-bedingte kognitive Anforderungen, etwa bei thematischer Komplexität, Vielfalt oder Inkongruenz, aufgabenspezifische Interaktionskompetenz sowie AT-Faktoren wie Redundanzgrad (vgl. Chernov 1994), Gebundenheit an Präsentation des AT, (z.B. frei, verlesen wörtlich/mit Änderungen, mit visuellem Begleitmaterial, interaktiv etc.), Merkmale der AT-Präsentation (individuelle Charakteristika, non-native speaker, Mikrofondisziplin, kommunikative Kompetenz (vgl. hierzu auch Pöchhacker 1994 und Grabowski 2003 zu Textbeschaffenheit und Darbietungsprofil)

- *post-process* (postperformatorische Aufgaben): Aufbereitung von sachbezogenen Unterlagen, Terminologien, Glossaren sowie Überprüfung der eigenen Leistung; Fortbildung und Anpassung an dolmetschrelevante technische Neuerungen. Hierzu gehört auch die Qualitätskontrolle (von Abläufen durch Dokumentation), einschließlich der Erstellung von AT-Präsentationsdarbietungsprofilen sowie der Überprüfung von Selbstaufnahmen (Output des Dolmetschers) und die Datenerhebung zur Wirkung der DL auf ZS-Rezipienten (Fragebogen)

Die bisher vorliegenden empirischen Untersuchungen lassen sich, soweit sie auf authentischen Daten basieren, in diesen Beschreibungsrahmen integrieren und in der vorgestellten Gesamtperspektive betrachten.

2 Resultierende Forschungsaufgaben

Im Rahmen der Weiterentwicklung des beschriebenen Ansatzes wurde – quasi als für die Praxis nutzbare Anwendung – eine den Gesamtprozess abbildende *Checkliste* (vgl. Kalina 2005.) aufgestellt, die versuchsweise einer Gruppe von selbst Aufträge akquirierenden und Dolmetschteams organisierenden Praktikern an die Hand gegeben wurde. In dieser Liste wird von der Bearbeitung einer Anfrage über Auftragsbedingungen, Teamzusammensetzung, Vorbereitungsaufwand sowie die Kooperation mit Teammitgliedern und Organisatoren in der Konferenz, Ausgangstextdarbietungseigenschaften, Rezipientenreaktionen, bis hin zur nachträglichen Selbstkontrolle und Fortbildung alles abgefragt, was die Qualität der DL beeinflussen könnte. Durch regelmäßige Protokollierung aller für einen Auftrag relevanten Faktoren sollen die professionellen Konferenzdolmetscher in die Lage versetzt werden, mögliche Problemschwerpunkte zu erkennen. Wie nötig eine solche systematische Dokumentation ist, lässt sich daran erkennen, dass sich bei der Präsentation der Liste vor (organisierenden) Praktikern heraus stellte, dass solche Daten in der Regel nicht aufgezeichnet werden und die Dolmetscher z.B. weder einen Überblick über die Zeitspanne zwischen Auftragserteilung (Vertragsunterschrift) und Auftragserbringung noch über die Anteile der verschiedenen Sprachrichtungen und -kombinationen oder den Anteil anfallender Relaisarbeit in der jeweiligen Dolmetschsituation haben. Wenn davon ausgegangen wird, dass diese Faktoren einen Einfluss auf die Dolmetschqualität (DQ) haben – was gerade beim Relaisdolmetschen offenkundig ist –, so sind solche Informationen für QS unbedingt erforderlich.

Unabhängig von dieser 'Handreichung für die Praxis' soll der Ansatz eine Basis für empirische Studien zur Erforschung des Prozesses Dolmetschen bieten. Da in einer ersten Untersuchungsphase zu der *pre-process*-Dimension insbesondere die auftragsbezogene Vorbereitung des Dolmetschers beschrieben werden soll, werden bei der Formulierung von Hypothesen zur Vorbereitungsarbeit beim Konferenzdolmetschen insbesondere die einschlägigen empirischen Arbeiten von Gile (1995; 2002), Anderson (1994), Lamberger-Felber (1998) u.a. herangezogen. Dabei wird Vorbereitungsarbeit als zeitlich vorverlagerte Teiloperation beim Dolmetschen betrachtet.

Gile (1995:147f.) beschreibt drei Phasen der Vorbereitung, nämlich *advance*, *last-minute*, *in-conference* (vgl. pre-process, peri-process und in-process). Zu seinen Bemerkungen zu *advance preparation*, was *briefings* einschließt, ist aus heutiger Perspektive zu sagen, dass Veranstalter den Dolmetschern nur noch selten die aufgeführten Dokumente liefern und sich mehr und mehr auf deren Kompetenz zur Eigenrecherche verlassen. Andererseits stehen heute statt wörtlichen Manuskripten oft elektronische Versionen von Präsentationen o.ä. zur Verfügung, was die Art der Vorbereitung vermutlich beeinflusst.

Gile betont für die *in-conference*-Phase die Bedeutung der terminologischen Wissensaneignung durch das Zuhören. Die bei Gile vermutete Priorität der terminologischen vor der thematischen Vorbereitung soll in diesem Vorhaben auf die verschiedenen Phasen bezogen und somit empirisch differenziert werden.

Dass die Vorbereitung sich auf alle Phasen des Dolmetschvorganges auswirkt, insbesondere aber die Rezeption des Dolmetschers erleichtert, wird von Kutz hervorgehoben, der verschiedene Vorbereitungsformen postuliert, die von thematischer und sprachlicher über translatorische und dolmetschspezifische bis hin zu organisatorischer und psychologischer Vorbereitung reichen (Kutz 2000:8f.).

Anderson (1994:108) hat in ihrer empirischen Untersuchung aus dem Jahr 1976 keinen Einfluss der Vorbereitung auf die Dolmetschleistung feststellen können, wobei sie selbst potenzielle Einschränkungen formuliert, z.b. den geringen Grad der Veranstaltungs- und AT-Fachlichkeit bei den von ihr untersuchten Einsätzen. Lamberger-Felber (1998:169f.) kommt in ihrer Studie zum SD von gelesenen Präsentationen mit Manuskripttext zum gegenteiligen Befund (bei Vorlage und Bearbeitung eines Manuskriptes steigt die Dolmetschqualität, gemessen an Realia, sinnstörenden Fehlern, es steigt aber auch die Gefahr längerer Auslassungen und von Verzug). Dass die Vorbereitungsarbeit einen Effekt hat, wird hiermit nachgewiesen, wie sie aber aussieht, und welche Art der Vorbereitung welchen Effekt hat, ist eine wissenschaftlich noch unbeantwortete Frage.

Eine erste Vorarbeit zur Klärung dieser Frage wurde als Fallstudie geleistet (Burgi 1994). Seinerzeit wurde die Vorbereitung eines professionellen Dolmetschteams auf einen Einsatz (dreisprachige Konferenz) anhand der einsatzbezogenen Aufzeichnungen der beteiligten Dolmetscher, der Vorbereitungsunterlagen, der annotierten Manuskripte und erstellten Glossare beschrieben, Vorgehensweisen klassifiziert und die gefundenen Annotationen im Vergleich mit den von der Veranstaltung (Reden und Dolmetschleistungen) angefertigten Audioaufnahmen betrachtet. Auch Gile (2002) referiert eine Fallstudie, die jedoch akzidentell anlässlich eines eigenen Dolmetscheinsatzes entstanden ist und für ihn lediglich als Basis zur Gewinnung weiterer Hypothesen über die Vorbereitungseffizienz diente.

In der hier vorzustellenden Studie soll abweichend von diesem Vorgehen bereits vor dem Einsatz eine Phase der Vorbereitung beobachtet werden, was es ermöglicht, stärkeres Augenmerk auf Vorbereitungsmethoden und -strategien zu richten. Auf diese Weise entsteht ein chronologisches Bild von der Vorgehensweise bei der Vorbereitungsarbeit. Der jeweilige Zeitaufwand für Rechercheoperationen lässt sich genau messen, und auch nicht erfolgreiche Recherchewege werden protokolliert.

Für eine Analyse der Vorbereitungsphase sind Untersuchungen erforderlich, die auf den folgenden, aus der beschriebenen Literatur entwickelten Arbeitshypothesen beruhen:

(a) *Vorbereitung ist heute entscheidend für die Qualität der DL.* Vorbereitungsmethodik spart Zeit und Energie, führt zu schneller auffindbaren, besser abspeicherbaren und zu erinnernden Ergebnissen. Vorbereitungsintensität und Zeitaufwand variieren individuell. Vorbereitung erhöht den Grad der Kontrolle, die der Dolmetscher über seine Tätigkeit hat, und sie reduziert die Fehleranfälligkeit sowie den Korrekturbedarf im Dolmetschprozess (vgl. Kade 1968:35).

(b) *Vorbereitungsmethoden variieren je nach Arbeitsphase, Situation und Anforde-rungen.* Zu testen ist in diesem Zusammenhang auch die Aussage von Gile (1995:149), dass in der Phase der *advance preparation* zwei unter-schiedliche Vorgehensweisen beobachtet werden: Von Dolmetschern, die sich zuerst einlesen, z.B. über populärwissenschaftliche Literatur zum Thema, *extralinguistic knowledge* verschaffen, und von denjenigen, die sich vor allem auf die Glossarerstellung konzentrieren, wobei letz-tere nach Gile in der Mehrheit sind. Möglicherweise lässt sich im Rahmen der Untersuchung ein Zusammenhang zwischen themati-schen Schwerpunkten und der Wahl der Vorbereitungsmethodik er-kennen.

(c) *Vorbereitung erfolgt aus Sicherheitsbedürfnis.* Dolmetscher neigen dazu, mehrfach nachzuschlagen und zu notieren, auch wenn ein Terminus bereits bekannt ist. So sollen die erhobenen Daten Auskunft darüber geben, wie hoch das Sicherheitsbedürfnis von Dolmetschern in der Vorbereitungsphase ist – d.h. in welchem Maße Begriffe und Termini nachgeschlagen werden, auch wenn man sie mit großer Wahrschein-lichkeit bereits kennt (eine mögliche Parallele zum Übersetzungspro-zess). Geprüft werden soll in einer späteren Forschungsphase auch folgende Hypothese: Dolmetscher *in-conference* z.B. verarbeiten Texttei-le auch stegreifübersetzend und aktualisieren sie auf diese Weise für das Kurzzeitgedächtnis (vgl. Kutz 2000).

(d) *Neue Technologien verändern die Vorbereitungsmethodik.* Wenn es zutrifft, dass im Konferenzgeschehen Manuskriptvorträge weitgehend von Präsentationen mit Folien oder Multimediaeinsatz abgelöst wurden, so müsste sich diese Entwicklung auch auf die Vorbereitungsarbeit des Dolmetschers auswirken; beobachtet werden soll daher besonders der Umgang mit Informationen in Abhängigkeit von der Darbietungs-form in der Vorbereitungsphase und später auch beim Dolmetschen. Eine empirisch angelegte Beschreibung von Vorbereitungsmethoden kann für sich genommen allerdings keine Antwort auf die Frage ge-ben, wie die Vorbereitung das Dolmetschprodukt beeinflusst. Sie kann jedoch eine Datenbasis schaffen, um mit weiteren Untersuchun-gen die konkrete Auswirkung der Vorbereitung auf das Produkt näher beleuchten zu können. Auf der Grundlage der mittels Beobachtung der Vorbereitungsphase entstandenen Erkenntnisse wird das Ziel ver-folgt, die kognitiven Anforderungen an Dolmetscher in allen Phasen des Dolmetschprozesses zu erforschen. Als wünschenswerte Konse-quenz wäre ferner die Entwicklung der für den Dolmetscherarbeits-platz in allen Phasen erforderlichen und umfassend nutzbaren Soft-ware zu sehen.

3 Beschreibung des Forschungsprojektes

3.1 Eingrenzung und Beschreibung der zu untersuchenden Phase

Im ersten Teil des Vorhabens sollen einige grundsätzliche Annahmen über das Geschehen im Rahmen des Konferenzdolmetschens untersucht werden; er konzentriert sich daher auf eine Phase im Prozess, in welcher der Grad des methodischen Vorgehens beobbachtbar ist, nämlich die Phase der Vorbereitung auf eine ausgewählte Präsentation im Rahmen eines Dolmetschauftrages (einer Konferenz[3]). Hier sind am ehesten systematisierte, regelhafte Abläufe zu erwarten, deren Analyse zu Erkenntnissen über die Effizienz der Vorbereitungsarbeit führen kann.

Die Eingrenzung auf zunächst eine konkrete und klar abgrenzbare Phase der Vorbereitung ist damit zu begründen, dass als Analyseverfahren die Beobachtung gewählt wurde und diese nur in zeitlich begrenztem Rahmen möglich ist. Zum einen stehen Informanten nicht uneingeschränkt zur Verfügung, da Vorbereitungsarbeit meist unter Zeitdruck stattfindet, zum anderen ist die Untersuchung bisher das Projekt einer einzelnen Forscherin und muss zunächst ohne große technische Einrichtungen oder ausgefeiltes Instrumentarium durchzuführen sein; die Vorgehensweise selbst muss nach einer ersten Runde überprüft und möglicherweise neu bestimmt werden. Erste vorläufige Befunde stellen daher eher eine Basis für Hypothesen und die Planung weiterer Untersuchungen dar als gesicherte Erkenntnisse. Da jede einzelne Beobachtung extrem zeitaufwendig ist, liegen auch vorerst lediglich Daten von einigen wenigen (zum Redaktionsschluss dieses Artikels acht) Beobachtungen (und ca. 30 Interviews, s.u.) vor. Es ist geplant, nach der Pilotphase dieser Forschung die Entwicklung weiterer empirischer Untersuchungen zu den anderen Phasen der Vorbereitung sowie des gesamten Prozesses und daraus resultierende Projektforschung zur Optimierung der Vorbereitungsarbeit beim Dolmetschen anzugehen. Das methodische Ziel besteht darin, in folgenden Phasen in Verbindung mit einer im Idealfall möglichen Analyse von Dolmetschprodukten aus einem Einsatz, dessen Vorbereitung protokolliert wurde, anschließend auch die konkrete Wirkung der gewählten Vorbereitungsmethode zu beurteilen.

3.2 Vorgehensweise

Die Untersuchung besteht aus zwei Komponenten:

- *Interview* mit freiberuflich tätigen Kollegen, die hauptsächlich auf dem nichtinstitutionellen Markt arbeiten, zu Vorbereitungs- und Recher-

---

[3] Auch die Veranstaltungsart wurde auf das *setting* 'Konferenz' beschränkt, da andere im Rahmen von Konferenzdolmetschereinsätzen mögliche *settings*, wie TV-Dolmetschen, Pressekonferenzdolmetschen, andere Bedingungen aufweisen.

cheaufwand, Ausstattung mit Glossaren, Wörterbüchern (WBs) und Nachschlagewerken sowie zum Grad der Nutzung elektronischer Tools. Hier wurden Informanten unterschiedlicher Mutter- und Fremdsprachen einbezogen. Die Rekrutierung der Informanten geschah nach zufälligen Kriterien (Verfügbarkeit); alle Interviews wurden in Europa geführt. Es wurde insofern eine offene Methode gewählt, als die Zahl der Informanten nicht vorab festgelegt wurde. Um die Datenbasis zu erhärten, sollen nach Möglichkeit weitere Interviews durchgeführt werden.

- *Beobachtung* bei der Vorbereitung einer einzelnen Präsentation aus einer Veranstaltung jeweils über ca. 2 Stunden. Hierbei wurde die Auswahl unter dem Gesichtspunkt der Verfügbarkeit, der Veranstaltungsart (es durfte sich aus verständlichen Gründen nicht um sensible interne Information handeln) und des zu erwartenden Vorbereitungsaufwandes getroffen – ein Auftrag, der keine Vorbereitung erforderte, konnte nicht einbezogen werden. Die jeweils ausgewählte Präsentation sollte typisch für die Konferenz sein; quantitativ sollte sie einen nicht unerheblichen Anteil dieser ausmachen. Vor und während der Beobachtung stellte die Versuchsleiterin gelegentlich Fragen an die Informanten, wobei es um die in der folgenden Liste exemplarisch aufgeführten Informationen ging.

Erhebungsparameter	*Eintragungskenngrößen*
Informationen zum Thema	Wann, wie verfügbar
Konkretheitsgrad der Info	URLs, Manuskripte, Folien
Eingang der Materialien	Eingangsliste (jew. Datum)
Rückfragen beim Veranstalter	Anzahl, Gründe
Kontakt zu Teamkollegen	Erreichbarkeit, Rückmeldungszeit
Verteilung der Materialien	'Was geht an wen' vs. 'alles an alle'
Organisation der Einsätze	Einsatzplan, mögl. Beschränkungen
Briefing	Dauer, Intensität, Quelle
Vorbereitungsabsprachen	Arbeitsteilung, Gleichmäßigkeit
Vorbereitungstyp	Inhalt, Wissen, Terminologie
Vorbereitungsquellen	Veranstalter, Internet, andere
Vorbereitungshilfsmittel	WBs, Glossare, DBs
Recherchewege	Suche, Fehlversuche, Erfolge
Rednerspezifische Vorbereitung	Art, Detail, Form der Rednerbeiträge

Abb. 3.2: Beobachtete Vorgehensweisen bei der Vorbereitung

Die Beobachtung wurde unter Zeitnahme protokolliert, wobei festgehalten wurde, was mit einer Textvorlage (Manuskript oder Folien, in Papierform oder elektronisch gespeichert) geschieht, wie Annotationen in vorliegende Manuskripte vorgenommen werden, welche Wissensquellen auf welchen Wegen und mit welchen Ergebnissen herangezogen werden, und wie Rechercheergebnisse verwaltet werden. Das Protokoll wurde handschriftlich erstellt und erst nach der Beobachtung in elektronisch bearbeitbares Format eingegeben, um die Vorbereitungsarbeit der Informanten nicht mehr als notwendig zu stören.

3.3 Probleme der Untersuchungsmethode

Eine Auswahl bestimmter Informanten mit dem Ziel der Vergleichbarkeit (der Einsätze, Themen, Sprachen) konnte nicht vorgenommen werden, da für eine solche Beobachtung nicht viele Dolmetscher zu gewinnen sind – mancher sieht darin eine potenzielle Offenlegung seiner Wissenslücken, aber auch seiner vertraulichen Kundendaten, und viele verweisen auf ihre Verschwiegenheitspflicht. Die Auswahl der Informanten erfolgte daher nach Anlass, Verfügbarkeit und Bereitschaft.

Da allen bisher beobachteten Dolmetschern die Versuchsleiterin vorher bekannt war (in einigen Fällen als ehemalige Dozentin), ist nicht auszuschließen, dass dieser Umstand Einfluss auf das Ergebnis hatte. Es könnte auch sein, dass unter Beobachtung anders vorgegangen wurde als sonst, um Kompetenz und professionelle Haltung unter Beweis zu stellen. Andererseits war der Zugang zu dieser vertraulichen Vorbereitungssituation gerade deshalb möglich, weil die Versuchsleiterin den Informanten bekannt war und sie ihr vertrauten, was Verschwiegenheit in Bezug auf Informationen sowohl über Kunden als auch über die Thematik anbelangt.

3.4 Erste vorläufige Befunde

Aus der Analyse der geführten Interviews geht hervor, dass es kaum noch *briefings* gibt, die Zeitspanne zwischen Anfrage und Termin, also die potenzielle Vorbereitungszeit, immer kürzer wird und Veranstalter sich immer häufiger darauf verlassen, dass die Dolmetscher ihr Vorbereitungsmaterial selbst recherchieren. Auffällig war, dass die Angaben zur Vorbereitungsdauer im Interview sich nicht mit den empirischen Befunden deckten; die für die Vorbereitung aufgewandte Zeit wurde durchweg zu niedrig eingeschätzt.

Interessant ist auch der Aufschluss über die Organisation der terminologischen und sachlichen Wissensquellen, insbesondere der selbst erstellten Dokumente, und der Grad ihrer Nutzung. Sowohl aus den Interviews als auch aus der Beobachtung resultiert, dass selbst erstellte Hilfsmittel (Glossare, wörterbuchähnliche Datenbanken) am häufigsten genutzt werden. Die Bestände sind meist stark auftragsbezogen und weniger themenspezifisch gegliedert. Dies hat eine große Zahl von Überschneidungen zur Folge. So findet sich in einer Datei Terminologie zu Buchhaltung und zur Beschaffenheit von Automobillacken, in einer anderen sind veterinärmedizinische und verwaltungsdspezifische Termini zusammen abgelegt.

Auch die Annahme eines erhöhten Sicherheitsbedürfnisses bestätigt sich nach den ersten Ergebnissen. Häufig werden Entsprechungen (oder auch Satzabschnitte, Kollokationen) mehrfach in die Text- oder Folienvorlage geschrieben, die dem Dolmetscher eigentlich bekannt sind, die er aber, wenn er sie sieht, beim Dolmetschen nicht erst zu aktivieren braucht, was Kapazität für andere Verarbeitungsoperationen schafft.

Nach den bisher vorliegenden Daten wird in der Erstvorbereitung (*advance*) mehr thematisch gearbeitet, während *in-conference* fast nur noch terminologisch recherchiert wird, aber wichtige lexikalische Fragestellungen nach Auskunft der Informanten im Team gelöst werden.

4 Folgerungen

Wie bereits ausgeführt, handelt es sich bei den Ergebnissen um sehr vorläufige Befunde, da die Forschungsarbeit noch im Gange ist. Erst nach Analyse weiterer Beobachtungen lassen sich abgesicherte Schlüsse ziehen. In weiteren Schritten, die dieser Arbeit folgen sollen, sind zunächst die weiteren Phasen des Vorbereitungsprozesses zu beobachten, wobei die relevanten Datenprotokolle direkt vor und während der Konferenz zu erheben sind. Hier bietet sich zur Untersuchung die kombinierte Video- und Audioaufzeichnung sowohl der Vorbereitungstätigkeit als auch der Dolmetschtätigkeit an, letzteres um zu beobachten, wie auf vorbereitete Materialien (AT, Annotationen, andere Aufzeichnungen, Terminologielisten, Laptopsoftware etc.) zurückgegriffen und wie das Ergebnis dieses Rückgriffs im Dolmetschprozess verwendet wird. Mittels weiterer Interviews ist auch zu erforschen, welche thematischen Erwartungen Dolmetscher an eine Konferenz haben, auf die sie sich vorbereitet hatten, und in welchem Grad diese Erwartungen erfüllt werden. Es kommt durchaus vor, dass die Vorbereitung aufgrund der verfügbaren Informationen zur Konferenzthematik sehr fachspezifisch war, in der Konferenz jedoch eher formale Themen dominieren (z.B. Verfahrensdiskussionen, Wahlen, Nachrufe); die Anpassung der Dolmetscher an solche evtl. nicht vorbereitete Szenarien ist eine weitere interessante Forschungsfrage.

Aus den bisher vorliegenden Daten lässt sich vorsichtig schließen, dass die von Gile genannten verschiedenen Vorbereitungsphasen durch den Einsatz sehr unterschiedlicher methodischer Vorgehensweisen gekennzeichnet sind. In der protokollierten Vorbereitungsphase (nach Gile *advance preparation*) steht in der Mehrzahl der Fälle die thematische Orientierung zunächst im Vordergrund, während später der Schwerpunkt stärker auf terminologische Recherche gelegt wird. In der Vorbereitung unmittelbar vor dem Einsatz (Nacht im Hotel, in der Kabine vor Beginn) geht es nach Aussagen der Informanten und Beobachtungserfahrungen vor allem um die Überprüfung der dann vorliegenden Unterlagen auf problematische Stellen (Terminologie, Zitate, Metaphern, Namen und andere Realia). Hier spielt sicherlich das sog. Querlesen eine große Rolle. Bei der Vorbereitung während des Einsatzes (in der dolmetschfreien Zeit) werden entweder ganz kurzfristig eingegangene Vorlagen wie vorstehend geschildert durchgegangen oder bereits vorbereitete Texte werden zur kognitiven Aktualisierung nochmals durchgelesen oder zur Automatisierung von Transferprozessen evtl. stegreifübersetzt. Bei ersterer Vorgehensweise steht die Auffindung terminologischer Probleme im Vordergrund (hier ist die Wörterbuch- bzw. Datenbankarbeit in der Kabine von Bedeutung), bei der letzten wird eher eine Art *mental model* des AT im Gedächtnis gespeichert.

Auch die Frage nach der Software bzw. den Materialien, mit denen Dolmetscher bei der Vorbereitung und im Dolmetschprozess selbst arbeiten, soll weiter verfolgt werden; die Zielsetzung hierbei ist, Aufschluss darüber zu erhalten, welche Funktionalitäten Dolmetscher bevorzugen. Die gewonnenen Informationen können für Arbeiten zugänglich gemacht werden, mit denen die Entwicklung dolmetschspezifischer Software für Wissens-, Auftrags- und Terminologiemanagement vorangetrieben werden soll.

Die übergreifende Zielsetzung empirischer Dolmetschforschung besteht darin, alle Faktoren im Prozess Dolmetschen quantitativ und qualitativ erfassbar zu machen. Hierfür sind umfassende Befragungen und Beobachtungen erforderlich, und die Erhebung solcher Daten ist davon abhängig, dass die Informanten absolutes Vertrauen zu den Versuchsleitern haben. Die häufig praktizierte Vergabe von Datenerhebungsaufgaben an Studierende im Rahmen von Diplomarbeiten scheidet daher als Vorgehensweise aus. Ein bisher weitgehend unerfülltes Desiderat der Forschung zum Konferenzdolmetschen ist die Bewilligung von Fördermitteln für einschlägige Projekte. Auf diese Weise könnten weitere Daten zu Auftragsbedingungen und -abwicklung, zu Interaktion der Aktanden im Konferenzgeschehen, zu AT- und ZT-Profilen und zu Rezipientenbewertungen erhoben werden. Ist eine solche Gesamtbeschreibung gelungen, müsste die Methode unter Berücksichtigung der jeweiligen Gegebenheiten (wie Setting und Rolle des Dolmetschers) generell auf unterschiedliche Dolmetscharten und ihren Bedarf an Qualitätssicherung anzuwenden sein.

5 Literatur

Anderson, Linda (1994): "Simultaneous interpretation: Contextual and translation aspects". In: Lambert, Sylvie & Moser-Mercer, Barbara (eds.) (1994): *Bridging the Gap: Empirical Research on Simultaneous Interpretation.* Amsterdam – Philadelphia: Benjamins. (= Benjamins Translation Library. 3). 101-120.

Bühler, Hildegund (1986): "Linguistic (semantic) and extra-linguistic (pragmatic) criteria for the evaluation of conference interpretation and interpreters". In: *Multilingua* 5 [4], 231-235.

Burgi, Sabine (1994): Vorbereitungsstrategien beim Simultandolmetschen in Theorie und Praxis unter besonderer Berücksichtigung der Bearbeitung von Redemanuskripten durch den Dolmetscher. Unveröff. Diplomarbeit, IÜD der Universität Heidelberg.

Chernov, Ghelly V. (1994): "Message redundancy and message anticipation in simultaneous interpreting". In: Lambert, Sylvie & Moser-Mercer, Barbara (eds.) (1994):: *Bridging the Gap: Empirical Research on Simultaneous Interpretation.* Amsterdam – Philadelphia: Benjamins. (= Benjamins Translation Library. 3). 139-153.

DIN 2345 (1999): "Normen für Übersetzer und technische Autoren". DIN Deutsches Institut für Normung (Hrsg.). Berin: Beuth Verlag.

Driesen, Christiane (2002): "Gerichtsdolmetschen – Praxis und Problematik". In: Best, Joanna & Kalina, Sylvia (Hrsg.) (2002): *Übersetzen und Dolmetschen. Eine Orientierungshilfe.* Tübingen: Francke (= UTB. 2329). 299-306. Gerver, David (1976): "Empirical studies of simultaneous interpretation: a review and a model". In: Brislin, Richard (ed.) (1976): *Translation: applications and research.* New York: Gardner. 165-207.

Gerzymisch-Arbogast, Heidrun & Mudersbach, Klaus (1998): *Methoden des wissenschaftlichen Übersetzens.* Tübingen – Basel: Francke. (= UTB 1990).

Gile, Daniel (1995): *Basic Concepts and Models for Interpreter and Translator Training.* Amsterdam– Philadelphia: Benjamins. (= Benjamins Translation Library. 8).

— (2002): "The Interpreter's Preparation for Technical Conferences: Methodological Questions in Investigating the Topic". In: *Conference Interpretation and Translation* 4 [2], 7-27.

Grabowski, Joachim (2003): "Kongressvorträge und Medieneinsatz: ein Plädoyer für Professionalität". In: *Zeitschrift für Angewandte Linguistik* 39, 53-73.

ISO 9002 (2004): "The ISO Survey of Certifications". Geneva: International Organization for Standardization (www.iso.org).

Kopczyński, Andrzej (1994): "Quality in Conference Interpreting: Some Pragmatic Problems". In: Snell-Hornby, Mary & Pöchhacker, Franz & Kaindl, Klaus (eds.) (1994): *Translation Studies – An Interdiscipline.* Amsterdam – Philadelphia. (= Benjamins Translation Library. 2). 189-198. – wieder in: Lambert, Sylvie & Moser-Mercer, Barbara (eds.) (1994): *Bridging the Gap: Empirical Research on Simultaneous Interpretation.* Amsterdam – Philadelphia: Benjamins. (= Benjamins Translation Library. 3). 87-99.

Kade, Otto (1968): "Kommunikationswissenschaftliche Probleme der Translation". In: Neubert, Albrecht (Hg.) (1968): *Grundfragen der Übersetzungswissenschaft.* Leipzig: Enzyklopädie. (= Beihefte zur Zeitschrift Fremdsprachen. 2). 3-19. – wieder in: Wilss, Wolfram (Hrsg.) (1981): *Übersetzungswissenschaft.* Darmstadt: Wissenschaftliche Buchgesellschaft. (= Wege der Forschung. 535). 199-218.

Kadric, Mira (2000). "Interpreting in the Austrian Courtroom". In: Roberts, Roda P. & Carr, Silvana E. & Abraham, Diana & Dufour, Aideen (eds.) (2000): *The Critical Link 2: Interpreters in the Community*. Amsterdam – Philadelphia: Benjamins. (= Benjamins Translation Library. 31). 153-164.

Kalina, Sylvia (1998): *Strategische Prozesse beim Dolmetschen. Theoretische Grundlagen, empirische Untersuchungen, didaktische Konsequenzen*. Tübingen: Narr. (= Language in Performance. 18).

— (2002a): "Quality in interpreting and its prerequisites – A framework for a comprehensive view". In: Garzone, Giulia & Viezzi, Maurizio (eds.) (2002): *Interpreting in the 21st Century*. Amsterdam – Philadelphia: Benjamins. 121-130.

— (2002b): "Interpreters as Professionals". In: *Across Languages and Cultures* 3 [2], 169-187.

— (2004): "Zum Qualitätsbegriff beim Dolmetschen". In: *Lebende Sprachen* 49 [1], 2-8.

— (2005.): "Quality assurance for interpreting processes". In: *Meta* 50 [2, 769-784.

Kohn, Kurt & Kalina, Sylvia (1996): "The strategic dimension of interpreting". In: *Meta* 41 [1], 118-138.

Kurz, Ingrid (1993): "Conference Interpretation: Expectations of different user groups". In: *The Interpreters' Newsletter* 5. 13-21.

Kutz, Wladimir (2000): "Training für den Ernstfall. Warum und wie sich die Vorbereitung auf den Dolmetscheinsatz lohnt". In: *Mitteilungen für Dolmetscher und Übersetzer* 46 [3], 8-13.

Lamberger-Felber, Heike (1998): Der Einfluss kontextueller Faktoren auf das Simultandolmetschen. Eine Fallstudie am Beispiel gelesener Reden. Unveröff. Diss. Graz: Karl-Franzens-Universität.

Mesa, Anne-Marie (2000): "The Cultural Interpreter: An Appreciated Professional. Results of a Study on Interpreting Services: Client, Health Care Work and Interpreter Points of View". In: Roberts, Roda P. & Carr, Silvana E. & Abraham, Diana & Dufour, Aideen (eds.) (2000): *The Critical Link 2: Interpreters in the Community*. Amsterdam – Philadelphia: Benjamins. (= Benjamins Translation Library. 31). 67-79.

Moser, Peter (1995): *Survey: Expectations of Users of Conference Interpretation. Final Report, commissioned by AIIC*. Wien: SRZ Stadt- und Regionalforschung.

Moser-Mercer, Barbara (1996): "Quality in Interpreting: Some Methodological Issues". In: *The Interpreters' Newsletter* 7. 43-55.

Pöchhacker, Franz (1994): *Simultandolmetschen als komplexes Handeln*. Tübingen: Narr. (= Language in Performance. 10).

— (2000): *Dolmetschen. Konzeptuelle Grundlagen und deskriptive Untersuchungen*. Tübingen: Stauffenburg.

— (2001): "Quality Assessment in Conference and Community". In: *Meta* 46 [2], 410-425.

— (2002): "Researching Interpreting Quality". In: Garzone, Giulia & Viezzi, Maurizio (eds.) (2002): *Interpreting in the 21st Century*. Amsterdam – Philadelphia: Benjamins. 95-106.

Roberts, P. Roda (1997): "Community Interpreting Today and Tomorrow". In: Carr, Silvana E. & Roberts, Roda P. & Dufour, Aideen & Steyn, Dini (eds.)

(1997): *The Critical Link: Interpreters in the community*. Amsterdam – Philadelphia: Benjamins. (= Benjamins Translation Library. 19). 7-26.

Shlesinger, Miriam (1989): "Extending the Theory of Translation to Interpretation: Norms as a Case in Point". In: *Target* 1. 111-115.

Stenzl, Catherine (1989): "From Theory to Practice and from Practice to Theory". In: Gran, Laura & Dodds, John (eds.) (1989): *The Theoretical and Practical Aspects of Teaching Conference Interpretation*. Udine: Campanotto. 23-26.

Wadensjö, Cecilia (1998): *Interpreting as Interaction*. Harlow: Addison Wesley Longman.

Winfried Lange   (Köthen)

Strategien bei Vermittlung und Erwerb von Fachübersetzerkompetenzen in durchgängiger Projektarbeit

1 Vorbemerkung

Das Übersetzen ist eine äußerst problemorientierte und strategiereiche Tätigkeit. Allerdings weisen die in der übersetzungswissenschaftlichen Literatur verwendeten Begriffe 'Problem' und insbesondere 'Strategie' erhebliche Unschärfen auf. Auch in der Spracherwerbs- und Kommunikationsforschung sowie in der Psycholinguistik und Transferwissenschaft wird 'Strategie' unterschiedlich definiert, undifferenziert verwendet oder ausgeblendet (Wode 1988:92ff.; Butzkamm 1993:209f.; Wichter et al. 2001:15, 267ff.; Rickheit & Sichelschmidt & Strohner 2002:154f.). Daher war es von Hans P. Krings verdienstvoll, Übersetzungsstrategien in Anlehnung an die von Claus Færch und Gabriele Kasper (1980) entwickelte Definition zu Kommunikationsstrategien als "potentiell bewußte Pläne eines Übersetzers zur Lösung konkreter Übersetzungsprobleme im Rahmen einer konkreten Übersetzungsaufgabe" (Krings 1986:175) inhaltlich zu bestimmen. Krings unterscheidet zwei Strategieebenen, die Makro- und die Mikrostrategieebene. Die Makrostrategieebene umfasst die in einem Indikatormodell erfassten Übersetzungsprobleme, die Mikrostrategieebene die unmittelbar auf einzelne Probleme bezogenen strategiehaften Vorgehensweisen.

Das Anliegen, Fachübersetzungskompetenzen zu vermitteln und zu erwerben, impliziert in hohem Maße Interdisziplinarität. Gerade die Bearbeitung von Übersetzungsprojekten in der Ausbildung legt die Einbeziehung übersetzungs- und fachwissenschaftlicher Erkenntnisse sowie der im

Übersetzungsvorgang wirkenden psychologischen Mechanismen nahe, die im Gegensatz zum Russischen in unserem Sprachraum bisher kaum ein vordergründiges Anliegen der Forschung waren.

2 Anforderungen an die Ausbildung von Fachübersetzern

2.1 Vermittlung von Teilkompetenzen im Übersetzen

Die politischen und wirtschaftlichen Entwicklungen in der Welt werden zu einer erheblichen Steigerung des Translationsbedarfs führen. Um die anfallenden Aufgaben zu lösen, benötigt der Übersetzer eine 'translatorische Gesamtkompetenz', die auch eine Expertenkompetenz einschließt (Snell-Hornby et al. 1998:341ff.).

Die Übersetzungswissenschaftlerin Gyde Hansen definiert Kompetenz als "die Kombination aus Fähigkeiten, Fertigkeiten und Wissen (darunter auch Fachwissen) [...], die sich in einer Handlungssituation zeigen" (Hansen 1998:341). Was allerdings das Fach- bzw. Expertenwissen ausmacht, in welchem Umfang und wie es im Ausbildungsprozess vermittelt und angeeignet wird, wird nicht ausreichend erläutert oder bleibt zu vage. Das Ziel einer Hochschulausbildung von Fachübersetzern besteht aber gerade darin, die Absolventen zu befähigen, die Kommunikation zwischen Angehörigen verschiedener Sprachen und Kulturen zu gewährleisten und den 'Technologie-Transfer' mitzugestalten. Das Übersetzen von Fach- und Gebrauchstexten setzt die Entwicklung und Integration mehrerer Teilkompetenzen voraus (siehe auch Horn-Helf 1999:298ff.).

- Die Vermittlung von übersetzungstheoretischem Wissen, um theoretisch fundierte praktische Entscheidungen zu erleichtern und Auftraggebern zu begründen, die auf dem Gebiet des Übersetzens Nichtfachleute sind.

- Die Aneignung eines soliden technischen Grundlagenwissens und Urteilsvermögens, das die Einarbeitung in neue Fachgebiete ermöglicht.

- Der Erwerb von Fachsprachenkompetenz und Grundwissen zur Terminologielehre in den jeweiligen Kulturen, der Erwerb von Terminologiebildungsverfahren in den technischen Kommunikationsbereichen.

- Die Entwicklung von Recherchier- und Textsortenkompetenz.

- Die Einübung von Fertigkeiten im Umgang mit Übersetzungstools.

- Die Vermittlung von Grundlagen der Software-Lokalisierung.

- Die Aneignung sozialer, kommunikativer und fachkommunikativer Kompetenz.

- Die Ausprägung von transferwissenschaftlichen Kompetenzen.

- Vermittlung von landeskundlichem Wissen und der Erwerb kultureller und interkultureller Kompetenzen.

- Aneignung der in den jeweiligen Kulturen und Kommunikationsgemeinschaften vorherrschenden Wissensgegebenheiten und Verhaltensmuster.

- Ausprägung von Fertigkeiten zur Problemlösung im Team.

Um mit den Entwicklungen Schritt zu halten, sind nach der von Peter A. Schmitt erarbeiteten Analyse zum Translationsbedarf in Deutschland eine kontinuierliche Marktbeobachtung und translationsdidaktische und methodische Verarbeitung der Informationen und Erkenntnisse im Sinne "einer adaptiven Steuerung des Curriculums" (Schmitt 1993:3) unerlässlich. Das Konzept einer durchgängigen Projektarbeit im Ausbildungsprozess, in der bei der praktischen Lösung von Übersetzungsproblemen zunehmend auch die komplex wirkenden psychologischen Mechanismen reflektiert werden, trägt dazu bei, der Dynamik der Übersetzungspraxis unter den Bedingungen der Internationalisierung und Globalisierung der Märkte Rechnung zu tragen.

2.2 Psychologische Mechanismen beim Übersetzen

Die übersetzungswissenschaftliche Fundierung der Tätigkeit des Übersetzens schließt psycholinguistische, psychologische und sozial-psychologische Aspekte ein. Die psychologischen Grundlagen umfassen psychologische Kenntnisse (Gesetzmäßigkeiten der Entwicklung und Funktionsweise der Psyche, die psychische Widerspiegelung der objektiven Realität durch das Gehirn) und das Wissen um Übersetzungssituationen. Grundlegende Merkmale der Tätigkeit, insbesondere der Redetätigkeit, sind die Gegenständlichkeit und Subjektivität. Realisiert werden diese durch die Verbalisierung, das Übersetzen inbegriffen, die komplexe, abgeleitete Form der Redetätigkeit auf der Basis von Denk- und Redehandlungen und eines kommunikativen Umgangs mit Texten und Äußerungen. Dabei kommt es auf die Erhaltung der gedanklichen Identität zwischen Ausgangs- und Zieltext an, auf die gegenständliche Gebundenheit, auf sinngemäße, kommunikative und strukturelle Ganzheitlichkeit, auf stilistische, soziokulturelle Normen und Typen der Gedankenentfaltung sowie auf die Integration der Zielvorstellungen. Das Übersetzen hat einen gegenständlichen Inhalt, den Gedanken, die verbalen und nicht verbalen Mittel zum Ausdruck des Gedankens, die Bildung und Formgebung des Gedankens als Gegenstand/Objekt der übersetzerischen Tätigkeit und das Resultat/Produkt der Übersetzungstätigkeit.

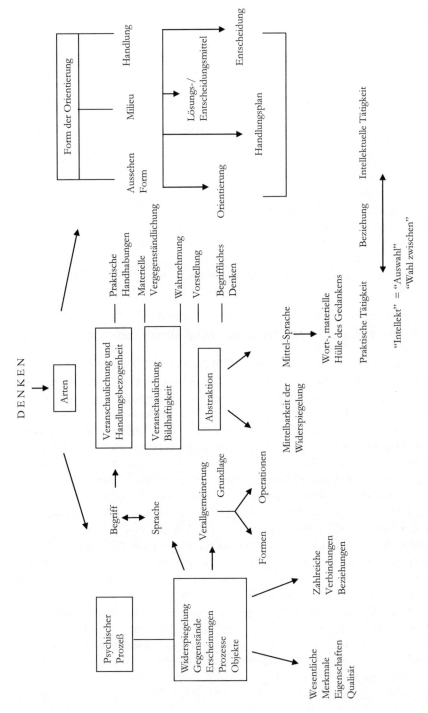

Abb. 2.2.a Mechanismus des Denkens (nach Serova 2001:96)

Auf allen Ebenen des Übersetzens wirken die psychologischen Mechanismen, deren zusammenfassende Darstellung Tamara Serova (2001) in *Psichologija perevoda kak složnogo vida inojazyčnoj rečevoj dejatel'nosti* 'Die Psychologie des Übersetzens als einer Form komplexen fremdsprachlichen Handelns' zu verdanken ist, aufeinander und auf das Subjekt ein. Zu den wichtigsten beim Übersetzen zählen die Wahrnehmung des Sinns, die Wahrscheinlichkeitsvorhersage, das Denken, das Gedächtnis, die Aufmerksamkeit, die Vorstellungskraft und Phantasie. Exemplarisch wird der Mechanismus des Denkens vorgestellt.

Das Denken ist sozial bedingt und ein unmittelbar mit der Redetätigkeit verbundener psychischer Prozess der mittelbaren und verallgemeinerten Widerspiegelung der Wirklichkeit im Verlauf der Analyse und Synthese. Das Denken wird durch Sprache in Begriffen und Verallgemeinerungen vermittelt. In diesem Prozess werden allgemeine Eigenschaften der Gegenstände und Erscheinungen widergespiegelt und gesetzmäßige Verbindungen und Beziehungen zwischen ihnen aufgespürt (Abb. 2.2a).

Im Gegensatz zum sinnlichen, gefühlsmäßigen Erkennen spiegelt das Denken die äußere Welt abstrakt wider. Dabei sind die Logik und die Psychologie des Denkens, wie Sokolov (1968:60) hervorhebt, nicht voneinander zu trennen: In der Wirklichkeit ist jedes Denken logisch und alle logischen Regeln – das ist, letzten Endes, nichts anderes als die mehr oder weniger genaue Verallgemeinerung der grundlegenden Prinzipien der Erkenntnistätigkeit des Gehirns, folglich können die Logik und die Psychologie des Denkens nicht voneinander emanzipiert werden.

Der Mechanismus des Denkens ist eine außerordentlich komplexe Art der Redetätigkeit. Welche Arten des Denkens verkörpern in der Psychologie den Mechanismus der Übersetzung als Redetätigkeit? Das Denken kann in anschaulich-tätigkeitsbezogenes (praktisches), anschaulich-bildhaftes (Wahrnehmung, Vorstellung) sowie das theoretisch-abstrakte Denken (abstrakte Begriffsbildung) unterteilt werden.

Fachübersetzerstudenten müssen eine besondere Art des Denkens herausbilden, das so genannte technische Denken, das vorwiegend mit Vorstellungen und Abbildern arbeitet und das anschaulich-bildhafte Denken erfordert. Das wesentliche Merkmal des abstrakt-logischen (begrifflichen) Denkens besteht dagegen in der mittelbaren Widerspiegelung der Wirklichkeit, weil sich das Denken mit Hilfe von Begriffen vollzieht, die durch Wörter und Wortverbindungen ausgedrückt werden. Das grundlegende Mittel ist die Sprache. Dadurch wird der Gedanke zur unmittelbaren Wirklichkeit. Die wichtigste Bedingung für die Bildung des Gedankens ist also die Redetätigkeit. Ein weiteres Merkmal ist die Verallgemeinerung der Widerspiegelung der Wirklichkeit. Das Denken beginnt immer mit der Schaffung einer Problemsituation und der Entstehung eines Motivs in

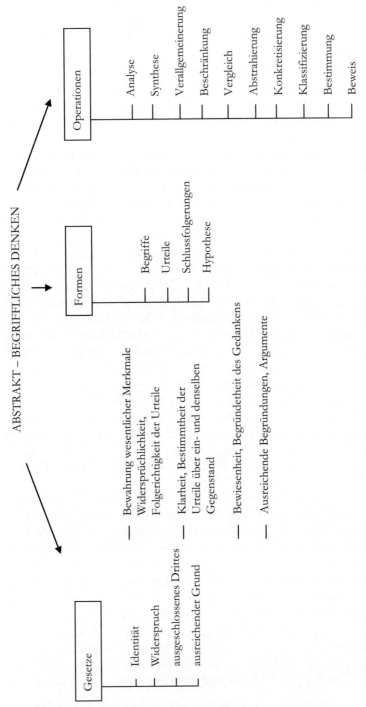

Abb. 2.2b: Mechanismus des Denkens (nach Serova 2001:99)

einer Situation. Das zentrale Bindeglied ist eine Entscheidung, eine Auswahl zwischen möglichen Arten des Handelns. Außerdem ist das Denken eine Form der Orientierung und somit intellektuelle Tätigkeit.

Die Denk- und die praktische Tätigkeit sind eng verbunden. Die Denkprozesse werden durch Assoziationen gewährleistet, d. h. durch elementare Verbindungen zwischen den Vorstellungen und Begriffen. Mittels Assoziationen bleiben Vorstellungen im Gedächtnis und sichern die schnelle Suche von Informationen. Für die Charakterisierung des Denkens ist auch die Frage nach den Gesetzmäßigkeiten und Formen von Bedeutung. Die Gesetzmäßigkeit des Denkens verkörpert die innere, notwendige, wesentliche Beziehung zwischen den Gedanken während des Prozesses des Urteilens. Es gibt formal-logische und dialektische Denkgesetze. Die ersteren bedingen die Richtigkeit des Urteilens und ermöglichen das Verstehen von Texten. Das Denken vollzieht sich nicht nur nach bestimmten Gesetzen, sondern auch in bestimmten Formen, in Begriffen, Urteilen, Schlussfolgerungen (Abb. 2.2b). Die Form des Denkens ist die Art der Verbindung zwischen den Bestandteilen des Gedankens, ihr Aufbau, demzufolge der Inhalt existiert und die Wirklichkeit widerspiegelt. Im Unterschied zur formalen Logik, die den Begriff als Form des Denkens charakterisiert, die den Gegenstand in seinen wesentlichen und unwesentlichen Merkmalen widerspiegelt, erforscht die Psychologie des Denkens den Begriff im komplizierten System von Beziehungen und Verbindungen, in ständiger Entwicklung, die durch die menschliche Tätigkeit verursacht wird. In diesem Zusammenhang sind die Ausführungen von Arsen'ev, Bibler und Kedrov (1967:396) aufschlussreich, weil sie in *Analiz razvivajuščegosja ponjatija* 'Analyse der Entwicklung des Begriffs' vier wichtige Seiten des Begriffs hervorheben.

- Die Herkunft: Bestimmung des Begriffs als Verallgemeinerung der Erfahrung.
- Der Inhalt und die gnoseologische Bedeutung: der Begriff ist das subjektive Abbild der objektiven Welt, der Widerspiegelung des Objekts im Bewusstsein.
- Die Struktur: Umfang und Inhalt, d.h. die qualitativen und quantitativen Merkmale des Begriffs.
- Die Bestimmung: der Begriff ist Instrument eines beliebigen theoretischen Urteils. Der Umgang damit ist kompliziert, doch die Aufgabe eines jeden denkenden Menschen.

Hingegen lautet die Formel zur Bestimmung eines wissenschaftlichen Begriffes, z.B. Verfahrenstechnik oder Elektronik "Begriff = Oberbegriff + wesentliche Merkmale" (vgl. Arntz & Picht & Mayer 2002:62). Der Begriff erfüllt mehrere Funktionen: er ist Gegenstand des Urteilens, Ergebnis der Entwicklung des Gedankens, Mittel der Erkenntnis, Methode des

Verstehens und Werkzeug der Denktätigkeit. Er ist aber auch Tätigkeit, der Prozess der Umgestaltung des idealisierten Gegenstands. Der Sprache gebührt darin, so postuliert Vygotskij, der Stellenwert einer treibenden Kraft des Begriffs, sie ist "die spezifische Anwendung des Wortes, die funktionale Anwendung des Zeichens als Mittel der Bildung von Begriffen" (Vygotskij 1983:133).

Die zweite Form des Denkens ist das Urteil, die Widerspiegelung der Verbindungen zwischen den Gegenständen und Erscheinungen der Wirklichkeit, zwischen ihren Eigenschaften und Merkmalen. Es existieren wahre und falsche, allgemeine und spezielle und einzelne Urteile. Urteile stellen die einfachsten Denkhandlungen dar und treten in Form von Bestätigungen oder Negationen in Sätzen auf. Das Subjekt des Urteils entspricht nach der Theorie der aktuellen Satzgliederung dem Thema und das Prädikat des Urteils dem Rhema. In Abhängigkeit davon, was bestätigt oder negiert wird, die Zugehörigkeit eines Merkmals zu einem Gegenstand, die Beziehungen zwischen den Gegenständen, die Tatsache, das Faktum der Existenz, unterscheidet man attributive Urteile, Beziehungsurteile und existentielle Urteile. Die Beziehungsurteile beinhalten die Beziehungen der Gleichheit und Ungleichheit, der Verwandtschaft, räumliche, zeitliche, Grund-Folge-Beziehungen etc.

Eine wichtige Denkform ist die Schlussfolgerung, die Verbindung zwischen Gedanken, in deren Ergebnis aus einem oder mehreren Urteilen neue Urteile entstehen. Auf der ersten Etappe des Übersetzungsprozesses sind Schlussfolgerungen ein wichtiges Glied zwischen der Lese- und Übersetzungsphase, deren Produkt aus zwei Komponenten besteht, aus den Schlussfolgerungen und dem Text der Äußerung. Um den Übersetzungstext zu erzeugen, trifft der Übersetzer Sinnentscheidungen auf der Grundlage von Schlussfolgerungen auf verschiedenen Ebenen der Ver- und Bearbeitung des Sinns des Ausgangstexts, um den Gedanken des Autors nachzubilden. Steht der Schluss (das neue Urteil), folgen wir den Regeln der Logik, nach der Voraussetzung so stehen davor Ausdrücke wie *folglich, es bedeutet, deshalb, daraus folgt, auf diese Weise*. Steht das Urteil vor der Voraussetzung, dann folgen *weil, denn* und andere Ausdrücke. Auf diese Weise ist es dem Übersetzer möglich, schon nach einem bis zwei Sätzen zum Beispiel in einem Zeitungsartikel Informationen und Gedanken herauszuziehen und Informationen zu er- bzw. verarbeiten.

Im Zusammenhang mit den Schlussfolgerungen spielt die Bildung von Hypothesen eine große Rolle. Die Hypothese stellt eine besondere Form der Entwicklung menschlicher Kenntnisse dar, eine Annahme, die die Eigenschaften und Gründe der zu untersuchenden Erscheinungen erklärt und einen neuen Denkgegenstand erzeugt. Die Hypothese ist ein komplizierter logischer Prozess, an dem unterschiedliche Schlussfolgerungen beteiligt sind. Die Hypothese besteht aus dem Ausgangsmaterial, der Ver-

und Bearbeitung und dem logischen Übergang und der Formulierung. Nach dem Untersuchungsgegenstand werden allgemeine, spezielle und Arbeitshypothesen unterschieden. Allgemeine Hypothesen, sobald sie bewiesen sind, werden zu wissenschaftlichen Theorien. Das Denken ist die höchste Form der Tätigkeit des Bewusstseins und besteht aus verschiedenen Denkoperationen, die, so A. N. Leont'ev (1977: 47), Mittel des Denkens, aber nicht das Denken selbst sind. Zu den Denkoperationen zählen: die Analyse, Synthese, Verallgemeinerung, Vergleich, Abstraktion, Konkretisierung, Klassifizierung, Beweis. Eine erfolgversprechende Rezeptur im Ausbildungsprozess lautet: von den allgemeinen Denkformen, Gesetzen, Regeln, Operationen über Demonstration beim Lesen in der Muttersprache, zur Gruppierung, Organisation und Arbeit an Sprachmitteln und Texten unter Berücksichtigung der Gesetze der Logik und Psychologie des Denkens zu einem Aufgaben- und Übungssystem zum Lesen und Übersetzen in der Fremdsprache.

3 Projektarbeit, der Königsweg zur Entwicklung von Übersetzungskompetenzen

3.1 Ziele, Definition, Arten eines Projekts

Auf der Grundlage der früher erworbenen und an der Hochschule vertieften Lernstrategien (O'Malley & Chamot 1990:46) und Studienfertigkeiten (Jordan 1997:7) werden die einzelnen Übersetzungsfertigkeiten und Teilkompetenzen vermittelt. In diesem Kontext bietet Projektarbeit den Studierenden die Möglichkeit, das praktisch anzuwenden, was sie im Unterricht gelernt haben, denn Projektarbeit involviert viele Fertigkeiten und ist auf einen Gegenstand oder ein Thema fokussiert, sie setzt das Zusammenwirken der Studenten voraus und hat ein konkretes Ergebnis zum Ziel. Pauline Robinson in *ESP Today* hebt drei Aspekte hervor:

> A project [...] involves students in some out-of-class activities' und 'has a clear target or end-product.

> Project work is particularly appropriate [...], since 'doing a project' may well be a requirement for a university student [...].

> [...] project work may also involve activation of all language skills and importantly at the discretion of the student. (Robinson 1991:50-51)

In diesem Sinne, so fasst Jordan in *English for Academic Purposes* die Vorteile der Projektarbeit zusammen,

> [...] it will serve as a realistic vehicle for fully integrated study skills and language practice. If carefully chosen, the project [...] can become all-engrossing and provide a motivation of its own. (Jordan 1997:67)

Haines (1989:5) unterscheidet vier Projektarten. Bloor und St John (1988: 86) hingegen drei Typen.

3.2 Merkmale und Schritte eines Projekts

Ein Projekt durchläuft mehrere Entwicklungsstufen, über die im großen und ganzen Einigkeit besteht (Fried-Booth 1990:9-10; Sheppard & Stoller 1995:11-13). Für die Projektarbeit in der Fachübersetzerausbildung eignet sich die von Bloor und St John (vgl. Jordan 1997:68) erarbeitete Zusammenstellung der Prozesse während der Arbeit am Projekt, die eine Kombination von Prozess und Produkt impliziert (Abb. 3.2). Die Projektstufen verdeutlichen unter anderem, dass sich die Fertigkeitsentwicklung unabhängig von den Zielen kumulativ oder in Schichten entwickelt, wobei die Grundlage die fünf Fertigkeiten, das Übersetzen eingeschlossen, bilden. Die Progression der Fertigkeiten ist für alle Projektarbeit charakteristisch. Insofern ist der von Fried-Booth präsentierte "Layered Approach" (1990: 47) durchaus exemplarisch.

Stages	Activities	Skills
Teacher's introduction	Specifying the task	Discussion
Planning	Finding relevant literature	Library reference skills
	Selecting interesting texts	Speed reading/skimming/scanning
	Making a proposed reading list	Basic bibliography preparation
	Establishing topic	Writing: headings/note form
	Outlining proposals	
Consultation and revision	Presenting written proposals to group/supervisor	Consultancy skills/discussion
Preparation	Reading on the topic	Intensive reading
(Tutor consultation)	Summarising literature	Note-taking/paraphrasing
	Organising ideas	'Realisation of schemata'
	Taking a position	
Drafting	Writing the body of the text	Advanced writing skills
(Tutor consultation)	Checking message	Use of dictionaries/reference
	Revising and rewording	Books/notes
	Re-ordering	
Writing-up	Writing introduction, conclusion	Advanced summarising

(Tutor consultation)	Contents, index, bibliography	Research skills
	Layout	Proof reading
	Checking for accuracy	
Presentation	Binding, titles, acknowledgements	Seminar skills
	Oral presentation to group	

Abb. 3.2: Project writing: Stages, activities and skills for literature-based projects (Bloor &St John 1997:68)

4 Material und Bewertung

Neben den Aufgabenstellungen (tasks, assignments) im Rahmen der Über-setzungsübungen oder Fachübersetzungsseminare muss jeder Student vom zweiten Semester an ein außerunterrichtliches, individuelles, allgemein-sprachliches Übersetzungsprojekt in kleinen Arbeitsgruppen von 1-4 Stu-denten und vom dritten Semester an auch ein spezielles fachsprachliches Projekt pro Semester im Umfang von 10-13 Seiten erarbeiten, wobei es je-weils um verschiedene Textsorten geht, wie zum Beispiel Hochschulkata-loge, Kochbücher, Lehrbücher, Broschüren, Sachbücher, Monographien, Zeitschriftenartikel, Handbücher usw.. Der Schwierigkeitsgrad der sprach-lichen, fachlichen und qualitativen Anforderungen ist steigend und korre-liert mit den Schwerpunkten der Sachfachausbildung (Lange 2004:624, 639f.). Die Thematik der wirtschaftswissenschaftlichen Projekte bildete beispielsweise die Unternehmenskommunikation, die der verfahrenstech-nischen Trennvorgänge durch Masse- oder Stoffübertragung (Extraktions-vorgänge, Übertragungsoperationen, Fraktionskolonnen). Ausschlaggebend für die Themenwahl waren:

- Ein allgemeines fachliches Interesse.
- Erworbene Grundkenntnisse.
- Eigene Erfahrungen im Umgang mit Alltags- und Fachthemen.
- Verfügbarkeit des Textmaterials.
- Angemessener Schwierigkeitsgrad.
- Vorbereitung auf das Praktikumssemester.
- Vorbereitung auf das Examen und die Diplomarbeit.
- Zwang zur Zusammenarbeit in Gruppen und zwischen Gruppen.
- Hinführung zur und Annäherung an die Bewältigung realer Überset-zungsaufträge in der Praxis.

Die Bewertung der Arbeiten erfolgt anhand eines Rasters, dessen zugrunde liegenden Kriterien sich als äußerst praktikabel erwiesen haben: Gesamt-eindruck (Gestaltung und Layout, Gliederung, Terminologieaufbereitung/

Wortschatzdateien, Literaturangaben), Kommunikationswert (sachliche Richtigkeit, Adäquatheit/Äquivalenz, Stil und Ausdruck, Umfang und Vollständigkeit), Fehler (Fachlexik, Grammatik, Orthographie und Zeichensetzung, Komplexität der Sprachstrukturen).

In den eingereichten Projekten traten gehäuft bestimmte Fehler und Verstöße auf:

- Uneinheitlichkeit in Form und Layout, obgleich die Studenten genaue Hinweise erhalten hatten.
- Nichtbeachtung der Textsortenkonventionen (Fehler in der Wiedergabe der Makrostruktur und Textgliederung, Verwendung umgangssprachlicher Ausdrücke, Stilverstöße)
- Verletzung von Äquivalenz- und Textebenen (nach dem russischen Übersetzungswissenschaftler Komissarov 1973:78ff. besonders die Ebene der Zeichen und Äußerung) und des Sprachsystems, wie z.B. Verstöße gegen die Terminologie, Schreibfehler, Kollokationen, präpositionale Wendungen, kulturbedingte Ausdrücke, falsche Verwendung von Genus verbi, Zeitformen und Modalverben, Fehler in der Satzgliedfolge, Thema-Rhema und Interferenz und Stilfehler.

Wie sich gezeigt hat, erfordern die Übersetzungsprojekte

(a) Landeskundliche Kenntnisse, Hintergrundkenntnisse und Recherchierkompetenzen.

(b) Die Beachtung von Diskursdimensionen bzw. -kontexte und der Partikularitätsdimensionen, d.h. der Aspekte, die Unterschiede zwischen den Sprachen hervorheben und die das Verstehen und Erzeugen geschriebener 'Texte-in-Kontext' als Handlungen ausweisen, die das Besondere hervorheben.

(c) Die Beachtung der Textsortentypologien und die Zuordnung der Texte zur fachexternen bzw. fachinternen Kommunikation.

(d) Die Berücksichtigung der Kulturspezifik in der fachlichen Kommunikation. Schmitt (1999) unterscheidet 15 Ausprägungen in Fachtexten, darunter formale Aspekte (nonverbale Elemente, Layout, Typographie), die Makrostruktur, Standardformulierungen, ausgangskulturbezogene Informationen, Beispiele, Produktempfehlungen, Stil, Begriffsmerkmale, Begriffshierarchien).

(e) Die Arbeit mit Paralleltexten und Einhaltung der Textsortenkonventionen.

(f) Die Anwendung von Übersetzungstransformationen (Transpositionen, Modulationen, Substitutionen, Weglassungen).

(g) Die Kenntnis der Verfahren zur Schließung einer lexikalischen Lücke. Solche Lücken ergaben sich vor allem bei Realia-Bezeichnungen. Die vorgeschlagenen Lösungen umfassten die Übernahme des fremdsprachigen Ausdrucks, die Lehnübersetzung, den Gebrauch eines in der

Zielsprache in ähnlicher Bedeutung verwendeten Ausdrucks, die definitorische Umschreibung, die gelegentlich auch in einer Fußnote oder Anmerkung gegeben wurde, die Adaption, d.h. der Ersatz des Sachverhalts, der im Kommunikationsprozess eine vergleichbare Funktion hatte.

(h) Einsichten in Terminologiebildungsmechanismen und -hierarchisierung sowie in kulturabhängige Begriffsinkongruenzen (Meßmethoden, Gleichungssysteme, Klassifizierung von Fachgebieten).

(i) Umfangreiche Computernutzung und Datenaustauschfertigkeiten,

(j) Anwendung von Terminologieverwaltungs- und Übersetzungsmanagementkompetenzen.

In wirtschaftsorientierten und technischen Übersetzungen dominiert der Zweck. Dadurch rückt der Rezipient in den Mittelpunkt. Die wesentliche Invariante in der Fachübersetzung ist der Bezug, die Referenz auf den Sachverhalt und nicht auf die Denotation, die Darstellung des außersprachlichen Sachverhalts im Text. Die Fakten müssen sachlich korrekt und logisch dargestellt werden (Horn-Helf 1999:110). Eine weitere Invariante ist die Terminologie des betreffenden Fachs. Termini werden nicht übersetzt, sondern ersetzt, es sei, es handelt sich um interlinguale Entlehnungen wie Fremdwörter, Lehnwörter, Lehnübersetzungen.

5 Zusammenfassung

Kontinuierliche Projektarbeit im Ausbildungsprozess ist ein unverzichtbares Mittel, um Fachübersetzungskompetenzen zu vermitteln und zu erwerben, diese in Situationen selbständig auszuprägen, die der beruflichen Praxis nahe kommen. Projektarbeit involviert mehrere Sprachtätigkeiten und Fertigkeiten, erfordert Eigeninitiative und Kreativität und weckt das Bewusstsein für Problemlösungsstrategien. Aus psychologischer Sicht handelt es bei Strategien um situationsabhängige Entscheidungsregeln zur Auswahl einzelner Handlungsalternativen, gewissermaßen "das durch eine Hypothese induzierte Handlungsprogramm" zur Informationsgewinnung und Informationsverarbeitung (Clauß et al. 1976:514) im Übersetzungsprozess. Da die Curricula der Ausbildungseinrichtungen der Psychologie des Übersetzens in der Regel nur wenig Beachtung schenken, kommt es auch darauf an, den Blick der Lehrenden für die psychologischen Probleme des Übersetzens zu schärfen, um ein Klima zu erzeugen, das die Absolventen befähigt, sich im Berufsalltag im Interesse der Bewältigung der anstehenden Übersetzeraufgaben auch mit solchen Fragestellungen auseinander zu setzen.

Die Psychologie des Übersetzens ist ein wichtiger Bestandteil in der Übersetzungstheorie und -wissenschaft, weil sie den Prozess deutlich vom Produkt der Übersetzungstätigkeit, dem Text, abgrenzt und das Subjekt, den Übersetzer, im Rahmen der Redetätigkeit hervorhebt. Im psychologischen Sinn geht es um die Bewusstmachung des aufgenommenen Gedankens, das Verstehen und Umformen des Sinns nach einem inneren Programm und um die Bildung und Formulierung der Äußerung in einer anderen Sprache. Die Berücksichtigung der psychologischen Mechanismen gestattet es, sich im Ausbildungsprozess auf die individuellen psychologischen Besonderheiten, den Gegenstand der Übersetzungstätigkeit und den Charakter der Kommunikation sowie die Besonderheiten der kommunikativen Situationen des Übersetzens als Redetätigkeiten und die psychologische bzw. psycholinguistische Analyse des Textes als Gegenstand der Wahrnehmung und Bewusstmachung zu konzentrieren (Abb. 5). Dazu eignet sich unter anderem ebenfalls Projektarbeit, die überdies das Motivationsgefüge verbessert und eine solide Einschätzung der Übersetzungsleistungen gestattet, denn 'Projekte sind 'unique', 'informed', 'focused', 'set apart, yet relevant', 'time-bound' und 'managed' (Cottrell 2003: 200). Aus diesem Grunde ist Sheppard und Stoller durchaus zuzustimmen, dass

> [...] project work will also include [...] students' enhanced awareness of their language needs, integrated skills practice, and conceivably, a more stimulating and satisfying learning and teaching experience for students and teachers alike. (Shepppard & Stoller 1995:15)

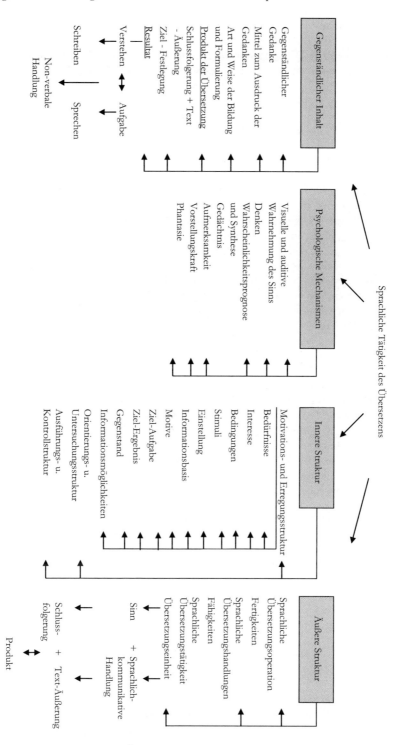

Abb. 5: Sprachliche Tätigkeit des Übersetzens (nach Serova 2001: 8)

6 Literatur

Arntz, Reiner & Picht, Heribert & Mayer, Felix (Hrsg.) (2002): *Einführung in die Terminologiearbeit*. Hildesheim – Zürich – New York: Georg Olms.

Arsen'ev, Anatolij Sergeevič & Bibler Vladimir Solomonovič & Kedrov, Bonifatij Michajlovič (1967): *Analiz razvivajuščegosja ponjatija*. Moskva: Prosveščenie.

Bloor, M. & St John, M. J. (1988): "Project writing: the marriage of process and product". In: Robinson, Pauline C. (ed.) (1988): *Academic Writing: Process and Product*. London: Modern English Publications. (= ELT Documents. 129). 85-94.

Butzkamm, Wolfgang (²1993): *Psycholinguistik des Fremdsprachenunterrichts. Natürliche Künstlichkeit: Von der Muttersprache zur Fremdsprache*. 2. Aufl. Tübingen – Basel: Francke. (= UTB. 1505).

Clauß, Günter & Kulka, Helmut & Lompscher, Joachim & Rösler, Hans-Dieter & Timpe, Klaus-Peter & Vorwerg, Gisela (Hrsg.) (1976): *Wörterbuch der Psychologie*. Leipzig: VEB Bibliographisches Institut.

Cottrell, Stella (²2003): *The Study Skills Handbook*. 2nd ed. Houndmills – Basingstoke – New York: Palgrave MacMillan.

Færch, Claus & Kasper, Gabriele (1980): "Processes and strategies in foreign language learning and communication". In: *Interlanguage Studies Bulletin Utrecht* 5 [1], 47-118.

Fried-Booth, Diana L. (1990): *Project Work*. Oxford et al.: Oxford University Press.

Haines, Simon (1989): *Projects for the EFL classroom: Resource material for teachers*. Walton-on-Thomes, Surrey: Nelson.

Hansen, Gyde (1998): "Die Rolle der fremdsprachlichen Kompetenz". In: Snell-Hornby, Mary & Hönig, Hans G. & Kußmaul, Paul & Schmitt, Peter A. (Hrsg.) (1998): *Handbuch Translation*. Tübingen: Stauffenburg. 341-343.

Horn-Helf, Brigitte (1999): *Technisches Übersetzen in Theorie und Praxis*. Tübingen – Basel: Francke (= UTB 2038).

Jordan, Robert R. (1997): *English for Academic Purposes. A guide and resource book for teachers*. Cambridge – New York – Melbourne: Cambridge University Press.

Komissarov, Vilen Naumovič (1973): *Slovo o perevode*. Moskva: Meždunarodnye otnošenija.

Krings, Hans P. (1986): *Was in Köpfen von Übersetzern vorgeht. Eine Untersuchung zur Struktur des Übersetzungsprozesses an fortgeschrittenen Französischlernenden*. Tübingen: Narr.

Lange, Winfried (2004): "Der Faden der Ariadne oder der Erwerb von Übersetzerkompetenzen durch Projektarbeit. In: Fleischmann, Eberhard & Schmitt, Peter A. & Wotjak, Gerd (Hrsg.) (2004): *Translationskompetenz*. Tübingen: Stauffenburg (= Studien zur Translation. 14). 623-640.

Leont'ev, Aleksej Nikolaevič (1977): *Dejatel'nost'. Soznanie. Ličnost'*. Moskva: Prosveščenie.

O'Malley, J. Michael & Chamot, Anna Uhl (1990): *Learning Strategies in Second Language Acquisition*. New York et al.: Cambridge University Press.

Rickheit, Gert & Sichelschmidt, Lorenz & Strohner, Hans (2002): *Psycholinguistik*. Tübingen: Stauffenburg.

Robinson, Pauline C. (1991): *ESP Today: A Practioner's Guide*. New York et al.: Prentice Hall.

Schmitt, Peter A. (1993): "Der Translationsbedarf in Deutschland. Ergebnisse einer Umfrage". In: *Mitteilungen des BDÜ* 5, 3-9.

Serova, Tamara Sergeevna (2001): *Psichologija perevoda kak složnogo vida inojazyčnoj rečevoj dejatel'nosti*. Perm': Permskij gosudarstvennyj techničeskij universitet.

Sheppard, Ken & Stoller, Fredricka L. (1995): "Guidelines for the Integration of Student Projects into ESP classrooms". In: *English Teaching Forum* 33 [2], 10-15. – http://exchanges.state.gov/forum/vols/vol33/no2/p10.htm (26.08.2006).

Snell-Hornby, Mary & Hönig, Hans G. & Kußmaul, Paul & Schmitt, Peter A. (Hrsg.) (1998): *Handbuch Translation*. Tübingen: Stauffenburg.

Sokolov, A. N. (1968): *Vnutrennjaja reč' i myšlenie*. Moskva: Prosveščenie.

Vygotskij, Lev Semenovič (1983): *Sobranie sočinenij*. Moskva: Prosveščenie.

Wichter, Sigurd & Antos mit Schütte, Daniela & Stenschke, Oliver (Hrsg.) (2001): *Wissenstransfer zwischen Experten und Laien. Umriss einer Transferwissenschaft*. Frankfurt am Main u. a.: Peter Lang (= Transferwissenschaften. 1).

Wode, Henning (¹1988): *Einführung in die Psycholinguistik. Theorien, Methoden, Ergebnisse*. 1. Aufl. Ismaning: Hueber.

Lisa Link   (Flensburg)

Linguistic analysis of computer-mediated communication in online translator training

1 Introduction

Computer-mediated communication (CMC) has become an increasingly common communication form in learning contexts in higher education over the past fifteen years. In the context of online learning in campus-based higher education, CMC plays a crucial role, particularly when it replaces the task-oriented face-to-face communication of conventional course meetings. It is generally known that effective use of CMC requires specific communicative competencies, yet there seems to be a tendency to focus on teaching students the requisite media skills for working with CMC tools rather than on addressing their communicative implications. Hence, many students know how to post a message to a web-based discussion forum and use an e-mail program or a chat tool, yet they are often oblivious to the influence CMC has on the communication process.

This article discusses linguistic research focussing on asynchronous computer-mediated communication in online translator training. Before going into the details of the study at hand, the following section will first set the stage by giving a definition and overview of CMC, followed by a brief summary of current trends in CMC research. With this background information, the research project, its data basis and the selected research methodology will then be discussed in more detail.

2 Computer-mediated communication

CMC can be simply defined as "communication that takes place between human beings via the instrumentality of computers" (Herring 1996:1). The most common types of CMC are e-mail, newsgroups, chat, discussion forums as well as Internet-telephoning and net conferences.

As is the case with other forms of communication, CMC can be classified according to different attributes, for example:

- synchronous vs. asynchronous
- one-to-one (1:1), one-to-many (1:n), many-to-many (n:n)
- push or pull communication

Chat and net conferences are examples of synchronous forms, whereas e-mail and discussion forums represent asynchronous CMC. The classification of CMC as being 1:1, 1:n or n:n communication is context dependent, e.g. chat can be utilised for both 1:1 or for n:n communication. CMC can also be classified as being based on push or pull technology. In a push system, the sender is in control of the distribution process. In a pull system, the recipients need to find and retrieve the information. E-mail is an example of a push system and a bulletin board or discussion forum are examples of a pull system.

2.1   Research on CMC

Research on CMC has been carried out since its inception. One of the first articles on CMC's impact on language appeared as early as 1984 (Baron 1984). Whereas initial research tended to generalise about CMC without differentiating between the various forms and types of uses (cf. Runkehl & Schlobinski & Siever 1998), subsequent studies have revealed that the communication processes in CMC are influenced by various situative and technical factors making it much more complex than originally envisaged (Herring 2003).

At present, studies on CMC are distributed among various disciplines and research areas. Communication, computer and cognitive scientists, psychologists, sociologists and linguists are all involved in research on various aspects of CMC.

In the field of linguistics, an abundance of research has been carried out in the past ten years to describe the linguistic form and structure of CMC. By far the most often investigated phenomena in this connection is language use in CMC and its relation to written and spoken language. The majority of linguistic studies to date focus on the macrolevel and the methodology used in these studies is characteristic of the research approach used in the initial phase of any new medium – research is carried out by analogy. Hence, conventional models developed for established forms of communication are simply applied to the new communication form CMC. The new modes of communication made possible through CMC are thus contrasted in analogy to conventional forms. This is clearly evident in studies where e-mail communication is simply seen as an electronically accelerated form of traditional correspondence or chat communication as a transformation of face-to-face communication (cf. Bittner 2003:38).

At present, members of the linguistic community are calling for a shift in the focus of research moving away from the generalities on a macro-level to the analysis of individual forms of text and discourse on a micro-level (Dürscheid 2003:14). Other linguistic researchers (Bittner 2003; Herring 2003) argue that the complexity of CMC also necessitates using a variety of analysis methods. Studies addressing both of these demands should, in turn, reveal to what extent traditional methods are suitable or whether new approaches are required.

3 Details of the research study

As mentioned in the previous section, an abundance of linguistic research on various aspects of CMC has been carried out in the past. Nevertheless, there is still a lack of empirical research to date on individual forms of CMC on the micro-level. The research study described here singles out discussion forums as one form of asynchronous CMC in online translator training in higher education.

In online instructional settings, discussion forums are often used as the main means of computer-mediated group communication as they offer a high degree of flexibility to the users. As opposed to chat, where the communication partners have to be simultaneously online, postings to discussion forums can be written and read at any time. Another reason supporting the use of discussion forums in instructional settings is that they can offer two successive communication functions. Firstly, they should facilitate task-oriented communication between two or more participants, and then secondly, they should subsequently serve as an information pool for other participants. Although the first function might initially be seen by some as being of greater significance, within the framework of e-learning the second function is of equal importance. Helmut Fritsch from the Fernuniversität Hagen in Germany coined the term 'witness learning' in 1998 to describe the indirect learning possibilities of learners, who do not actively take part in interactions, but learn from witnessing the interactions of others. In virtual learning environments, participants have ranked "witnessing" (i.e. reading) the interactions of others in discussion forums high among the things from which they have benefited (Fritsch 1998; Link 2002).

The focus of interest in the study described here is an analysis of the double function of discussion forums in instructional settings in higher education. As its starting point, this study postulates that the communication taking place in discussion forums in instructional settings does not automatically satisfy both functions. The objective of the linguistic analysis is to explicate the linguistic structure of this communication form in order to establish how it can be optimised to satisfy both functions in this particular context.

In this connection it is important to note that the objective of optimising this communication assumes that different degrees of quality and different quality criteria apply to various communication situations.

3.1 Data basis

The data under study consist of authentic postings by students and tutors written in connection with an Internet-based distance-learning module on computer-aided translation. The data were collected during two separate courses – the first during winter semester 2001/02 and the second in winter semester 2002/03. The course was offered to students in their third semester of study in the Department of Technical Translation at the Flensburg University of Applied Sciences. The course module is divided into two sections: one section deals with the theoretical basis of computer-aided translation and the second with practical training including software assignments with a translation workbench application. The learning module and the discussion forums were integrated in a virtual project room of a computer-supported cooperative work platform on the Internet. The project room was only accessible to participating students and tutors. Students and tutors met in face-to-face meetings three times during the semester: at the beginning, midway and at end. The majority of task-oriented communication throughout the course took place in the discussion forums. The postings to the discussion forums from the first course were left in the virtual project room so that students in the second course could have access to them.

Thirteen students participated in the first course, nineteen in the second. None of the students had previously participated in an online course. Although all of the students were familiar with using e-mail and the Internet, only a total of eight from both courses had previous experience with discussion forums or chat. During the first course 65 initiative postings were placed in the forums and 156 reactive or reactive-initiative postings. In the second course, the students and tutors placed 55 initiative and 98 reactive or reactive-initiative postings in the discussion forums. Students in the first course accessed the postings a total of 1416 times, in the second course, 2680 times. The high number in the second course can be attributed to students accessing the postings to the discussion forums from the previous course. Although these access numbers only indicate that a posting was clicked on, considering the high numbers per student, one can assume that the postings were also read. This in turn supports the idea of 'witness learning' and the assumption that students utilise the postings in the discussion forums as a source of information.

3.2   Research methodology

The following brief description of the communication taking place in the discussion forums under study provides the requisite context for the subsequent discussion of the research methodology.

First of all, the communication is task-oriented, and predominantly consists of question-answer sequences. The communication in this type of discussion forum usually takes place spontaneously, for example when a student is faced with an acute problem that hinders his or her learning progress, and represents a process, characterised by interactivity and reciprocity. In this sense, the communication represents a type of discourse. In its second function as a source of information for those students who did not directly participate in the communication process, the discussion forum postings serve yet a different purpose and can be subsequently categorised as informational texts. As a consequence of this duality – communication as a process and communication as a product – a suitable method for analysing the data must take into account aspects of both discourse and text analysis.

If one examines the various linguistic studies on CMC and the methodology used, it becomes clear that for the most part current linguistic analysis tends to be constrained by the dichotomous division between text and speech or spoken versus written language. Following this line of thinking in choosing an analysis model for the various forms of CMC results in transferring this dichotomy to CMC. At present, synchronous forms of CMC are generally seen as speech or quasi-speech and asynchronous forms as a type of text. Thus, it is often argued that synchronous CMC is a topic for conversation or discourse analysis and asynchronous CMC for text linguistics (Dürscheid 2003:10). This rigid classification however disregards some important and somewhat novel aspects of CMC.

The notion that the dichotomy spoken vs. written text is inadequate is by no means new. In 1988 in his book *Variation across speech and writing*, Biber illustrates that the traditional dichotomy between speech and writing is insufficient and states that "no single dimension adequately accounts for the range of linguistic variation across spoken/written texts" (Biber 1988: 385). Various approaches have been developed to further differentiate between this simple distinction. One of the approaches is the model of Koch and Oesterreicher (1994). Their model proposes a distinction between the medium and the concept of communication. Thus, their model takes into account that verbal communication can exhibit linguistic characteristics of written language just as those of spoken language can emerge in written communication. Following this, the two conceptional varieties of spoken and written language are not exclusively tied to their medium. Whereas the medial distinction is dichotomous in that communication is either realised graphically, i.e. in written form or phonically, the conceptual distinction between the poles 'conceptually written' and 'conceptually spoken' exists as a continuum. For the variance of communication, Koch and Oesterreicher place particular importance on the communication conditions which place 'communicative nearness' and 'communicative distance' at the opposite ends of the scale. The communication conditions with the exception of physical nearness and distance are of a gradual nature and are classified according to their degree, for example the degree of spontaneity, or the degree of familiarity of the communication partners. According to this model, a formal lecture may be placed in the range of conceptually written although its medium is verbal and a personal letter to a close friend as conceptually spoken although realised through a written medium.

Applying this model to the discussion forums under study places this form of communication in this specific context along the range of conceptually spoken although its medium is written. This in turn influences the decision on what methodology or methodology mix is best suited to the study at hand.

Bearing in mind, first of all, that the objective of this research is to use linguistic analysis methods to ascertain in which ways this communication form can be optimised with regard to both functions in this specific context, and second of all, that the actual communication process taking place in this type of discussion forum can be seen as conceptually spoken, the methodological approach derived from applied discourse research seems a promising starting point for the analysis. This approach contributes on the one hand to furthering scientific research on authentic discourse. On the other hand, it makes it possible to identify structural communication problems by reconstructing and interpreting the communication and then describing the problems in such a way that they are understandable to the communication partners (Becker-Mrotzek & Meier 1999:18). In applied discourse analysis "interpreting communication" refers to assigning a meaning to an utterance or a portion of an utterance (Kindt 1999:69). The standard analytical methodology of applied discourse research involves analysing both discourse sequences as well as larger discourse structures.

The discourse analysis in this study will utilise concepts taken from pragmatics, for example, speech acts will be used on the micro-level as the basic unit for the categorisation of utterances and Grice's Cooperative Principle and Maxims of Conversation (1975; 1978) will be drawn on as a basis for interpreting the use of indirect speech acts. Because of the predominance of question-answer-sequences, the classification of utterances will require a more detailed differentiation than that offered by Searle's (1979) classical speech act types. This necessitates, for example, developing a suitable question typology from which relevant speech act types can be derived thus making a more precise classification of the utterances possible. For example, a question posted by a tutor as a means of initiating a discussion among the students has a different propositional content than a question from a student who doesn't understand an assignment.

Kintsch and van Dijk's (1978; 1983) model for discourse structure processing as well as van Dijk's (1980) work on macrostructures and cognition can provide insights for an analysis on the macrolevel. This theoretical framework assumes that in addition to the local semantic structure, a discourse also has a global semantic structure, referred to as a macrostructure. As these are represented as propositions, semantic mapping called macrorules are used to relate microstructures with macro-structures. A macrostructure is hence a theoretical reconstruction of notions such as 'topic' of a discourse and explain what is most relevant or important in the semantic information of the discourse as a whole. At the same time the macrostructure of a discourse defines its global coherence.

The linguistic analysis outlined above should result in an explication of the pragmatic details of the communication process as well as of the communication product (i.e. its function as information). Based on these results, suggestions can then be formulated on how to optimise this communication form in this specific context.

4   References

Baron, Naomi (1984): "Computer-mediated communication as a force in language change". In: *Visible Language* XVIII [2], 118-141.

Becker-Mrotzek, Michael & Meier, Christoph (1999): "Arbeitsweisen und Stand-verfahren der Angewandten Diskursforschung". In: Brünner, Gisela & Fiehler, Reinhard & Kindt, Walther (Hrsg.) (1999): *Angewandte Diskursforschung.* Bd. 1: *Grundlagen und Beispielanalysen.* Opladen – Wiesbaden: Westdeutscher Verlag. 18-42.

Biber, Douglas (1988): *Variation across speech and writing.* Cambridge: Cambridge University Press.

Bittner, Johannes (2003): *Digitalität, Sprache, Kommunikation. Eine Untersuchung zur Medialität von digitalen Kommunikationsformen und Textsorten und deren varietäten-linguistischer Modellierung.* Berlin: Erich-Schmidt-Verlag.

Dijk, Teun van (1980): *Macrostructures: An Interdisciplinary Study of Global Structures in Discourse, Interaction and Cognition.* Hillsdale: Lawrence Erlbaum Associates.

Dijk, Teun van & Kintsch, Walter (1983): *Strategies of Discourse Comprehension*. London: Academic Press.

Dürscheid, Christa (2003): "Netzsprache – ein neuer Mythos". http://www.ds.unizh.ch/lehrstuhlduerscheid/docs/netzsprache.pdf (11 February 2005).

Fritsch, Helmut (1998): "Witness-learning. Pedagogical implications for net-based teaching and learning". In: Hauff, Mechthild (Hrsg.) (1998): *media@uni-multi.media? Entwicklung – Gestaltung – Evaluation neuer Medien*. Münster: Waxmann. 123-152.

Grice, Herbert Paul (1975): "Logic and conversation". In: Cole, Peter & Morgan, Jerry L. (eds.) (1975): *Syntax and Semantics*. Vol. 3. New York: Academic Press. 41-58.

— (1978): "Further notes on logic and conversation". In: Cole, Peter (ed.) (1978): *Syntax and Semantics*. Vol. 9. New York: Academic Press. 113-127.

Herring, Susan (1996): "Introduction". In: Herring, Susan (ed.) (1996): *Computer-Mediated Communication: Linguistic, Social and Cross-Cultural Perspectives*. Amsterdam – Philadelphia: Benjamins. 1-10.

— (2003): "Computer-mediated Discourse". In: Schiffrin, Deborah & Tannen, Deborah & Hamilton, Heidi E. (eds.) (2003): *The Handbook of Discourse Analysis*. Oxford: Blackwell. 612-634.

Kindt, Walther (1999): "Interpretationsmethodik". In: Brünner, Gisela & Fiehler, Reinhard & Kindt, Walther (Hrsg.) (1999): *Angewandte Diskursforschung*. Bd. 1: *Grundlagen und Beispielanalysen*. Opladen – Wiesbaden: Westdeutscher Verlag. 69-92.

Kintsch, Walter & Dijk, Teun van (1978): "Toward a model of text comprehension and production". In: *Psychological Review* 85, 363-394.

Koch, Peter & Oesterreicher, Wulf (1994): "Schriftlichkeit und Sprache". In: Günther, Hartmut & Ludwig, Otto (Hrsg.) (1994): *Schrift und Schriftlichkeit/ Writing and Its Use*. Halbband 1. Berlin – New York: de Gruyter. (Handbücher zur Sprach- und Kommunikationswissenschaft. 10.1). 587-604.

Link, Lisa (2002): "Die Bedeutung von Kommunikationsmedien und -formen in internetbasierten Fernlehrmodulen". In: Bachmann, Gudrun & Haefeli, Odette & Kindt, Michael (Hrsg.) (2002): *Campus 2002: Die virtuelle Hochschule in der Konsolidierungsphase*. Münster: Waxmann. 408-416.

Runkehl, Jens & Schlobinski, Peter & Siever, Thorsen (1998): *Sprache und Kommunikation im Internet: Überblick und Analysen*. Opladen – Wiesbaden: Westdeutscher Verlag.

Searle, John (1979): *Expression and Meaning: Studies in the Theory of Speech Acts*. Cambridge: Cambridge University Press.

Laura Sergo & Gisela Thome   (Saarbrücken)

Mittel zur Sicherung der Verständlichkeit von Übersetzungen

1   Begriffsklärung und Problematisierung

Die Beantwortung der Frage nach den Möglichkeiten, die Verstehbarkeit zu übersetzender Texte zielsprachlich zu erhalten, erfordert zunächst, den Begriff der Verständlichkeit von Texten als kommunikativ planvollen mündlichen oder schriftlichen Realisierungen von Sprache überhaupt zu vereindeutigen. In einem ersten Zugriff lässt sich Verstehbarkeit von Texten allgemein als deren Begreifbarkeit oder Fasslichkeit seitens aktiv um den inhaltlichen Nachvollzug bemühter Rezipienten kennzeichnen. Mit der damit angesprochenen Problematik beschäftigen sich Geisteswissenschaftler bereits seit geraumer Zeit. Theoretische Überlegungen hierzu haben schon im 18. und 19. Jahrhundert Schleiermacher und Dilthey im Rahmen der Hermeneutik als der klassischen 'Kunst des Verstehens' angestellt (vgl. Bolz 1982; Grondin 1991; Biere 1995:84; Kupsch-Losereit 1995b:217). Seit den vergangenen dreißiger und verstärkt den siebziger und achtziger Jahren haben sich zunächst vor allem Rhetoriker, Sprachpsychologen und Didaktiker mit dem Phänomen Verständlichkeit befasst. Sie machen diese ganz am jeweiligen Text fest und sehen sie als ein ihm eigenes Merkmal an. Dieses selbst wiederum verbinden sie vor allem mit sprachlich-stilistischer Einfachheit und Transparenz durch überschaubare Sätze, mit semantischer Redundanz in Gestalt sinngemäßen Wiederholens wichtiger Informationen, mit klarer allgemeiner Gliederung und kognitionsgerechter Strukturierung der Ausführungen sowie mit deren – auch optisch-graphischer – Übersichtlichkeit und schließlich mit der erkennbaren Trennung von We-

sentlichem und Unwesentlichem (so oder ähnlich Groeben 1972; Langer &
Schulz von Thun & Tausch 1974; Biere 1991; Christmann & Groeben
1999; Klein 2003; Stangl o.J.). Leseforscher messen zudem dem Genre von
Texten und – aus übersetzungswissenschaftlicher Sicht von einigem Interesse – deren Sprachzugehörigkeit besondere Relevanz für deren Verständlichkeit bei (Ballstedt et al. 1981). Von einigem Gewicht ist für sie auch die
empirisch gewonnene Erkenntnis, dass die inhaltlich-kognitive Dimension
für die Verständnissicherung am wichtigsten ist (Christmann & Groeben
1999; Stangl o.J.) und dass manche der genannten Kriterien nur in bestimmten Kombinationen Textverständlichkeit wirklich fördern (Klein
2003:2).

2   Verständlichkeit in der sprach- und
      übersetzungswissenschaftlichen Forschung

Textlinguistische wie auch translatologische Untersuchungen zur Verständlichkeit von Texten sehen das Phänomen demgegenüber nicht mehr ausschließlich als eine an der Oberflächenstruktur ablesbare Eigenschaft von
Texten, sondern als eine zugleich von der intellektuellen Wahrnehmungsfähigkeit der Rezipienten abhängige Erscheinung im Sinne des Ergebnisses
einer zwischen Autor und Adressaten des Textes sich vollziehenden "Ver-
ständigungshandlung" (Wilss 1988:9f.), eines zwischen den Kommunikati-
onspartnern ablaufenden komplexen sozialen und zugleich komplexen
kognitiven Geschehens an (Kupsch-Losereit 1997:212f.). Folglich befassen
sie sich über die Analyse von Textvorkommen und deren an der Textoberfläche zutage tretenden besonderen Eigenschaften hinaus insbesondere mit
dem, was beim Umgang mit Texten in den Köpfen der agierenden Personen vor sich geht. Früh schon nutzen speziell übersetzungsbezogene Untersuchungen introspektive Verfahren der Kognitionspsychologie wie das
Laute Denken (Krings 1986; Lörscher 1991; Kußmaul 1996:232ff.). Vor
allem aber greifen Textlinguisten wie Translatologen – nicht zuletzt im
Anschluss an die vor über zwei Jahrzehnten in den allgemeinen Kogniti-
ons- und Neurowissenschaften vollzogene und von dort in die Linguistik
wie die Translatologie ausstrahlende Kognitive Wende (Heinemann &
Viehweger 1991:66; Schwarz 1992:11ff.; Rickheit & Strohner 1993:9) – bei
ihren Überlegungen auch auf Forschungsergebnisse dieser beiden auf die
Gehirntätigkeit konzentrierten Wissenschaften zurück, soweit diese
brauchbare Einblicke in die bei der Aufnahme von Texten im Menschen
aktiven mentalen Prozesse, insbesondere in den Zusammenhang zwischen
Repräsentation und Verarbeitung von Sprache gewähren. Dadurch erweitert sich die textlinguistische wie die übersetzungswissenschaftliche Sichtweise um die Erkenntnis, dass die Verständlichkeit eines Textes außer von
dessen sprachlich-inhaltlicher Spezifik auch von den kognitiven Prozessen

abhängt, mit denen er unter bestimmten situationellen Rahmenbedingungen verarbeitet wird, und dass er insbesondere nur vermittelt über die
menschliche Kognition als leicht oder schwer verständlich eingeschätzt
werden kann (Rickheit 1995:22, 25). Die sich hierbei vollziehenden sprachlichen Vorgänge werden als im Gehirn durch neuronale Vernetzungen (vgl.
Rickheit & Strohner 1993:15 und die dort angeführte Literatur; Kupsch-
Losereit 1995a,b; 1997; 1998) oder auch als durch den Aufbau von Verbindungen mentaler Räume (Fauconnier 1985; 1997; vgl. Sergo & Thome
2005) ablaufende spezifische Aktivitäten beschrieben. Auf diesen und ähnlichen wegen der nach wie vor bestehenden praktisch wie wissenschaftlich
weitgehenden Unzugänglichkeit des Gehirns und vor allem seiner Funktionen als immer noch hypothetisch zu bezeichnenden Auffassungen beruhen insbesondere die Forschungen zur kognitiven Sprachverarbeitung mit
der kognitiven Textverarbeitung als deren spezifischem Teilbereich. Diese
hat, da sich der Umgang mit Sprache noch am ehesten an der Produktion
und Rezeption von Texten und den kommunikativen Reaktionen auf sie
beobachten lässt, eine ganze Reihe unterschiedlich komplexer und entsprechend heterogener Theorien, Modelle und Forschungsmethoden hervorgebracht (vgl. die Hinweise bei Schwarz 1992:37, 53f. sowie die Übersicht
bei Rickheit & Strohner 1993:69ff., 95ff. und Göpferich 1998:205ff.), unter
denen der von van Dijk und Kintsch (1983) in mehreren Schritten entwickelte Ansatz als der umfassendste besonders hilfreich erscheint. Danach
schließt Verstehen allgemein – und damit auch bei der Aufnahme von
Texten sich vollziehendes Verstehen – als Resultat (und nicht etwa Voraussetzung) kognitiver Prozesse (vgl. Rickheit & Strohner 1993:240) außer
den in dem jeweiligen Text enthaltenen Informationen auch das auf diese
bezogene Vorwissen ein, über das die Leser bereits verfügen und das seinerseits mit deren sprachlichem Wissen interagiert (Heinemann & Viehweger 1991:114; Rickheit & Strohner 1993:9; Göpferich 1998:203; Stolze
1999:140). Beim textuellen Verstehen als vom Text wie vom vorhandenen
Wissen geleitetem Prozess laufen die beiden damit vorgegebenen Verarbei-
tungsvorgänge mit großer Wahrscheinlichkeit gleichzeitig ab und ergänzen
sich gegenseitig. Dabei werden auf Seiten der Rezipienten vorhandene
Kommunikationserfahrungen ebenso genutzt wie die Kenntnis bestimmter
sozialer, situativer und kognitiver Faktoren und zusätzlich das Denken,
Fühlen, Wollen, das gemeinsam mit dem Sprachbesitz der Sinnerstellung
dient (Scherner 1984:59ff., 63; Kupsch-Losereit 1993:207; 1995a:187).
Unabhängig von den verschiedenen theoretischen wie methodologischen
Ansätzen zur Beschreibung und Erklärung dessen, was bei der Aufnahme
von Texten geschieht (vgl. die Übersicht bei Heinemann & Viehweger
1991:115f.), ist sich die Forschung weitgehend einig, dass Textverstehen
eine konstruktive Aktivität darstellt, die über bloßes Dekodieren von For-
muliertem oder Interpretieren von Gemeintem weit hinausgeht und mit

der unter Einbezug des individuell vorhandenen Wissens der Rezipienten von diesen das nachvollzogen und angeeignet wird, was der Text als Resultat produzentenseitiger kognitiver Prozesse repräsentiert. Nach van Dijk und Kintsch (1983) vollzieht sich planvolle Textverarbeitung als solche entsprechend einem bestimmten strategischen, d.h. Ordnung und Bedeutung schaffenden Muster als "Konstruktion der mentalen Repräsentation eines Textes" (Heinemann & Viehweger 1991:117ff.). Bei dieser werden auf den verschiedenen sprachlichen Ebenen interaktiv und interdependent als semantische Grundeinheiten Wörter und als komplexe Äußerungsstrukturen Teilsätze, Sätze sowie Satzverbindungen verarbeitet. Deren Kombination zur Makrostruktur und textsortenbestimmte Verwendungsweisen werden auf der Ebene der Superstruktur interpretiert und mit empfängereigenen Erfahrungen versehen (vgl. Schwarz 1992:154, 157ff.; Rickheit & Strohner 1993:77). Innerhalb der dabei vollzogenen Verstehensprozesse wird der jeweilige Textinhalt in Propositionen im Sinne konzeptueller Strukturen zerlegt, mit denen elementare Sachverhalte dargestellt werden und deren Verbindungen untereinander die Bildung von Propositionskomplexen erlauben. Diese "propositionale Integration" (Heinemann & Viehweger 1991:122) ist nur mittels des bereits erwähnten Wissens über Sachverhalte und ihre Zusammenhänge sowie über Kontextualität und Kommunikation durchführbar und ist zugleich Voraussetzung für sinnvolle Textinterpretation als Bedingung für den nach und nach erfolgenden Aufbau der semantischen Struktur des Textvorkommens, die zusammen mit der Interpretation von Textfunktion und Textillokution textuelles Verstehen wesentlich ausmacht.

Bei der Aufnahme von Texten spielt aber auch die auf vorausgehenden Leseerfahrungen beruhende Vertrautheit mit prototypischen Textmustern (Heinemann & Viehweger 1991:174f.) als wesentlicher Bezugspunkt eine wichtige Rolle. Kenntnis der Quelle (Buch, Zeitung) oder auch Faktoren wie Überschriften bzw. explizit performative Äußerungen wecken in den Rezipienten die Erinnerung an bestimmte gespeicherte Textstrukturen, die sich im Vergleich mit den im realen Text vorgefundenen Strukturen und Formulierungen entweder als konkret gegeben erweisen oder aber durch alternative Muster zu ersetzen sind. Selbst bei Textvorkommen ohne die genannten Markierungen orientiert sich die jeweilige Interpretation an den im Erfahrungs- und Wissensbestand der Rezipienten vorhandenen Textstrukturmustern. Auch emotionale und ästhetische Faktoren sind bei der Textrezeption von Bedeutung (Rickheit 1995:19).

Dieses auf Seiten der Textleser vorauszusetzende Zusammenwirken von enzyklopädischem, kommunikativem, sprachlich-kulturellem und textuellem Wissen müssen Textproduzenten berücksichtigen, wenn sie ihre Erzeugnisse erfolgreich, d.h. in Konformität mit ihrer Autorintention, aufgenommen und eben verstanden wissen wollen. An der Erreichung dieses Handlungsziels richtet sich folglich im Normalfall auch ihre kommunikative Planung aus – von der Gestaltung und internen Anordnung des Textinhalts über dessen begriffliche Umsetzung bis hin zu seiner grammatischen Synthese zum Oberflächentext. Insofern kann man sich das Verhältnis der am textuellen Kommunikationsprozess Beteiligten als ein zwischen diesen erfolgendes komplexes Interagieren vorstellen, dessen Ablauf in der Literatur (z.B. von de Beaugrande & Dressler 1981:41ff.) im Anschluss an Schleiermacher vielfach als spiegelbildlich, d.h. die jeweils entgegengesetzte Richtung nehmend, dargestellt wird. Dabei sind die miteinander Kommunzierenden gleichermaßen aktiv: Die Textproduzenten versuchen die im konkreten Kommunikationsrahmen anzusetzenden informativen wie sprachlichen und pragmatischen Erwartungen der Empfänger zu antizipieren (Kupsch-Losereit 1995b:222; 1998:5). Diese wiederum sind bestrebt, die aufgenommenen Informationen durch die Kombination mit bereits vorhandenen eigenen Kenntnissen so zu ergänzen und zu interpretieren, dass sie den Text als mit der Kommunikationssituation semantisch und pragmatisch kompatibel und damit für sie verständlich wahrnehmen.

3 Verständlichkeit von Texten und Übersetzen

Beide Aktivitäten – die rezeptive wie die produktive – vereinigen sich natürlich idealiter in den sowohl als ausgangssprachliche Textempfänger als auch als zielsprachliche Textproduzenten aktiven Übersetzerinnen und Übersetzern. Ihre Fähigkeit zur möglichst adäquaten, d.h. der Intention des ausgangssprachlichen Autors gemäßen Aufnahme des Originals, die derjenigen authentischer ausgangssprachlicher Empfänger zumindest angenähert ist, bestimmt wesentlich den produktiven Teil des Translationsprozesses wie auch dessen Erfolg in Gestalt eines – im Sinne des bisher Dargestellten – verständlichen zielsprachlichen Textes. Dabei greifen Verstehens- und Produktionsvorgang ineinander über und kombinieren sich sprachliche wie kognitive Aktivitäten der Dekodierungs- wie Reformulierungsphase (vgl. Hönig & Kußmaul [3]1991:25f., 94; Kußmaul 1996:237; Kupsch-Losereit 1998:1). Nicht selten erweist sich Übersetzen als Verbalisierung des Verstehensprozesses (Kußmaul 1995:31, 102; 1996:237). Die Probleme, die als Kenntnislücken oder Verständnisblockaden beim aktiven Einbezug der individuellen Erfahrungen, des kognitiv gespeicherten eigenen kommunikativen und allgemeinen Wissensbestands sowie der Kenntnisse verschriftlichter Sprache in den Gesamtprozess zutage treten, suchen Übersetzer noch während der Aufnahmephase durch den Rückgriff auf Hilfsmittel systematisch zu beseitigen. Wenn irgend möglich, nehmen sie bei besonderen Problemlagen auch direkten Kontakt zu den Produzenten der ausgangssprachlichen Texte auf.

Dabei entgehen auch Übersetzer selbst keineswegs allen Einschränkungen, die mit der Aufnahme schriftkonstituierter Sprache prinzipiell verbunden sind. So ist ihr Empfängerverhalten bei allem Bemühen um objektives, d.h. die Mitteilungs- bzw. Wirkungsabsicht der jeweiligen Autoren berücksichtigendes Textverständnis letztlich doch immer auch von ihrer subjektiven kognitiven Ausstattung, ihrer ganz persönlichen Sichtweise bezüglich des Textinhalts und ihrem individuellen Informationsstand bestimmt. Hinzu kommt, dass auch sie der unterschiedlichen Interpretierbarkeit vieler schriftlicher Texte und der damit grundsätzlich einhergehenden Möglichkeit des Missverstehens und der Fehldeutung unterliegen, die bei mündlicher Kommunikation durch mimische, gestische und prosodische Verständnisstützen noch begrenzbar bzw. sogar vermeidbar sind (ähnlich bereits Reiß 1995:47ff.).

4 Textverstehen und translatorische Empfängerorientierung

Sensibilisiert durch das eigene Bemühen um optimale, d.h. möglichst objektive semantische wie formale Erschließung der ausgangssprachlichen Vorlage, beginnen Übersetzer mit der möglichst rezipientenfreundlichen, d.h. an der in der geschilderten Weise kognitiv bedingten intellektuellen Wahrnehmungsfähigkeit orientierten Vermittlung dessen, was sie selbst aufgrund ihrer eigenen mentalen Gegebenheiten sowie anhand ihres sprachlichen und außersprachlichen Wissens dem Original entnommen haben. Sie verknüpfen dabei durch das ausgangssprachliche Referenzpotential gewisse konzeptuelle Einheiten mit den entsprechenden zielsprachlichen Konzepten (Kupsch-Losereit 1995b:221; 1997:215f.) und bauen so eine Beziehung zwischen der Vorlage, deren kommunikativer Funktion und dem in ihr enthaltenen Wissen einerseits und dem neu zu erstellenden Zieltext andererseits auf. Dabei wird zwar auch ihr Verstehen mitsamt ihren kognitiven Strategien noch von der Textsorte und der Textfunktion ihres Originals bestimmt. Ihr Umgang mit diesem richtet sich aber auch bereits an der (möglicherweise unterschiedlichen) Funktion des Zieltextes sowie an der Kultur und Sprache aus, denen dieser eingegliedert werden soll. All dies geschieht in bewusster Vorwegnahme der bei den eigenen Adressaten denkbaren Verstehensprobleme, zu deren Minimierung bzw. Vermeidung die Bedingungen der Informationsaufnahme und der kulturellen wie sprachlichen Voraussetzungen sowie die Erwartungen, Einstellungen und Reaktionen der Übersetzungsrezipienten einbezogen werden müssen. Auch eventuell vorhandene besondere kulturelle und sprachliche Diver-genzen sind zu berücksichtigen. Allen diesen Bestrebungen liegt die Erkenntnis zugrunde, dass Verständlichkeit, wie dargestellt, Ergebnis kognitiver Vorgänge ist, die zur semantischen Vereindeutigung der Vorlage sprachliche wie außersprachliche Informationen mitbeachten. Damit unterscheidet sich Verstehen bei übersetzungsbezogener Textaufnahme deutlich von allgemeinem Textverstehen. Ersteres ist zentraler Teil der translatorischen Kompetenz (ähnlich bereits Kupsch-Losereit 1998:2).

Um der besonderen Anforderung gerecht zu werden, die auf der Korrelation von Zieltext-Oberfläche und Kognition der Empfänger beruhende Verständlichkeit ihres Produktes zu sichern, bemühen sich Übersetzer, jeweils vorab möglichst genaue Vorstellungen über ihre Adressaten und deren für die adäquate Aufnahme von Textinhalten notwendige kognitive, sprachlich-kommunikative und pragmatische Voraussetzungen zu entwickeln, zumal fehlende oder unzutreffende Rezipientenorientierung Ursache für manches Verständnisproblem sein kann (Biere 1995:86). In diesem Zusammenhang können Übersetzer seit kurzem auf einen aus der Verstehensperspektive heraus entwickelten Vorschlag einer Klärung und Auffaltung des Begriffs 'Übersetzungsempfänger' zurückgreifen (Thome 2004). Nach diesem Ansatz kann je nach dem Verhältnis der Übersetzungsadressaten zu Thematik bzw. Inhalt der ausgangssprachlichen Vorlage als dem einzigen zielsprachlich invariant zu haltenden übersetzungsprozessualen Faktor zwischen mindestens vier Typen von Zieltextlesern unterschieden werden. Entsprechend den im Hinblick auf diese Thematik zu postulierenden adressatenseitigen Kenntnissen kann als ein denkbarer erster Typ von ausgangstextuellem Informationsbestand zunächst derjenige angesetzt werden, der eindeutig der Kultur der ausgangssprachlichen Rezipienten zuzurechnen ist. Die Thematik eines solchen Originals dürfte den zielsprachlichen Empfängern deutlich weniger als den ausgangssprachlichen Lesern bzw. überhaupt nicht vertraut und damit auch weniger oder gar nicht verständlich sein. Diese erste Gruppe kann wie die folgenden Gruppierungen nach der aus ihrer Sicht gegebenen Kulturzugehörigkeit des ausgangstextuellen Inhalts benannt und als Gruppe F (wie Fremdkultur) bezeichnet werden. Ein zweiter durch den Themenbereich des Originals gekennzeichneter Inhaltstyp umfasst vertextete Botschaften, die den kulturellen Gegebenheiten der zielsprachlichen Rezipienten selbst zuzuordnen sind und daher bei diesen als in einem bestimmten Umfang bekannt vorausgesetzt werden können. Damit ist als zweite die Gruppe E (wie Eigenkultur) aus entsprechend – wenn auch sicher in unterschiedlichem Maße – vorinformierten Übersetzungsadressaten erfasst. Sodann lässt sich ein dritter Typ von Textinhalt durch dessen Zugehörigkeit zu einer Kultur eingrenzen, die weder dem ausgangs- noch dem zielsprachlichen, sondern einem dritten Bereich zuzuschreiben ist, so dass für beide Empfängerschaften die gleiche Distanz zu diesem Inhaltstyp charakteristisch ist. Von daher ergibt sich als dritte Gruppierung von Übersetzungsrezipienten eine solche, für die der ausgangstextuelle Inhalt als sozusagen neutral anzusehen ist und die dementsprechend Gruppe N (wie Neutralkultur) heißt. Über diese drei möglichen Bezüge von Textinhalten zu kulturellen Welten hinaus kann noch ein

vierter Typ thematischer Ausrichtung unterschieden werden. Er umfasst
Vertextungen von Informationen, die man als prinzipiell einzelkulturüber-
greifend bezeichnen kann, weil sie im Zuge der Globalisierung des Wissens
weltweit für die unterschiedlichsten Adressaten von gleichem Interesse
sind. Es handelt sich bei den hier gemeinten Vertextungen um zum geistigen Besitz der Menschheit gehörige oder noch in diesen einzuordnende
Informationsbestände vor allem technischer Art. Die mit solchen Textinhalten angesprochenen Rezipienten von Übersetzungen unterscheiden sich
hinsichtlich ihrer Haltung zu deren Thematik praktisch nicht von den Lesern des jeweiligen Originals und lassen sich unter die Gruppenbezeich-
nung G (wie Globalkultur) subsumieren.

Die damit vorgegebene Gliederung nach vier verschiedenen Empfängerschaften erscheint gerade aufgrund ihrer Ausrichtung an der durch den
Inhalt vorgegebenen Thematik des Originals in besonderer Weise als
Handlungsorientierung für Übersetzer geeignet, nicht nur weil diese ja
gerade auch ganz besonders um die Verständlichkeit ihres jeweiligen Zieltextes bemüht sind oder doch sein sollten, sondern weil das laut der kognitiv ausgerichteten Textlinguistik die Zugänglichkeit der jeweiligen Informationen wesentlich bestimmende individuelle Vorwissen dabei besondere
Berücksichtigung erfährt. Allerdings muss die gerade unter dem letztgenannten Aspekt bisher noch recht grobe Außendifferenzierung der Adressatengruppen durch eine Binnendifferenzierung in Gestalt der genaueren
Eingrenzung durch das Kriterium der den jeweiligen Gruppenmitgliedern
zuzuschreibenden individuellen Voraussetzungen noch ergänzt und verfeinert werden. Diese lassen sich außer anhand der Informationsbestände
auch aus der sprachlich-stilistischen Gestaltung der jeweiligen Textvorla-
gen als objektiv vorhandenen Gegebenheiten erschließen. So kann man
zunächst die einzelnen Textinhalte jeweils bestimmten Wissensbereichen
und deren geistigen Ansprüchen zuordnen, die dann auch die Rezipienten
des Zieltextes aufgrund der erwähnten Interaktion von im Text enthalte-
nem und bereits vorhandenem Wissen zur Aufnahme des Textinhalts mit-
zubringen hätten. Dabei kann man den jeweils vorgegebenen Ausgangstext
als Träger von Fach- oder Expertenwissen, von Bildungswissen oder von
Allgemeinwissen im Sinne von Alltagswissen bestimmen. Die Art dieser
bei den jeweiligen Empfänger-Subgruppen vorauszusetzenden unterschiedlichen Wissensbestände kann sodann auch durch die Art ihrer Ver-
textung noch genauer bestimmt werden, zumal ja, wie einleitend ausgeführt, beim Verstehen eben auch sprachliches Wissen und sprachliche
Erfahrungen mitwirken. Dabei können die Verwendung von Fachtermini,
der stilistische Anspruch oder eben auch eine eher gemeinsprachliche Aus-
drucksweise als Unterscheidungsmerkmale genutzt werden. Doch auch die
damit für jede der bisherigen vier zielsprachlichen Adressatengruppen gewonnene interne Gliederung nach Fachleuten, Gebildeten und Allgemein-

wissen besitzenden Zieltextlesern bedeutet bestenfalls den Ansatz eines in sich schlüssigen und stimmigen Inventars von nunmehr zwölf klar getrennten Empfänger-Subtypen, in dessen Zusammenhang auch noch die individuellen Empfänger selbst und ihre jeweilige geistig-intellektuelle Ausstattung als solche mit einzubeziehen wären, die ja wie schon die ausgangssprachlichen Adressaten hinsichtlich des jeweiligen Informationsgehalts des zu übersetzenden Textes ganz subjektive Wissensbestände mitbringen, die ihrerseits dazu beitragen dürften, den Begriff der textuellen Verständlichkeit im Übersetzungsprozess entsprechend weiter zu differenzieren.

Zusätzlich ist zu berücksichtigen, dass Fach-, Bildungs- und Allgemeinwissen bei einem inhaltlich dem ausgangssprachlichen Kulturbereich zuzurechnenden Text normalerweise in generell höherem Maße gefordert, aber zugleich wohl auch in eher individueller Verteilung vorhanden sind als bei einem der eigenen Kultur entstammenden Original. Für die zielsprachlichen Leser von Texten mit kulturell neutraler und insbesondere mit kulturell globaler inhaltlicher Ausrichtung kann das Vorwissen der zielsprachlichen wie das der ausgangssprachlichen Adressaten vergleichsweise nivelliert sein, da es zumindest bei den global zugänglichen Inhalten häufig um wissenschaftlich-technische Innovationen geht.

Die damit deutlich werdenden Schwierigkeiten, Übersetzungsempfänger von ihren Wissensvoraussetzungen her klar zu differenzieren, zeitigen entsprechend gravierende methodische Konsequenzen. Dabei dürften die Rezipiententypen N wie Neutralkultur und G wie Globalkultur als Zielgruppen noch die geringsten translatorischen Schwierigkeiten bereiten. Dies gilt insbesondere für die zielsprachliche Wiedergabe des global zugänglichen Inhalts eines Originals, der den Übersetzungsempfängern weitgehend ohne Beachtung der bei diesen evtl. vorhandenen Bildungsunterschiede vermittelt werden, da in diesem Fall von einem mit ziemlicher Sicherheit für ausgangs- wie zielsprachliche Leser gegebenen Kenntnisgleichstand (und dies bedeutet bei technisch-wissenschaftlichen Fakten wohl häufig: von Kenntnislücken) ausgegangen und deshalb zumeist Beibehaltung des Inhalts praktiziert werden kann. Ganz ähnliche Bedingungen gelten für die Wiedergabe von Texten mit einem aus einem den beiden in das Übersetzungsgeschehen involvierten Kulturen gleichermaßen fernen Bereich stammenden Informationsbestand, die der zielsprachlichen Empfängergruppe N zugedacht ist und sich nach deren mutmaßlichen Erwartungen richtet. Hier können jedoch erste Merkmale der Binnendifferenzierung der Rezipienten relevant werden. Für deren als Fachleute oder als gebildet zu bezeichnende Mitglieder nämlich kann die sorgfältige Vermittlung des invarianten Inhalts bei einer angemessenen Sprachwahl bereits zum vollen Verständnis ausreichen, während demgegenüber für die ausschließlich über Allgemeinwissen verfügende Subgruppierung unterstützende, z.B. Sachverhalte und/oder Begriffe erklärende Vorgehensweisen

etwa im Sinne von Explizitationen oder Explizierungen (Thome 1975:44f.)
erforderlich werden können. Erfahrungsgemäß kann sich die Übersetzer-
seite jedoch – wie angedeutet – auch bei der Arbeit für Gruppe N im allgemeinen wesentlich am Original orientieren, da dieses ja bereits selbst
hinsichtlich seiner eigenen Leser auf kulturfremde Rezipienten ausgelegt
ist.

Im Unterschied dazu erfordert die Ausrichtung der translatorischen
Arbeit auf die Adressatengruppen E und F in zunehmendem Maße einzel-
textabhängige Initiativen. Die Empfänger der Gruppe E (wie Eigenkultur)
können, wie bereits erwähnt, als über den in Frage stehenden jeweiligen
Vorgang oder Sachverhalt generell informiert gelten. Dies ist allerdings
wiederum entsprechend dessen geistigem Anspruch bzw. dem Kenntnisstand der Adressaten in unterschiedlichen Graden der Fall. Die durch den
Textinhalt als Experten bzw. Bildungsbürger angesprochenen Leser der
ersten und zweiten Subgruppe sind als mit der Thematik voll vertraut anzusehen. In etwas abgemilderter Weise kann dies auch für die Rezipienten
mit durchschnittlichem Wissen gelten. Hier ist wiederum das sprachliche
Niveau der Übersetzung der jeweiligen vom inhaltlichen und formalen
Anspruch des Originals her entsprechend einschätzbaren Subgruppe anzupassen. Die besondere translatorische Herausforderung im Hinblick auf
alle drei zielsprachlichen Empfängersubgruppen besteht allerdings darin,
dass es bei diesen mit ihrer eigenen Kultur vertrauten Adressaten unbedingt den Eindruck der Unterschätzung ihres Wissensstandes in Form von
Überinformation und damit verbundener Frustration zu vermeiden gilt.
Hier ist bei der Übertragung generell eine eher reduktive Sprachverwendung zu praktizieren, mit der Fälle etwa der Beibehaltung ausgangssprach-
lich angebrachter, weil verständnisfördernder, zielsprachlich dagegen de-
plazierter Redundanzen konsequent vermieden werden. Dies kann insbesondere durch die systematische Anwendung der Prozeduren der Implizitation bzw. Implizierung (Thome 1975:44f.) erreicht werden. Die zweifellos höchsten Anforderungen an die Fähigkeit von Übersetzern, sich den
Erwartungen ihrer Leser thematisch wie sprachlich differenziert anzupassen, stellen die Zieltextempfänger der Gruppe F (wie Fremdkultur) als die
über den jeweils in Frage stehenden Vorgang oder Sachverhalt im Vergleich zu den Adressaten des Originals weniger gut oder gar nicht instruier-
ten Leser. Der individuelle Kenntnisstand der Gruppenmitglieder kann
dabei freilich subjektiv durchaus weiter differenziert werden und lässt sich
ebenfalls je nach dem geistigen Anspruch des Textinhalts und seiner schon
ausgangssprachlichen Gestaltung zielsprachlichen Rezipienten hauptsächlich mit Fachwissen, solchen mit entsprechender Bildung oder aber solchen mit Allgemeinwissen zuordnen. Die mit dieser Differenzierung und
Charakterisierung für Übersetzer verbundenen klaren methodischen Konsequenzen im Hinblick auf die erfolgreiche Übermittlung des Textinhalts

liegen auf der Hand: Von den über die Ausgangskultur eher weniger vorinformierten Übersetzungsadressaten der Gesamtgruppe reicht den fachlich spezialisierten wie auch den gebildeten Adressaten der beiden erstgenannten Subgruppen mit großer Sicherheit die sorgfältige, d.h. auch sprachlich angemessene Überführung des vollständigen Inhalts in die Zielsprache aus. Dagegen dürfte die lediglich kollektives Wissen besitzende dritte Adressatensubgruppe auf die Einfügung erklärender Elemente und evtl. zusätzlich auf das inhaltliche Verständnis vereinfachende Sprachmittel angewiesen sein. So wird auch hier besonders der Rückgriff auf die schon erwähnten Prozeduren der Explizitation und der Explizierung erneut virulent.

Sucht man nun die Kombination von inhaltlicher Ausrichtung am Originaltext und unterstützender Heranziehung von dessen sprachlich-stilistischer Gestaltung als Grundlage für die Ausrichtung um Erhaltung von Verständlichkeit bemühten Übersetzens an den angeführten vier Gruppen und Subgruppen von Übersetzungsempfängern in einer Gesamtübersicht zu visualisieren, so ergibt sich die im folgenden aufgeführte schematische Darstellung. Sie enthält als Kriterien in der linken Spalte die nach ihrem Verhältnis zum Inhalt des Originals unterschiedenen vier Gruppierungen zielsprachlicher Empfänger. In der ersten Zeile oben sind die denkbaren sprachlich-stilistischen Charakteristika des Originals als Hinweise auf das empfängerspezifische Wissensniveau aufgeführt. Die Verbindung beider Merkmalgruppen ergibt die bislang erarbeiteten Empfänger-Subgruppen. Auf sie beziehen sich die in den weiteren Zeilen und Spalten eingetragenen Formen bzw. Tendenzen empfängerbezogenen translatorischen Handelns, das mit Beibehaltung der Eigenheiten der Vorlage, mit Explizitation bzw. Explizierung und mit Implizitation bzw. Implizierung gekennzeichnet ist. Zu ihnen treten noch quantifizierendes "ü(berwiegend)" und "v(oll)", die der erwähnten Notwendigkeit der Relativierung Rechnung tragen sollen.

Zielt.-Empf.	Facherm./Fachstil	Bildungssprache	Gemeinsprache
F	v. Beibehaltung	**ü. Beibehaltung**	v. Explizit./Expliz.
E	v. Implizit./Impliz.	ü. Implizit./Impliz.	ü. Beibehaltung
N	v. Beibehaltung	ü. Beibehaltung	ü. Explizit./Expliz.
G	v. Beibehaltung	v. Beibehaltung	ü. Beibehaltung

F (remdkultur)   N (eutralkultur)   ü(berwiegend)   Implizit(ation)/Impliz(ierung)
E (igenkultur)   G (lobalkultur)   v(oll)   Explizit(ation)/Expliz(ierung)

5   Verständlichkeit in der translatorischen Praxis

Inwieweit der hier gewählte rezipientenorientierte Ansatz das tatsächliche Verhalten und Handeln professioneller Übersetzer im Hinblick auf die Sicherung der Verständlichkeit des Zieltextes widerspiegelt, soll im angewandten zweiten Teil des Beitrags anhand des Vergleichs einer italienischen Biografie und ihrer gedruckten deutschen Version näher untersucht werden. Es handelt sich dabei um die von Carlo Feltrinelli unter dem Titel *Senior Service* verfasste Lebensgeschichte seines Vaters Giangiacomo, des berühmten Mailänder Verlegers, politischen Außenseiters und Freundes bekannter Persönlichkeiten seiner Zeit, dessen gewaltsamer Tod nach wie vor ungeklärt ist. Das Werk hat die oberen Plätze von Bestsellerlisten erklommen; seine Übersetzung gerade auch ins Deutsche ist sehr gelobt worden.[1] Die Eignung dieses Materials für die gewählte Aufgabenstellung beruht auf der besonderen kulturspezifischen Markiertheit und historischen Einbettung des Originals wie auch auf dessen sprachlich-stilistischen Varianten. Diese reichen von verfasserspezifischen Stilpräferenzen über bildungssprachliche und journalistische bis hin zu dialektalen und idiolektalen Ausdrucksformen und fordern dem translatorischen Bemühen um Überbrückung historisch-kultureller wie auch sprachlicher Distanz einiges an inhaltlicher Flexibilität und sprachlicher Geschicklichkeit ab. So dürfte selbst bei zielsprachlichen Empfängern mit entsprechendem Vorwissen nicht selten erst der Einsatz verdeutlichender Mittel die Verstehbarkeit der Übersetzung gewährleisten.

5.1   Mittel zur Erhaltung der inhaltlichen Verständlichkeit

Aufgrund der festen Verankerung der Biografie im italienischen Kulturkreis hat es die Übersetzerin ins Deutsche, Friederike Hausmann, allgemein gesprochen, mit Rezipienten der Gruppe F zu tun. Der Protagonist des Werkes dürfte vielen von ihnen, soweit sie der jüngeren Generation angehören, verhältnismäßig wenig bekannt oder gar unbekannt sein. Sein geistiges Umfeld – die Welt der Bücher –, seine extreme politische Orientierung, seine für damalige Verhältnisse enorme Reisetätigkeit erlauben gleichwohl eine erste Präzisierung der zielsprachlichen Adressatengruppe. Es dürfte sich bei den auf den 462 Seiten umfassenden anspruchsvollen Inhalt des Buches sich einlassenden Lesern der Übersetzung um Personen handeln, die sich für die jüngere europäische Zeitgeschichte interessieren oder der Biografie, z.B. als Historiker, den Wert eines Zeitdokumentes beimessen. Doch ungeachtet der sicherlich als hoch anzusetzenden Allgemeinbildung und geistigen Aufgeschlossenheit ihrer deutschen Leserschaft

---

[1] http://www.perlentaucher.de/buch/7275.html (12.06.2006).

hat die Übersetzerin davon auszugehen, dass eine ganze Reihe spezifisch italienischer Gegebenheiten ausschließlich Einheimischen bekannt und daher zielsprachlichen Empfängern erklärend verständlich zu machen sind. Allerdings ist bereits beim Original zu erwarten, dass die anvisierten Adressaten über einen eher überdurchschnittlichen Grad an Information verfügen müssen, um vor allem die im Text erwähnten zahlreichen Personennamen korrekt zu situieren. Eine solche informierte Leserschaft dürfte einerseits in der Gruppe der 45- bis 55-Jährigen zu suchen sein, die die beschriebene Zeit bewusst erlebt hat, andererseits aus politisch-historisch interessierten Lesern jeden Alters bestehen. Aufgrund der kulturellen und historischen Einbettung der Inhalte wie auch der sprachlichen Eigenheiten wegen ist der Text insgesamt als an Bildungsbürger gerichtet einzustufen.

Um dieses semantische wie formale Niveau auch im Zieltext aufrecht zu erhalten und dabei dennoch die Verständlichkeit zu wahren, stehen der Übersetzerin prinzipiell mehrere Möglichkeiten zu Gebote. Dies sind, wie bereits angedeutet, Explizitationen im Sinne erklärender Zusätze, Fortlassungen unwichtigerer, eventuell das Verständnis belastender Textstellen zugunsten der Hervorhebung der tragenden Redeteile sowie Adaptationen, d.h. Ersetzungen ausgangskultureller durch zielkulturell vergleichbare Bezugselemente. Am häufigsten wird jedoch, wie schon aus der Grafik hervorgeht, vor allem vom Mittel der Beibehaltung Gebrauch gemacht. Damit ist das Verfahren gemeint, bei dem die Verständlichkeit ausgangssprachlicher Elemente oder Strukturen zielsprachlich durch Verzicht auf Veränderungen der Textoberfläche gewahrt wird, so dass die pragmatische Adäquatheit im Sinne der Anpassung an die Erwartungen der Übersetzungsempfänger gewährleistet ist.

5.1.1 Der translatorische Umgang mit Kulturspezifika wie Personen- und Ortsnamen, Institutionen und Zeitschriften

Als verständniserschwerend erweisen sich im ZS-Text vor allem die Personennamen, die aufgrund der öffentlichen Tätigkeit des Verlegers besonders zahlreich vorkommen. Bei ihren Trägern handelt sich um Persönlichkeiten der italienischen Politik und Kultur der Vor- und Nachkriegszeit, die für die Familie Feltrinelli und speziell für den Verleger selbst eine wichtige Rolle spielten. Einige dieser Persönlichkeiten sind am Ende des Bandes in einem Namensregister angeführt, das ausdrücklich keinen Anspruch auf Vollständigkeit erhebt. Die nicht darin enthaltenen Namen sind in den aufgeführten Beispielen durch ein Asterisk gekennzeichnet.

Das bei der Wiedergabe von Personennamen am häufigsten angewandte Verfahren ist deren Beibehaltung wie in den Belegen (1) und (2):

(1)   Allora Giannalisa andava al ginnasio (era compagna di scuola di tale Di-
      no Buzzati) e faceva quasi ridere per il costume troppo casto.

      [...] Giannalisa ging damals noch – als Klassenkameradin eines gewis-
      sen Dino Buzzati* – ins Gymnasium und wirkte in ihrem allzu keu-
      schen Badeanzug fast ein bisschen lächerlich. (20/23)

(2)   Il comitato di lettura comprende, tra gli altri, Ambrogio Donini, Lu-
      cio Lombardo Radice, Gastone Manacorda, Concetto
      Marchesi, Carlo Muscetta, Giancarlo Pajetta, Carlo Sa-
      linari. Anche Togliatti offre il suo contributo alla collana curando la
      prefazione del *Trattato sulla tolleranza* di Voltaire.

      Zu den Herausgebern der Reihe gehören unter anderen Ambrogio Do-
      nini*, Lucio Lombardo Radice*, Gastone Manacorda*,
      Concetto Marchesi*, Carlo Muscetta, Giancarlo Pajetta
      und Carlo Salinari*. Auch Togliatti leistet mit einem Vorwort zu
      Voltaires *Abhandlung über die Religionsduldung* einen Beitrag zu der Reihe.
      (81/89)

Dino Buzzati (1906 – 1972) gehört zu den berühmtesten italienischen
Schriftstellern des 20. Jahrhunderts. Da viele seiner Werke in deutscher
Übersetzung und in zweisprachigen Ausgaben vorliegen, dürfte der
Schriftsteller auch dem deutschen Publikum einigermaßen bekannt sein.
Dies rechtfertigt die Beibehaltung im Sinne des oben definierten Verfah-
rens.

    Im Gegensatz zu Buzzati sind die in Beleg (2) erwähnten Persönlichkei-
ten vermutlich nur den besser informierten AS-Textempfängern ein Begriff. Es handelt sich dabei um der KP nahestehende Intellektuelle. Solche
langen Namensserien treten in der Biographie mit einer gewissen Häufigkeit auf. Für (2) wären daher zur Verständnissicherung statt der Beibehaltung explizitierende Übersetzungsentscheidungen zu erwarten gewesen.

    Explizitation erfolgt hingegen in den Beispielen (3) und (4) durch Zu-
fügung von Informationen – als Apposition in (3) und als Attribut in (4) –
zur näheren Bestimmung der im AS-Text erwähnten Persönlichkeiten:

(3)   Con gioia si partì il 21 novembre 1928 in automobile per la Mandria a pochi
      chilometri da Torino dove non lontano dal castello c'era il villino per la
      "bella Rusin".

      [...] wo nicht weit entfernt die kleine Villa für die "bella Rusin" liegt,
      die Geliebte des ersten italienischen Königs. (23/26; Zitat
      aus dem "*Libro di ricordi*" von Giannalisa)

(4)   La figlia di Croce aveva scritto a Bassani dicendogli che il romanzo pro-
      veniva da "aristocratica signorina palermitana".

      Die Tochter des großen neapolitanischen Philosophen Be-
      nedetto Croce hatte an Bassani geschrieben, der Roman stamme von
      einem "adeligen Fräulein aus Palermo". (167/175)

Ein weiteres Verfahren zur Vermeidung von Verständlichkeitsbeeinträchtigung durch nicht erschließbare Inhalte ist die Auslassung von Elementen wie in Beleg (5):

(5) Chiamano a tutte le ore i giornalisti Zicari, Spadolini, Ronchey, Pansa, Tortora.

[...] und zu jeder Tages- und Nachtzeit rufen Journalisten an, darunter Spadolini* und Ronchey*. (353/378)

Hier ist auf die Erwähnung weniger bekannter Journalisten verzichtet worden. Dadurch kommen die belassenen Namen in ihrer Wichtigkeit deutlicher zur Geltung. Giovanni Spadolini (1925-1994) und Alberto Ronchey (geb. 1926) waren in den 80-er Jahren auch politisch aktiv und haben hohe Ämter bis zu Regierungsfunktionen innegehabt.

Auch bei der Wiedergabe von Institutionen und Zeitschriften werden neben der Beibehaltung vor allem explizitierende Verfahren angewendet. Dies wird in den Belegen (6) bzw. (7) am Beispiel von zwei Zeitungsnamen deutlich:

(6) Durante una manifestazione di piazza [...] la polizia ferma Giangiacomo proprio vicino alla Banca Unione. Ha l'"Unità" in tasca.

Bei einer Demonstration [...] wird Giangiacomo mit der *Unità* in der Tasche von der Polizei festgenommen. (63/71)

(7) Basta che una sera lui esca pugni in tasca e voglia di teatro: non passa inosservato. Una lettera al "Borghese" non gliela toglie nessuno:

Er kann nicht einmal ins Theater, ohne dass ihn jemand überwacht. Sein Erscheinen ist in jedem Fall einen Leserbrief in der Zeitschrift *Il Borghese* wert: (329/348)

L'Unità ist, wie viele auch im deutschen Sprachraum wissen, das Organ der ehemaligen kommunistischen Partei PCI. Die Wochenzeitschrift *Il Borghese* gehört hingegen zu den rechtsorientierten Printmedien, was allerdings im ZS-Text in der explizitierenden Hinzufügung nicht deutlich wird.

5.1.2 Der Umgang mit historischen und kulturellen Ereignissen

Die im AS-Text zitierten historischen und kulturellen Ereignisse gehören zum Allgemeinwissen der AS-Textrezipienten. Auch hier hat die Übersetzerin abwechselnd Beibehaltung und Formen der Explizitation als Mittel zur Erhaltung der Verständlichkeit gewählt, wie aus den Beispielen (8) bzw. (9) ersichtlich ist:

(8) Accreditare la tesi del suicidio per vergogna serve da contrappeso nell'eventualità di uno sfruttamento della vicenda in chiave antifascista. Nell'ambiente parigino di "Giustizia e Libertà" e in alcune zone italiane qualcuno azzarda un parallelo tra la fine di Feltrinelli e il delitto Matteotti.

Die Behauptung vom Selbstmord Feltrinellis aus Scham soll verhindern, daß die Sache von antifaschistischer Seite aufgegriffen wird. In den Kreisen von Giustizia e Libertà in Paris und in einigen Gegenden Italiens wagt manch einer sogar, eine Parallele zwischen dem Tod Feltrinellis und der Ermordung Matteottis zu ziehen. (29/33)

In Beleg (8) ist dank der eindeutigen historischen Einbettung zu erwarten, dass die ZS-Textrezipienten auch ohne explizitierende Zusätze einen Zusammenhang zwischen der erwähnten antifaschistischen Gruppierung und dem politischen Mord herstellen können. In Beleg (9) wird das AS-Lexem hingegen durch Zufügung von umfangreichen Erklärungen explizitiert:

(9) Durante una manifestazione di piazza, forse nei giorni della "legge truffa", la polizia ferma Giangiacomo proprio vicino alla Banca Unione. Ha l'"Unità" in tasca.

Bei einer Demonstration, vielleicht gegen die Wahlrechtsänderung durch die sogenannte "legge truffa", das Betrugsgesetz, im Jahr 1953 wird Giangiacomo mit der *Unità* in der Tasche von der Polizei festgenommen. (63/71)

Auf das Verfahren der Adaptation greift die Übersetzerin bei der Wiedergabe der metaphorischen Bezeichnung der Schriftsteller Bassani und Cassola in Beleg (10) zurück: Zur näheren Erklärung wird auf einen zielsprachlich geläufigen Referenten Bezug genommen, und zwar auf die Schriftstellerin Courths-Mahler, die in der deutschen Trivialliteratur eine ähnliche Position einnimmt wie Liala in der italienischen:

(10) È la casa editrice del non capito *Gattopardo*, della collana di Bassani, ma anche dei giovani scrittori che definiscono Bassani e Cassola le "Liale del '63".

[...] denn er war der Verlag des nichtverstandenen *Leoparden* aber auch der Verlag der jungen Autoren, die Bassani und Cassola als eine Art "Courths-Mahler des Jahres 63" verspotteten. (248/257)

5.1.3 Der Umgang mit Kulturspezifika wie Realia

Realia werden vorwiegend beibehalten wie in den Beispielen (11) und (12), die sich auf eine Speise bzw. auf ein Getränk beziehen:

(11) In quelle sere sono frequenti le puntate a casa di un giovane dirigente comunista, Armando Cossutta. Sua madre accoglie tutti a colpi di pasta e fagioli, pare che sia squisita. (Bianca, che darà tutt'altro indirizzo alla sua militanza, negherà con forza la storia della minestra a casa dell'Armando).

An jenen Abenden besucht er oft einen jungen Parteikader namens Armando Cossutta, dessen Mutter allen *pasta e fagioli* auftischt, eine Köstlichkeit, wie es scheint. Bianca allerdings, die sich politisch in eine ganz andere Richtung entwickeln sollte, wird d i e G e s c h i c h t e m i t d e r P a s t a im Hause Armandos heftig bestreiten. (43/49)

(12) [...] e i gappisti della Canossi prendono c a f f è c o r r e t t o con i cugini brigatisti, stesso bar al Giambellino.

[...] vorläufig trinken nur die Leute der GAP "Canossi" ihren C a f f è c o r r e t t o in derselben Bar des Giambellino wie ihre Kampfgenossen von den BR. (402/429)

In beiden Fällen ist die AS-Bezeichnung beibehalten worden[2]: Das ist ein gerade hier vielfach verwendetes Verfahren, um das Lokalkolorit zu wahren. Die Übersetzerin dürfte davon ausgegangen sein, dass Italienkenner zweifellos imstande sind, die erwähnten Spezialitäten zu identifizieren.

5.2 Mittel zur Erhaltung der sprachlichen Verständlichkeit

Wie schon erwähnt, besteht der AS-Text aus zum Teil ausgesprochen heterogenem Sprachmaterial. Das bedeutete für die Übersetzerin mitunter schwer zu bewältigende stilistische Aufgaben, die den ZS-Textempfängern, welche nicht den AS-Text, sondern nur das Ergebnis der Übersetzungsarbeit kennen, nicht bewusst sein können. Exemplarisch werden in der Folge die hierbei häufigeren übersetzerischen Entscheidungen dargestellt.

5.2.1 Der Umgang mit verschiedenen Registern (Bildungs- vs. Umgangssprache)

Umgangssprachlichkeit des Originals wird tendenziell explizitierend durch Standardsprache wiedergegeben, wie Beispiel (13) zeigt:

(13) E non poter perdonare significa il disprezzo che, da un giorno all'altro, t i a r r i v a s u l c o p p i n o e n o n s a i p i ù d a c h e p a r t e v o l t a r t i.

Daß die Partei nicht verzeihen kann, bedeutet, s i c h von einem Tag auf den anderen d e r V e r a c h t u n g d e r U m g e b u n g a u s g e s e t z t z u s e - h e n u n d n i c h t m e h r z u w i s s e n, w o h i n s i c h w e n d e n. (169/176)

Das umgangsprachliche Register des Originals ergibt sich aus verschiedenen in Beleg (13) auftretenden Elementen wie z.B. der Wendung *ti arriva sul coppino* und der unpersönlichen Verwendung der zweiten Person Singular. Der Zieltext weist hier nichtmarkierte Standardsprache auf.

Als Eigenschaften der Bildungssprache lassen sich in Beleg (14) Merkmale wie komplexe Syntax und Wahl registertypischer Lexik feststellen. Es handelt sich dabei um ein Zitat aus einem Brief des Verlegers an eine der wichtigsten Persönlichkeiten der damaligen kommunistischen Partei.

---

[2] Überraschend ist die Übersetzung der nominalen Wiederaufnahme von *minestra* durch *pasta*.

Durch Nominalisierungen, Redundanzen und äußerst ausgearbeitete syntaktische Strukturen versucht der Briefverfasser seine Kritik an den in der Partei auch nach dem XX. Parteitag der KPdSU verbliebenen undemokratischen Methoden der Ausgrenzung nicht konformer Mitglieder zu verschlüsseln:

(14) Il congresso stesso – nell'enunciare che il partito si sarebbe sempre più mosso sulla via italiana al socialismo o accogliendo con approvazione le risultanze del XX Congresso del Pcus – poneva, implicitamente ed esplicitamente la necessità, pur senza tralasciare quanto di vitale vi è nell'esperienza del movimento operaio internazionale, di una originale elaborazione ideologica dei problemi del socialismo.

Mit dem Beschluß, den italienischen Weg zum Sozialismus weiterzugehen, und mit der Zustimmung zu den Ergebnissen des XX. Parteitags der KPdSU hat die Partei selbst implizit und explizit die Notwendigkeit zum Ausdruck gebracht, die Theorie der Probleme des Sozialismus eigenständig voranzutreiben, ohne die vitalen Erfahrungen der internationalen Arbeiterbewegung außer acht zu lassen. (112f./120, Brief GGFs an Giorgio Amendola)

Zur Wiedergabe werden gleichermaßen nominale Strukturen, Funktionsverbgefüge und eine komplizierte Syntax verwendet.

5.2.2 Der Umgang mit der Fachsprache

Fachsprachlichkeit tritt im Text äußerst selten auf. Beleg (15) stellt eine für den polizeilichen Verwaltungsstil typische Formulierung dar, die durch die Voranstellung des Familiennamens bei gleichzeitiger Verwendung des bestimmten Artikels sowie durch das Lexem *autovettura* realisiert wird.

(15) "Il Feltrinelli Giangiacomo giunto a Sulzano a bordo della propria autovettura Citroën targata MI-D12981 è ripartito verso le ore 23 di domenica 21 diretto presumibilmente a Milano."

"Feltrinelli Giangiacomo ist mit seinem Citroën mit der Nummer MI-D12981 nach Sulzano gekommen und am Sonntag, den 21., gegen 23 Uhr vermutlich in Richtung Mailand wieder abgereist." (339/360f.)

Durch die Beibehaltung der markierten Wortstellung auch im Zieltext wählt die Übersetzerin den Weg der "offenen Übersetzung" im Sinne von House (1997).

5.2.3 Der Umgang mit Dialektäußerungen

Dialektale Äußerungen kommen im AS-Text sowohl als einzelne Lexeme als auch als ganze Sätze vor, wie dies die Beispiele (16)-(18) zeigen. Erwartungsgemäß werden dabei explizitierende Übersetzungen verwendet, wie ein standardsprachlicher Ausdruck in (16) und das umgangssprachliche Register für den römischen (17) bzw. den lombardischen Dialekt (18):

(16) Per l'anniversario della casa editrice, nell'estate 1965, c'è una grande festa a Gargnano. Grisha von Rezzori si presenta con Anita Pallenberg, m o r o s a di K e i t h o di M i c k degli S t o n e s.

Zum zehnten Geburtstag des Verlages findet im Sommer 1965 in Gargnano ein großes Fest statt, zu dem Grisha von Rezzori mit Anita Pallenberg erscheint, d e r G e l i e b t e n v o n K e i t h o d e r M i c k v o n d e n S t o - n e s. (246/255)

(17) Gg arriva al microfono nervosissimo, sente urla e lazzi, *i sordi, dacce i sordi* ...

Äußerst nervös geht Gg ans Mikrofon, Geschrei und Spott schlägt ihm entgegen, *K n e t e, g i b u n s d i e K n e t e* ... (336/357)

(18) "U n m o r t? M a l ' è s i c ü r? S a r à m i n g a u n b a r b u n c h ' e l d o r m i v a?"

"Ein Toter? Sind Sie da sicher? I s t ' s n i c h t einfach ein Landstreicher, d e r d a p e n n t?" (423/452)

5.2.4 Die Wiedergabe fremdsprachlicher Elemente

Bei fremdsprachlichen Elementen handelt es sich um Lexeme oder kurze Textstellen in deutscher und englischer Sprache. Die erstgenannten beziehen sich auf das Alltagsleben der Familie Feltrinelli, in der die deutsche Sprache aus historisch-wirtschaftlichen Gründen schon immer präsent war, und haben somit idiolektalen Charakter. Auf Englisch werden die vom Autor zitierten Notizen seines Vaters und dessen Mitteilungen an seine Frau Inge präsentiert. Solche Texte sind als Zitate gekennzeichnet, dementsprechend typographisch markiert und im Zieltext in dieser Form beibehalten.[3]

Bei der Wiedergabe deutschsprachiger Elemente lassen sich unterschiedliche Verfahren feststellen. Meistens wird im ZS-Text nicht darauf hingewiesen, dass auch im Original die Stelle auf Deutsch verfasst ist wie in Beleg (19):

(19) Dietro casa, nel prato, baluginano mazzetti di primule, di narcisi, d i S c h n e e g l ö c k c h e n, anche i primi tulipani.

[...] wo hinter dem Haus auf dem Rasen Primeln, Narzissen, S c h n e e - g l ö c k c h e n und schon die ersten Tulpen spriessen. (375/401)

Hier hätte ein Hinweis auf das deutschsprachige Element auch nur unnötige Vermehrung der Information bedeutet. Lediglich in einem einzigen Fall wird auf das Deutsche im Original verwiesen:

---

[3] Die langen Auszüge aus dem auf Französisch geführten Briefwechsel des Verlegers mit dem Schriftsteller Boris Pasternak sind hingegen auch im Originaltext übersetzt.

(20) Un'altra confidenza è ancora più seria: "D e r   K l a s s i k e r   f ü h l t   d a s s
er älter wird", ovvero "il Classico [così lo chiamano Sche-
we e la Iinskaja] s e n t e   c h e   s t a   i n v e c c h i a n d o ".

Eine andere vertrauliche Mitteilung Olgas hat noch größere Bedeutung: "Der
Klassiker [so nennen Schewe und Olga Iwinskaja Pasternak] fühlt, dass er alt
[sic!] wird", s c h r e i b t   S c h e w e   a u f   D e u t s c h   a n   F e l t r i n e l l i.
(201/209)

5.2.5   Der Umgang mit den Stilpräferenzen des Verfassers

In den von Carlo Feltrinelli stammenden Textteilen des Originals kommen
besonders häufig verblose (nominale) Sätze (Ferrari 2003:235, 237ff.) vor.
Damit verbunden ist u.a. eine zum Teil normabweichende Interpunktions-
anwendung (Giovanardi 1998; Ferrari 2003). Bei verblosen Sätzen handelt
es sich um Stilmittel, die im heutigen Italienisch journalistische Textsorten
charakterisieren, aber auch für ausgearbeitete Texte als unentbehrlich gelten (Ferrari 2003:262). Solche Strukturen sind syntaktisch vom Kotext
unabhängig und meist durch starke Interpunktionszeichen (wie Punkt,
Doppelpunkt, Semikolon) abgegrenzt (Ferrari 2003:243). Auf der textuellen Ebene entsteht durch das Fehlen der verbalen Komponenten eine
stärkere kohäsive Kraft, wobei die nicht vorhandenen Hinweise sowohl auf
Referenten als auch lokaler und temporaler Art aus dem Kotext rekon-
struiert werden müssen (Ferrari 2003:246). Durch ihre Isolierung heben
sich außerdem verblose Sätze aus ihrer Textumgebung ab und werden
damit fokussiert. Angesichts ihrer unbestrittenen Etablierung im Italienischen lässt sich die Präferenz Carlo Feltrinellis für diese Art der stilistischen Markierung als kulturspezifisch bezeichnen. Auch im Deutschen
sind solche Ausdrücke keine Seltenheit (Behr & Quintin 1996:15), obwohl
sie keine "banale und häufige Erscheinung" wie in anderen Sprachen darstellen (Behr & Quintin 1996:26), und werden als typisch für die aus ex-
pressionistischen Vorbildern entstandene moderne und zeitgenössische
Prosa angesehen (Behr & Quintin 1996:155, 184ff.); außerdem gelten sie
als gängiges, wenn auch – im Gegensatz zum Italienischen – nicht unum-
strittenes, Stilmittel in der journalistischen Prosa. Sie kommen häufig in
stark subjektiv gefärbten narrativen Textsequenzen vor, in denen die Präsenz des Textproduzenten spürbar wird, wie z.B. bei Kommentaren und
metadiskursiven Sequenzen (Behr & Quintin 1996:151f.). Kritisiert wird
jedoch ihre systematische Verwendung, da bei den Lesern das Gefühl eines
Stockens der natürlichen Textprogression entsteht und der sich einstellen-
de Stakkato-Effekt auf die Dauer als störend[4] empfunden wird (Behr &
Quintin 1996:156, 180). Durch die Verblosigkeit weisen solche Sätze

---

[4] Wie auch die Übersetzerin selbst bestätigt hat.

Mehrdeutigkeiten auf (Behr & Quintin 1996:51), denen bei verständlich-keitssicherndem Übersetzen Rechnung getragen werden muss.

Bei der Wahl, zielsprachlich einen durch analoge Stilmittel markierten Text zu produzieren oder auf die Markiertheit zu verzichten, hat sich die Übersetzerin für die zweite Lösung entschieden und statt auf beibehalten-de auf explizitierende Übersetzungsverfahren zurückgegriffen. Explizitiert werden die Bezüge der Elemente innerhalb der verblosen Sätze wie in Beleg (21) und deren Bindung an den Kotext wie in Beleg (22).

(21) Con Scalzone e il docente di fisica teorica Franco Piperno c'è reciproco inte-resse al confronto. L o r o "M a r x a D e t r o i t", m e t r o p o l i t a n i, c o n la rivoluzione che deve partire dall'epicentro del rap-porto di capitale, antagonisti alla struttura sindacale. Lui, frontista o terzomondista, pensa che si debbano creare giuste gambe per sostenere la radicalità dei discorsi. E non capisce chi liquida il peso della geo-politica, della guerra.

Scalzone und der Dozent für theoretische Physik, Franco Piperno, sind zu einem Gedankenaustausch bereit. S i e p r o p a g i e r e n u n t e r d e m S l o-g a n "M a r x i n D e t r o i t" e i n e n W e g d e r R e v o l u t i o n, d i e v o m Z e n t r u m d e s K a p i t a l i s m u s i n d e n M e t r o p o l e n a u s-g e h e n m ü s s e, l e h n e n a b e r g e w e r k s c h a f t l i c h e S t r u k t u r e n a b. Feltrinelli dagegen will eine Front wie in der dritten Welt aufbauen, denn er glaubt, dass die radikalen Reden ein reales Fundament bekommen müssen, und versteht diejenigen nicht, die die Bedeutung der Geopolitik und des Krieges verleugnen. (343/365)

Die aneinander gereihten Nominal- und Präpositionalstrukturen, die ab-wechselnd als politische Slogans und Prädikationen zu den Protagonisten des damaligen politischen Kampfes erscheinen, spiegeln die Hektik der Zeit wider. Ein ebenso markierter ZS-Text hätte möglicherweise ange-sichts der nicht allen ZS-Textempfängern bekannten Ereignisse die Ver-ständlichkeit der Stelle beeinträchtigt. Die Übersetzung, die Verbindungen zwischen den verblosen Elementen herstellt und damit den stilistischen Gewohnheiten der Zielsprache gerecht wird, verlagert explizitierend das Hauptgewicht vom Stilistischen auf die Information.

(22) Il giovanotto ha cominciato la sua attività nei bui anni cinquanta, g u e r r a f r e d d a, n e o r e a l i s m o, i m m o b i l i t à, e allora si vestiva alla neorealista, un gilè di lana e una camicia qualunque: e n g a g e m e n t ...

Der junge Mann hat seine Tätigkeit in den finstern fünfziger Jahren, i n d e r Z e i t d e s K a l t e n K r i e g e s, d e s N e o r e a l i s m u s u n d d e r E r s t a r r u n g begonnen. Damals kleidete er sich als Neorealist mit einer wollenen Weste und einem x-beliebigen Hemd, d a s n a n n t e m a n E n-g a g e m e n t ... (215/223. Zitat aus einem Artikel von Enrico Filippini)

In Beleg (22) werden im ZS-Text die Nominalgruppen des Originals mit-tels einer temporalen Bestimmung mit dem vorangehenden Kotext verknüpft. Der Doppelpunkt im AS-Beispiel tritt in der metakommunikativen Funktion des Erklärens auf (Mortara Garavelli 2003:99ff.) und bewirkt gleichzeitig als starkes Interpunktionszeichen die Fokussierung des Nominalsatzes *engagement*, indem er diesen vom restlichen Kotext isoliert. Die Funktion des Doppelpunktes wird in der Übersetzung durch die Verbalisierung interpretatorisch explizitiert.

Die Auflösung von verblosen Sätzen in der Zielsprache beeinflusst außerdem die Zeichensetzung. Ein Punkt kann auch innerhalb einer geschlossenen syntaktischen Einheit auftreten und dadurch eine Grenze schaffen, die der Semantik des Textes nicht entspricht. Die durch diese normabweichende Punktsetzung (Giovanardi 1998:93ff.) entstandenen syntaktischen Brüche treten in italienischen Texten häufiger als in anderen Sprachen auf (Giovanardi 1998:93) und scheinen dem Vorbild der Werbeslogans zu folgen. Die durch die Punktsetzung vom Kotext abgehobene Formulierung wird somit zusätzlich fokussiert wie in Beleg (23). Die explizitierende Wiedergabe des syntaktischen Bruchs durch eine Relativstrukur hat auch die Ersetzung des Punktes durch ein in der deutschen Grammatiknorm obligatorisches Komma zur notwendigen Folge.

(23) Seguono molti mesi, addirittura anni, tre o quattro in tutto, per definire un accordo. Per il passato, per il futuro e per Olga che, formalmente, non ha diritto a nulla.

Es vergehen drei oder vier Jahre, bevor eine Einigung gefunden ist, mit der für die Vergangenheit, die Zukunft und für Olga, die im streng juristischen Sinn keine Rechte hat, alles geregelt ist. (238/246)

6 Konsequenzen für die Erhaltung der Verständlichkeit in Übersetzungen

Schon diese wenigen Beispiele vermitteln einen Eindruck davon, wie differenziert und sensibel Übersetzer verfahren müssen, wenn sie die Verständlichkeit des Zieltextes umfassend sicherstellen wollen. Dabei kann für sie von großem Vorteil sein, wenn sie sich der einleitend ausführlich dargestellten kombiniert sozialen, kognitiven und situativen Komplexität des Verstehensvorgangs nicht zuletzt auch kraft ihrer eigenen Funktion als AT-Empfänger voll bewusst sind und in ihrer Tätigkeit angemessen berücksichtigen. Von ebenso großer Hilfe kann ihnen das Wissen um die Unterschiedlichkeit ihrer potentiellen ZT-Empfänger im Hinblick auf deren Verhältnis zur Thematik und sprachlichen Gestaltung des AS-Textes sein, wie dies die Grafik zu visualisieren sucht. Schließlich kann es ihrer Arbeit nur nutzen, wenn ihnen die zur Erhaltung der Verständlichkeit verfügbaren translatorischen Strategien vertraut sind. Auf diese Weise ist gesichert, dass der Zieltext vollumfänglich verstanden wird.

7 Literatur

7.1 Belegquellen

Feltrinelli, Carlo (2001): *Senior Service*. Milano: Feltrinelli.
— (2003): *Senior Service*. Übersetzung von Friederike Hausmann. München: dtv.

7.2 Literatur (in Auswahl)

Ballstedt, Steffen-Peter & Mandl, Heinz & Schnotz, Wolfgang & Tergan, Sigmar-Olaf (1981): *Texte verstehen. Texte gestalten*. München u. a.: Urban & Schwarzenberg.

Beaugrande, Robert-Alain de & Dressler, Wolfgang Ulrich (1981): *Einführung in die Textlinguistik. Konzepte der Sprach- und Literaturwissenschaft*. Tübingen: Niemeyer.

Behr, Irmtraud & Quintin, Hervé (1996): *Verblose Sätze im Deutschen*. Tübingen: Stauffenburg.

Biere, Bernd Ulrich (1991): *Textverstehen und Textverständlichkeit*. Heidelberg: Groos.

— (1995): "Die Bedeutung der Mündlichkeit für Verstehenstheorie und Verständlichkeitsforschung". In: Spillner, Bernd (Hrsg.) (1995): *Sprache: Verstehen und Verständlichkeit. Kongressbeiträge zur 25. Jahrestagung der GAL*. Frankfurt a.M. u.a.: Lang. 83-88.

Bolz, Norbert (1982): "Friedrich D.E. Schleiermacher: Der Geist der Konversation und der Geist des Geldes". In: Nassen, Ulrich (Hrsg.) (1982): *Klassiker der Hermeneutik*. Paderborn: Schöningh. 108-130.

Christmann, Ursula & Groeben, Norbert (1999): "Psychologie des Lesens". In: Franzmann, Bodo & Hasemann, Klaus & Löffler, Dietrich & Schön, Erich (Hrsg.) (1999): *Handbuch Lesen*. München: Sauer. 145-223.

Davison, Alice & Green, Georgia (1988): *Linguistic Complexity and Text Comprehension. A Re-Examination of Readability with Alternative Views*. Hillsdale: Erlbaum.

Dijk, Teun van & Kintsch, Walter (1983): *Strategies of Discourse Comprehension*. London: Academic Press.

Fauconnier, Gilles (1985): *Mental spaces. Aspects of meaning construction in natural language*. Cambridge: Cambridge University Press.

— (1997): *Mappings in Thought and Language*. Cambridge: Cambridge University Press.

Ferrari, Angela (2003): *Le ragioni del testo. Aspetti morfosintattici e interpuntivi dell'italiano contemporaneo*. Firenze: Accademia della Crusca.

Giovanardi, Claudio (1998): "Interpunzione e testualità. Fenomeni innovativi dell'italiano in confronto con altre lingue europee". In: Vanvolsem, Serge & Vermandere, Dieter & Musarra, Franco & D'Hulst, Yves (Hrsg.) (1998): *L'italiano oltre frontiera*. Vol. I. Firenze: Cesati. 89-107.

Göpferich, Susanne (1998): *Interkulturelles Technical Writing. Fachliches adressatengerecht vermitteln. Ein Lehr- und Arbeitsbuch*. Tübingen: Narr.

Groeben, Norbert (1972): *Die Verständlichkeit von Unterrichtstexten*. Münster: Aschendorff.

Grondin, Jean (1991): *Einführung in die philosophische Hermeneutik*. Darmstadt: Wissenschaftliche Buchgesellschaft.

Heinemann, Wolfgang & Viehweger, Dieter (1991): *Textlinguistik. Eine Einführung.* Tübingen: Niemeyer.

Hönig, Hans G. & Kußmaul, Paul (^{3}1991): *Strategie der Übersetzung. Ein Lehr- und Arbeitsbuch.* Tübingen: Narr.

House, Juliane (1997): *A Model for Translation Quality Assessment Revisited.* Tübingen: Narr.

Klein, Harald (2003): Lesbarkeit und Verständlichkeit von Texten. http://www.doku.net/artikel/lesbarkeit.htm (12.06.2006).

Krings, Hans P. (1986): *Was in den Köpfen von Übersetzern vorgeht. Eine empirische Untersuchung zur Struktur des Übersetzungsprozesses an fortgeschrittenen Französischlernern.* Tübingen: Narr.

Kupsch-Losereit, Sigrid (1993): "Hermeneutische Verstehensprozesse beim Übersetzen". In: Holz-Mänttäri, Justa & Nord, Christiane (Hrsg.) (1993): *Traducere navem. Festschrift für K. Reiß.* Tampere: Tampereen Yliopisto. 203-218.

— (1995a): "Die Modellierung von Verstehensprozessen und die Konsequenzen für den Übersetzungsunterricht". In: *TextconText* 10, 179-196.

— (1995b): "Kognitive Verstehensprozesse beim Übersetzen". In: Lauer, Angelika & Gerzymisch-Arbogast, Heidrun & Haller, Johann & Steiner, Erich (Hrsg.) (1995): *Übersetzungswissenschaft im Umbruch. Festschrift für W. Wilss.* Tübingen: Narr. 217-228.

— (1997): "Übersetzen: ein integrativ-konstruktiver Verstehens- und Produktionsprozeß". In: Drescher, Horst W. (Hrsg.) (1997): *Transfer. Übersetzen – Dolmetschen – Interkulturalität. 50 Jahre Fachbereich Angewandte Sprach- und Kulturwissenschaft der Johannes Gutenberg-Universität Mainz in Germersheim.* Frankfurt a.M. u. a.: Lang. 209-223.

— (1998): Übersetzen als transkultureller Verstehensprozess. http://www.fask.uni-mainz.de/user/kupsch/transkulturellerp.html (12.06.2006).

Kußmaul, Paul (1995): *Training the Translator.* Amsterdam – Philadelphia: Benjamins.

— (1996): "Die Bedeutung des Verstehensprozesses für das Übersetzen". In: Lauer, Angelika & Gerzymisch-Arbogast, Heidrun & Haller, Johann & Steiner, Erich (Hrsg.) (1996): *Übersetzungswissenschaft im Umbruch. Festschrift für W. Wilss.* Tübingen: Narr. 229-238.

Langer, Inghard & Schulz von Thun, Friedemann & Tausch, Reinhard (1974): *Verständlichkeit in Schule, Verwaltung, Politik und Wissenschaft.* München: Reinhardt.

Lörscher, Wolfgang (1991): *Translation Performance, Translation Process, and Translation Strategies. A Psycholinguistic Investigation.* Tübingen: Narr.

Mortara Garavelli, Bice (2003): *Prontuario di punteggiatura.* Bari: Laterza.

Reiß, Katharina (1980): "Verstehen – Mißverstehen – Nichtverstehen im Blick auf die Übersetzung". In: Kühlwein, Wolfgang & Raasch, Albert (Hrsg.) (1980): *Sprache und Verstehen.* Band II. Tübingen: Narr. 35-41.

— (1995): "Textverstehen aus der Sicht des Übersetzers". In: Snell-Hornby, Mary & Kadric, Mira (Hrsg.) (1995): *Grundfragen der Übersetzungswissenschaft. Wiener Vorlesungen von Katharina Reiß.* Wien: Wiener Universitätsverlag. 47-66.

Rickheit, Gert (1995): "Verstehen und Verständlichkeit von Sprache". In: Spillner, Bernd (Hrsg.) (1995): *Sprache: Verstehen und Verständlichkeit. Kongressbeiträge zur 25. Jahrestagung der GAL.* Frankfurt a.M. u.a.: Lang. 15-30.

Rickheit, Gert & Strohner, Hans (1993)*: Grundlagen der kognitiven Sprachverarbeitung.* Tübingen – Basel: Francke.

Scherner, Maximilian (1984): *Sprache als Text. Ansätze zu einer sprachwissenschaftlich begründeten Theorie des Textverstehens.* Tübingen: Niemeyer.

Schwarz, Monika (1992): *Einführung in die Kognitive Linguistik.* Tübingen: Francke.

Sensini, Marcello (²2003): *La grammatica della lingua italiana.* Milano: Mondadori.

Sergo, Laura & Thome, Gisela (2005): "Translation-related analysis of the textualisation of a knowledge system on the basis of Fauconnier's concept of *mental spaces*". In: Dam, Helle V. & Engberg, Jan & Gerzymisch-Arbogast, Heidrun (Hrsg.) (2005): *Knowledge Systems and Translation.* Berlin – New York: Mouton de Gruyter. 207-225.

Stangl, Werner (o.J.): Verständlichkeit von Texten. http://www.stangl-taller.at (12.06.2006).

Stolze, Radegundis (1999): *Die Fachübersetzung. Eine Einführung.* Tübingen: Narr.

Thome, Gisela (1975): "Die Übersetzungsprozeduren und ihre Relevanz für die Ermittlung des translatorischen Schwierigkeitsgrads eines Textes". In: Nickel, Gerhard & Raasch, Albert (Hrsg.) (1975): *Kongressberichte der 6. Jahrestagung der GAL.* Bd. I: Wilss, Wolfram (Hrsg.) (1975): *Übersetzungswissenschaft.* Heidelberg: Groos. 39-51.

— (2004): "Zwischen Explizitation und Implizitation. Zur Empfängerorientierung des Übersetzens". In: *Die Brücke. Zeitschrift für Germanistik in Südostasien* 4. 62-83.

Wilss, Wolfram (1988): *Kognition und Übersetzen. Zu Theorie und Praxis der menschlichen und maschinellen Übersetzung.* Tübingen: Niemeyer.

Teil III: Vorschläge

Jörn Albrecht   (Heidelberg)

'Rationalismus' und 'Empirismus' in der lexikalischen Semantik. Was kann die Übersetzungswissenschaft damit anfangen?

1   Einführung

Müssen sich Übersetzerinnen und Übersetzer in den Theorien zur lexikalischen Semantik auskennen? Sicherlich nicht sehr gründlich und keineswegs in allen Einzelheiten. Aber der Versuch, auf einer ziemlich allgemeinen Ebene nachzuvollziehen, was sich die Angehörigen verschiedener linguistischer Schulen unter der Bedeutung eines Wortes vorstellen, lohnt sich in jedem Fall.

Zwei Modelle stehen sich heute auf diesem Gebiet nahezu unversöhnlich gegenüber: die rationalistische, sprachbezogene 'strukturelle Semantik' und die empiristische, auf den Akt des Sprechens und Verstehens bezogene 'kognitive Semantik', die sich in 'Prototypen-' und 'Stereotypensemantik' untergliedern lässt. Die zuerst genannte geht letzlich auf Aristoteles zurück und wurde bereits innerhalb der klassischen Logik als 'Lehre vom Begriff' ziemlich weit ausgebaut. Ihre sprachbezogene Form erhielt sie dann in den sechziger Jahren des vergangenen Jahrhunderts. An ihrer Ausarbeitung waren unter vielen anderen Bernard Pottier in Frankreich, John Lyons in Großbritannien und nicht zuletzt Eugenio Coseriu und sein Schüler Horst Geckeler in Deutschland beteiligt.[1] Die zuletzt genannte hat ihre Wurzeln in der empiristischen angelsächsischen Sprachphilosophie des siebzehnten und achtzehnten Jahrhunderts. Als sprachliche Disziplin nahm

---

[1]   Einen guten Überblick bietet Geckeler (1978).

sie erst in den siebziger Jahren des vorigen Jahrhunderts Gestalt an, nachdem sie ursprünglich im Bereich der Psychologie entstanden war. Der historischen Ursprünge scheint sich allerdings nur der Stereotypensemantiker Hilary Putnam zu entsinnen; er verwendet sogar die gleichen Beispiele wie John Locke im 17. Jahrhundert, zitiert den englischen Sprachphilosophen jedoch seltsamerweise nur in nebensächlichem Zusammenhang.

Es versteht sich von selbst, dass die beiden Modelle hier nicht gründlich vorgestellt und diskutiert werden können. Es geht hier nicht um die Vorzüge und Nachteile der beiden Ansätze unter streng linguistischen Gesichtspunkten; es geht vornehmlich um ihre Anwendbarkeit in der Übersetzungsforschung. Übersetzungstheoretiker und –praktiker dürfen sich in dieser Kontroverse schamlos opportunistisch verhalten und bei beiden Modellen Anleihen machen, wenn es den von ihnen verfolgten Zwecken dient.

2 Die so genannte 'strukturelle Semantik'

Wenden wir uns zunächst der 'strukturellen Semantik' zu, die in all ihren verschiedenen Ausprägungen auf dem Prinzip der Komponenten oder Merkmalanalyse beruht. In der 'Transzendentalen Methodenlehre', dem letzten Kapitel seiner *Kritik der reinen Vernunft*, unterscheidet Kant drei Formen des 'Fürwahrhaltens':

> Das Fürwahrhalten, oder die subjektive Gültigkeit des Urteils, in Beziehung auf die Überzeugung (...), hat folgende drei Stufen:, *Meinen, Glauben* und *Wissen. Meinen* ist ein mit Bewußtsein sowohl subjektiv, als objektiv unzureichendes Fürwahrhalten. Ist das letztere nur subjektiv zureichend und wird zugleich für objektiv unzureichend gehalten, so heißt es *Glauben*. Endlich heißt das sowohl subjektiv als objektiv zureichende Fürwahrhalten das *Wissen*. (Kant 1787/1956:689)

Schematisch lässt sich das folgendermaßen darstellen:

	subjektiv	objektiv
unzureichend	meinen	
zureichend	glauben	
	wissen	

Abb. 2a: Ausdrücke des 'Fürwahrhaltens' bei Kant

Kant geht wie ein Vertreter der 'strukturellen Semantik' vor. Er definiert semantisch verwandte Wörter, indem er auf ein *genus proximum* zurückgreift und die *differentiae specificae* angibt. Diese bestehen in unserem Fall aus nach einem bestimmten Prinzip geordneten Inhaltsmerkmalen: 'subjektiv und objektiv unzureichend'; 'subjektiv zureichend, aber objektiv unzureichend', 'subjektiv und objektiv zureichend'. Die Bedeutungen der drei Wörter erweisen sich also als nicht atomar, sondern als aus rekurrenten Inhaltsmerkmalen zusammengesetzt. In der strukturellen Semantik heißt das *genus proximum* 'Archilexem', die definierten Wörter 'Lexeme eines Wortfeldes' und die angegebenen Inhaltsmerkmale 'Seme'. Das Archilexem hat gegenüber den Lexemen einen vergleichsweise künstlichen Charakter; *Für-wahrhalten* ist kein n o r m a l e s deutsches Wort. Das Fehlen eines 'Archilexems' kommt auch in ganz alltäglichen Bereichen vor: Es gibt keinen durch ein alltägliches Wort repräsentierten adjektivischen 'Oberbegriff' für das Kontinuum *kalt, lau, warm, heiß*. Man muss ihn durch eine Paraphrase konstruieren; etwa 'die Temperatur betreffend'.

Das wichtigste Charakteristikum, das die strukturelle Semantik sowohl von der klassischen Begriffslogik als auch von den verschiedenen Formen der kognitiven Semantik unterscheidet, stammt aus der Prager Phonologie und stellt, was immer die Prototypensemantiker dazu sagen mögen, eine n i c h t - a r i s t o t e l i s c h e E r w e i t e r u n g des Modells der 'notwendigen und hinreichenden Bedingungen' dar: Es ist das Operieren mit so genannten 'inklusiven Oppositionen'. Es handelt sich, vereinfacht ausgedrückt, um Lexempaare, von denen ein Glied als markiert (+), das andere als unmarkiert (-) gilt. Bei nicht-differentieller Verwendungsweise schließt das unmarkierte Glied das markierte ein, bei differentieller Verwendungsweise entfalten die beiden Glieder ihr antonymisches Potential:

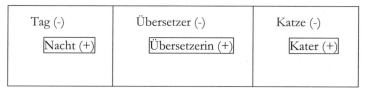

Abb. 2b: Beispiele für 'inklusive Opposition'

>   n i c h t - d i f f e r e n t i e l l : Jetzt fahre ich erst mal für drei Tage in Urlaub; Übersetzer haben in diesem Fall darauf zu achten...; Mir ist eine schwarze Katze über den Weg gelaufen.

>   d i f f e r e n t i e l l : Die Tage sind jetzt schon wieder länger als die Nächte; Übersetzerinnen verdienen in der Regel genau soviel wie Übersetzer; Ein Kater ist schwerer zu halten als eine Katze.

Auf die Darstellung weiterer technischer Einzelheiten des Modells der 'strukturellen Semantik' kann in diesem Zusammenhang verzichtet werden. Die kognitive Semantik operiert nur in eingeschränkter Form mit Entitäten, die dem traditionellen Begriff der 'Bedeutung' nahe kommen. Darin besteht die einzige Gemeinsamkeit zwischen Prototypen- und Stereotypensemantik. Die beiden Richtungen müssen daher getrennt dargestellt werden.

3 Die Prototypensemantik

In ihrer heutigen Form stellt die Prototypensemantik, obwohl sie ursprünglich im Bereich der Psychologie entwickelt wurde, eine im engeren Sinn linguistische Disziplin dar. Sie tritt mit dem Anspruch auf, die traditionelle Semantik – und dazu soll hier auch die 'strukturelle Semantik' gerechnet werden – abzulösen. Hier können nur einige Elemente der ersten, der so genannten 'Standardversion' vorgestellt werden, denn die späteren Versionen haben sich der traditionellen Semantik so weit angenähert, dass die Unterschiede weniger klar wahrzunehmen sind. Bei der Prototypensemantik geht es nicht primär um die Frage, wie die lexikalischen Bedeutungen einer Sprache strukturiert sind, sondern darum, wie Sprecher einer Sprache Gegenstände und Sachverhalte ihrer Umwelt kategorisieren (in der Praxis geht es meist um Naturgegenstände und einfache Artefakte). Im Zentrum einer Kategorie steht der 'Prototyp', die Vorstellung, die der Sprecher von einem besonders 'guten' Exemplar der jeweiligen Kategorie hat und mit dem er die Vorstellungen von den 'schlechteren' Exemplaren abgleicht. So entsprechen ein Spatz oder eine Amsel unseren 'prototypischen' Vorstellungen von einem Vogel besser als ein Pinguin. Es gibt keine scharfen Grenzen zwischen den Kategorien; es kann sie nicht geben, da es eigentlich nicht um sprachliche Strukturen im traditionellen Sinn geht, sondern um die Art und Weise, wie Sprecher sich in den von der Sprache bereits vorgegebenen Kategorien zurechtfinden. Es geht nicht, wie bei der strukturellen Semantik, um logisch korrekte, sondern um beob-achtungsadäquate Bezeichnung.

Die Kritik, die von Vertretern dieser Richtung an der traditionellen rationalistischen Semantik geäußert wird, ähnelt in verblüffender Weise der Sprachkritik des irischen Philosophen George Berkeley (1685-1753). Wie für die Prototypensemantiker ist auch für ihn das Allgemeine nicht Ergebnis eines Abstraktionsprozesses im rationalistischen Sinn, sondern eine prototypische Vorstellung. So heißt es in seinen *Principles of Human Knowledge*:

> [...] universality, so far as I can comprehend, [does not consist] in the absolute, positive nature or conception of any thing, but in the relation it bears to the particulars signified or represented by it: by virtue whereof it is that things, names or notions, being in their own nature *particular*, are rendered *universal*. (Berkeley 1710/1998:96)

Völlig analog dazu trägt er seine Sprachkritik vor. Es sei falsch anzunehmen, jeder 'Name' habe eine einzige und feste Bedeutung:

> whereas, in truth, there is no such thing as one precise and definite signification annexed to any general name, they all signifying indifferently a great number of particular ideas. (Berkeley 1710/1998:98)

Berkeley sieht völlig richtig, dass 'Namen' – in unserer heutigen Sprechweise 'Signifikanten' – nicht für allgemeine Vorstellungen stehen können, denn bei Vorstellungen kann es sich notwendigerweise immer nur um *particular ideas* handeln. Ich werde auf dieses Problem gleich noch einmal im Zusammenhang mit einem klassischen Beispiel zurückkommen, dem allgemeinen Dreieck, das man zwar definieren, das man sich jedoch nur als ein besonderes Dreieck vorstellen kann. Signifikanten beziehen sich nicht auf Vorstellungen, sondern auf Bedeutungen, auf intuitive Vorstufen von Begriffen, die ihrerseits zahlreiche Einzelvorstellungen hervorrufen können. Für die Prototypensemantiker sind diese *particular ideas* Komponenten der Bedeutung selbst, für die Vertreter der strukturellen Semantik dagegen nachgeordnete Phänomene, die sich erst beim Akt des Sprechens oder des Verstehens einstellen. In der strukturellen Semantik gilt das Prinzip der 'Einheit der Bedeutung': Irgendeine Art von einigendem Band muß bei der Bedeutung des Wortes als gegeben vorausgesetzt werden, denn sonst könnte man nicht erklären, warum ein Wort zwar eine Menge bestimmter Vorstellungen hervorrufen kann, unzählige andere jedoch ausschließt (vgl. Coseriu 2003:236).

4   Die Stereotypensemantik

Die Stereotypensemantik ist eine philosophische Theorie der (vorwiegend fachsprachlichen) Bedeutung, die weniger unter Sprachwissenschaftlern als unter Sprachphilosophen diskutiert wird. Sie identifiziert das Phänomen der Bedeutung mit dem Bedeutungsumfang eines Terminus und lässt sich daher nur mit Schwierigkeiten der 'kognitiven' Semantik subsumieren. Sie ist kein 'gutes Exemplar' für diese Kategorie. Als annäherndes Analogon der Bedeutung im traditionellen Sinn fungiert der 'Stereotyp', d.h. eine Reihe von kollektiven Ansichten und Meinungen über Gegenstände und Sachverhalte, die zutreffend oder auch nicht zutreffend sein können. Dieser 'Stereotyp' steht in keinem klaren Verhältnis zum Anwendungsbereich des Ausdrucks (Extension). Die meisten Sprecher kennen ihn gar nicht genau, sie wissen nicht, ob etwas *Gold* ist oder nicht, ob sie es mit einer *Ulme* zu tun haben oder mit einem ähnlichen Baum, und verwenden daher die Wörter wie Eigennamen, d.h. als starre Designatoren, die lediglich auf die gemeinte Entität verweisen. Die genaue Kenntnis des Anwendungsbereichs wird im Rahmen der 'sprachlichen Arbeitsteilung' den 'Experten' überlassen. Bedeutungen können daher nicht 'im Kopf' sein, wie Hilary Putnam nicht müde wird zu versichern (vgl. u.a. Putnam 1990:37). Und hierin liegt auch der grundlegende Unterschied zur Prototypensemantik. Für die Vertreter dieser Richtung soll der *Prototyp* an die Stelle der klassischen Bedeutung treten; für Hilary Putnam ist der *Stereotyp* nur eine B e i -

g a b e zur eigentlichen Bedeutung; er spielt keine zentrale Rolle innerhalb der Theorie.

5 Die Relevanz der unterschiedlichen Modelle für die Übersetzungswissenschaft

Was können Übersetzungswissenschaftler und theoretisch interessierte Übersetzer aus diesen unterschiedlichen Modellen lernen? Auf den ersten Blick scheint die Prototypensemantik besonders hilfreich zu sein, denn sie ist eine Semantik der Sprachverwendung, eine Semantik des Meinens und des Verstehens. Sie könnte dabei helfen, die plausibelste Interpretation einer unklaren Textstelle herauszuarbeiten. Dazu eignet sich diese Form der Semantik insbesondere deshalb, weil bei ihr im Gegensatz zur strukturellen Semantik die Polysemie als ein der Bedeutung inhärentes Phänomen behandelt wird. Wie wir bereits gesehen haben, zerlegt sie die Wortbedeutung nicht in begriffliche Komponenten ('Seme'), sondern in kontextbedingte Bezeichnungsmöglichkeiten, in sogenannte 'Lesarten', wie sie sich in Wörterbüchern finden. Wer gelernt hat, die i n n e r e S t r u k t u r einer Bedeutung (im Sinne der kognitiven Semantik) systematisch auszuloten, wird die notgedrungen unsystematischen Angaben der Wörterbücher besser nutzen können. Das lässt sich anhand des Beispiels in Abb. 5 demonstrieren, bei dem die verschiedenen Lesarten des Wortes *Schule* in Form eines Netzes dargestellt werden.[2]

Andererseits kann die Prototypensemantik eine Reihe von Eigenschaften des Phänomens 'Bedeutung' nicht zufriedenstellend modellieren. Die intersubjektive Verbindlichkeit von Bedeutungen, d.h. die Garantie dafür, dass verschiedene Subjekte mit ein- und demselben Wort, wenn nicht identische, so doch sehr ähnliche Inhalte verbinden, wird nicht wie in der strukturellen Semantik durch die gemeinsame Kenntnis einer bestimmten Sprache, sondern durch eine einheitliche kognitive Grundausstattung des Menschen gewährleistet. Dabei entsteht die Schwierigkeit zu erklären, warum die Bedeutungen in den Einzelsprachen so unterschiedlich strukturiert sind.[3]

---

2 Nach Pörings & Schmitz (²2003:36). Für das Englische ließe sich fast das gleiche Schema erstellen.

3 Vor einigen Jahren fand in Paris ein Kongress mit dem Thema "Unterschiede zwischen den Sprachen und kognitive Repräsentation" statt, wo diese Frage, die zu Beginn der kognitivistischen Welle überhaupt nicht richtig gesehen wurde, möglicherweise zum ersten Mal ernsthaft diskutiert wurde (vgl. Fuchs & Robert 1997)

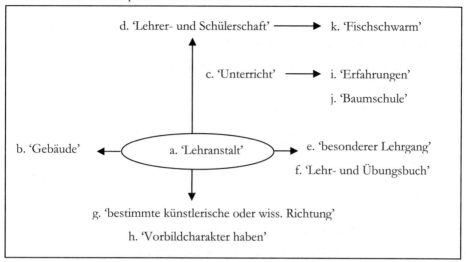

Abb. 5: Die 'innere Struktur' der Wortbedeutung in der Prototypensemantik

Im Übrigen versagt das prototypische Modell der Bedeutung bereits bei der so genannten 'übergeordneten Ebene' der vertikalen Dimension der Prototypensemantik, in der Sprechweise der Terminologielehre, bei den sog. 'Begriffsleitern'. Um das zu belegen, muss ich *nolens volens* einen kleinen Exkurs zur Behandlung der unterschiedlichen Abstraktionsniveaus des Lexikons im Rahmen der Prototypensemantik einschieben.

5.1 Die 'vertikale' Dimension der Prototypensemantik

Wie in der klassischen Semantik, werden auch in der Prototypensemantik verschiedene Abstraktionsebenen im Wortschatz unterschieden:

Übergeordnete Ebene	Tier	Frucht	Möbelstück
Basisebene	Hund	Apfel	Stuhl
Untergeordnete Ebene	Pudel	Goldparmäne	Klappstuhl[4]

Bei der sog. 'vertikalen Dimension' der Prototypensemantik geht es nicht nur um die Ermittlung der Lexeme, die in einer gegebenen Sprache 'Begriffsleitern' oder 'Begriffspyramiden' bilden. Die Prototypensemantiker – die nicht so sehr von der Linguistik als von der Psychologie her kommen – fragen sich darüber hinaus, auf welcher Ebene Gegenstände und Sachverhalte spontan benannt werden. Es ist meist das mittlere Klassifikationsniveau, der sog. *basic level* (*niveau de base/Basisebene*), auf das bei der sponta-

---

4 Vgl. Kleiber (1998:58ff.).

nen Indentifikation von Naturgegenständen und Artefakten im alltäglichen Sprachgebrauch zurückgegriffen wird:

In der Regel	Weniger üblich
Kann ich den *Apfel* haben?	die Frucht, die Goldparmäne
Mein Gott, rennt der *Hund* schnell!	das Tier, der Pudel
Sieh mal den *Vogel* auf dem Dach!	das Tier, die Nebelkrähe

Für Ausnahmen von dieser Regel lassen sich Bedingungen formulieren: Auf die übergeordnete Ebene wird zurückgegriffen, wenn Objekte nur undeutlich erkannt wurden oder wenn Vorwissen bei den Adressaten vorausgesetzt wird:

Langsam, da ist gerade ein schwarzes *Tier* über die Straße gehuscht!

Im tiefen Dunkel war ein hohes *Möbelstück* in der Ecke zu erkennen.

Carolin hat ihr *Instrument* mitgebracht (Die Anwesenden wissen, dass sie Geige spielt).

Auf die untergeordnete Ebene kann zurückgegriffen werden, wenn es sich um allgemein bekannte Spezies handelt oder wenn eine Spezies durch die Äußerung selbst genauer charakterisiert wird:

Sieh mal die *Amseln* auf dem Balkon, die werden immer frecher.

Raus aus meinem *Lehnstuhl*, das ist mein Platz!

Sie mal den *kurz geschorenen Pudel* dort, der sieht vielleicht komisch aus!

5.2 Unzulänglichkeiten der Prototypensemantik

Bemerkenswerterweise ist das Modell der prototypischen Bedeutung, auf die übergeordnete Ebene, mit der doch die Prototypensemantiker selbst operieren, nicht anwendbar. Man kann sich keine Vorstellung von einem Tier, einer Frucht oder einem Möbelstück im allgemeinen bilden. Welches ist der Prototyp für 'Tier'? Schon John Locke, dessen *ideas* den 'Bedeutungen' der Prototypensemantiker sehr nahe kommen, hatte sich mit dem Problem herumzuschlagen, dass man ein Dreieck im allgemeinen zwar sehr gut zu definieren vermag ('eine von drei Geraden begrenzte ebene Fläche'), dass man sich jedoch nur von einem spezifischen Dreieck eine 'Idee', d.h. eine Vorstellung bilden kann (vgl. Locke 1690/1975, IV:7, 9). Für George Berkeley war dies der Beweis dafür, dass Wörter die Existenz von *general ideas* vorspiegelten, die es in Wirklichkeit nicht gebe (vgl. Coseriu 2003:230f.). Somit wird auch bis heute nicht recht erkennbar, wie sich die zahllosen abstrakten Begriffe der Alltagssprache und vor allem ihre Abgrenzung gegenüber benachbarten Begriffen in das Modell der Prototypensemantik einbeziehen lassen:

Vorstellung/Darstellung (engl. representation)

erst/nur (engl. only)

secret/mystery (dt. Geheimnis) usw.

Etwas vereinfachend lassen sich die Verhältnisse folgendermaßen darstellen: Die beiden Lexeme, denen nur ein Lexem in der anderen Sprache entspricht, enthalten dieselbe Inhaltskomponente (dasselbe Sem) wie dieses und dazu noch jeweils zwei unterschiedliche Komponenten, die den Status von *differentiae specificae* haben. Ich habe mich durch Befragungen meiner Studenten oft davon überzeugen können, dass diese Komponenten ('Seme') im 'mentalen Lexikon' der Sprecher durchaus präsent sind und mit einiger Mühe auch manifest gemacht werden können. Auf das heute geradezu in Verruf geratene Modell der notwendigen und hinreichenden Bedingungen, mit dessen Hilfe Bedeutungen klar von einander abgegrenzt werden, kann nicht völlig verzichtet werden, auch wenn es oft schwer fällt, diese Bedingungen klar anzugeben. Und gerade hier muss auch die von den Prototypen- und Stereotypensemantikern angefochtene Möglichkeit einer Unterscheidung zwischen 'sprachlichem' und 'sachlichem' Wissen beibehalten werden. Ob es ein rein 'sprachliches' Wissen von einem Wort wie *Hund* gibt, bleibe dahingestellt; zwischen *nur* und *erst* besteht jedoch kein 'sachlicher', sondern ein sprachlicher Unterschied:

Es sind nur wenige Gäste gekommen.

Es sind erst wenige Gäste gekommen.

Beide Adverbien enthalten die Grundkomponente "in quantitativer Hinsicht hinter den Erwartungen zurückbleibend". *Erst* als das markierte Glied einer inklusiven Opposition enthält demgegenüber zusätzlich die Komponente 'kann sich mit der Zeit ändern'.

Abb. 5.2: Die 'inklusive Opposition' nur/erst

Auf der Grundlage dieses der strukturellen Semantik verpflichteten Modells lässt sich auch Sprechern anderer Sprachen am besten erklären, worin der Unterschied zwischen:

Sie wiegt nur 50 kg.

Sie wiegt erst 50 kg.

besteht. Mit den Mitteln der Prototypensemantik ließe sich dagegen am besten ein 'Netz' der verschiedenen Lesarten von *erst* erstellen (Fälle, in denen *erst* als Kurzform von *zuerst* erscheint, werden hier nicht berücksichtigt):

> Sie will erst an Weihnachten zurückkommen.
>
> Ich habe ihn erst gestern gesehen.
>
> Wenn ich erst einmal meine Doktorarbeit fertig geschrieben habe...
>
> Jetzt wollen wir erst einmal feiern.
>
> Jetzt wollen wir erst recht feiern.

5.3 Stereotypensemantik und Fachübersetzung

Was nun die Stereotypensemantik angeht, so beschreibt sie in nahezu karikaturistischer Form die Situation eines Übersetzers von Fachtexten. Als Fachübersetzer mit begrenztem Fachwissen verwenden wir Fachausdrücke tatsächlich oft wie 'starre Designatoren', die auf die gemeinten Phänomene verweisen, ohne dass sich dabei bei uns eine Vorstellung einstellt. Auch diesen Typ der Verwendung sprachlicher Zeichen hat George Berkeley bereits im 18. Jahrhundert sehr anschaulich beschrieben:

> [...] a little attention will discover, that it is not necessary [...] significant names which stand for ideas should, every time they are used, excite in the understanding the ideas they are made to stand for: in reading and discoursing, names being for the most part used as letters are in *algebra*, in which though a particular quantity be marked by each letter, yet to proceed right it is not requisite that in every step each letter suggest to your thoughts, that particular quantity it was appointed to stand for. (Berkeley 1710/1998:99)

Wir müssen uns, was den korrekten Gebrauch dieser Termini angeht, tatsächlich in vielen Fällen auf Expertenwissen verlassen. Das gilt nicht nur für den zulässigen Anwendungsbereich des jeweiligen Terminus in einer Fachsprache, sondern auch für die Äquivalenzfindung beim Übersetzen. Bei sehr spezifischen Fachtexten beinhaltet die Operation der 'Übersetzung' tatsächlich ein hohes Maß an 'Ersetzung', d.h. an u n v e r s t a n d e n e r Transkodierung.

6 Fazit

Ich komme nun zu meinem Fazit, das hier nur in reichlich apodiktischer Form vorgetragen werden kann: 'Rationalismus' und 'Empirismus' in der lexikalischen Semantik widersprechen sich nicht, wie die Vertreter der unterschiedlichen Ansätze uns glauben machen möchten, sie ergänzen sich. Es handelt sich nicht um antagonistische, sondern um komplementäre Modelle. Die rationalistische Semantik beschreibt den lexikalischen Teil des Sprach*systems*, die empiristische Semantik den das Lexikon betreffenden Anteil der Sprach*verwendung*, wobei die Stereotypensemantik bestreitet, dass der gewöhnliche Sprecher/Hörer über die Inhaltsseite des Systems verfügen kann. Die Übersetzungswissenschaft, insofern sie sich der Linguistik überhaupt verpflichtet fühlt, ist von ihrer Fragestellung her dazu aufgerufen, zwischen Sprachsystem- und Sprachverwendungslinguistik zu vermitteln. Wir warten auf einen Immanuel Kant, dem es gelingen wird, Rationalismus und Empirismus in der lexikalischen Semantik auf einer höheren Ebene in einem einheitlichen Modell zu integrieren.

7 Literatur

Berkeley, George (1710/1998): *A Treatise Concerning the Principles of Human Knowledge*. In: Dancy, Jonathan (Jahreszahl bitte ergänzen, Titel bitte ergänzen) Oxford: Oxford University Press.

Coseriu, Eugenio (2003): *Geschichte der Sprachphilosophie. Von den Anfängen bis Rousseau*. Neu bearbeitet und erweitert von Jörn Albrecht. Tübingen: Francke. (= UTB. 2266).

Fuchs, Catherine &Robert, Stéphane (éds.) (1997): *Diversité des langues et représentation cognitives*. Gap-Paris : Ophrys.

Geckeler, Horst (Hrsg.) (1978): *Strukturelle Bedeutungslehre*. Darmstadt: Wissenschaftliche Buchgesellschaft. (= Wege der Forschung. 426).

Kant, Immanuel (1787/1956): *Kritik der reinen Vernunft*. Werke in sechs Bänden, Bd. II. Darmstadt: Wissenschaftliche Buchgesellschaft.

Kleiber, Georges (1998): *Prototypensemantik. Eine Einführung*. Übersetzt von Michael Schreiber. Tübingen: Narr.

Locke, John (1690/1975): *An Essay Concerning Human Understanding*. Edited with a foreword by Peter H. Nidditch., Oxford: Oxford University Press.

Pörings, Ralf & Schmitz, Ulrich (Hrsg.) (²2003): *Sprache und Sprachwissenschaft. Eine kognitiv orientierte Einführung*. Tübingen: Narr.

Putnam, Hilary (1975): *Die Bedeutung von "Bedeutung"*. Herausgegeben und übersetzt von Wolfgang Spohn. Frankfurt am Main: Klostermann.

— (1999): *Repräsentation und Realität*. Übersetzt von Joachim Schulte. Frankfurt am Main: Suhrkamp. (= stw. 1394).

Georgios Floros   (Nicosia)

Towards establishing the notion of idioculture in texts

1 Introduction

This paper will discuss the notion of individual culture in relation to its manifestation in texts. While the phenomenon of culture as a social pheomenon (in the following referred to as 'social' culture) in relation to texts has been a subject of debate in translation studies at least since the eighties (e.g. Koller 1979/⁵1997; Newmark 1981; Kutz 1981; Reiß & Vermeer 1984/²1991; Neubert 1985; Reiß ³1986, Snell-Hornby 1986; 1988; Vermeer 1986a,b, Snell-Hornby et al. 1995; Gerzymisch-Arbogast 1997; Floros 2001; 2003), the problem of the individual culture of an author has only been marginally discussed in relation to translation (Vermeer 1986b, Göhring ²1999, Mudersbach 2001) and its methodological aspect still awaits clarification. The questions that arise with regard to this phenomenon concern first its theoretical status and second its manifestation in texts as a necessary condition for translating. In this paper, the problem of the individual culture of an author (= idioculture) will be discussed within the general framework of literary translation, where an author, his/her personal thoughts, beliefs, experiences and style, may find a more implicitly complex expression than in other forms of translation, such as technical translation. This is not to be seen as a limitation of the phenomenon, as it is true that almost every text is an individual product, but rather as an attempt to address an area, where individuality is more evident than elsewhere.

While neglecting for the moment the problematic discussion of translation methodology, this paper aims at presenting a first approach to describing the phenomenon of individual culture from a theoretical point of view and to show how individual culture may manifest itself in texts, thus continuing previous research on theoretical and methodological issues concerning social culture and translation (Floros 2001; 2003; 2004a).

2 The notion of idioculture in Translation Studies

Before concentrating on the discussion of culture in the field of Translation Studies, it has to be mentioned that the term 'idioculture' is also used in sociology and social psychology (cf. Fine 1987), where it refers to the special culture of a small group and not to the special culture of an individual. Fine (1987:125) defines idioculture as "[...] the unique culture of a group. It consists of a system of knowledge, beliefs, behaviors and customs shared by members of an interacting group [...]". Thus the use of the term in sociology is analogous to the notion of diaculture (Diakultur), as used in Translation Studies (Vermeer 1986b, Göhring [2]1999). Consequently, Translation Studies seems to be the only discipline to understand idioculture as the culture of one specific person and it is exactly in this sense that this paper aims to discuss and investigate it.

The theory of literary translation has long been concerned with the dualism of form and content (e.g. Levý 1969), often implying a necessary compromise of the one for the other (cf. *les belles infidèles* of the French classicism), or implying the understanding that, actually like any other text, literature is strongly embedded in the respective culture, which affects the text in multiple ways (cf. Floros 2003). The personal style of the author has also come into play quite often, though it has always been treated as one of many characteristics of the literary text. It is remarkable, however, that, at least in the Greek culture, someone would say *I translated Kafka* rather than more explicitly saying *I translated the Metamorphosis by Kafka*, just to give a very simple example of the importance of the author in literary translation. Of course, this would only happen with 'big' names and not with less-known writers, but it is an indication of the fact that the literary translator is sometimes more concerned with rendering the 'author' than the text itself. It therefore seems appropriate to regard the author and his/her personal culture as equal in importance to the social culture in which the text is embedded in. There is no doubt that in the reality of translation, this is in fact what happens. This phenomenon should be treated accordingly in terms of translation theory. The text and the social culture have already been regarded as interacting systems in Translation Studies (cf. polysystem theory, Even-Zohar 1978, Toury 1980), and it is time for the individual culture to be described systematically and to be positioned within these interacting systems as well.

In translation theory so far, the notion of idioculture has been used to describe the individual culture of a person, specifically of an author, without applying the notion to a given text. Vermeer, based on the terminology by Gerstenkorn (1971), states that it is the social configuration that leads to the use of the terms culture/diaculture/idioculture (cf. Gerstenkorn 1986b:179) each time, implying that idioculture refers to an individual. Göhring explicitly connects the term idioculture to an individual, explaining that an idioculture is formed when individuals make use of elements of two or more different cultures, like migrants of second or third generation, descendants of mixed marriages or people living in a culture other than their source culture[1] (cf. Göhring [2]1999:112f.).

It is essential, though, to take into consideration that the life and work of an author[2] have been subject to serious debate within the framework of literary criticism, albeit without any record of the use of the term idioculture (or similar terms). Literary criticism has been used in Translation Studies as a means for text analysis and interpretation (cf. Rose 1997) in the reception phase of translation, contributing to the plurality and interdisciplinarity of Translation Studies as a young, emerging discipline in its own right. Nevertheless, automatically adopting practices and methods of other disciplines by Translation Studies is rather dangerous, as Translation Studies has quite different explanatory needs to satisfy than other disciplines, such as Literature Theory. Instead, methods used by other disciplines should always be seen from the perspective of Translation, thus regulating the degree of adoption and importation. Literary criticism consists of various ways and methods to analyze a text (cf. Guerin et al. 1992, Merriam-Webster 1995). Among these methods the historical/biographical approach sees the works of an author as the reflection of his/her life and times (or of the character's life and times). Historical/biographical critics believe it is necessary to know about the author and the cultural context of his/her times in order to truly understand his/her works. On the other hand Formalism or New Criticism, which involve a close reading of the text, postulates that all information essential to the interpretation of a work must be found within the work itself. There is considered to be no need to bring in outside information about the history, politics, or society of the time, or about the author's life. New Critics believe that the historical/biographical approach tends to reduce art to the level of biography and make it relative (to the times of its production) rather than universal.

Back to Translation Studies: Neither of the two approaches seems to be adoptable for translation purposes in absolute terms. On the one hand, translation, as a not totally independent text production, is committed to the author and, more generally, to the context, if it is to be seen as an act of communication. Consequently, the approach of New Criticism could be seen as depriving translation of some of its most important maxims, which

---

[1] Göhring speaks of bi- or multicultural individuals.

[2] In a pre-theoretical stage, let us consider these aspects as constituting the *personal culture* of the author.

are situation and respect towards the author's background. On the other hand, an analysis of a literary text cannot be totally guided by the author's biography, as it is true that this approach could be reducing the literary value of a work. The correct way for Translation Studies should probably mediate between these two extremes. An example for this could be found in Kafka's *Metamorphosis* again: The transformation of the central character into a creepy insect has often been interpreted as Kafka's expression of frustration, a 'biographical' explanation that seems quite superficial, taking into consideration that Kafka wrote this novel in his mid-twenties, a time when hardly anyone reaches such a great degree of self-awareness, that his/her existential problems could flow into the literary work.[3]. However, in the same novel one is amazed by the sometimes extreme complexity and length of the sentences, which, according to some critics (cf. Nabokov 2002), are signs of the turbulence Kafka was experiencing in his personal life – a fact to be easily verified with a 'biographical' approach. The implications for translation are important, as the translator is confronted with the dilemma of deciding whether to preserve this complexity in the target text or not.

From the above it becomes obvious that the notion of individual culture has been introduced in Translation Studies on a pre-theoretical level. This paper is to be seen as a contribution towards the theoretical status of individual culture, as well as to the methodological issues that arise in relation to Translation Studies.

3   The interaction of idioculture and texts

Section 3 will present a dual approach to the interaction of idioculture and texts, thus accounting for both the theoretical and the methodological aspect of this issue.

3.1   Theoretical background

In order to describe the interaction of idioculture with texts adequately, a solid theoretical background has to be developed to support any methodological attempt. Mudersbach's view on social culture will be taken as a basis, because not only does he define social culture in systematic terms, which has proven to be very useful in the translation process itself (cf. Floros 2003:53ff, Ndeffo 2004, Kim 2005), but he also links the subject of a culture that is shared with others (common culture) to the individual being

---

3   At least, this is a belief spread among researchers of Kafka, who are against a biographical approach. Cf. also the lecture of Vladimir Nabokov on "The Metamorphosis" (Nabokov 2002).

and to his/her idioculture, in theoretical terms (see below). He takes culture to be the common invariant function of all cultural systems of a community, a function aiming at sustaining for each member the meaning of belonging to a certain community, maintaining a common and homogenous identity[4] (cf. 2001:186). As regards the idioculture in particular, he states that:

> A [...] human being may create his/her own cultural convention ("idioculture"), independently of the social group. [...] Even within a social culture there can be found individual [...] differentiations within the common culture, as everyone, besides belonging to a group, also wants to keep something for himself. (Mudersbach 2001:187f.)

Thus, according to Mudersbach, unlike culture with its emphasis on belonging to a group, idioculture refers to those aspects that make an individual distinct from the community of which he/she is taken to be a part. In this case idioculture could be regarded as attributing or adding a special kind of meaning to the individual, but here lies the crucial difference to the notion of common culture: Within the framework of idioculture, it is the meaning of being distinct from the other members of the same community, or the meaning of preserving the acquired difference from the others, that an idioculture attributes to the individual. Regarding their fundamental characteristics, i.e. the function of attributing meaning to the individual, both notions, common culture and idioculture, resemble each other. It is in the kind of meaning that they differ. Actually, as regards the meaning they attribute to the individual, the two notions could be regarded as forming an opposition. However, they can be regarded to be similar as far as their structure is concerned. Culture as a global whole is for Mudersbach made up of cultural systems (cf. 2001:169), each of them referring to a specific area of life and being a convention about this area of life[5]. Taking into consideration that idioculture serves the need of an individual to be distinct from other members of the same community, we can assume that the individual will feel this way in more than just one area of life, thus creating a different version of each area of life in which he wishes to be distinct from the other members. Taking also into consideration that in social culture each area of life is expressed by a cultural system, we can then assume that the same is true for idioculture, meaning that each version of the commonly recognized areas of life, created by the individual, is also expressed by one cultural system, which in this case is named idiocultural system. Therefore, an *idiocultural system* is defined as follows:

---

[4] The English terminology has been taken from the translated version of Mudersbach (2001).

[5] For a detailed analysis and the notion of area of life cf. Mudersbach (2001:170f.).

An idiocultural system is a convention serving the purpose of distinguishing a member of the community from other members that share the same social culture.

The information that an idiocultural system should contain includes all actions and convictions that are specific to an individual member of a given community, for whom the idiocultural system has been established. As far as the cultural components or items (holemes or sub-holemes) of a community are concerned, they may be invariant in an idiocultural system because the distinctiveness and 'otherness' of an individual is not expressed in terms of an abstract item or holeme, but in terms of its individual value, i.e. in the use that an individual makes of them and the way he/she regards them. For example while catholicism may be an item or holeme in the cultural system of a community, the way individuals value catholicism (i.e. institutionally or theoretically) may be part of an idiocultural system. While the items or holemes are shared by all members of a community, only the attitudes towards these items and the use people make of them differ from individual to individual and thus make up an idiocultural system.

Similarly, an idiocultural system may contain information about the form of writing, i.e. individual style, idiolect, dialectal use of language, neologisms etc. It is again the specific use of the language common to all members of a community that distinguishes the individual from the other members and, possibly, brings out his/her individual genius. At this point it has to be stressed that idioculture is not to be taken as equal to individual style, but only as one of many factors affecting it.

As far as the issue of biographical information is concerned, this is probably an element *sine qua non* for an idiocultural system. To relate to the discussion of various approaches of literary criticism above, the supply of and reference to biographical information should not be seen as an effort to thoroughly explain and interpret the form and content of writing in terms of biography, but as a tool among others to retrieve causes and explanations for a specific way of writing.

The question that now arises is a methodological one, concerning the manifestation of idiocultural systems in texts; it will be discussed in the next section.

3.2 Methodological implications

Though idiocultural systems are considered to be different from cultural systems in terms of purpose and content values, they are found to be similar to cultural systems in terms of their interaction with texts. The important issue that arises here is the manifestation of idioculture in texts. For the description of the manifestation of cultural systems in texts, the notion of *concretization* was introduced by Gerzymisch-Arbogast and Mudersbach (1998:64f.) and Gerzymisch-Arbogast (1999:91). In their description of holistic systems of knowledge in translation, Gerzymisch-Arbogast and Mudersbach distinguish two different levels of description, i.e. a SYSTEM level, on which knowledge is represented and structured and a TEXT level, where this knowledge manifests itself. Being part of the world-knowledge (cf. de Beaugrande & Dressler 1981), culture is *per se* located on the SYSTEM level; therefore cultural systems are also represented on this level. As cultural systems or their parts manifest themselves in texts, a connection between the SYSTEM level and TEXT level is established. This connection is called *concretization*. Since idiocultural systems, which form part of the general culture, are also represented on the SYSTEM level, they can also be concretized on the TEXT level, as will be shown below.

Following a specific methodology presented in previous works (Floros 2001:81ff.; 2002:65), the sum of all concretizations of a cultural system in a text forms a group of textual elements which was named cultural constellation. Likewise, all concretizations of an idiocultural system in a text can be regarded as forming a group of idiocultural constellations. At this point, it is essential to consider the methodological aspect to see how one could identify groups of related idiocultural elements in a text.

The method serving here as a basis is part of the method used for identifying cultural constellations in texts (Floros 2003:75ff.), which in turn was developed on the basis of the HOLONTEX method by Mudersbach (1991). In this paper emphasis will be placed on the reception phase of the translation, the phase where groups of related elements are identified. An automatic adoption of the complete methodology used to translate cultural constellations in texts would not be unproblematic, as idioculture poses specific problems, especially in the transfer phase, which need to be discussed separately at a later stage.

In the reception phase the translator attempts to understand a text and tries to uncover its cultural boundness, first of all by trying to systematically identify the relationships that exist between the text and the culture it is embedded in, in this case the idioculture. The special competence required from the translator in this phase is to be able to perceive the text not only as containing linguistic information. In addition, the translator should be in the position to regard the text as a device that evokes information which is not explicitly verbalized, but exists in implicit form as an important basis for understanding the text. The translator should focus not only on micro-structural units of the text, but also on larger units, like sentences or suprasentential units. One of the arguments presented here is that the textual units revealing information about the author's idioculture are not definable in advance and that any unit of any length could serve as

an idiocultural indicator. The translator should also focus on the form of
the text, in order to identify specific styles or use of language by a specific
author. It is advisable that the translator always be eager to expand his/her
personal knowledge about an author by systematic investigation and classification of relevant sources.

The method for identifying idioculture in texts consists of four steps, all of
which constitute slightly modified versions of the first four steps making
up the method for identifying cultural constellations (Floros 2003:75ff.).

Step 1: Reading of the text with a holistic orientation

During the first reading[6] of the text, the translator tries to identify idiocultural systems based on the textual information. The competence described
above is of great importance in this context. The aim of this step is to reveal the idiocultural systems that are relevant for the specific text. The textual elements that evoke idiocultural systems, or at least are assumed to do
so, encompass not only phonological, grammatical and lexical, but also
macro-structural aspects concerning the text as a whole. The result of this
step is the expansion of the text by implicit information, complementary to
the explicit information contained in the text. Thus, a structure on two
levels is developed: the idioculture-evoking, explicitly verbalized textual
information is found on the TEXT level, while the implicit information
about the idioculture of the author is assumed on the SYSTEM level.

Compared to the first step of the method for identifying cultural constellations, this step implies a first reading of the text with an awareness of
who the author is, while in the other method, limited presuppositions can
be made as to what cultural domains in general should be expected to be
revealed by the first reading.

Step 2: Development of idiocultural systems

The idiocultural systems evoked in Step 1 can now be developed in a systematic way, following the structuring into holemes and subholemes proposed by Mudersbach (2001).[7] Each idiocultural system should encompass
the information relevant to the specific person (author) about an area of
life. As stated above, this information should refer to the specific way the
author sees and positions or values elements, beliefs, ideas etc. of the
common culture. Compared to the second step of the method for identifying cultural constellations, the aim of this step is not to gather all informa-

---

6 'First' is to be understood symbolically here, not excluding repeated reading until the
   intended information is evoked.
7 Mudersbach regards cultural systems as *holons*, which in turn are structured into *holemes*
   and *subholemes*, which are functional parts and subdivisions of the *holon* (< Greek ὅλον
   'whole'). For a complete definition of the terms *holon, holeme* and *subholeme* cf. Mudersbach
   (1997; 1999).

tion relevant to a community that shares a common culture, but all information that distinguishes a specific individual from this common culture.

A problem that might arise here is the extent or scope (granularity) to which an idiocultural system should be developed. This is a problem common to the development of cultural systems in general. In this respect, it is essential for translators to pick up as much information as necessary to cover the themes of the text adequately.

The same structuring procedure is then applied to all idiocultural systems evoked in Step 1. The sources consulted for this developing procedure encompass all forms of databases offering information about a specific author, ranging from the Internet to any book source about the life and work of the specific author. At this point it has to be stressed that the idiocultural systems have to be adapted to the author's time of writing, as some of the biographical information about him might be irrelevant to a specific work, if concerning stages of his life later than the time of writing.

The result of this step is a list of structured idiocultural systems that can now be related back to the text. With this list of structured systems all background information concerning the idioculture of the author is gathered and presented in a systematic manner.

Step 3: Holistic reading of the text

In this second reading of the text the idiocultural systems are applied back to the text and concretization takes place. The text is read again and all textual elements that constitute concretizations of the respective idiocultural systems are marked. In this way, the relationships between the SYSTEM level and the TEXT level become explicit. While in the first reading of the text only a few elements are evoked, or are assumed to be evoked, when idiocultural systems are taken into consideration, all elements implying idiocultural systems are identified. The procedure in this step is inductive, while in step 1 it was deductive. Steps 1 and 3 involve an interaction between SYSTEM level and TEXT level, which takes place for as long as necessary in order to identify all 'idiocultural' elements of the text. It has to be stressed again that 'first' and 'second' readings are meant symbolically here. More readings of the text might be necessary, until all idiocultural systems are recognized and concretized. This means that steps 1 – 3 can take place recursively. This is a fundamental process, as the textual elements implying the idioculture of the author could vary from one text to another. Therefore it is quite difficult to identify all concretizations of a text in the first reading.

Step 4: Identification of idiocultural constellations

After idiocultural systems are concretized in the text, the elements marked as concretizations can now be closely examined at TEXT level. Analogous to cultural constellations in texts (Floros 2001; 2003) the concretizations of idiocultural systems can be grouped. The elements constituting concretizations of the same idiocultural system can be regarded as forming a group of interrelated items, which, in this case, shall be termed *idiocultural constellation*. Therefore, an idiocultural constellation, based on the definition for cultural constellations, is defined as follows:

> An idiocultural constellation in a text is a group of textual elements identified by combining all concretizations of an idiocultural system located outside the text.

The number of idiocultural constellations to be identified in a text equals the number of idiocultural systems that were evoked in Step 1.

According to the premises of the fourth step of the method for identifying cultural constellations in texts, an evaluation of idiocultural constellations should take place at this point. Such an evaluation is not possible here, as idiocultural constellations have only been examined in connection with their manifestation in texts and not yet in connection to their properties, which still needs to be investigated at a later stage. The concrete result up to this point is only a first definition of idiocultural constellations in texts, as shown above.

4 Conclusion

On the basis of the notions of social culture, cultural system and concretization a first approach to defining and identifying idioculture in texts was made possible. A definition for idiocultural systems and one for idiocultural constellations was developed, the latter showing the way idiocultural systems manifest themselves in texts. A more specific analysis and investigation of the factors involved in describing this complex and often controversial issue is required to describe idiocultural constellations in a more precise way. In this paper, the methodological aspects of translating idioculture were not treated, but remain a desideratum to be explored in future research. The methodological issue spreads across all three phases of translation and needs to be further examined together with an applicability control.

5 References

Beaugrande, Robert-Alain de & Dressler, Wolfgang U. (1981): *Einführung in die Textlinguistik*. Tübingen: Niemeyer.

Even-Zohar, Itamar (1978): *Papers in Historical Poetics*. Tel Aviv: The Porter Institute.

Fine, Gary A. (1987): *With the boys: Little League baseball and pre-adolescent culture*. Chicago: University of Chicago Press.

Floros, Georgios (2001): "Zur Repräsentation von Kultur in Texten". In: Thome, Gisela & Giehl, Claudia & Gerzymisch-Arbogast, Heidrun (Hrsg.) (2001): *Kultur und Übersetzung: Methodologische Probleme des Kulturtransfers* (= Jahrbuch Übersetzen und Dolmetschen. 2). Tübingen: Narr. 75-94.

— (2003): *Kulturelle Konstellationen in Texten: Zur Beschreibung und Übersetzung von Kultur in Texten.* Tübingen: Narr. (= Jahrbuch Übersetzen und Dolmetschen. 3).

— (2004a): "Kultur und Übersetzen". In: Fleischmann, Eberhard & Schmitt, Peter A. & Wotjak, Gerd (Hrsg.) (2004): *Translationskompetenz.* Tübingen: Stauffenburg. (= Studien zur Translation. 14). 343-352.

— (2004b): "Cultural constellations and coherence". In: House, Juliane & Koller, Werner & Schubert, Klaus (Hrsg.) (2004): *Neue Perspektiven in der Übersetzungs- und Dolmetschwissenschaft. Festschrift für Heidrun Gerzymisch-Arbogast zum 60. Geburtstag.* Bochum: AKS. (= Fremdsprachen in Lehre und Forschung. 35). 289-299.

Gerstenkorn, Alfred (1971): "Sprache – Kompetenz – Lekt. Vorschläge zur Terminologie". In: *Zeitschrift für deutsche Sprache* 27, 155-169.

Geryzmisch-Arbogast, Heidrun (1997): "Translating Cultural Specifics: Macro- and Microstructural Decisions". In: Hauenschild, Christa & Heizmann, Susanne (Hrsg.) (1997): *Machine Translation and Translation Theory.* Berlin: de Gruyter. (= Text, Translation, Computational Processing. 1). 51-67.

— (1999): "Kohärenz und Übersetzung: Wissenssysteme, ihre Repräsentation und Konkretisierung in Original und Übersetzung". In: Gerzymisch-Arbogast, Heidrun & Gile, Daniel & House, Juliane & Rothkegel, Annely mit Buhl, Silke (Hrsg.) (1999): *Wege der Übersetzungs- und Dolmetschforschung.* Tübingen: Narr. (= Jahrbuch Übersetzen und Dolmetschen. 1). 77-106.

Geryzmisch-Arbogast, Heidrun & Mudersbach, Klaus (1998): *Methoden des wissenschaftlichen Übersetzens.* Tübingen: Francke. (= UTB. 1990).

Göhring, Heinz (1978): "Interkulturelle Kommunikation: Die Überwindung der Trennung von Fremdsprachen- und Landeskundeunterricht durch einen integrierten Fremdverhaltensunterricht". In: Kühlwein, Wolfgang & Raasch, Albert u.a. (Hrsg.) (1978): *Kongreßberichte der 8. Jahrestagung der Gesellschaft für Angewandte Linguistik.* Bd. 4: Hartig, Matthias & Wode, Henning (Hrsg.) (1978): *Soziolinguistik, Psycholinguistik.* Stuttgart: HochschulVerlag. 9-14.

— (²1999): "Interkulturelle Kommunikation". In: Snell-Hornby, Mary & Hönig, Hans G. & Kußmaul, Paul & Schmitt, Peter (Hrsg.) (²1999): *Handbuch Translation.* 2. Aufl. Tübingen: Stauffenburg. (1. Aufl. 1998). 112-115.

Guerin, Wilfred L. et al. (1992): *A Handbook of Critical Approaches to Literature.* Oxford: Oxford University Press.

Kim, Young-Jin (2005): "Cultural constellations in text and translation". In: Dam, Helle V. & Engberg, Jan & Gerzymisch-Arbogast, Heidrun (Hrsg.) (2005): *Knowledge Systems and Translation.* Berlin – New York: Mouton de Gruyter. (= Text, Translation, Computational Processing. 7). 255-273.

Koller, Werner (⁵1997): *Einführung in die Übersetzungswissenschaft.* 5. Aufl. Heidelberg – Wiesbaden: Quelle & Meyer. (= UTB. 819). (1. Aufl. 1979).

Kutz, Wladimir (1981): "Zur Auflösung der Nulläquivalenz russischsprachiger Realienbenennungen im Deutschen". In: Kade, Otto (Hrsg.) (1981): *Probleme des übersetzungswissenschaftlichen Textvergleichs.* Leipzig: Verlag Enzyklopädie. 106-139.

Levý, Jiří (1963): *Umění překladu*. Praha: Československý spisovatel. – Übersetzung von Walter Schamschula: Levý, Jiří (1969): *Die literarische Übersetzung. Theorie einer Kunstgattung*. Frankfurt: Athenäum.

Merriam-Webster's Encyclopedia of Literature. (1995). Phillipines: Merriam-Webster.

Mudersbach, Klaus (1991): "Erschließung historischer Texte mit Hilfe linguistischer Methoden". In: Best, Heinrich & Thome, Helmut (Hrsg.) (1991): *Neue Methoden der Analyse historischer Daten*. (= Historisch-sozialwissenschaftliche Forschungen des Zentrums für historische Sozialforschung. 23). St. Katharinen: Scripta Mercaturae. 318-362.

— (1997): "Wie vermeidet man Denkfehler beim Formulieren von wissenschaftlichen Theorien?". In: Jakobs, Eva-Maria & Knorr, Dagmar (Hrsg.) (1997): *Textproduktion in elektronischen Umgebungen* (= Textproduktion und Medium. 1). Frankfurt am Main u.a.: Lang. 201-221.

— (1999): "Wissenschaftstheorie der Wissenschaftssprache, oder: Wie beeinflußt die Sprache die Wissenschaft?". In: Wiegand, Herbert Ernst (Hrsg.) (1999): *Sprache und Sprachen in den Wissenschaften. Geschichte und Gegenwart*. Berlin – New York: de Gruyter. 154-220.

— (2001): "Kultur braucht Übersetzung. Übersetzung braucht Kultur. (Modell und Methode)". In: Thome, Gisela & Giehl, Claudia & Gerzymisch-Arbogast, Heidrun (Hrsg.) (2001): *Kultur und Übersetzung: Methodologische Probleme des Kulturtransfers*. Tübingen: Narr. (= Jahrbuch Übersetzen und Dolmetschen. 2). 169-226.

— (forthcoming): "Culture needs Translation. Translation needs Culture" (Model and Method). Translated by Heidrun Gerzymisch-Arbogast.

Nabokov, Vladimir (2002): "Lecture on 'the Metamorphosis'". http://ocw.mit.edu/OcwWeb/Literature/21L-48520th-Century-FictionFall20 02/RelatedResources. MIT OpenCourseWare. (7 March 2004).

Ndeffo, Alexandre (2004): *(Bi)kulturelle Texte und ihre Übersetzung*. Würzburg: Königshausen & Neumann.

Neubert, Albrecht (1985): "Translation across Languages or across Cultures?". In: Jankowsky, Kurt R. (Hrsg.) (1985): *Scientific and Humanistic Dimensions of Language: Festschrift for Robert Lado on the Occasion of his 70th Birthday on May 31*. Amsterdam: Benjamins. 231-239.

Newmark, Peter (1981): *Approaches to Translation*. Oxford: Pergamon Press.

Reiß, Katharina (³1986): *Möglichkeiten und Grenzen der Übersetzungskritik*. 3. Aufl. München: Hueber. (1. Aufl. 1971).

Reiß, Katharina & Vermeer, Hans J. (1984): *Grundlegung einer allgemeinen Translationstheorie*. Tübingen: Niemeyer. (= Linguistische Arbeiten. 147).

Rose, Marilyn G. (1997): *Translation and Literary Criticism: Translation as Analysis*. Manchester: St Jerome.

Schubert, Klaus (this volume): "Kultur, Translation, Fachkommunikation". This volume.

Snell-Hornby, Mary (1986): "Übersetzen, Sprache, Kultur". In: Snell-Hornby, Mary (Hrsg.) (1986): *Übersetzungswissenschaft: Eine Neuorientierung*. Tübingen: Francke. (= UTB. 1415). 9-29.

— (1988): *Translation Studies: An integrated approach*. Amsterdam: Benjamins.

Snell-Hornby, Mary & Jettmarová, Zuzana & Kaindl, Klaus (eds.) (1995): *Translation as Intercultural Communication. Selected Papers from the EST Congress – Prague 1995*. Amsterdam – Philadelphia: Benjamins.

Toury, Gideon (1980): *In Search of a Theory of Translation*. Tel Aviv: The Porter Institute.

Vermeer, Hans J. (1986a): "Übersetzen als kultureller Transfer". In: Snell-Hornby, Mary (Hrsg.) (1986): *Übersetzungswissenschaft: Eine Neuorientierung*. Tübingen: Francke. (= UTB. 1415). 30-53.

— (1986b): *Voraussetzungen für eine Translationstheorie. Einige Kapitel Kultur- und Sprachtheorie*. Heidelberg: Selbstverlag.

Heidrun Gerzymisch-Arbogast &
Jan Kunold & Dorothee Rothfuß-Bastian (Saarbrücken)

Coherence, Theme/Rheme, Isotopy: Complementary Concepts in Text and Translation

1 Introduction

In the text linguistic literature the concepts of coherence, theme/rheme progression and isotopy are not clearly delineated and defined against each other: theme/rheme is invariably used synonymously with coherence (e.g. Brinker 2005), coherence is identified with isotopy (e.g. Greimas 1986), isotopy is equaled with theme/rheme (e.g. Rastier 2002). This lack of theoretical clarity and the ensuing methodological diffusion has not only prevented larger-scale empirical studies into the value of these categories for text constitution, but also prevented the transparency needed for systematic applications in translation and interpreting. Only recently have exemplary studies been offered that suggest their complementarity and interplay in text constitution and translation (Rothfuß-Bastian 2004; Floros 2004).

The following article will propose a conceptual basis on which these three textual categories can be described individually and in their interplay with each other. For this purpose, the processes of establishing coherence, theme/rheme progression and isotopy are first individually described. Their complementarity in the resulting text or message[1] is then visualized

---

[1] We will use the expression 'text' for the written (translated) and 'message' for the spoken (interpreted) forms of mediated communication.

and made transparent for translation and interpreting purposes using a small authentic excerpt of a simultaneously interpreted conference contribution for exemplary purposes.

2 Coherence, theme/rheme, and isotopy: conceptual basis and differentiation

2.1 Coherence

Coherence[2] is, as a rule, considered an important standard in judging whether a message or text makes sense or not. Introduced into linguistics by Bellert (1970), the concept implies inferences on the part of the reader. Coherence has been defined in a number of ways depending on whether the reader's world knowledge is a factor in establishing coherence (e.g. Van de Velde 1981 or de Beaugrande & Dressler 1981) or whether it is not considered in the description of 'cohesion' (e.g. Halliday & Hasan 1976). Its most commonly accepted definition today is the understanding that coherence depicts the sense continuity in a text, involving the active participation of the reader by integrating his/her world knowledge by way of inferences, implicatures (Grice 1975) or individual hypotheses (Gerzymisch-Arbogast & Mudersbach 1998:56f.). However, it has been difficult so far to make individual hypotheses and their integrative role in establishing sense continuity in texts transparent for description. In section 4 of this paper we will show how semantic networks can depict the interaction of what is verbalized and what is implied in an effort to establish coherence.

In describing the notion of coherence, we will proceed from the process coherence model formulated by Mudersbach (2004) with the following assumptions:

---

[2] The notions 'cohesion' and 'connectivity' are not used or discussed here. For descriptions of these interrelating concepts cf. Gerzymisch-Arbogast (1999) and Gerzymisch-Arbogast & Mudersbach (1998).

When producing a message intended to be coherent, an author/speaker conveys to a reader/hearer a message (rheme, R, relating to a theme, T). This is done within a situative framework of action, which is characterized by the parameters

- type of situation (including place and time)
- background/world knowledge of a speaker/author (Inf$^{S)}$)
- background/world knowledge of a listener/reader (Inf$^{H)}$)
- shared background knowledge of listener/reader (G)
- shared interest/attention of author/speaker and reader/listener in a given situation (Shared AB).

Coherence analysis by a third person presupposes a detailed description of the above parameters as a *holon*,[3] i.e. a specified action pattern as a framework for describing the communicative situation at a given time and place. Included in this description are certain roles (persons and objects) as 'static' *holemes* (Mudersbach 2001:173), which may not be explicitly stated. The evolving communicative events are described by so-called 'kinematic' *holemes* (Mudersbach 2001:174). In the establishment of coherence it is further assumed that the author/speaker and the reader/listener share a certain amount of background/world knowledge as well as an interest in the topic under discussion which motivates their attention to the topic development.[4]

From an author's or speaker's perspective, a linear text is offered to a reader/listener (assuming a shared interest in a given topic with the specific knowledge and interest profile of the anticipated reader in mind) with a variety of (coherence) signals in terms of links between sentences, paragraphs or other parts of a text (title, table of contents, ending etc.). From a reader's or listener's perspective, the coherence signals facilitate the (standard) reception process: a message is read and perceived in a linear fashion from title, overview/table of contents, first sentence/utterance, first paragraph/section to the last paragraph/section and the last sentence/utterance. This standard linear reception pattern is a necessary assumption for an author/speaker to make a message a follow-up sequence of utterances that are logically linked to each other, i.e. that are coherent.

The result of this process may be perceived by a hearer as a message or text that is either 'coherent', 'incoherent' or 'a-coherent' (Mudersbach 2004:250), depending on whether its segments are explicitly connected with each other ('coherent'), incompatible with one another ('incoherent')

---

[3] For a definition of *holon* cf. Mudersbach (1997), for a description of a cultural system as a holon cf. especially Mudersbach (2001:170ff.). The interdependence of a cultural system and coherence is discussed in Floros (2004).

[4] In the description of these parameters the epistemic view is taken in that the person who describes the situation describes only as much as he/she 'knows' (Mudersbach 1984).

or appear unconnected with each other ('a-coherent', cf. our example in section 4). In the case of (seemingly) a-coherent utterance sequences, the reader/ listener may bridge the unconnectedness of utterances by individual hypotheses (Gerzymisch-Arbogast & Mudersbach 1998).[5] The methodology of analyzing a sequence of utterances for coherence is described extensively in Gerzymisch-Arbogast & Mudersbach (1998, cf. also Gerzymisch-Arbogast 1999; Floros 2003) and is therefore not described in detail here but limited to visualizing coherence below.

Coherence can thus be understood to be a holistic textual parameter describing the sense continuity of a message or text from both an author's/speaker's and a listener's/hearer's perspective as analyzed from the perspective of a third party/linguist.

2.2 Theme/rheme

'Theme/rheme' progression or more general 'information sequencing' is theoretically and methodologically a highly problematic and controversial concept in text linguistics. Its description has been approached using syntactic (word order, active/passive transformation), semantic (actor/verb/ goal), textual (previously mentioned or co(n)textually bound), situative (on-stage/off-stage) or psychological ((logical) subject vs. (logical) predicate, presupposition) criteria, using a post factum question test to isolate the theme or rheme in question. Rarely has the interplay of pragmatic parameters in a situative context been used for description and representation (cf. however Mudersbach, in progress, as exemplified in Gerzymisch-Arbogast & Will 2005). These conceptual deficits have caused methodological problems and have so far prevented larger contrastive analyses of information sequencing phenomena in (translated) texts (cf. Rothfuß-Bastian 2004: 275ff.).

We will base our understanding of theme/rheme progression on the theme/rheme model by Mudersbach (1981 and in progress, as applied in Gerzymisch-Arbogast 1987 and Gerzymisch-Arbogast & Will 2005) with the assumption that the theme/rheme organization of a message is a pragmatic phenomenon and thus needs to be described by pragmatic categories[6] in their functional interplay within the framework of a given situa-

---

5 The (un)connectedness of a sequence of utterances can be visualized by semantic networks as shown in Gerzymisch-Arbogast & Mudersbach (1998: Appendix) and in section 2 and 3 of this article.

6 The pragmatic orientation implies that theme/rheme organization is not considered to be a language-specific phenomenon but that it is assumed to exist before verbalization of a message (in a speaker) and during and after the reception of a message in a situational context (in a hearer). Language-specific are, however, the means by which themes and

tion. The pragmatic categories used for the description are those used to describe the processes for coherence above. The following graphic illustration (fig. 2.2) shows the interdependence of these parameters.

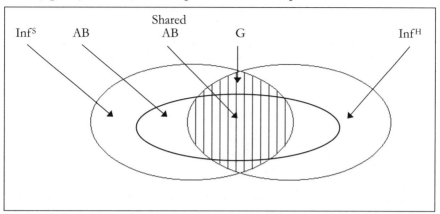

Fig. 2.2: Pragmatic theme/rheme parameters in a communication situation

A speaker will prospectively determine the theme/rheme structure of an utterance in that he/she chooses from the shared AB a theme T 1 which in the speaker's perspective is identifiable to the listener/reader to impart new information that is interesting to the hearer.[7] A theme change or a change of place, time or perspective is signaled by so-called 'indicators'. They are non-mandatory informational units, signaling to the hearer/listener a change of theme (e.g. *'let's move on to the next item on the agenda...'*), shared attention (*'by the way, did you know that x...'*) or perspective (*'in my view...'*). Indicators of perspectives are of particular relevance in interpreted messages (cf. our example below) or in other instances when it becomes necessary to indicate that s/he is reporting on the opinion of somebody else (e.g. from the perspective of the on-looker). Then a speaker has to decide, depending on his or her judgment about the hearers' receptive potential and their willingness to cooperate, at which point of the discourse s/he reminds the hearers (explicitly or implicitly) that they are listening to a quotation. Another way of accentuating perspectives is the reference to the immediate communication situation, in which the speakers directly address the hearers at intervals, e.g. "*(Distinguished) Ladies and Gentlemen*", which often serves the purpose of drawing attention to the special relationship (with its appellative character) between speaker and hearer. In politics, this device can also be misused as a verbal routine to give empha-

---

rhemes are linguistically expressed (e.g. by clefting constructions in English or permutation in German).

[7] For descriptions of the process cf. Gerzymisch-Arbogast (1987, 2004b) and Gerzymisch-Arbogast & Will (2005).

sis to the speaker's assertion and an appeal that the hearer accept it. It can also be used in the opposite case, when politicians (or for instance interpreters, cf. below) try to gain time until they can think of something that they can assert. In addition, each change of time and place of the event can be verbalized by using a corresponding indicator. The time and place of the situation should be recalled now and again (at the speaker's discretion).

Seen from an overall perspective, the speaker's utterance is representable as a message that is made up of the verbalization of a theme and a rheme and, in addition, facultative, coherence-building

- indicators of a change in theme or shared attention,
- indicators of additive rhemes
- indicators of time and place of a situation and
- indicators of changes in perspective.

As a result, theme/rheme organization can be regarded as a textual parameter describing the information sequencing in a message or text from both an author's/speaker's and a listener's/reader's perspective as analyzed by a third party's/linguist's perspective.

2.3 Isotopy

The concept of isotopy[8] was first introduced into linguistics by Greimas (1966; 1986) to denote text coherence and has been modified and expanded in numerous ways by the Greimas school, notably by Rastier (1974; 1989; 1995; 2002). Greimas' isotopy is a semantic concept based on a relational meaning concept made up by the categories of semes, classemes and sememes. The minimal isotopic unit as iterativity along a syntagmatic chain of 'classemes' (Greimas & Courtés 1982:163) is between two lexemes but is not limited to the syntagma or sentence level and is as such a potentially transphrastic or textual phenomenon. Rastier expands the concept of isotopy (Rastier 2002:194) and identifies the dominant generic isotopy of a text with its 'thème':

> La récurrence d'un sème générique induit une isotopie générique [...] le mot thème est employé pour désigner le 'sujet' d'un texte, c'est-à-dire son isotopie

---

[8] It will here only be briefly discussed and positioned for the purposes of this article. For a more detailed discussion of Greimas' concept of isotopy cf. Gerzymisch-Arbogast & Mudersbach (1989). For a discussion of the relationship between isotopy and translation cf. Gerzymisch-Arbogast (2004a).

générique dominante, ordinairement un domaine sémantique. (Rastier 1995: 224)[9]

The concept of isotopy as defined by Greimas and his school has gained rapid acceptance in semiotics, poetics and text linguistics. It is from this discipline that it found its way into the field of translation. However, language specificity, a problematic notion of context along with its unclear conceptual status and methodological deficits have prevented the concept from gaining ground in translation and interpreting (for a detailed discussion cf. Mudersbach & Gerzymisch-Arbogast 1989). Its use for translation purposes requires a 'tertium comparationis', a non-language-specific meaning standard and a notion of context that allows for individual ad hoc contexts.

These requirements are met by leksemantic meaning theory (Mudersbach 1983) which proceeds from de Saussure's notion that each sign in the language system is defined by its place, its 'valeur', vis-à-vis other signs in the system. It differs from this notion by combining the description of lexical meaning with context-specific meaning in a graded framework of interconnected meaning networks. The relational framework for determining the meaning ('valeur') of a lexeme (sign) is the text in which a particular lexeme appears, i.e. the text as a coherent whole (system). Proceeding from predicate logic and its assumption that all meaning information can be expressed in terms of arguments ((complex) lexemes and their pronominalizations) and relators (expressions in the text that connect arguments), relations are expressed in a text to form a network of text-specific meaning relations of the text as a whole.

With the understanding that we need to represent isotopy as a language-independent context-specific category, we base our concept of isotopy on the leksemantic meaning concept (Mudersbach 1983) and its textual implications as set forth in Mudersbach & Gerzymisch-Arbogast (1989) and Gerzymisch-Arbogast (2004a), i.e.:

(1) The sum total of all relations in a text can be depicted as a network of relations emanating from the concepts in a text.

(2) If we connect a concept A (the argument of a relation) and its recurrences by a line or thread, we obtain the *baseline isotopy* of concept A.[10]

(3) If we add to the recurrent appearance of a concept A all other concepts connected with A by a relation, we arrive at the *isotopy of the first degree*.

---

[9] Cf. also: "The distinction between generic and specific isotopies permits us to define what some authors have called topic and focus respectively, notions that have remained largely intuitive if not simply vague." (Rastier 2002:151)

[10] In Rastier's terms this would be the dominant isotopy which would equal the text topic.

(4) A *second-degree isotopy* is established if we consider all relations in the network connecting these concepts with their immediate environment. The arguments at the end points of these relations are then linked together to form an isotopy of the second degree.

(5) As non-conceptual categories providing orientations for the reader, indicators of time and place of a situation as well as indicators of changes in perspective form independent isotopic lines of the highest level (cf. fig. 4.2.2c).

The higher the degree of isotopy, the more initially independent or separate isotopies interconnect. This reflects the coherence of a text at various levels. At the highest level, i.e. when all environments related to a concept have been accounted for, all initially separate isotopies blend into one *top-level isotopy* of the text.

Isotopy can therefore be regarded as a textual parameter describing semantic meaning levels in an individual text or message. It exists on an abstraction level that is non-language-specific and can represent contextual meaning levels in a text or message and therefore lends itself for use as a translation unit (as described in Gerzymisch-Arbogast 2004).

3 Overlap and complementarity in text and translation

3.1 Description

We can see from the above that coherence, theme/rheme and isotopy are interrelated concepts on three levels:

1. Conceptually, all three concepts involve a speaker/hearer relationship, their knowledge profiles and (shared) attention in a given situation as described in 2.2. They all allow to look at processes (using a step-by-step methodology) as well as results (visualized by linear and/or synchronoptical semantic networks, cf. section 4). The processes of establishing coherence, theme/rheme progression and isotopies can be described from a speaker's and a listener's point of view. Isotopy has so far only been considered statically as a result, i.e. the description of isotopic meaning levels in a produced message as a result of text analysis. Its dynamic dimension still awaits investigation.

All three concepts therefore proceed from similar assumptions: a specified communicative situation (type of situation) and the functionally interacting communicative partners as described in 2.2. They all imply a language-independent context-specific meaning concept, i.e. leksemantics, and include world knowledge hypotheses in the constitution of sense on the utterance and/or text level.

2. **Methodologically**, all three concepts are accessible by *Relatra* analysis and can be visualized by semantic networks[11] via a linear version (maintaining the linearity of a message or text) and/or a synchronoptic version (allowing for the depiction of (connected) sense-related, informational and/or meaning clusters) which include individual hypotheses in a text or message as illustrated in section 4 below.

3. **Functionally**, the three concepts serve different, but complementary purposes: Coherence depicts the (lack of) sense continuity in a message or text and is thus the most general of the three textual parameters. Theme/rheme depicts the (more or less) continuous information flow in a text or message and thus influences the coherence of texts as illustrated in the example below. Isotopy depicts (more or less differentiated) meaning levels in a text and thus also indicates the coherence of a message or text.

We can thus summarize that coherence, theme/rheme and isotopy can be explained as overlapping concepts which share certain conceptual features and follow a homogenous methodology but serve different, albeit complementary purposes in text constitution, i.e. to account for and make transparent the sense constitution (coherence), the informational structure (theme/rheme) and the meaning set-up (isotopy) of a text or message.

3.2 Visualization

Leksemantic networks proceed from the assumption that utterances can be represented as relations and that there is equivalence between conceptual graphs (as proposed by Sowa 1984) and predicate logic. This offers homogenous visualization of all three parameters: coherence, theme/rheme and isotopy by leksemantic networks both in their linear and synchronoptic form (Gerzymisch-Arbogast & Mudersbach 1998). The *Relatex* method (Mudersbach 1991) and its implications for translation in *Relatra* have been described in more detail elsewhere (Mudersbach & Gerzymisch-Arbogast 1989; 1998; Gerzymisch-Arbogast 1996) so that we can limit ourselves to a very brief summary:

- Arguments are represented by concepts (i.e. lexemes, complex lexemes or their pronominalizations) which recur unchanged in the text. They are graphically represented as squares.
- Links between arguments are represented by relators. They are graphically represented by circles.

---

[11] The methodology of semantic networks has been described in detail, e.g. Gerzymisch-Arbogast/Mudersbach (1998), Gerzymisch-Arbogast (1996; 1999; 2004a) and thus needs not be repeated here.

- Arguments and relators form a relation. The minimal relation consists of one argument and one relator. The actor role is graphically represented by the direction of the arrow.

- Indicators (time, place, perspective) are interpreted to modify the entire message. They are graphically represented as blocks that contain the relation in question.

- The relations identified in a linear text/message form a linear 'network' of relations.

- Relations can be grouped around concepts that they are connected with to form conceptual synchronoptic clusters.

- The relations expressed in the text and grouped in the form of clusters form a synchronoptic network with potentially multilayered text-specific meaning levels of a text.

- Unconnected relations ('islands') are connected to the network by individual (world, text or semantic) hypotheses (inferences, implicatures). Individual hypotheses are graphically represented as a dotted line.

3.3 The translation dimension

Applying coherence, theme/rheme and isotopy to translation raises questions as to the relative invariance of these parameters in translation (cf. Gerzymisch-Arbogast & Mudersbach 1998 for multilingual examples). Decision-making on the invariance of these parameters in translation is usually determined by the translation purpose (although its operationalization still needs to be investigated), the envisaged recipient type and cultural norms (cf. Gerzymisch-Arbogast 2004a+b). Studies into the complementarity of these parameters are now beginning to appear: The interplay of thematic and isotopic parameters is discussed by Rothfuß-Bastian (2004:280ff.) and the interdependence of cultural systems and coherence is reflected upon by Floros (2004:295).

The added value of these parameters can be discussed from three perspectives: From a holistic point of view the integration of world knowledge (on a systems level) into understanding texts allows e.g. for depicting the role of culture in establishing coherence processes in texts as a basis for translation and its evaluation (cf. Floros 2003, Ndeffo 2004, Kim 2005). From a hol-atomistic point of view the more or less continuous information flow (theme/rheme progression) or implied meaning structures (isotopy) can be made transparent for translation purposes (Gerzymisch-Arbogast 2004a, Gerzymisch-Arbogast/Will 2005). From an atomistic point of view, bottom-up text analysis identifies salient, potentially ad hoc features in a text that may be relevant for translation (Gerzymisch-Arbogast & Mudersbach 1998, Gerzymisch-Arbogast 2005 a+b).

4 Application

In this section the corpus used for our sample analysis is described and visualizations of the textual categories discussed above are given.[12]

4.1 The sample message

The following message of three utterances is the transcription of the beginning of an English conference contribution by Bruce Kirchhoff on the occasion of the '36th International Council for Small Business (ICSB) World Conference' held in 1991 in Vienna and its German simultaneous interpretation. Both the English and German transcriptions are taken from the so-called Pöchhacker corpus (1994). They are segmented according to informational units in Gerzymisch-Arbogast & Will (2005).

Segmented Original

Theme: {brackets}
Indicators: *Italics*

1. {We} have a short microphone *here*.
2. {I} am an economist,
3. *and* {that} makes me a dangerous person, *I think, in the world today*.

Segmented interpretation

Theme: {brackets}
Indicators: *Italics*

1. {Das Mikrofon} ist etwas kurz geraten.
2. *Aber, meine Damen und Herren*, {ich} bin ein Wirtschaftswissenschaftler,
3. *und, ich glaube*, {das} macht mich zu einer gerf(sik)gefährlichen Person *in der heutigen Welt*.

The following visualizations are 'zoomed' excerpts from the complete semantic networks.[13]

---

[12] Our analysis is not intended as an evaluation of the interpretation. For that it would be necessary to analyze the interpreter's purpose, audience, norms etc., which is not possible in the context of this article. The visualization is intended to illustrate the overlap and complementarity of the three parameters.

[13] For reasons of printing technicalities we cannot present the networks here. The complete networks are available from the authors by request.

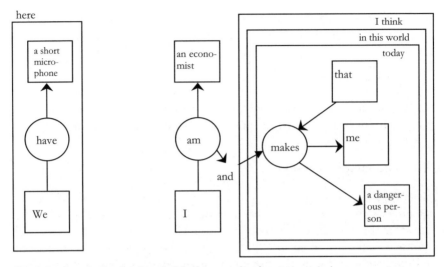

Fig. 4.1a: Sample visualization of original message (synchronoptic version)

It is evident that in the English original the relation emanating from 'I' is not explicitly connected with the relation around 'we'. The visualization of the interpreted sequence shows an explicit connection between the two relations:

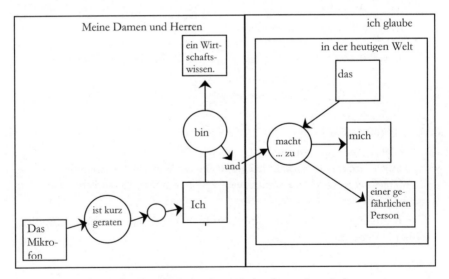

Fig. 4.1b: Sample visualization of interpreted message (synchronoptic version)

4.2 Contrastive visualizations of coherence, theme/rheme and isotopy

4.2.1 Coherence

With respect to the parameter of coherence we can say that the visualization reveals an a-coherent picture in the original: we see two unconnected islands, one around 'we', one around 'I'. Coherence can be established easily by the hypothesis that 'I' is part of 'we'.

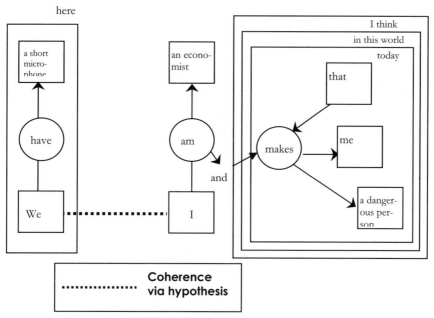

Fig. 4.2.1a: Implicit Coherence (English Original)

The visualization of the interpreted message shows that all relations are explicitly connected with each other. Comparing the visualization of the original message with its simultaneous interpretation[14] shows that while the original necessitates the hypothesis of 'we' to be inclusive of 'I', the interpreted message is explicitly coherent and does not require any hypotheses.

---

[14] These comments are both based on the transcriptions of the original and the simultaneous interpretation. We are aware of the problems inherent in transcriptions but cannot discuss them in the context of this article.

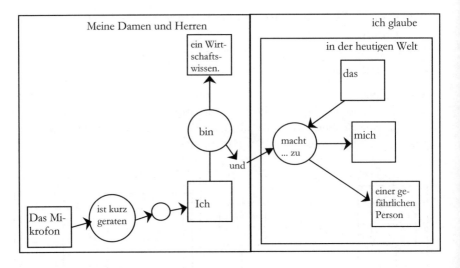

Fig. 4.2.1b: Explicit Coherence (German interpretation)

We can now differentiate between explicit coherence (when all relations are explicitly connected with each other) and implicit coherence (when world knowledge hypotheses are required to establish coherence).

4.2.2   Theme/rheme

With respect to information structuring, thematic progression in the original develops from the context of situation (inclusive 'we') to the thematization of the speaker ('I') and the reference to the previous utterance verbalized by the proform 'that'. Theme/rheme progression is thus characterized by the use of text-specific hypotheses to connect the thematic flow as well as by the frequent use of indicators (of place, time and perspective).

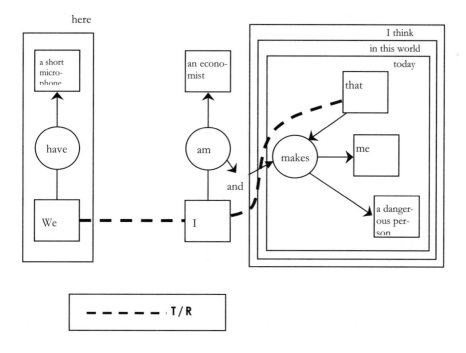

Fig. 4.2.2a: Theme/rheme progression (English original)

The visualization of the interpreted message shows that the theme of the interpreted message differs from the original in that the interpretation thematizes 'das Mikrofon' (for a possible motivation cf. Gerzymisch-Arbogast & Will 2005). The theme develops from 'das Mikrofon' to 'ich' to the proform 'das'. Comparing the visualization with the original representation above, the German interpretation needs a (situational) hypothesis between 'das Mikrofon' and 'ich' and a text-specific hypothesis (as in the original) to interpret the proform 'das' as referring to the previous statement 'Ich bin ein Wirtschaftswissenschaftler'. In addition, the interpreted message shows different indicators:

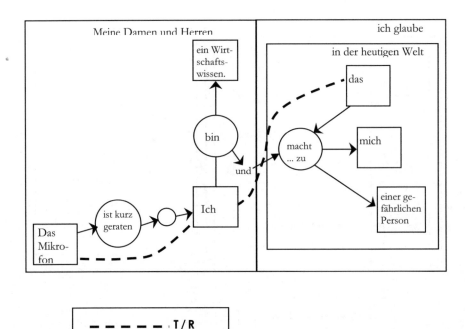

Fig. 4.2.2b: Theme/rheme Progression (German interpretation)

While the original visualization shows time and place indicators (the conference situation is verbalized in utterance 1: 'here'; the general place and time of the actual situation in utterance 3: 'today', 'in the world') as well as a perspective indicator ('I think') and an additive rheme-indicator ('and'), there is a change in the representation of the place-time scenario: In the interpreted message the place indicator in utterance 1 ('here') is not realized and the general place and time indicators are presented together ('in der heutigen Welt'). The additive rheme indicator is presented analogously ('und') and the perspective indicator of the speaker ('ich glaube') is also realized analogously. The most obvious deviation from the original is obviously the addition of the perspectivization of the audience as 'meine Damen und Herren' which may underline the appellative character of the message or which – in this simultaneous interpreting situation – may have been used by the interpreter to gain time.

Following is an overview of the deviations observed between the English original and the German interpretation relative to the parameter theme/rheme progression structured as a knowledge system 'Information Structure' which allows for different values in texts.

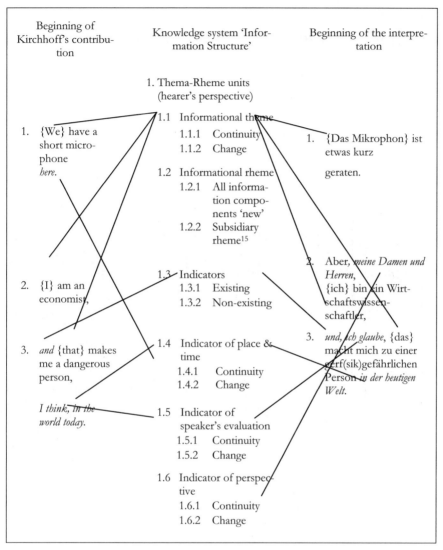

Fig. 4.2.2c: Actualization of the Knowledge System 'Information Structure' in Original and Interpretation

---

[15] Thematic information used to establish a new relation within a rheme.

4.2.3   Isotopy

With respect to isotopy, the visualization distinguishes three isotopic levels in the original:

- the baseline isotopy ('we'-'I'-'me'),
- a 1st-level isotopy: ('microphone', 'economist', 'dangerous person'), and
- a 2nd-level isotopy: ('here', 'in this world', 'today'; as well as the perspective indicator 'I think').

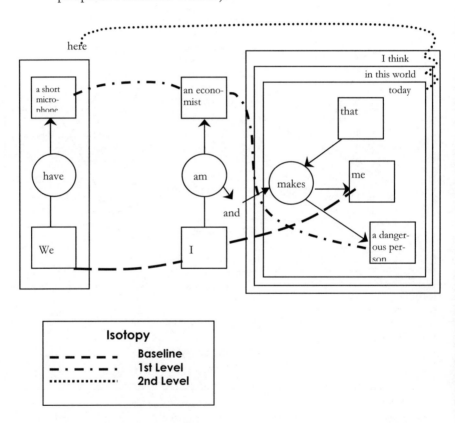

Fig. 4.2.3a: Isotopy (English original)

The visualization of the interpretation differs in isotopic quality as regards the baseline isotopy: the lack of the inclusive 'we' leads to reduced isotopic depth here. The first-level isotopy is identical with the original representation.

Analogous to the theme/rheme findings, the second-level isotopy shows the most apparent differences: a perspective indicator 'meine Damen und Herren' (not present in the original) – 'ich glaube' (on baseline level in the original) – 'in der heutigen Welt' (a summary of two separate indicators (place and time) in the original).

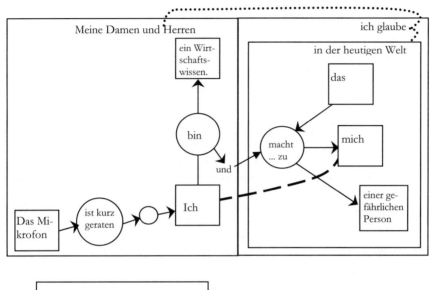

Fig. 4.2.3b: Isotopy (German interpretation)

5 Summary

This article portrayed the overlap and complementarity of 'coherence', 'theme/rheme' and 'isotopy' on a conceptual, methodological and functional level.

In the visualizations differences relative to these standards in the original and interpretation have become apparent, i.e. a change in coherence (by changes in required individual hypotheses), a change in thematic structure (divergent thematization causing a change of individual hypotheses) and a change in isotopic levels, constituting a meaning change.

The analysis was reduced to a very small excerpt for reasons of space. The authors are aware of the fact that this presentation can only be of heuristic value but look forward to conducting larger contrastive analyses on the basis of these operationalizations that will be able to contribute to continuing research into translation and interpreting processes.

6   Selected references

Bellert, Irena (1970): "On a Condition of the Coherence of Texts". In: *Semiotica* 2, 334-363.

Brinker, Klaus ([6]2005): *Linguistische Textanalyse. Eine Einführung in Grundbegriffe und Methoden.* 6. Aufl. Berlin: Erich Schmidt. (1. Aufl. 1985).

Floros, Georgios (2003): *Kulturelle Konstellationen in Texten: Zur Beschreibung und Übersetzung von Kultur in Texten.* Tübingen: Narr. (= Jahrbuch Übersetzen und Dolmetschen. 3).

— (2004): "Cultural constellations and coherence". In: House, Juliane & Koller, Werner & Schubert, Klaus (Hrsg.) (2004): *Neue Perspektiven in der Übersetzungs- und Dolmetschwissenschaft. Festschrift für Heidrun Gerzymisch-Arbogast zum 60. Geburtstag.* Bochum: AKS. (= Fremdsprachen in Lehre und Forschung. 35). 289-299.

Gerzymisch-Arbogast, Heidrun (1987): *Zur Thema-Rhema-Gliederung in amerikanischen Wirtschaftsfachtexten. Eine exemplarische Analyse.* Tübingen: Narr. (= Tübinger Beiträge zur Linguistik. 306).

— ([2]1994): "Zur Relevanz der Thema-Rhema-Gliederung im Übersetzungsprozeß". In: Snell-Hornby, Mary (Hrsg.) ([2]1994): *Übersetzungswissenschaft: Eine Neuorientierung. Zur Integrierung von Theorie und Praxis.* Tübingen – Basel: Francke. (= UTB. 1415). (1. Aufl. 1986). 160-183.

— (1999): "Kohärenz und Übersetzung: Wissenssysteme, ihre Repräsentation und Konkretisierung in Original und Übersetzung". In: Gerzymisch-Arbogast, Heidrun & Gile, Daniel & House, Juliane & Rothkegel, Annely mit Buhl, Silke (Hrsg.) (1999): *Wege der Übersetzungs- und Dolmetschforschung.* Tübingen: Narr. (= Jahrbuch Übersetzen und Dolmetschen. 1). 77-106.

— (2003): "Norm and Translation Theory: Some Reflections on Its Status, Methodology and Implications". In: Schubert, Klaus (Hrsg.) (2003): *Übersetzen und Dolmetschen: Modelle, Methoden und Technologie.* Tübingen: Narr. (= Jahrbuch Übersetzen und Dolmetschen. 4/I). 47-67.

— (2004a): "On the Translatability of Isotopies". In: Fougner Rydning, Antin & Koller, Werner (Hrsg.) (2004): *Les limites du traduisible.* Paris: Presses de la Sorbonne Nouvelle KSCI. (= FORUM. 2 [2]). 177-197.

— (2004b): "Theme-Rheme Organization (TRO) and Translation". In: Frank, Armin Paul & Greiner, Norbert & Hermans, Theo & Kittel, Harald & Koller, Werner & Lambert, José & Paul, Fritz mit House, Juliane & Schultze, Brigitte (Hrsg.): *Übersetzung – Translation – Traduction. Ein internationales Handbuch zur Übersetzungsforschung.* Teilband 1. Berlin – New York: de Gruyter. (= Handbücher zur Sprach- und Kommunikationswissenschaft. 26.1). 593-600.

— (2005a): "Text & Translation". In: Zybatow, Lew (Hrsg.) (2005): *Translationswissenschaft im interdisziplinären Dialog.* (= Innsbrucker Ringvorlesungen zur Translationswissenschaft. III). Frankfurt am Main: Lang. 35-54.

— (2005b): "That rising corn ... ce blé qui lève ... die aufgehende Saat ... Towards a common Translation profile". In: Götz, Katrin & Herbst, Thomas

(Hrsg.) (2005): *Translation and translation theory: uni- or bilateral relationship?* Würzburg: Königshausen & Neumann. (= Zeitschrift für Anglistik und Amerikanistik). 117-132.

Gerzymisch-Arbogast, Heidrun & Mudersbach, Klaus (1998): *Methoden des wissenschaftlichen Übersetzens.* Tübingen – Basel: Francke. (= UTB. 1990).

Gerzymisch-Arbogast, Heidrun & Will, Martin (2005): "Kulturtransfer oder Voice Over: Informationsstrukturen im gedolmetschten Diskurs". In: Braun, Sabine & Kohn, Kurt (Hrsg.) (2005): *Sprache(n) in der Wissensgesellschaft.* Frankfurt: Lang. (= Forum Angewandte Linguistik. 46). 171-193.

Greimas, Algirdas J. (²1986): *Sémantique structurale. Recherche de méthode.* 2. Aufl. Paris: Presses Universitaires de France. (Aus dem Französischen übersetzt: *Strukturale Semantik*). Braunschweig: Viehweg. (1. Aufl. 1966).

Greimas, Algirdas J. & Courtés, Joseph (1982): *Semiotics and Language: An Analytical Dictionary.* Bloomington: Indiana University Press. .

Grice, Herbert Paul (1975): "Logic and Conversation". In: Cole, Peter & Morgan, Jerry L. (Hrsg.): *Syntax and Semantics.* Vol. I. New York: Academic Press. 41-58.

Halliday, Michael A. K. & Hassan, Ruqaiya (1976): *Cohesion in English.* London: Longman.

House, Juliane (1996): "Contrastive Discourse Analysis and Misunderstanding: the Case of German and English". In: Hellinger, Marlis & Ammon, Ulrich (eds.) (1996): *Contrastive Sociolinguistics.* Berlin – New York: de Gruyter. 345-361.

— (1999): "Zur Relevanz kontrastiv-pragmatischer und interkultureller Diskursanalysen für das Fachübersetzen". In: Gerzymisch-Arbogast, Heidrun & Gile, Daniel & House, Juliane & Rothkegel, Annely mit Buhl, Silke (Hrsg.) (1999): *Wege der Übersetzungs- und Dolmetschforschung.* Tübingen: Narr. (= Jahrbuch Übersetzen und Dolmetschen. 1). 43-54.

Kim, Young-Jin (2005): "Cultural constellations in text and translation". In: Dam, Helle V. & Engberg, Jan & Gerzymisch-Arbogast, Heidrun (Hrsg.) (2005): *Knowledge Systems and Translation.* Berlin – New York: Mouton de Gruyter. (= Text, Translation, Computational Processing. 7). 255-273.

Mudersbach, Klaus (1981): Ein neues Thema zum Thema "Thema Rhema". Unveröffentlichter Habilitationsvortrag. Heidelberg.

— (1982): "Dividuensemantik". In: Leinfellner, Werner & Kraemer, Eric & Schaenk, Jeffrey (eds.): *Language and Ontology. Proceedings of the 6th International Wittgenstein Symposium, Kirchberg am Wechsel/Austria 1981.* Wien: Hölder-Pichler-Tempsky. 270-273.

— (1983): "Leksemantik – eine hol-atomistische Bedeutungstheorie". In: *Concepts* XVII [40-41], 139-151.

— (1984): *Kommunikation über Glaubensinhalte. Grundlagen der epistemistischen Linguistik.* Berlin – New York: de Gruyter.

— (1989): "The Theoretical Description of Speaker-Hearer Hypotheses". In: Dietrich, R. & Graumann, C. F. (eds.) (1989): *Language Processing in Social Context.* Elsvier Science Publishers North-Holland, 77-93.

— (1991): "Erschließung historischer Texte mithilfe linguistischer Methoden". In: Best, Heinrich & Thome, Helmut (Hrsg.) (1991): *Neue Methoden der Analyse historischer Daten.* St. Katharinen: Scripta Mercaturae. (= Reihe Historisch-Sozialwissenschaftliche Forschungen. 23). 318-362.

— (1997): "Wie vermeidet man Denkfehler beim Formulieren von wissenschaftlichen Theorien?" In: Jakobs, Eva-Maria & Knorr, Dagmar (Hrsg.) (1997): *Textproduktion in elektronischen Umgebungen*. Frankfurt am Main u. a.: Lang. (= Textproduktion und Medium. 1). 201-221.

— (2001): "Kultur braucht Übersetzung. Übersetzung braucht Kultur". In: Thome, Gisela & Giehl, Claudia & Gerzymisch-Arbogast, Heidrun (Hrsg.) (2001): *Methodologische Probleme des Kulturtransfers*. Tübingen: Narr. (= Jahrbuch Übersetzen und Dolmetschen. 2). 169-225.

— (2004): "Kohärenz und Textverstehen in der Lesersicht. Oder: Wie prüft man die Stimmigkeit von Texten beim Lesen?" In: House, Juliane & Koller, Werner & Schubert, Klaus (Hrsg.) (2004): *Neue Perspektiven in der Übersetzungs- und Dolmetschwissenschaft. Festschrift für Heidrun Gerzymisch-Arbogast zum 60. Geburtstag*. Bochum: AKS. (=Fremdsprachen in Lehre und Forschung. 35). 249-271.

— (in progress): "A New Rheme for a Given Theme". In: Wiegand, Herbert Ernst & Gerzymisch-Arbogast, Heidrun & Storrer, Angelika (Hrsg.) (in Arbeit): *Festschrift für Klaus Mudersbach zum 60. Geburtstag*. (= Germanistische Linguistik). Hildesheim: Olms.

Mudersbach, Klaus & Gerzymisch-Arbogast, Heidrun (1989): "Isotopy and Translation". In: Krawutschke, Peter W. (Hrsg.) (1989): *Translator and Interpreter Training*. New York: SUNY. (=American Translators Association Scholarly Monograph Series. III). 147-170.

Ndeffo, Alexandre (2004): *(Bi)kulturelle Texte und ihre Übersetzung*. Würzburg: Königshausen & Neumann.

Pöchhacker, Franz (1994*): Simultandolmetschen als komplexes Handeln*. Tübingen: Narr.

Rastier, François (1974): "Semantik der Isotopien". In: Kallmeyer, Werner & Klein, W. & Meyer-Hermann, R. & Netzer, Klaus & Siebert, Hans-Jürgen (Hrsg.) (1974): *Lektürekolleg zur Textlinguistik*. Band 2: *Reader*. Frankfurt am Main: Athenäum. 153-190.

— (1989): *Sens et Textualité*. Paris: Hachette.

Rastier, François (ed.) (1995): *L'analyse thématique des données textuelles*. Paris: Didier.

Rastier, François & Cavazza, Marc & Abeillé, Anne (eds.) (2002): *Semantics for descriptions*. Translated by Lawrence Marks. CSLI Publications. Stanford University Press.

Rothfuß-Bastian, Dorothee (2004): "Das Zusammenspiel von Vertextungsmitteln in Original und Übersetzung". In: House, Juliane & Koller, Werner & Schubert, Klaus (Hrsg.) (2004): *Neue Perspektiven in der Übersetzungs- und Dolmetschwissenschaft. Festschrift für Heidrun Gerzymisch-Arbogast zum 60. Geburtstag*. Bochum: AKS. (= Fremdsprachen in Lehre und Forschung. 35). 273-288.

Sowa, John F. (1984): *Conceptual Studies: Information Processing in Mind and Machine*. London u.a.: Addison-Wesley.

Velde, Roger G. Van de (1981): *Interpretation, Kohärenz und Inferenz*. Hamburg: Buske. (= Papiere zur Textlinguistik. 33).

Annely Rothkegel   (Chemnitz)

Textrepräsentationen im Übersetzungsprozess

1 Fragestellung

Mit dem Begriff 'Textrepräsentation', wie er hier verwendet wird, ist gemeint, dass einem Primärtext ein weiterer Text zugeordnet ist, der den Primärtext in bestimmter Weise wiederholt, kommentiert oder analysiert. Diese Art von Beschreibung kann sehr unterschiedliche Grundlagen haben. In linguistischer Perspektive mögen es ausgewählte Phänomene sein wie z.B. die thematische Struktur des Textes, seine Sprachhandlungsstruktur, Konnexionsstruktur oder Koreferenzketten, rhetorische Relationen oder Thema-Rhema-Progression wie auch Beschreibungen auf der morphosyntaktischen Ebene mit Wortklassen- oder Satzgliedbestimmungen. Daneben kann es auch um das einfache Nochmalschreiben des Primärtextes in Form von Prädikat-Argumentstrukturen gehen, die die thematisierten Sachverhalte als solche herausstellen.

Textrepräsentationen sind ein Muss in computerorientierten Bearbeitungen, z.B. Textgenerierung (Horacek & Zock 1993) in der maschinellen Übersetzung (Laffling 1991; Sager 1994; van Eynde & Schmidt 1998) oder in Annotationspraktiken der Korpus- und Texttechnologie (Lobin 2000). Für viele Arbeitsschritte bilden sie den Zugang zum Text. Erst die Textpräsentation macht den Fließtext zu einem im linguistischen Sinn bearbeitbaren Text. Sie liefert das Wissen über den Text (Textwissen), das notwendig ist für die weitere Textarbeit.

Ich vertrete in diesem Beitrag die Hypothese, dass Textrepräsentationen in dem oben skizzierten Sinn ebenfalls die übersetzerische bzw. multilinguale Arbeit am Text unterstützen, wie sie von Personen – mit oder ohne Unterstützung durch Softwarewerkzeuge – ausgeführt wird. Die Hypothese ist also wie folgt: Man übersetzt nicht von Text-L1 zu Text-L2, sondern von Repräsentationen des Textes-L1 zu Text-L2. Dieses Vorgehen ist auf Modularisierung, Explizierung und Standardisierung der Arbeitsschritte sowie der dabei beteiligten Parameter ausgerichtet. Es stellt sich die Frage, inwieweit ein solcher Ansatz Impulse für die multilinguale Textarbeit bietet, sei es wegen der ohnehin zum professionellen Setting mono- oder multilingualer Textarbeit gehörenden Strategien oder sei es auch lediglich aus heuristischen Gründen für die Reflexion über Aktivitäten des Übersetzens (Zybatow 1998:396).

Die Modellierung von multilingualer Textarbeit (Rothkegel 2003; 2004) schließt einen Umgang mit Textinhalt, Textfunktion, Textgestalt, Lexik und Syntax sowie mit Ressourcen (andere Texte, Wörterbücher, Terminologiedatenbanken) und mit Werkzeugen (Text-, Grafik- und Übersetzungssoftware) ein. 'Text' gilt als Produkt (Sprachprodukt), das in professionellen Umgebungen entsteht, wobei die jeweiligen Zwischen- und Endprodukte in verschiedenen Sprachen realisiert sein können. Die Frage ist, wie können die einzelnen Übersetzungsaufgaben auf systematische und transparente Weise zu einem sinnvollen Ganzen integriert werden. Die Antwort lautet: über geeignete Textrepräsentationen.

Wenn wir Texte gemäß einer Theorie (oder mehrerer Theorien) analysieren und ihnen die jeweils entsprechende Meta-Beschreibung zuordnen, sprechen wir von den Resultaten als Textrepräsentation. Diese dokumentieren den singulären Text im Hinblick auf funktionale und thematische Strukturen, auf Themenentfaltung und Informationsfluss sowie auf die jeweilige Textgestalt (Form). Sie unterscheiden sich nach den verwendeten Theorien und können verbal, visuell und gemischt formuliert sein. Gehen wir davon aus, dass ein Text das Resultat von Aktivitäten der Textarbeit ist und das Textarbeit in spezifizierbare Phasen mit den jeweiligen Zwischenresultaten modularisiert werden kann, dann können hierfür ebenfalls Textrepräsentationen erstellt werden, die die unterschiedlichen Entstehungsetappen des Textes dokumentieren, z.B. die Repräsentation des im Text thematisierten Wissens oder die spezifische Konnexionsstruktur in der Linearisierung des Textes. Diese Repräsentationen bilden dann die Grundlage z.B. für den Transfer der Lexik. In dieser Sichtweite verlagert sich die Textarbeit zunehmend vom Quelltext weg auf die aufgabenspezifischen Textrepräsentationen hin (Beispiele in 3 und 4 unten).

2 Textrepräsentationen in verschiedenen semiotischen Systemen

Der Inhalt, das WAS der Repräsentationen, der durch die jeweiligen linguistischen Texttheorien bestimmt ist, betrifft nur die eine Seite. Die andere Seite bezieht sich auf das WIE der Repräsentation, ihr Design. Damit kommt eine weitere Frage hinzu: Welches semiotische System ist geeignet, um die jeweils spezifische Art des WAS darzustellen, z.B. Strukturen, Bedeutung als solche, Verknüpfungen, Fokus im Hintergrund, um nur einige zu nennen? Hier berühren wir eine generelle Frage nach dem Verhältnis semiotischer Systeme untereinander (verbal, visuell, audio), was gegenwärtig aktuelle Forschungsfragen berührt.

In diesem Beitrag beschränken wir uns auf zwei Systeme: Sprache und Bild, genauer: sprachliche Zeichen und visuelle Zeichen. Generell gilt die Visualisierung von Inhalt als ein geeignetes Mittel für den Transfer sowie für die Klärung/Erklärung von Sachverhalten. Wir kennen und benutzen solche Strukturen, z.B. wenn nur Textstrukturen durch grafische Strukturen wiedergegeben werden, wie Bäume oder Netze (Ballstaedt 1996; 2003). In diesem Sinne skizziert Schwender (2003) in seinem historischen Überblick ein Portrait von Leonardo da Vinci als dem Pionier der Visualisierung in der Wissenschaft, wobei Visualisierung mehr ist als bildliche Darstellung von Etwas, nämlich das Sichtbarmachen von Erkenntnissen, die anders nicht erlangt werden können. Leonardo da Vinci gilt daher als der erste Forscher, der Visualisierungsmethoden für die Forschung entwickelte. Heutzutage beobachten wir wiederum ein wachsendes Interesse für die Möglichkeiten des Wissenstransfers durch bildliche Mittel (vor allem in den Naturwissenschaften, vgl. "Bilderwissen" in Kemp 2000; 2003). Eine Ergänzung dazu bilden die spezifischen Bedingungen der Text-Bild-Relation. Eine Beschreibung, Untertitelung oder zusätzliche Teiltexte können ein Bild verständlich bzw. verständlicher machen, wie umgekehrt eine Skizze, Illustration, Abbildung (Foto) oder Visualisierung einen Text verständlicher machen.

Das Problem der Mischung von Zeichensystemen tritt mehr und mehr in den Vordergrund angesichts der zunehmenden Verwendung von Multimedia für die Informationsvermittlung (Information, Lernen, Werbung, Unterhaltung). Vor allem geht es darum, Methoden zu entwickeln bzw. auszuarbeiten, die dieser Mischung gerecht werden. Auf der Hand liegt daher die Frage, ob die für die jeweiligen Systeme entwickelten Analysezugänge auch für das jeweils andere System anwendbar sind, so z.B. das Kohärenzmodell und Kohäsionsmodell nach de Beaugrande und Dressler (1981), das Modell der thematischen Entfaltung nach Brinker (2002) oder das der Makro- und Mikrostruktur nach Gerzymisch-Arbogast (1997) auf Bildanalysen. Umgekehrt ist die Frage, ob sich die bildorientierten Konzepte der Gestalttheorie (Fitzek & Salber 1996) oder das Modell der Inhalt-Form-Beziehung (Rebel 1996), die für die Bildanalyse entwickelt worden sind, auch auf Texte angewandt werden können (Versuch in Rothkegel 1998).

Forschungsfragen dieser Art bedürfen einer Klärung zunächst darüber, WAS zu repräsentieren ist, und dann, WIE die gewählte Repräsentation selbst gestaltet ist. Auch wäre zu klären, welche Implikationen mit der Wahl der Repräsentationssprache verbunden sind.

Beim WAS lassen sich unterscheiden die jeweiligen Einheiten (Wort, Wortgruppe, Satz, Teiltext, Text, Textverbund) sowie die Ebenen der Beschreibung (Inhalt, Form, Funktion). Hierbei kommt es darauf an, ob ein Einzelphänomen im Text erfasst ist, z.B. das Textphänomen der Koreferenz, das als durch den Text verlaufende Koreferenzlinie repräsentiert werden kann, oder ob der Text als Ganzes in seiner Gesamtheit repräsentiert wird. Ersteres unterstützt punktuell bestimmte Übersetzungsaufgaben, letzteres vermittelt einen Überblick über das gesamte Übersetzungsprojekt.

Beim WIE, der Art der Repräsentation selbst, lassen sich grob solche Vorgehensweisen unterscheiden, die sich auf die Trennung und Identifikation der zu bearbeitenden Sprach- bzw. Texteinheiten beschränken und solche, die mit metalinguistischen Beschreibungen theoriebasierte Zusatzinformationen hinzufügen. Ersteres unterstützt das Übersetzen in der Weise, dass die Einheiten des Sprachtransfers als solche bestimmt sind. Letzteres gibt Hinweise auf Textparameter wie Domäne, Textillokution, Stil oder sonstige Text- und Textsorteneigenschaften.

3 Sprachliche Repräsentationen

3.1 Wissensrepräsentationen

Die Euroconference 2003 in Århus sowie der daraus entstandene Sammelband (Dam & Engberg & Gerzymisch-Arbogast Hrsg. 2005) hat Wissen und Wissensrepräsentation zum Thema. Hier wird deutlich, dass sehr verschiedene Modelle über Wissensrepräsentationen vorliegen, wobei Konsens ist, dass sie alle auf eine bestimmte Weise für das Übersetzen relevant sind. Eine bekannte Methode der sprachlichen Darstellung von Weltwissen ist die Kategorisierung in Frames (mit Attribut-Wert-Paaren), in denen allgemeine Beschreibungskategorien zusammen mit den Spezifikationen individueller Objekte oder Sachverhalte in der Weise gebündelt sind, dass sie komplexe Zusammenhänge innerhalb eines Sachbereichs strukturieren und so die jeweiligen Wissenszuschreibungen in definierter Weise aufeinander beziehen (Schnotz 1984).

In Rothkegel (2000) ist ein Beispiel analysiert, in dem eine deutschsprachige Apothekenwerbung einer amerikanisch-englischen Übersetzung gegenübergestellt ist. Dieses Übersetzungsbeispiel ist deshalb interessant, weil es kulturelle Unterschiede in deutschen und amerikanischen Konsumkontexten hinsichtlich pharmazeutischer Produkte gibt, die sich auf die Mitteilung von Hintergrundwissen beziehen (vgl. auch Gerzymisch-Arbogast 1999). Im amerikanischen Kontext wird das Produkt zusammen mit der Beratung durch die Apotheke verkauft, im deutschen Kontext übernimmt das Dokument der Produktinformation (oder Patienteninformation, Beipackzettel) diese Aufgabe. Insofern kann ein deutscher Text der Apothekenwerbung die Unterstützung der Kunden durch Verständlichmachen des Beipackzettels als Werbefaktor thematisieren.

(1) Verwirren Sie nicht auch Begriffe wie [...]?

Ein parallel übersetztes amerikanisches Dokument wäre dagegen im amerikanischen Kontext unsinnig. Eine gelungene Übersetzung ist daher die Folgende:

(2) Wouldn't you sometimes like to know more about [...]?

'Übersetzen' bedeutet in diesem Fall 'Anpassen' ('Lokalisieren') an einen anderen Wissenshintergrund. Die Strategien dazu lassen sich verdeutlichen durch die explizite Darstellung des notwendigen Wissenshintergrundes, auf den in unterschiedlicher Weise im deutschen bzw. amerikanischen Text Bezug genommen wird. Die Frame-Repräsentation könnte z.B. folgende Kategorien enthalten (vgl. Rothkegel 2000:196):

[pharmazeutisches Produkt
Indikation:	aktuelle Indikation
	Gegenanzeige
Wirkung:	Hauptwirkung
	Wechselwirkung
	Nebenwirkung
Anwendung:	Anwendungsgebiet
	Anwendungsdauer
	Anwendungsart
	Dosierung]

Kategorien der Frame-Repräsentation

3.2 Paraphrasen

Als Paraphrase gilt in der Regel eine Wiederholung einer Äußerung bei gleich bleibendem Inhalt und veränderter sprachlichen Form. Die Umschreibung eines Textes in Form von Propositionen wäre eine Textrepräsentation in diesem Sinne. Auf der inhaltlichen Ebene kommt also nichts Neues zum Text hinzu. Dennoch kann eine solche Repräsentation im Übersetzungsprozess hilfreich sein, insofern sie von den morphosyntaktischen Eigenschaften der Sätze abstrahiert, die semantischen Einheiten determiniert und miteinander in Beziehung setzt.

Die propositionale Darstellung von Sätzen bzw. Äußerungen ist prädikatsorientiert. In den spezifischen Konfigurationen von Prädikat und abhängigen Argumentrollen sowie unabhängigen Ergänzungen bilden sich die in einer Einzelsprache thematisierten Sachverhaltsmuster ab. Die folgenden Beispiele aus Pörings und Schmitz (1999:83ff) und deren propositionale Repräsentation veranschaulichen das Vorgehen:

(3) Die Sahara ist eine Wüste → Wüste sein (Sahara)/Essivschema
(4) Jana hat ihrer Kollegin das Buch gegeben → geben (Jana, Kollegin, Buch)/ Übertragungsschema

Der Propositionsbegriff ist in der Linguistik, vor allem der logischen Semantik, der Sprechakttheorie sowie in psycholinguistischen Teildisziplinen geläufig und wird dort eher vorausgesetzt denn problematisiert (Waßner 1992). Er eignet sich insbesondere für die Operationalisierung der Textarbeit, weil die zu behandelnden (auch zusammengesetzten) Einheiten isoliert und relationiert werden. Das folgende Beispiel (Textfragment) macht dies deutlich:

(5) Zur Einstellung der Sattelneigung lösen Sie den Bolzen mit einem Gabelschlüssel → lösen (Sie, Bolzen, Gabelschlüssel, Zweck: (6)) einstellen (Sie, Sattelneigung)
(6) Die Satteloberfläche muss parallel zum Boden verlaufen → parallel verlaufen (Satteloberfläche, Boden)
(7) Diese Position entlastet Arme und Hände → entlasten (Position (6), Arme und Hände)
(8) was eine bequemere Fahrhaltung ermöglicht → ermöglichen ((7), bequemere Fahrhaltung)

Beispiel (5) enthält zwei Propositionen, in (7) wird auf (6) verwiesen, in (8) wird auf (7) verwiesen. Klar ersichtlich ist unterschieden, was in diesem Handlungsschema durch den Akteur auszuführen ist und was als Zweck bzw. als Folge zu verstehen ist. Eine solche Repräsentation gestattet es, in der Übersetzung unterschiedlichen einzelsprachlichen Bedingungen der Syntax oder des Stils Rechnung zu tragen, wobei die Inhalte fixiert sind.

3.3 Metabeschreibungen

Während die Wissensrepräsentation gänzlich vom individuellen Textverlauf (Textexemplar) abstrahiert und die propositionale Beschreibung relativ nahe an der Textoberfläche bleibt, bilden Metabeschreibungen eine Ebene dazwischen. Außerdem geschieht hier bereits der Übergang zu visuellen Repräsentationsmitteln. Wesentlich ist, dass nicht nur zusätzliche zu den sprachlichen bildlich-grafische Elemente hinzukommen, es kommen auch neue Informationen durch die Repräsentation zum Text hinzu. Diese neuen Angaben beziehen sich in erster Linie auf Textstrukturen.

Die thematisierten Textstrukturen gehören den verschiedenen Textebenen an. Annotationen, die dem Fließtext unmittelbar hinzugefügt werden und die der Distribution von Textdateien (wie etwa HTML) dienen, beziehen sich auf die Form bzw. das Layout des Textes. Insofern als die Paragrafengestaltung die inhaltliche Struktur des Textes abbildet, kennzeichnen sie auch implizit die Inhaltsstruktur des Textes. Die explizite Repräsentation von Themenstrukturen von Texten (z.B. Makrostrukturen (Gerzymisch-Arbogast 1997) oder Handlungsstrukturen (Rothkegel 2003; Schröder 2003) basieren dagegen auf Texttheorien, die die Beschreibungskategorien liefern. In diesem Sinne können auch Annotationen theoriebezogen sein (z.B. die Anwendung der Rhetorical Structure Theory zur Annotation in Lobin 2000).

Entsprechend den verschiedenen Dimensionen der ausgewählten Theorien können ganz unterschiedliche Phänomene repräsentiert werden. Hier werden drei Dimensionen betrachtet:

(a) Textextern vs. textintern: In der textexternen Sicht enthalten Repräsentationen ausgewählte Beschreibungskategorien für den Kontext (Kommunikationstheorien), der einen erkennbaren Einfluss auf Textstruktur und Formulierungen hat (z.B. Standardisierung im Fachtext). In der textinternen Sicht kommen Texteigenschaften im engeren Sinne zum Tragen, die am Text ablesbar sind, etwa solche der Kohäsion wie Rekurrenz, Anaphorik und Konnexion.

(b) Gesamt vs. punktuell: Die Repräsentation erfasst den Gesamttext, so dass alle seine Elemente ohne Ausnahme einer bestimmten Beschreibungskategorie zugeordnet sind. Hier ergeben sich wiederum Unterschiede. Eine Makrostruktur auf der Ebene des Textthemas beschreibt die Gruppierung der thematischen Teile, wobei die Kategorisierung selbst dem Inhalt des jeweiligen Textteils entnommen wird (van Dijk 1980). Anders ist dies in Superstrukturen, die bestimmte Standards der Textgliederung festlegen (z.B. im wissenschaftlichen Artikel mit Fragestellung, Ansatz/Methode, Daten, Analyse, Ergebnis; vgl. van Dijk 1997). Eine weitere Möglichkeit besteht darin, dass sich die Gesamtstruktur aus Basisstrukturen zusammensetzt. Dies ist der Fall in der bereits erwähnten Rhetorical Structure Theory, wo die binäre Relation von Nukleus und Satellit als Basisstruktur gilt, die sich ausgehend von den einzelnen Sätzen zu einer Gesamtstruktur aufbaut. In der Regel sind solche Strukturen dargestellt als Hierarchien (Baumstrukturen). Der punktuelle Ansatz dagegen erzeugt eher eine Linie, die durch den Text verläuft, so etwa als Koreferenzlinien, die die im Text vorkommenden Akteure oder Objekte in ihren Textauftritten verfolgen (Hajičová & Sgall 2003).

(c) Statisch vs. dynamisch: Die statische Sicht erfasst die jeweiligen Strukturen in der Weise, dass der Text in seiner Abgeschlossenheit als bereits existent angesehen wird. Danach erschließt er sich als ein Gegenstand, der sich nicht verändert. In der dynamischen Sicht wird die Sicht der AutorInnen oder LeserInnen abgebildet. Hierbei werden Annahmen und Erwartungen über den noch unbekannten Input eingelöst bzw. verworfen. Repräsentationen dieser Art orientieren sich daher nicht am Text selbst, sondern an den Verfahren, die dazu modelliert werden (z.B. die Handhabung von Fokus im Textgenerierungsverfahren von McKeown 1985:55-81).

Inwiefern erleichtern Strukturdarstellungen den Übersetzungsprozess? Sie sind Ergebnisse von Analysen, daher in der Regel aufwändig, geben aber explizit Auskunft über Kohäsion, Kohärenz sowie die weiteren Texteigenschaften und bieten Unterstützung im professionellen Übersetzungsprozess, der verschieden ist vom Satz-für-Satz-Verfahren. Darüber hinaus sind sie ein Mittel, den Spielraum zwischen Standardisierung und kreativem Umgang kontrollierbar zu machen.

4 Visuelle Repräsentationen

4.1 Illustration

Illustrationen sind, grob gesprochen, Abbildungen von Gegenständen. Die Funktion der Referenzherstellung steht hier im Vordergrund (Rheinberger 2001:57). Im Zusammenhang mit Texten können zwei Ebenen unterschieden werden: Inhalte des Textes werden illustriert, oder der Text bzw. Textteile sind Gegenstand der Abbildung. Ersteres findet man mehr und mehr in den so genannten Bild-Texten. Dies sind Mischungen von sprachlich und visuell vermittelten Informationen, die eine bestimmte Textgestalt erzeugen (Stöckl 2004). Die Leistung der Informationsvermittlung durch Sprache und Bild geschieht additiv, repetitiv oder komplementär. Für die Übersetzung gilt, entweder lässt sich diese Relation spiegeln oder sie wird selbst Gegenstand der 'Übersetzung' zwischen den Zeichensystemen.

Eine besondere Rolle spielen u.a. Tabellen als grafische Repräsentationen von Inhalt, der (wenn auch umständlich) ebenfalls verbal darstellbar wäre. Dabei müsste allerdings wesentlich mehr Kontext eingebracht werden, der in der tabellarischen Darstellung wegfällt. Andererseits verlangt eine Tabelle Vollständigkeit der Angaben, was im Text in dieser Striktheit nicht der Fall ist. Hinsichtlich des Beispiels der Illustration von sprachlichen Metaphern gilt, dass zusätzlicher Kontext in das Bild eingebracht werden muss, der sprachlich nicht thematisiert ist. Beispiele finden sich hier in der Vielzahl von Bild-Texten im phraseologischen Bereich. Der sprachliche Ausdruck *das Kind mit dem Bade ausschütten* (Umschlagbild auf Röhrich 1991) sagt nichts über Akteure oder die weitere

Umgebung dieser Aktion. Geht es aber um den referenziellen Teil des wörtlich verstandenen Bildes, sind weitere Kontextfestlegungen erforderlich. 'Irgendwo' und 'Irgendwer' müssen im Bild identifiziert werden, was sprachlich unbestimmt bleiben kann. Insofern mögen Illustrationen von Bildinhalten für das Übersetzen hilfreich sein, als sie zusätzlichen Kontext auf der Referentenebene einbringen.

Es fragt sich, was in diesem Sinne eine Illustration zu einem Text selbst bedeuten würde: etwa die Abbildung des Textes in seiner Gestalt eingebunden in einen Kontext, z.B. das Titelblatt einer Zeitung am Kiosk zusammen mit anderen Titelblättern. Dies fällt, wie der meta-beschreibende Charakter didaktischer Texte, die Texte als Beispiele enthalten, in den Bereich des Exempel-Setzens und der Kommentierung.

4.2 Schemata

Anders als Illustrationen, die Kontext hinzufügen, abstrahieren bildliche Schemata vom Kontext. Sie wählen einzelne relevante Gesichtspunkte heraus. Besonders zugespitzt erscheint dieses Phänomen bei den Piktogrammen. Hier weicht die Funktion der Referenzherstellung der Funktion einer Handlungsanweisung (z.B. Hier nicht rauchen!). Folglich werden auch bevorzugt geometrische Formen verwendet, wenn die Referenzherstellung sich aus dem Kontext ergibt. Dies gilt ebenfalls für die schematische Darstellung von Textstrukturen, wie sie bereits in 3.3 als Metabeschreibungen skizziert worden sind. Als Repräsentationsformen sind geläufig Baumstrukturen, Netze, Linien, Pfeile.

4.3 Visualisierung

Mit Visualisierung ist gemeint das Sichtbarmachen dessen, was sich nicht unmittelbar aus den beobachtbaren Phänomenen erschließen lässt (Faßler 2002:17). Gefordert sind spezifische Methoden der Erkenntnisgewinnung, die gewisse Transformationen des Gegenstands voraussetzen. Solche Methoden, z.B. bildgebende Verfahren, sind in naturwissenschaftlichen Disziplinen üblich (u.a. Medizin, technische Prüfverfahren). Visualisierungen regen Denk- und Fantasietätigkeit an. Sie erfordern das aktive Reflektieren über den Gegenstand und öffnen auf diese Weise einen Zugang zu ihm. Die Idee der Visualisierung linguistischer Sachverhalte als Textrepräsentation hat Tonfoni als "System visueller Zeichen" ausgearbeitet (Tonfoni 1994; 2004). Es handelt sich um ein kohärentes Repräsentationssystem, das die kognitiven Prozesse der Analyse und Produktion von Texten bzw. Dokumenten abbildet. Die Darstellung nutzt eingeführte Metaphorik aus den Bereichen Kunst, Architektur und

Technologie (in Form von Maschinen). Die Textprozesse setzen beim
Produkt Text auf zwei Ebenen an: einer Vorform (der 'Leinwand'), die das
kommunikative Muster vorgibt und der Realisierung des Textes durch
spezifizierte Verfahren in einer Reihe von Phasen, in denen der jeweils
erreichte Textzustand durch eine Repräsentation dokumentiert wird. Die
einzelnen Textrepräsentationen zeichnen so eine Art Spur des Produk-
tionsprozesses nach. Die visuellen Instrumente sind Zeichen und Symbole
(z.B. DEFINIEREN, ERZÄHLEN, ERKLÄREN usw.), die aus dem Bereich
geometrischer Figuren stammen (z.B. Kreis, Quadrat/Rechteck, Dreieck
und Teilfiguren davon) oder neu konstruiert sind. Zur Darstellung der
Dynamik werden zudem "Textmaschinen" eingeführt, so z.b. eine "Fokus-
Maschine", die eine bestimmte Stelle im Text hervorhebt (Tonfoni & Jain
2004:84).

5 Ausblick

Es besteht Konsens, dass textlich vermittelte Information durch Bild-
information verständlich gemacht werden können, aber auch umgekehrt,
dass bildlich vermittelte Information durch Texte verständlich gemacht
werden können. Zu fragen ist, ob auch die jeweils unterschiedlichen
Repräsentationsformen in einer ähnlichen Mischung hilfreich sein könnten.
Zu untersuchen wäre, ob z.B. die 'Gestaltgesetze' der guten Form (Fitzek
& Salber 1996) sich nutzen ließe, um Texte zu optimieren bzw. optimal zu
übersetzen. Beispiele wären das Gesetz zum Teil-Ganzes-Zusammenhang,
das eine Makrostruktur ckarakterisiert, oder das Gesetz der guten
Fortsetzung, das die lokalen Nachbarschaftsbeziehungen in der
sequentiellen Struktur organisiert. Umgekehrt wäre zu überprüfen, inwieweit Kohäsionseigenschaften (Rekurrenz, Konnexion, Anaphorik) als
Analyseinstrumente für formal-strukturelle und referenzielle Eigenschaften
oder Kohärenzeigenschaften als Analyseinstrumente auf der Wissensebene
von bildlichen Darstellungen fungieren können. Aussagen hierüber bilden
die Grundlage für Aussagen darüber, was gute Repräsentationen sind.

6 Literatur

Ballstaedt, Steffen-Peter (1996): "Bildverstehen, Bildverständlichkeit. Ein For-
    schungsüberblick unter Anwendungsperspektive". In: Krings, Hans-Peter
    (Hrsg.) (1996): *Wissenschaftliche Grundlagen der technischen Kommunikation.*
    Tübingen: Narr. (= Forum für Fachsprachen-Forschung. 32). 191-233.
—— (2003): "Technische Kommunikation mit Bildern". In: Hennig, Jörg & Tjarks-
    Sobhani, Marita (Hrsg.) (2003): *Visualisierung in technischer Dokumentation.*
    (= tekom Schriften zur Technischen Kommunikation. 7). Lübeck: Schmidt
    Römhild. 11-31.

Beaugrande, Robert-Alain de & Dressler, Wolfgang U. (1981): *Einführung in die Textlinguistik. Konzepte der Sprach- und Literaturwissenschaft.* Tübingen: Niemeyer.

Brinker, Klaus (2002): *Einführung in die Textanalyse.* Berlin: Schmidt.

Dam, Helle V. & Engberg, Jan & Gerzymisch-Arbogast, Heidrun (Hrsg.) (2005): *Translation and Knowledge – Conceptual Issues, Methodological Aspects, and Systemic Approaches.* Berlin – New York: Mouton de Gruyter.

Dijk, Teun A. van (1980): *Textwissenschaft. Eine interdisziplinäre Einführung.* München: dtv.

Dijk, Teun A. van (ed.) (1997): *Discourse as structure and process.* London: SAGE Publications.

Eynde, Frank van & Schmidt, Paul (Hrsg.) (1998): *Linguistic specifications for typed feature structure formalisms.* Luxembourg: Office for Official Publications of the European Communities.

Faßler, Manfred (2002): *Bildlichkeit. Navigationen durch das Repertoire der Sichtbarkeit* Wien: Böhlau Verlag.

Fitzek, Herbert & Salber, Wilhelm (Hrsg.) (1996): *Gestalt-Psychologie. Geschichte und Praxis.* Darmstadt: Wissenschaftliche Buchgesellschaft.

Gerzymisch-Arbogast, Heidrun (1997): "Translating cultural specifics: macro- and microstructural decisions". In: Hauenschild, Christa & Heizmann, Susanne (Hrsg.) (1997): *Machine Translation and Translation Theory.* Berlin – New York: Mouton de Gruyter. (= Text, Translation, Computational Processing. 1). 51-67.

— (1999): "Kohärenz und Übersetzung: Wissenssysteme, ihre Repräsentation und Konkretisierung in Original und Übersetzung". In: Gerzymisch-Arbogast, Heidrun & Gile, Daniel & House, Juliane & Rothkegel, Annely mit Buhl, Silke (Hrsg.) (1999): *Wege der Übersetzungs- und Dolmetschforschung.* Tübingen: Narr. (= Jahrbuch Übersetzen und Dolmetschen. 1). 77-106.

Hajičová, Eva & Sgall, Petr (2003): "Information Structure, Translation and Discourse". In: Gerzymisch-Arbogast, Heidrun & Hajičová, Eva & Sgall Petr & Jettmarová Zuzanna & RothkegelAnnely & Rothfuß-Bastian, Dorothee (Hrsg.) (2003): *Textologie und Translation.* Tübingen:Narr. (= Jahrbuch Übersetzen und Dolmetschen. 4/II). 107-123.

Hauenschild, Christa & Heizmann, Susanne (Hrsg.) (1997): *Machine Translation and Translation Theory.* Berlin – New York: Mouton de Gruyter. (= Text, Translation, Computational Processing. 1).

Horacek, Helmut & Zock, Michael (eds.) (1993): *New concepts in natural language generation. Planning, realization and system.* London: Pinter.

Kemp, Martin (2000): *Visualizations: The Nature Book of Art and Science.* Oxford: Oxford University Press. – Deutsch (2003): *Bilderwissen. Die Anschaulichkeit naturwissenschaftlicher Phänomene.* Köln: Dumont.

Laffling, John (1991): *Towards High-Precision Machine Translation – Based on Contrastive Textology.* (= Distributed Language Translation. 7). Berlin: de Gruyter.

Lobin, Henning (2000): *Text im digitalen Medium.* Trier: Wissenschaftlicher Verlag.

McKeown, Kathleen (1985): *Text generation. Using discourse strategies and focus constraints to generate natural language text.* Cambridge: Cambridge University Press.

Pörings, Ralf & Schmitz, Ulrich (Hrsg.) (1999): *Sprache und Sprachwissenschaft. Eine kognitiv orientierte Einführung.* Tübingen: Narr.

Rebel, Ernst (1996): "Die gute Beschreibung – Nachträgliche Stichworte vor pädagogischem Horizont". In: Rebel, Ernst (Hrsg.) (1996): *Sehen und Sagen. Das Öffnen der Augen beim Beschreiben der Kunst*. Ostfildern: edition tertium. 213-230.

Rheinberger, Hans-Jörg (2001): "Objekt und Repräsentation". In: Heintz, Bettina & Huber, Jörg (Hrsg.) (2001): *Mit dem Auge denken*. Wien: Springer. 43-68.

Röhrich, Lutz (1991): Das große Lexikon der sprichwörtlichen Redensarten. Freiburg: Herder.

Rothkegel, Annely (1998): "Präsentation und/oder Repräsentation in Hypermedia". In: Strohner, Hans & Sichelschmidt, Lorenz & Hielscher, Martine (Hrsg.) (1998): *Medium Sprache*. Frankfurt am Main u. a.: Lang. 79-89.

— (2000): "Transfer of knowledge in cross-cultural discourse". In: Lundquist, Lita & Jarvella, Robert J. (eds.) (2000): *Language, Text, and Knowledge*. Berlin: Mouton de Gruyter. 189-206.

— (2003): "Text Tasks and Multilingual Text Production". In: Gerzymisch-Arbogast, Heidrun & Hajičová, Eva & Sgall Petr & Jettmarová, Zuzanna & Rothkegel, Annely & Rothfuß-Bastian, Dorothee (Hrsg.) (2003): *Textologie und Translation*. Tübingen: Narr. (= Jahrbuch Übersetzen und Dolmetschen. 4/II). 249-259.

— (2004): "Textpaare – ein Beitrag zur Diskussion eines erweiterten Übersetzungsbegriffs". In: House, Juliane & Koller, Werner & Schubert, Klaus (Hrsg.) (2004): *Neue Perspektiven in der Übersetzungs- und Dolmetschwissenschaft. Festschrift für Heidrun Gerzymisch-Arbogast zum 60. Geburtstag*. Bochum: AKS. (= Fremdsprachen in Lehre und Forschung. 35). 321-332.

Sager, Juan (1994): *Language Engineering and Translation*. Amsterdam: Benjamins. (= Benjamins Translation Library. 1).

Schnotz, Wolfgang (1994): *Aufbau von Wissensstrukturen. Untersuchungen zur Kohärenzbildung bei Wissenserwerb mit Texten*. Weinheim: Beltz.

Schröder, Thomas (2003): *Die Handlungsstruktur von Texten. Ein integrativer Beitrag zur Texttheorie*. Tübingen: Narr.

Schwender, Clemens (2003): "Zur Geschichte von Abbildungen in Instruktionstexten". In: Hennig, Jörg & Tjarks-Sobhani, Marita (Hrsg.) (2003): *Visualisierung in technischer Dokumentation*. Lübeck: Schmidt Römhild. 32-58.

Stöckl, Hartmut (2004): *Die Sprache im Bild – Das Bild in der Sprache. Zur Verknüpfung von Sprache und Bild im massenmedialen Text. Konzepte – Theorien – Analysemethoden*. Berlin: de Gruyter.

Strohner, Hans & Sichelschmidt, Lorenz & Hielscher, Martina (Hrsg.) (1998): *Medium Sprache*. Frankfurt (Main): Lang..

Tonfoni, Graziella (1996): *Communication Patterns and Textual Forms*. Exeter: Intellect Books.

— (2004): *Visualizing document processing*. Berlin: Mouton de Gruyter.

Waßner, Ulrich H. (1992): *"Proposition" als Grundbegriff der Linguistik oder Linguistische Apophantik*. Münster: Universität Münster.

Zybatow, Lew (1998): "Übersetzungstechniken in der Dolmetsch- und Übersetzungsdidaktik, oder: Wie verfahren ist die Diskussion über Übersetzungsverfahren?" In: Huber, Dieter & Worbs, Erika (Hrsg.) (1998): *Ars transferendi. Sprache, Übersetzung, Interkulturalität*. Frankfurt am Main u.a.: Lang. 395-416.

Michael Schreiber (Germersheim)

A Prototypical Model of Translation Types

1   Introduction

Translation typologies based on concepts such as 'equivalence' or 'invariance' are often regarded as too rigid, especially for the needs of historical and descriptive research. Therefore, some translation theorists, e.g. Sandra Halverson or Erich Prunč, plead for a more flexible, prototypical model of translation types:

> Mit Halverson [...] unterstellen wir dem Konzept von Translation eine prototypische Struktur. Es wird also ein Kernbereich anzunehmen sein, in dem die definitorischen Merkmale in ihrer ausgeprägtesten Form anzutreffen sind, während um diesen Kernbereich Phänomene angesiedelt sind, die stärker zum Kernbereich gravitieren, und solche, die sich mehr oder minder von diesem entfernen und in den Grauzonen zu benachbarten Objektbereichen liegen. (Prunč 2004:263)

The fruitfulness of prototype theory for translation studies, in particular for the definition of the translation concept, has been demonstrated by Sandra Halverson in several papers (Halverson 1999;2000;2002). According to Halverson, the concept of translation is a prototype concept. In the context of different translation types, she regards interlingual translation as prototypical (i.e. more typical than intralingual or intersemiotic translation):

> For the two cultures/languages that I have tested [i.e. Norwegian and English], interlingual translation seems to maintain a key and central position. This might be said to justify the focus that this type of translation has received historically. This is not to say, however, that other category members do not merit or deserve research effort, on the contrary. (Halverson 2002:36)

In my contribution, I would like to apply prototype theory to the typology of interlingual translation and adaptation in the context of historical research and modern translation theory. In order to show the flexibility of a prototypical approach, I propose three brief case studies: a new look on the methodology of translation in the era of the French *belles infidèles* (17th century), exemplified by the famous translator Nicolas Perrot d'Ablancourt, a prototypical interpretation of Friedrich Schleiermacher's translation theory (19th century), and a modified version of my own model of translation types (Schreiber 1993). In these three cases, a unified general model based on the distinction between centre, periphery and neighbourhood ('3-zone-model') can cope with the fact that the question of whether a target text can be regarded as a 'prototypical' translation, a more 'peripheral' translation or an adaptation depends largely on the translation norms existing in a specific historical context.

2   The 3-zone-model

For illustrative reasons, I will use a simplified model of prototypical categorization: the *3-zone-model*. I suggest that a prototypical category whose members are by definition not all on the same level consists of (at least) two zones: the *centre* ('zone C'), which contains the prototypical members, and the *periphery* ('zone P'), which contains the less typical members of the category. Furthermore, many prototypical categories border on a third zone, which I call *neighbourhood* ('zone N'). In this zone, we find entities sharing one or more typical features of the category but not all of the necessary features. (I am convinced, with Löbner 2002:§9.4, that many prototypical categories are based on typical *and* necessary features.)

When we consider the 'prototypical' example of a prototypical category, the category *bird* (Lakoff 1987:41; Kleiber 1998:37), we will find birds like sparrows or robins in zone C, because they display all the necessary and typical features of the category. Birds sharing only the necessary features of the category but lacking the typical features will be in zone P, e.g. the ostrich, which lacks the typical feature 'able to fly'. Animals like bats, which share a prototypical feature ('able to fly') with the category *bird* but lack a necessary feature like 'having a beak', will belong to zone N.

I will now attempt to apply this general model of prototypical categories to three theories of translation.

3   Nicolas Perrot d'Ablancourt

The French translator Nicolas Perrot d'Ablancourt (1606-1664) is known as the 'prototypical' translator of the *belles infidèles* era. His 'domesticating' translation method is clearly illustrated by the following quotation from the dedication of his translation of the Greek author Lucian (followed by an English translation):

Toutes les comparaisons tirées de l'amour, parlent de celuy des Garçons, qui n'estoit pas étrange aux mœurs de la Grece, et qui font horreur aux nostres. L'Auteur alegue à tous propos des vers d'Homère, qui seroient maintenant des pédanteries, sans parler des vieilles Fables trop rebâtües, de Proverbes, d'Exemples et de Comparaisons surannées, qui feroient à présent un éfet tout contraire à son dessein; car *il s'agit icy de Galanterie, et non pas d'érudition. Il a donc falu changer tout cela, pour faire quelque chose d'agréable*; autrement, ce ne seroit pas Lucien; et ce qui plaist en sa Langue, ne seroit pas suportable en la nostre. (Perrot d'Ablancourt 1972 [1654]:184-5; my italics, M.S.)

All similes having to do with love speak of that of boys, which was not strange to Grecian morals, and which is horrifying to our own. At every turn, the author quotes from Homeric verses, which could nowadays be pedantic, let alone from the old, hackneyed myths, from the proverbs, examples, and antiquated similes, which would at present make an impression quite contrary to his intention; for *we are talking here about elegance, and not about erudition. It was thus necessary to change all that in order to have a pleasing result*; otherwise, it would not be Lucian; and what is pleasing in his language, would be intolerable in ours. (Perrot d'Ablancourt 1997:158; my italics, M.S.)

Thus, Perrot d'Ablancourt's own translation norm is that of a domesticating ('elegant', 'pleasing') translation in the context of the target culture. A literal translation is only accepted when it happens to sound elegant in the target language:

Il y a beaucoup d'endroits que j'ay traduits de mot à mot, *pour le moins autant qu'on le peut faire dans une Traduction élégante*; [...] (Perrot d'Ablancourt 1972 [1654]: 187; my italics, M.S.)

There are many places that I translated word for word, *at least as much as can be done in an elegant translation*; [...] (Perrot d'Ablancourt 1997:159; my italics, M.S.)

The boundary of the translation concept and the terminology of different types of translation or adaptation are not important to Perrot d'Ablancourt:

Les divers temps veulent non seulement des paroles, mais des pensées diférentes; et les Ambassadeurs ont coûtume de s'habiller à la mode du païs où l'on les envoye, de peur d'estre ridicules à ceux à qui ils tâchent de plaire. Cependant, *cela n'est pas proprement de la Traduction*; mais cela vaut mieux que la Traduction; et les Anciens ne traduisoient point autrement. C'est ainsi que Terence en a usé dans les Comedies qu'il a prises de Ménandre, quoy qu'Aulugelle ne laisse pas de les nommer des Traductions; *mais il n'importe du nom, pourveu que nous ayons la chose.* (Perrot d'Ablancourt 1972 [1654]:186; my italics, M.S.)

Different times demand different reasoning as well as different words; and ambassadors are accustomed, for fear of appearing ridiculous to those they strive to please, to dressing themselves according to the fashion of the country where they are sent. Nonetheless, *that is not really translation*; yet it is more worth than translation; and the ancients did not translate any other way. That is how Terence worked with the comedies that he took from Menander, although Aulus Gellius does not allow them to be called translations; *but the name is not important, provided we have the thing.* (Perrot d'Ablancourt 1997:158-9; my italics, M.S.)

When we now apply the 3-zone-model to Perrot d'Ablancourt's 'theory', we can make the following equations:

- zone C: elegant translation
- zone P: word for word translation
- zone N: 'not really translation'

4 Friedrich Schleiermacher

The translation theory of the German theologian and philosopher Friedrich Schleiermacher (1768-1834), expounded in his famous treatise "Ueber die verschiedenen Methoden des Uebersezens" ("On the Different Methods of Translating"), is much more complex than Perrot d'Ablancourt's sketchy remarks. First of all, Schleiermacher distinguishes the translation category from several other neighbouring categories: *interpretation* ('Dolmetschen' in the German original), *paraphrase* ('Paraphrase'), and *imitation* ('Nachbildung'). The difference between *translation proper* and *interpretation* (in Schleiermacher's terminology) is a difference of *domain*. Schleiermacher's interpretation category does not only include oral interpreting but also the written translation of many LSP texts:

> Der Dolmetscher nämlich verwaltet sein Amt in dem Gebiete des Geschäftslebens, der eigentliche Uebersetzer vornämlich in dem Gebiete der Wissenschaft und Kunst. (Schleiermacher 1963 [1813]: 39)

> The *interpreter* works in the field of commerce, while the *translator proper* works in the fields of scholarship and art. (Schleiermacher 1997:226; italics by the translator, D.R.)

In the 'fields of scholarship and art' (i.e., philosophy and literature), Schleiermacher excludes paraphrase and imitation from the translation category. The difference between translation proper and paraphrase or imitation is a difference of *method*. According to Schleiermacher, paraphrases are free formulations of semantic values, while imitations are free renderings that try to produce an impact similar to that of the original:

> Die *Paraphrase* will die Irrationalität der Sprachen bezwingen, aber nur auf mechanische Weise. Sie meint, finde ich auch nicht ein Wort in meiner Sprache, welches jenem in der Ursprache entspricht, so will ich doch *dessen Werth durch Hinzufügung beschränkender und erweiternder Bestimmungen möglichst zu erreichen*

suchen. [...] Die *Nachbildung* dagegen beugt sich unter der Irrationalität der Sprachen; sie gesteht, man könne von einem Kunstwerk der Rede kein Abbild in einer anderen Sprache hervorbringen, das in seinen einzelnen Theilen den einzelnen Theilen des Urbildes genau entspräche; sondern es bleibe bei der Verschiedenheit der Sprachen, mit welcher so viele andere Verschiedenheiten wesentlich zusammenhängen, nichts anderes übrig, als ein Nachbild auszuarbeiten, ein Ganzes, aus merklich von den Theilen des Urbildes verschiedenen Theilen zusammengesetzt, *welches dennoch in seiner Wirkung jenem Ganzen so nahe komme, als die Verschiedenheit des Materials nur immer gestatte.* (Schleiermacher 1963 [1813]:45-6; my italics, M.S.)

Paraphrase would prevail over the irrationality of languages, but only mechanically: 'If I can't find a word in my language that corresponds to one in the original', it says, 'I still want to try and *match its value by adding restricting and expanding modifiers*'. [...] *Imitation*, on the other hand, gives in to the irrationality of language, conceding that no exact duplication of a verbal art can ever be made in another language, and that, given the divergence of languages, to which the divergence of so many other things is connected, there is nothing to do but rework the original as a kind of after-image, an imitation. *This would be a whole whose parts diverge markedly from the parts that made up the original whole, but which approximates the impact of that original as closely as the different materials allow.* (Schleiermacher 1997:228-9; my italics, M.S.)

In the field of a translation proper, Schleiermacher distinguishes between two translation methods, formulated in his famous alternative:

Entweder der Uebersezer läßt den Schriftsteller möglichst in Ruhe, und bewegt den Leser ihm entgegen; oder er läßt den Leser möglichst in Ruhe und bewegt den Schriftsteller ihm entgegen. (Schleiermacher 1963 [1813]:47)

The translator either (1) disturbs the writer as little as possible and moves the reader in his direction, or (2) disturbs the reader as little as possible and moves the writer in his direction. (Schleiermacher 1997:229)

The first method was later (e.g., in Venuti 1995) called *foreignising* ('Verfremdung') and the second method *domesticating* ('Einbürgerung'). However, for Schleiermacher, the choice between these two methods is not free, because he clearly opts for the first method. For him, the second method is purely speculative:

Ja was will man einwenden, wenn ein Uebersezer dem Leser sagt, Hier bringe ich dir das Buch, wie der Mann es würde geschrieben haben, wenn er es deutsch geschrieben hätte; und der Leser ihm antwortet, Ich bin dir eben so verbunden, als ob Du mir des Mannes Bild gebracht hättest, wie er aussehen würde, wenn seine Mutter ihn mit einem anderen Vater erzeugt hätte? (Schleiermacher 1963 [1813]:65)

In fact, if a translator tells a reader, 'Here is the book, just as the man would have written it had he done it originally in German', who could object if the reader replied, 'I'm indebted to you as I would have been had you brought me a picture of him as he would have looked had his mother conceived him by a different father'? (Schleiermacher 1997:236)

Summarising and somewhat simplifying Schleiermacher's theory, we could apply the 3-zone-model in the following way:

- zone C: foreignising translation
- zone P: domesticating translation
- zone N: interpretation, paraphrase, imitation

5 My own approach revisited

In my 1993 PhD dissertation, I proposed a typology of translation and adaptation ('Bearbeitung') based on the following assumptions: While a translation is controlled by *invariance requirements* ('Invarianzforderungen') concerning specific features of the source text, an adaptation is controlled by *variance requirements* ('Varianzforderungen'), such as summarising or simplifying. The subclassification of translation methods is based on the hierarchy of invariance requirements applied in the translation: in a *text translation* ('Textübersetzung'), internal features of the source text, such as sense or form, are primary, while in a *context translation* ('Umfeldübersetzung') external features, such as the effect on the reader, are more important. Furthermore, I regarded a text translation as a translation in the strict sense and a context translation as a translation in the wider sense. Leaving aside the various subtypes of translation and adaptation, we can interpret the main types in the terms of the 3-zone-model:

- zone C: text translation
- zone P: context translation
- zone N: adaptation

However, functionalist theorists, such as Erich Prunč (2001:103), have argued that a translation theory based primarily on criteria like invariance or equivalence cannot cope with the diversity of tasks that a modern translator has to fulfil. I have to admit that context translations are not peripheral for a translator of LSP texts, because s/he always has to take external criteria into account, such as different legal requirements in the source and target cultures. There are types of context translation which are becoming more and more 'central', e.g. software localization and multimedia translation (but I would exclude 'pure' intersemiotic translations, without any verbal elements). In all theses cases, the translation method is more or less 'holistic' (such as the *Holontra* method in Gerzymisch-Arbogast & Mudersbach 1998:63-77). According to Prunč, translation types such as localization could become even more 'central' than text translations:

Es ist nur eine Frage der Zeit, wann diese Form der Translation [i.e. Lokalisierung] in die eigentliche Kernzone des Objektbereichs rücken und die traditionellen äquivalenzorientierten Formen von Translation in die Randbereiche verdrängen wird. (Prunč 2004:279)

Even an adaptation, e.g. an interlingual summary or abstract of the source text, should not be excluded from the translation category. However, I think that many translators will not regard an abstract as a typical example of a translation. Therefore I propose the following 'zone shift': I would like to include context translations in zone C and adaptations in zone P. Thus, zone N will be free for a different category, where I would now place *metatexts*, i.e. texts *about* a source text (in the same or a different language) which do not function as a *substitute* for the source text (like translations do). A commentary, e.g. on a legal or a religious text, would be a typical example of such a metatext. So after the 'zone shift', my typology would look like this:

- zone C: translation (text and context translation)
- zone P: adaptation
- zone N: metatext

6 Conclusion

As we have seen, a prototypical model of categorization like the proposed 3-zone-model can be applied to different translation theories in different ages. Changing norms or practices can be analysed as 'zone shifts': A 'domesticating' translation was regarded by the *belles infidèles* translator Perrot d'Ablancourt as central and by the Romantic philosopher Schleiermacher as peripheral. The opposite statement can be made with regard to 'foreignising' translation. Furthermore, Schleiermacher excludes the translation of most LSP texts from his translation typology, a translation type that can now be regarded as central in the context of our society.

Of course, given the historical character of translation, a prototypical model like the 3-zone-model cannot provide a general definition of the concept of translation which would be valid for all time.

7 References

Gerzymisch-Arbogast, Heidrun & Mudersbach, Klaus (1998): *Methoden des wissenschaftlichen Übersetzens*. Tübingen – Basel: Francke. (= UTB. 1990).

Halverson, Sandra (1999): "Conceptual work and the 'translation' concept". In: *Target* 11, 1-31.

— (2000): "Prototype effects in the 'translation' category". In: Chesterman, Andrew & Gallardo San Salvador, Natividad & Gambier, Yves (eds): *Translation in*

Context. Selected Contributions from the EST Congress, Granada 1998. Amsterdam – Philadelphia: Benjamins. (= Benjamins Translation Library. 39). 3-16.

— (2002): "Cognitive models, prototype effects and 'translation': the role of cognition in translation (meta)theory". In: *Across Languages and Cultures* 3 [1], 21-43.

Kleiber, Georges (1990): *La sémantique du prototype.* Paris: Presses Universitaires de France. – translation (^{2}1998): *Prototypensemantik.* Übersetzt von Michael Schreiber. 2. Aufl. Tübingen: Narr.

Lakoff, George (1987): *Women, Fire and Dangerous Things. What Categories Reveal about the Mind.* Chicago – London: University of Chicago Press.

Löbner, Sebastian (2002): *Understanding Semantics.* London: Arnold. – translation (2003): *Semantik. Eine Einführung.* Vom Autor übersetzt. Berlin: de Gruyter.

Perrot d'Ablancourt, Nicolas (1972): "Lucien (1654). A Monsieur Conrart". In: Perrot d'Ablancourt, Nicolas (1972): *Lettres et préfaces critiques.* Roger Zuber (éd.). Paris: Didier. 177-189.

— (1997): "To Monsieur Conrart. Dedication of French translation of Lucian (1654). Translated by David G. Ross". In: Robinson, Douglas (ed.): *Western Translation Theory from Herodotus to Nietzsche.* Manchester: St. Jerome. 157-159.

Prunč, Erich (2001): *Einführung in die Translationswissenschaft.* Vol. 1: *Orientierungsrahmen.* Universität Graz: Institut für Translationswissenschaft.

— (2004): "Zum Objektbereich der Translationswissenschaft". In: Müller, Ina (Hrsg.) (2004): *Und sie bewegt sich doch... Translationswissenschaft in Ost und West.* Frankfurt am Main usw.: Lang. 263-285.

Schleiermacher, Friedrich (1963) [1813]: "Ueber die verschiedenen Methoden des Uebersezens". In: Störig, Hans-Joachim (Hrsg.): *Das Problem des Übersetzens.* Darmstadt: Wissenschaftliche Buchgesellschaft. 38-70.

— (1997): "On the Different Methods of Translating. Translated by Douglas Robinson". In: Robinson, Douglas (ed.): *Western Translation Theory from Herodotus to Nietzsche.* Manchester: St. Jerome. 225-238.

Schreiber, Michael (1993): *Übersetzung und Bearbeitung. Zur Differenzierung und Abgrenzung des Übersetzungsbegriffs.* Tübingen: Narr.

Venuti, Lawrence (1995): *The Translator's Invisibility. A History of Translation.* London – New York: Routledge.

Klaus Schubert   (Flensburg)

Kultur, Translation, Fachkommunikation

1 Zwei Diskussionsstränge

Kultur, Translation und Fachkommunikation sind seit einiger Zeit Gegenstand einer wissenschaftlichen Diskussion, die sich im Wesentlichen auf zwei Teilfragen richtet. Zum einen wird erörtert, in welchem Verhältnis technische Redaktion und Fachübersetzen zueinander stehen. Sind es zwei klar gegeneinander abgrenzbare Arbeitsfelder? Oder sind sie im Grunde identisch? Oder liegt die Wahrheit dazwischen? Zum anderen wird die Frage besprochen, welche Rolle in diesem Kommunikationsfeld als determinierender Faktor die Kultur spielt. Ist Übersetzen immer interkulturell? Ist technische Redaktion interkulturell?

Der vorliegende Beitrag ist ein Versuch, für diese beiden Diskussionsstränge eine gemeinsame systematische Grundlage vorzuschlagen und so zu einer klareren und aussagekräftigeren Modellbildung beizutragen. Abschnitt 2 geht dem ersten, Abschnitt 3 dem zweiten Diskussionsstrang nach. In Abschnitt 4 kommen die Diskussionsstränge wieder zusammen und es ergibt sich ein Ausblick auf künftige, an das hier Erörterte anschließende Forschungsfragen.

2 Technische Redaktion und Fachübersetzen

Zwei der wesentlichen Tätigkeitsfelder der schriftlichen Fachkommunikation werden häufig miteinander in Zusammenhang gebracht: technische Redaktion und Fachübersetzen. Kurz gesagt, befasst sich die technische Redaktion mit der Erstellung der Dokumentation technischer Produkte und Dienstleistungen[1] und das Fachübersetzen mit Übertragung fachlicher Dokumente[2] aus einer Ausgangs- in eine Zielsprache.

Bezieht die jeweilige Betrachtungsweise die berufliche Praxis mit ein, so ist zumeist von technischer Redaktion und Fachübersetzen die Rede. Wird dagegen eine vornehmlich linguistische Sicht angelegt, so heißen die Untersuchungsobjekte häufig Textproduktion und Übersetzen. Auf diesen Perspektivunterschied gehe ich hier nicht weiter ein. Einige Autoren sprechen auf Deutsch von 'Technical Writing'.[3] Ich verstehe diese Benennung als synonym zu 'technische Redaktion'.

2.1 Gemeinsamkeiten und Unterschiede

Die fachkommunikative Arbeitsprozesskette besteht aus den Phasen 'Erstellen', 'Übertragen' und 'Organisieren' (Schubert 2003:226). In ihr folgen die Tätigkeitsfelder der technischen Redakteure und der Fachübersetzer direkt aufeinander. In der schriftlichen Fachkommunikation steht dabei die technische Redaktion für die erste der drei Phasen, während das Fachübersetzen die zweite Phase wahrnimmt. Die dritte Phase obliegt dem Dokumentationsmanagement. Das Arbeitsfeld des Fachübersetzens ist etwas weiter als das der technischen Redaktion. Die technische Redaktion umfasst im Allgemeinen nicht die Erstellensphase der gesamten schriftlichen Fachkommunikation, sondern speziell die der technischen Dokumentation (vgl. Schmitt 1998b:155; Schubert 2003:247). Beim Fachübersetzen werden demgegenüber Dokumente aus vielen verschiedenen, nicht nur technischen Fachgebieten bearbeitet. Diese Einschränkung ist mehr prinzipieller als praktischer Art, da das Marktsegment der technischen Übersetzungen alle anderen an Auftragsvolumen weit übertrifft (Schmitt 1998a). Insofern trifft es zu, wenn man annimmt, dass Fachübersetzer in den allermeisten Fällen Dokumente zu bearbeiten haben, die von technischen Redakteuren stammen. Deshalb und durch ihre Stellung in der Arbeitsprozesskette haben technische Redakteure und Fachübersetzer oft zusammen zu arbei-

---

[1] Es erscheint mir sinnvoll, die Beschreibung des Inhalts der Werkstücke der technischen Redaktion, wie beispielsweise Krings (1996:10) sie gibt, um Dienstleistungen zu erweitern (Schubert 2003:236-237 Anm. 20).

[2] In diesen Fachgebieten wird das Werkstück zumeist als 'Dokument', nicht als bloßer 'Text' begriffen, wodurch auch nichtsprachliche Komponenten als Teile des Werkstücks verstanden werden; vgl. Göpferich (1996:404-406 Anm. 7), Schmitt (1998b:155). Zur Definition von 'Dokument' und 'Dokumentation' vgl. Schubert (2003:229-231).

[3] 'Technical Writing' als deutsche Benennung: Schmitt (1998b), Göpferich (1996; 1998). Zur Definition von 'Technical Writing' und zur Entstehung des Berufsfeldes und der Berufsbezeichnung in den Vereinigten Staaten und Deutschland bei Schmitt (1998b: 154-156). Vgl. weiter Schmitt (1999:25-26).

ten.[4] Manche Autoren beobachten auch Tendenzen des Verschmelzens der Tätigkeiten der technischen Redaktion und des Fachübersetzens.[5]

Als wichtigsten Entwicklungsfaktor der technischen Redaktion und des Fachübersetzens sieht Schmitt (1998b) die Lokalisierung. Lokalisierung ist die Anpassung von Produkten aller Art an Sprache, Kultur und sonstige Anforderungen des Zielmarktes. Eine der tiefgreifendsten Anpassungen ist dabei die Übersetzung, sodass die Lokalisierung bei solchen Produkten besonders aufwändig ist, die Text enthalten. Bei vielen Industrieprodukten wie Geräten, Maschinen und Anlagen findet sich Text neben einigen Bedienelementen vor allem in der Dokumentation. Eine besonders texthaltige Produktart sind dagegen Softwaresysteme. Die Softwarelokalisierung ist daher ein wichtiger Bereich fachübersetzerischer Praxis.[6] Schmitt betrachtet die "Annäherung der Begriffe 'Übersetzen' und 'Technical Writing'" als "zwangsläufige Folge" der Lokalisierung (Schmitt 1998b:154).

Weiter referiert Schmitt Beschreibungen der Unterschiede zwischen technischer Redaktion und Übersetzen, wobei einige seiner Quellen die technische Redaktion als grundsätzlich einsprachig bezeichnen, andere aber anerkennen, dass die überwiegende Mehrheit der technischen Redakteure im deutschsprachigen Raum Fremdsprachenkenntnisse benötigt (Schmitt 1998b:156-157). Sie kommen vor allem in der Informationsrecherche- und Dokumentplanungsphase der technischen Redaktionsarbeit zum Tragen, wenn einige der vom Auftraggeber vorgelegten Informationsquellen oder der von den technischen Redakteuren erarbeiteten Rechercheergebnisse in einer anderen Sprache vorliegen als das zu erstellende Zieldokument.

Diese Beobachtungen beschreiben zunächst das berufspraktische Umfeld der ein- und mehrsprachigen Fachkommunikation. Auf der wissenschaftlichen Seite sind die in diesen Berufsfeldern ausgeführten Formen kommunikativen Handelns Untersuchungsobjekt der Übersetzungswissenschaft sowie jener Disziplinen, die sich mit der Fachkommunikation befassen. Hier gibt es eine Diskussion über die Frage ob nicht die beiden Berufsfelder im Grunde ein und dasselbe sind oder das eine Teilaspekt des anderen ist. Budin (1994:250) vertritt die Ansicht, die für die Berufe der technischen Redakteure und der Fachübersetzer erforderlichen Kompeten-

---

[4] Zusammenarbeit und Aufgabenverteilung zwischen technischen Redakteuren und Fachübersetzern: Séguinot (1995:287), Massion (1999), Mauro (1999), Nübel (1999), St. Amant (2000), Göpferich (2002b:116-119); vgl. Schubert (2003:238).

[5] Verschmelzung von technischer Redaktion und Fachübersetzen: Lockwood & Leston & Lachal (1995:63), Séguinot (1995:285), Göpferich (2004:23-25). Fließende Übergänge zwischen Übersetzern und Werbetextern: Dyson (1996).

[6] Lokalisierung: Schmitz (2002). Softwarelokalisierung: Esselink (1998), Schmitz (2000). Verhältnis Lokalisierung – Übersetzen: Göpferich (2002a).

zen seien grundverschieden. Hartley und Paris (1996:227; 1997:114) widersprechen ihm mit Nachdruck. Die Kontroverse ist allerdings für die weitere wissenschaftliche Klärung der aufgeworfenen Frage nicht allzu aufschlussreich, da Budin seine Bemerkung in anderem Zusammenhang beiläufig macht und nicht belegt, während Hartley und Paris sich auf eine Erhebung von Lockwood, Leston und Lachal (1995:63) beziehen, die zwar von einem Zusammenfließen der Tätigkeiten der beiden Berufsgruppen zeugt, damit ja aber nicht per se die Identität der diesen Tätigkeiten zugrunde liegenden Kompetenzen nachweist. Obwohl eine tiefer gehende Analyse der Kompetenzen durchaus viel versprechend ist, wähle ich hier einen anderen Weg und versuche eine Analyse charakteristischer Merkmale der zu den beiden Arbeitsfeldern gehörenden Tätigkeiten.

2.2 Analyse der Handlungsmerkmale

Die kommunikativen Handlungen, die die Arbeitsprozesse der technischen Redaktion und des Fachübersetzens ausmachen, weisen charakteristische Merkmale auf, durch die sich Gemeinsamkeiten und Unterschiede der beiden Tätigkeitsfelder beschreiben lassen.[7] Die Merkmale, anhand deren ich im Folgenden technische Redaktion und Fachübersetzen unterscheide, stehen zueinander in einem nicht ganz trivialen Verhältnis. Zieht man den Oppositionsbegriff von Trubetzkoy ([7]1989:69) heran, so ist das Verhältnis im vorliegenden Falle weder äquipollent, noch privativ. Bei der äquipollenten Opposition besitzt das eine Untersuchungsobjekt ein bestimmtes charakteristisches Merkmal, das das andere Objekt nicht aufweist, und umgekehrt. Bei der privativen Opposition besitzt ein Objekt ein Merkmal, das dem anderen Objekt fehlt. Bei dem hier folgenden Vergleich der technischen Redaktion und des Fachübersetzens verhält es sich bei jedem der hier betrachteten Merkmale so, dass das eine der beiden Tätigkeitsfelder das Merkmal obligatorisch aufweist, während das andere hinsichtlich desselben Merkmals nicht spezifiziert ist, es also aufweisen kann oder nicht. Hält man diese Merkmale in einer Notation fest, wie sie beispielsweise in der Merkmalssemantik üblich ist, so handelt es sich hier nicht um Gegensätze zwischen Plus und Minus, sondern zwischen Plus und Null. Ich verwende diese Darstellungsform in der Übersicht über die Merkmalsoppositionen in Abb. 2.2 am Ende dieses Abschnitts.

   Im Folgenden spreche ich von konstitutiven und optionalen Merkmalen. Ein Merkmal ist dann konstitutiv, wenn das jeweilige Tätigkeitsfeld, also die technische Redaktion oder das Fachübersetzen, dieses Merkmal

---

[7] Die Merkmalsanalyse habe ich schon früher in ähnlicher Form vorgelegt (Schubert 2005b). Ich arbeite die Darstellung hier weiter aus.

notwendigerweise aufweisen muss. Als optional betrachte ich ein Merkmal, das das Tätigkeitsfeld aufweisen kann, aber nicht muss. Dies sind Aussagen über den jeweiligen Arbeitsprozess als Ganzes, nicht aber über jede einzelne kommunikative Handlung, die innerhalb dieses Arbeitsprozesses ausgeführt wird.

Das erste Merkmal ist das *Ausgangsdokument*.[8] Es ist für die technische Redaktion optional, für das Fachübersetzen konstitutiv. Es wird vielfach betont, dass Übersetzen eine spezielle Form der Textproduktion ist.[9] Dabei ist die Textproduktion die Kerntätigkeit der technischen Redaktion. Dennoch gibt es hier Unterschiede. Beim Fachübersetzen wird der Zieltext anhand eines Ausgangstextes erstellt. Das inhaltliche Verhältnis zwischen Ausgangs- und Zieltext wird oft als Äquivalenz bezeichnet, wobei dieser Begriff und Versuche, ihn zu explizieren, eine der großen translationswissenschaftlichen Debatten ausgelöst haben.[10] In der technischen Redaktion kann gelegentlich auch einmal ein Ausgangstext vorliegen, etwa bei Zuliefererdokumentation, die im Original oder in übersetzter Form in das Zieldokument übernommen wird. Im Regelfall entstammen die im Zieldokument auszudrückenden Sachverhalte jedoch einer größeren Zahl von Informationsquellen.

Da die hier vorgeschlagene Analyse mehrfach auf Beobachtungen und Gedankengänge Schmitts Bezug nimmt, sei angemerkt, dass er das Merkmal des Vorhandenseins eines Ausgangsdokuments wohl nicht anerkennen würde. In Anlehnung an Vermeer (1982) setzt Schmitt (1998b:157) das Ausgangsdokument des Fachübersetzens und die Informationsquellen der technischen Redaktion gleich.[11] Meines Erachtens verdeckt eine solche Gleichsetzung einen deutlichen Unterschied zwischen technischer Redaktion und Fachübersetzen, indem es zwei Oppositionen des erwähnten Typs 'Plus zu Null' zu einer einzigen Gleichheitsrelation 'Plus zu Plus' zusammenzieht. Um dies zu vermeiden, setze ich neben das Merkmal eines einzigen Ausgangsdokuments ein zweites, das die vielfältigen Informationsquellen erfasst.

---

[8] Da ich hier ausschließlich von schriftlicher Fachkommunikation spreche, wähle ich die Benennung 'Dokument'. Prunč, der sich umfassender mit der Translation beschäftigt, spricht bei Ausgang und Ziel der Translationshandlung theoretisch präziser von "semiotischen Gebilde[n]" (Prunč 1997:34).

[9] Übersetzen als Textproduktion: Baumgartner (1994), Jakobsen (1994:145), Sager (²1994: 331), Resch (1998), Barczaitis (2002), vgl. Schubert (2003:239).

[10] Die umfangreiche Literatur zur Äquivalenzfrage kann hier nicht nachgewiesen werden. Vgl. Koller (2004a), Neubert (2004) und die sehr ausführliche Darstellung bei Koller (⁷2004b:159-300).

[11] Ähnlich, aber weniger ausdrücklich gleichsetzend, spricht Göpferich (1996:410) von der "Vorlagengebundenheit" als einer Gemeinsamkeit beider Tätigkeitsbereiche.

Das zweite Merkmal ist daher die *Informationsrecherche*. Dieses Merkmal ist für die technische Redaktion konstitutiv, für das Fachübersetzen optional. In der technischen Redaktion ist die Grundlage für den Zieltext eine Vielzahl von Informationsquellen, die den technischen Redakteuren entweder vom Auftraggeber mit dem Auftrag vorgelegt oder aber von ihnen selbst recherchiert werden. Zu diesen Informationsquellen zählen Dokumentationen, von denen jede meist nur einen Teil des im aktuellen Zieldokument zu beschreibenden Produkts betrifft und die auf eine andere Zielgruppe ausgerichtet sind als der aktuelle Auftrag. Ein typisches Beispiel für den letzteren Fall ist Entwicklungsdokumentation. Dies sind Unterlagen, die während der Entwicklung eines Produkts von Entwicklungsingenieuren geschrieben werden[12] und vom Inhalt, von den Vorkenntnissen und von der Sprache her auf Entwicklungsingenieure als Zielgruppe ausgerichtet sind. Sie sind Beispiele fachinterner Kommunikation. Wenn solche Dokumente später genutzt werden, wenn die Verbraucherdokumentation geschrieben wird oder wenn eine technische Erfindung für eine Patentanmeldung beschrieben werden soll, dann fungieren sie in diesem folgenden (fachexternen) Kommunikationsprozess als Informationsquellen in dem hier gemeinten Sinne. Sehr wichtige Informationsquellen der technischen Redaktion sind darüber hinaus auch mündliche und schriftliche Informationsrechercheergebnisse. Allgemein gesprochen werden verbal und nonverbal ausgedrückte Informationen verwendet, wobei sich hinter dem Wort 'nonverbal' einerseits nichtsprachliche Dokumentkomponenten verbergen, also Grafiken, Diagramme, Fotos, technische Zeichnungen, Videosequenzen und Ähnliches, andererseits aber auch die Möglichkeit des Augenscheins. Vom Augenschein ist zu sprechen, wenn zusätzlich zu (hoffentlich nicht anstatt) sprachlicher Information die technischen Redakteure das zu beschreibende Produkt eigenhändig bedienen und erproben. Hieraus kann sich auch eine Rolle der technischen Redakteure als Testanwender ableiten (Schubert 2003:244). Die Informationsrecherche ist ein sehr weit zu fassender Arbeitsgang, bei dem Dokumentation des Auftraggebers, des Dienstleisters (also des technischen Redaktionsbüros oder des Übersetzungsbüros), wissenschaftliche und technische Bibliotheken, Fachinformationszentren, Firmendokumentation im Internet und vieles andere zu Rate gezogen werden kann. Auch strukturierte Gespräche mit internen und externen Experten sind ein wichtiger Bestandteil der Informationsrecherche. Sie ist ein Arbeitsgang, der auch beim Fachübersetzen häufig vorkommt, dort aber nicht in jedem Fall zwingend notwendig ist.

Das dritte Merkmal ist die *Interlingualität*. Dieses Merkmal ist für die technische Redaktion optional, für das Fachübersetzen dagegen konstitu-

---

[12] In manchen Fällen werden auch für die Erstellung der Entwicklungsdokumentation technische Redakteure eingesetzt (Schubert 2003:243-244).

tiv. Übersetzen ist immer die Übertragung aus einer Ausgangssprache in eine Zielsprache. In der technischen Redaktion können die Informationsquellen ganz oder teilweise in einer anderen Sprache vorliegen als der, in der das Zieldokument erstellt wird, dies ist jedoch keine notwendige Voraussetzung.

Das vierte Merkmal ist die *Zielgruppenorientierung*. Es ist für die technische Redaktion konstitutiv und für das Fachübersetzen optional. Dieses Charakteristikum ist in der Diskussion der vorhergehenden Merkmale schon angedeutet, aber noch nicht expliziert. Es trägt zahlreiche Benennungen, die alle in irgendeiner Form ausdrücken, dass die technischen Redakteuren und Fachübersetzern vorgelegten oder von ihnen selbst recherchierten Ausgangsinformationen im Laufe des jeweiligen Arbeitsprozesses im Hinblick auf bestimmte Ziele bearbeitet und dadurch inhaltlich und sprachlich verändert werden. Auch Schmitt weist hierauf hin. Unter Verweis auf die Skopostheorie Vermeers[13] zählt er zu den Gemeinsamkeiten von technischer Redaktion und Fachübersetzen "Zweckerfüllung (Skoposadäquatheit), Textsortenadäquatheit und Adressatenorientiertheit" (Schmitt 1998b:157).

Die Zielgruppenanpassung wird beim Übersetzen auch als Adaption[14] bezeichnet und bisweilen als Abweichung von einem postulierten eigentlichen übersetzerischen Äquivalenzideal betrachtet. Dem ist jedoch entgegen zu halten, dass das Primat der Äquivalenz, wenn überhaupt, dann vor allem bei (im Sinne von House 1977:106) offenen Übersetzungen gilt, während die meisten Fachübersetzungen im Sinne der House'schen Dichotomie 'overt translation – covert translation' verdeckte Übersetzungen sind. Kennzeichen verdeckter Übersetzungen ist, dass sie ihrer Zielgruppe in einer einem Original gleichwertigen Funktion präsentiert werden und oft keinerlei Hinweis darauf enthalten, dass sie übersetzt sind. Primäre Vorgabe für die Fachübersetzer ist in einem solchen Fall nicht die Äquivalenz mit dem Ausgangstext, sondern die Zweck- und Zielgruppenorientierung des Zieltextes. Aus diesem Grunde nennt Schmitt das Fachübersetzen auch "Interlinguales Technical Writing" (Schmitt 1998b:157) und zieht das Fazit: "Technical Writing ist ein Teilaspekt des Fachübersetzens" und "Fachübersetzen ist interlinguales Technical Writing" (beides Schmitt 1999:33). Ähnlich diskutiert Göpferich (1996:411-413) Fachübersetzen als

---

[13] Skopostheorie: Vermeer (1978; 1996), Reiß & Vermeer (²1991) und zahlreiche weitere Veröffentlichungen. Sekundär: Stolze (1994:163-165), Dizdar (1998), Schäffner (N2001), Salevsky (2002:216-218). Kritik: Gerzymisch-Arbogast & Mudersbach (1998:26-28), Zybatow (2003).

[14] Adaption: Bastin (1996; N2001), Zeumer & Schmidt (1996:47), Nord (1998), Schmitt (1999:187), Klaudy (N2001).

Teilaspekt der technischen Redaktion. Sie verwendet auch die Benennung "Interkulturelles Technical Writing" (Göpferich 1998; vgl. 2002b:109).

Anhand dieser vier Merkmale lassen sich Gemeinsamkeiten und Unterschiede zwischen technischer Redaktion und Fachübersetzen wie in Abb. 2.2 darstellen. Auf den speziellen Typ der Opposition 'Plus zu Null' gehe ich zu Beginn von Abschnitt 2.2 ein.

Merkmal	technische Redaktion	Fach-übersetzen
Interlingualität	0	+
Ausgangsdokument	0	+
Informationsrecherche	+	0
Zielgruppenorientierung	+	0

Abb. 2.2: Merkmalsanalyse der Tätigkeitsfelder technische Redaktion und Fachübersetzen (konstitutives Merkmal: +, optionales Merkmal: 0)

3 Makro- und Mikrokultur

Der zweite der eingangs angekündigten Diskussionsstränge betrifft die Frage nach dem Einfluss der Kultur. Dass Übersetzen eine Form interkultureller Kommunikation ist, ist seit den 1980-er Jahren translationswissenschaftliches Gemeingut.[15] Die Interkulturalität des Übersetzungsprozesses ist dabei keineswegs auf den offensichtlichen Fall des literarischen Übersetzens begrenzt. Vielmehr sind auch beim Fachübersetzen regelmäßig kulturelle Unterschiede zu überbrücken.[16]

Da Fachübersetzen und technische Redaktion zwei eng verflochtene Arbeitsfelder der Fachkommunikation sind, liegt die Frage nahe, ob die Interkulturalität ein Merkmal ist, das zu der in Abschnitt 2.2 gegebenen Merkmalsanalyse hinzugefügt werden sollte. Dies hat nur dann Aufschlusswert, wenn gezeigt werden kann, dass die Interkulturalität ein unabhängiges Merkmal ist. Ein Merkmal ist dann von einem anderen Merkmal abhängig, wenn es immer dann auftritt, wenn auch dieses andere Merkmal auftritt, und dann fehlt, wenn auch dieses fehlt. Falls überhaupt eine solche Abhängigkeit zwischen dem Merkmal Interkulturalität und einem der oben besprochenen Merkmale besteht, dann ist der wahrscheinlichste Kandidat

---

[15] Kultur und Übersetzen: vgl. z.B. Reiß & Vermeer (²1991:1), Snell-Hornby (1988:2; ²1994: 13), Vermeer (²1994), Gerzymisch-Arbogast (1994:75-91), Toury (1995:26-31), Hatim & Mason (1997:127-142), Risku (1998:16), Fleischmann (1999), Schmid (2000), House (2001:251), Budin (2002:81), Koller (2002), Mudersbach (2002), Neubert (2002), Zybatow (2002), Floros (2003:5-52), Dixon (2004), Gentzler (2004).

[16] Viele der in Anm. 15 genannten Arbeiten beziehen auch die Interkulturalität des Fachübersetzens mit ein. Speziell hierzu vgl. z.B. Baumann (1998). Interessante Einzelbeobachtungen: Lederer (2002), Schmitt (2002).

die Interlingualität. Es ist also zu fragen, ob es Fälle gibt, in denen Interkulturalität ohne Interlingualität vorliegt oder umgekehrt. Wenn ja, sind die beiden Merkmale voneinander unabhängig.

Sucht man nach Fällen von Interkulturalität ohne Interlingualität, also nach Kulturunterschiede überbrückender fachkommunikativer Arbeit, die vollständig einsprachig verläuft, so stößt man auf Schmitts Forderung nach Verwendung eines "nichtfeuilletonistischen Kulturbegriffs" (Schmitt 1998b: 157). Einen solchen Kulturbegriff formuliert Schmitt, indem er die in der deutschsprachigen Translationswissenschaft sehr einflussreiche Kulturdefinition Göhrings vereinfacht.[17] Für den hier verfolgten Gedankengang ist nicht so sehr der Wortlaut dieser Kulturdefinition[18] interessant, als vielmehr die Tatsache, dass Schmitt neben Makro- ausdrücklich auch Mikrokulturen unter diesen Begriff subsumiert. Als Mikrokulturen nennt er Unternehmens-, Sozio-, Familien- und Individualkulturen. Bei der Diskussion von technischer Redaktion und Fachübersetzen knüpft Schmitt an diese Überlegung an und definiert fachexterne Kommunikation als interkulturell und fachinterne als intrakulturell (Schmitt 1998b:157). Im Sinne der oben gegebenen Merkmalsanalyse bedeutet dies, dass technische Redaktion interkulturell sein kann, aber nicht muss. Das Merkmal Interkulturalität ist also optional. Dies ist so, weil es Fälle fachinterner, also innerhalb einer der genannten Mikrokulturen verlaufender Fachkommunikation gibt, die durch die technische Redaktion ausgeführt wird. Göpferich (1996: 401) präzisiert, dass fachinterne Kommunikation zwar zur technischen Redaktion gehört, üblicherweise aber nicht von technischen Redakteuren ausgeführt wird. Selbst wenn diese Feststellung in Einzelfällen nicht zutrifft, macht die fachexterne Kommunikation und insbesondere die Kommunikation, die sich von Fachleuten an Laien richtet, den weitaus größten Teil des Auftragsvolumens technischer Redakteure aus. Dieser Teil ist in dem hier gemeinte Sinne interkulturell.

Umgekehrt ist zu fragen, ob es Interlingualität ohne Interkulturalität gibt. Ein fachkommunikativer Arbeitsgang ist dann interlingual, wenn er ein Dokument oder bestimmte Inhalte aus einer Sprache in eine andere überträgt. Ein Translationsarbeitsgang ist dies per Definition, und mithin ist auch ein Fachübersetzungsarbeitsgang immer interlingual. Ist er aber auch in jedem Fall interkulturell? Ich bezeichne dies oben als translationswissenschaftliches Gemeingut. Zweifel an dieser Feststellung entstehen in Situationen wie beispielsweise der Übersetzung eines französischsprachi-

---

[17] Schmitt (1999:157) stützt seine Kulturdefinition auf Göhring (1978:10), der sich wiederum auf Goodenough (1964:36) bezieht; vgl. Schubert (2005b).

[18] "Kultur umfaßt alles das, was man wissen, empfinden und können muß, um sich in einem Umfeld unauffällig wie ein Angehöriger dieses Umfelds aufhalten zu können" (Schmitt 1999:157).

gen Textes aus Belgien über Verwaltungsfragen ins Niederländische. Ein solcher Text lässt sehr viel direkter und problemloser für eine niederländischsprachige Zielgruppe in Belgien als für eine solche in den Niederlanden übersetzen. Die Ursache ist vor allem in der weitgehend isomorphen Verwaltungsterminologie in den belgischen Varietäten des Französischen und Niederländischen zu suchen. Gibt es also eine belgische Kultur, die sich von der der Niederlande unterscheidet? Legt man einen Kulturbegriff wie den von Goodenough, Göhring und Schmitt zugrunde, so mag das Beispiel dazu dienen, einen Unterschied zwischen der niederländischsprachigen Kultur Belgiens und der der Niederlande zu belegen. Die Terminologieisomorphie ist aber kein hinlänglicher Beweis dafür, dass die französischsprachige und die niederländischsprachige Gemeinschaft Belgiens als ein und dieselbe Kultur zu betrachten seien. Sie trennt die Sprache und die Sprache ist ein sehr wesentlicher Teil dessen, 'was man können muss', um sich in dem einen oder dem anderen Umfeld unauffällig zu bewegen.

Von den beiden hinsichtlich Interlingualität und Interkulturalität gestellten Fragen führt demnach vor allem die erste weiter. Wenn man ein Fach als Kultur betrachtet, so bedeutet dies, dass die Gemeinschaft der Menschen, die durch gemeinsames Wissen und gemeinsame Kommunikationskonventionen ein 'Fach' konstituieren, Träger einer Mikrokultur ist. In diesem Sinne ist die Fachgemeinschaft also eine Kulturgemeinschaft.

Dies ist zunächst nicht mehr als eine Neuetikettierung. Sie wird erst dann für den hier verfolgten Gedankengang fruchtbar, wenn sich aus ihr neue Erkenntnisse ableiten. Das Neue des angeführten Kulturbegriffs ist, dass die sozialen Gruppen, die Träger einer Sprache, und die, die Träger eines Faches sind, gleichgestellt werden. Beide werden gleichermaßen als Kulturgemeinschaften verstanden. Wie der Hinweis auf Makro- und Mikrokulturen zeigt, kann eine so definierte Kultur andere Kulturen umfassen.

An anderer Stelle beschreibe ich die ein- und mehrsprachige Fachkommunikation anhand der vier Dimensionen 'fachlicher Inhalt', 'sprachlicher Ausdruck', 'technisches Medium' und 'Management der Arbeitsprozesse' (Schubert 2003:228). Hier ist nicht der Ort für eine ausführlichere Darstellung. Hoffmann stellt jedoch in einem Aufsatz, der meines Erachtens einen sehr komprimierten theoretischen Extrakt aus seiner jahrzehntelangen fachsprachenwissenschaftlichen Forschungstätigkeit zieht, das Zusammenspiel des fachlichen Inhalts und des sprachlichen Ausdrucks dar. Hoffmann spricht über "drei wesentliche Begriffe der Fachkommunikation" (Hoffmann 1999:36): 'Objekt', 'System' und 'Funktion'. Wenn ich Hoffmann richtig wiedergebe, sind dabei unter Objekt die in einer fachkommunikativen Handlung wie beispielsweise der Textproduktion in der technischen Redaktion beschriebenen Gegenstände und Sachverhalte zu verstehen, das System ist das Sprachsystem und die Funktion steht für

Subsprache oder Funktionalstil (Hoffmann 1999:28-29),[19] wobei Hoffmann als für die Fachkommunikation wichtigste Subsprachen die Fachsprachen nennt (Hoffmann 1998). In kompakter Form lautet Hoffmanns Beschreibung des Zusammenspiels zwischen fachlichem Inhalt und sprachlichem Ausdruck wie folgt:

> Das Objekt determiniert die Wahl der sprachlichen Mittel, das System hält diese Mittel für Nomination und Prädikation bereit, und die Funktion modifiziert ihre Verwendung. (Hoffmann 1999:29)

Ist die Kultur ein Faktor in diesem Abhängigkeitsverhältnis? Im Lichte des oben Gesagten erscheint es mir sinnvoll, die Kultur als einen Faktor aufzufassen, der in unterschiedlicher Weise auf alle drei Größen Objekt, System und Funktion Einfluss nimmt.

Dies wird deutlich, wenn man von der fachkommunikativen Handlung ausgeht und die handelnden Menschen in das Modell einbezieht. Das Sprachsystem ist Teil der Makrokultur, der Textproduzenten und Zielgruppe angehören, wobei unter 'angehören' auch die erworbene Zugehörigkeit zu einer Kultur zu verstehen ist, wie sie die Fachübersetzer besitzen.

Wenn das System die Ausdrucksmittel bereitstellt und die Funktion die Verwendung der sprachlichen Mittel modifiziert, so ist hierin ein weiterer Einfluss der Kultur zu erkennen. Der Begriff der Funktion umfasst bei Hoffmann in diesem Zusammenhang die Wahl zwischen Subsprachen und Funktionalstilen, also insbesondere die Wahl der fachsprachlichen Ausdrucksmittel. Hierin drückt sich die Zielgruppenorientierung aus, indem für Laien eine weniger fachliche Sprachvarietät gewählt wird als für Fachleute. Hoffmann sieht hier keine absolute Trennung zwischen einem Status der Fachleute und einem Status der Laien, sondern eine abgestufte Skala, die er in seinem ursprünglichen Modell anhand der beruflichen Stellung der Kommunikationsteilnehmer und dem Abstraktionsgrad der Texte in fünf Stufen unterteilt (Hoffmann 1976:186). Die Notwendigkeit, in diesem Sinne einen zielgruppenadäquaten Fachlichkeitsgrad zu wählen, entspricht der Anpassung an die jeweilige Mikrokultur.

Wenn ein Fach eine Mikrokultur ist, dann sehe ich auch einen Einfluss der Kultur auf das Objekt. Hoffmann sagt, das Objekt lege fest, was ausgesagt werden soll und welche sprachlichen Ausdrucksmittel dabei zum Einsatz kommen sollen. Diese Auswahl werde dann im Hinblick auf die

---

[19] Ausführlicher zu Subsprachen: Hoffmann (1976:162-170; 1998). Der Terminus 'Funktionalstile' verweist auf die Prager Schule, insbesondere Bohuslav Havránek und Eduard Beneš, sowie auf das Kommunikationsmodell von Jakobson (1960). Viele der Originalveröffentlichungen der Prager Schule zu den Funktionalstilen sind heute schwer zugänglich, werden jedoch vielfach referiert, zum Teil anhand von Übersetzungen und Zusammenfassungen, z.B. von Hoffmann (1976:74-75), Laurén (1993:10-12), Fluck ([5]1996:13, 17).

Zielgruppe modifiziert – zum Beispiel durch die zu wählende Fachsprache. Hoffmann (1999:28) spricht jedoch auch von Kenntnissystemen. Bezieht man diesen Faktor ein, so hat eine fachkommunikative Handlung die Aufgabe, den Angehörigen der Zielgruppe fachliche Sachverhalte mitzuteilen und damit ihre Kenntnisse zu erweitern. Ein Dokument ist jedoch nur dann gut verständlich und wird also nur dann seinem Zweck gerecht, wenn es nicht mehr (und möglichst auch nicht allzu viel weniger) Kenntnisse voraussetzt, die die Adressaten bereits besitzen. Insofern hat die Mikrokultur der Adressaten nicht nur einen modifizierenden Einfluss auf die Verwendung der sprachlichen Ausdrucksmittel, sondern sie beeinflusst zugleich auch die Festlegung der auszudrückenden Inhalte. Am konkreten Beispiel gesagt: Eine Bedienungsanleitung für einen digitalen Farbdrucker muss heutzutage für Laien geschrieben sein. Es entspricht aber nicht den Textsortenkonventionen, sie ausschließlich in der Sprache der Laien, also in der Gemeinsprache, zu schreiben. Beispielsweise werden durchaus Termini verwendet. Die Termini werden aber, im Hinblick auf die Mikrokultur der Adressaten, erklärt. Dies kann im Fließtext, in Marginalien oder in einem Glossar geschehen. Damit hat man Inhalte in das Dokument aufgenommen, die vom Faktor Kultur und nicht vom Objekt selbst gefordert werden.

4 Fazit und Ausblick

Hier treffen sich die beiden Diskussionsstränge. Das Typische der technischen Redaktion ist die Zielgruppenorientierung, das des Fachübersetzens die Interlingualität. Erweitert um den Faktor Kultur stellt sich die oben gegebene Merkmalsanalyse so dar: Die technische Redaktion überbrückt die Grenzen von Mikrokulturen und bisweilen zugleich die von Makrokulturen. Das Fachübersetzen überbrückt die Grenzen von Makrokulturen und bisweilen zugleich die von Mikrokulturen.

Aus dem so wieder zusammengeführten doppelten Gedankengang ergibt sich darüber hinaus auch ein interessanter Ausblick auf lohnende weiterführende Forschungsaufgaben.[20]

Folgt man den in Abschnitt 3 angestellten Überlegungen, so könnte man Hoffmanns Abhängigkeitsmodell mit Objekt, System und Funktion um einen Faktor Kultur erweitern, der auf alle drei Größen Einfluss nimmt. Es nicht Ziel des vorliegenden Beitrags, Hoffmanns Modell der Fachkommunikation in ihrer ganzen Komplexität wiederzugeben oder zu bewerten. Es verdient jedoch Beachtung, dass die hier angeführte kurze Formulierung ähnlich wie die Kommunikationsmodelle primär die kom-

---

[20] Ausführlicher zu Forschungsaufgaben: Schubert (2005a).

munikative Handlung im Hier und Jetzt beschreibt. Dieses Modellbild gibt wieder, wie Inhalte ausgewählt und versprachlicht werden. Das Modell erfasst jedoch nicht oder allenfalls mittelbar die sekundären Prozesse und Bedingungen, die Voraussetzungen für die kommunikative Handlung sind. So nimmt das Modell das Sprachsystem als gegeben an und beschreibt lediglich die Wahl zwischen den vom System bereitgestellten Ausdrucksmitteln. Diese Auswahlentscheidung wird im Wege der Zielgruppenorientierung durch den Faktor Kultur beeinflusst, genauer: durch die Mikrokulturzugehörigkeit der Adressaten. Wird diese Zielgruppenanpassung nicht, wie in Hoffmanns Modell, während der primären Textproduktion, sondern in einem späteren Arbeitsgang an einem bereits formulierten Text ausgeführt, so spricht man von Textoptimierung.

An dieser Stelle setzt in der Fachkommunikation oft ein sekundärer Prozess an, den man Sprachoptimierung nennen könnte. Die fachkommunikative Textproduktion begnügt sich vielfach nicht damit, aus der Gesamtsprache und ihren Fachsprachen Geeignetes auszuwählen, sondern sie bedient sich spezieller, in einem sekundären Arbeitsprozess vorab planmäßig erstellter Sprachvarietäten oder Sprachen. In diesen Bereich gehören die regulierten Sprachen der technischen Dokumentation, die jeweils im Hinblick auf eines der Ziele der Textverständlichkeit für muttersprachliche Adressaten, der Textverständlichkeit für fremdsprachliche Adressaten, der Übersetzbarkeit für Übersetzer und der maschinellen Übersetzbarkeit optimiert sind (Schubert 2001a,b). Diese Sprachoptimierungsbestrebungen schließen sich auch insofern an den in diesem Beitrag besprochenen Gedankengang an, als gezeigt werden kann, dass eines der gemeinsamen Merkmale, die diese und andere durch bewusstes Eingreifen des Menschen in das Sprachsystem geschaffene Systeme kennzeichnen, ihre 'inhärente Interkulturalität' ist (Schubert 2004).

Dieser Beitrag zeigt einen Versuch, ein- und mehrsprachige Fachkommunikation bei allen Unterschieden im Spezifischen doch in einer Gesamtschau als einheitliches Ganzes zu analysieren. Sekundäre Prozesse, die dem fachkommunikativen Handeln zuarbeiten, und Bedingungen und Möglichkeiten der Optimierung sind aussichtsreiche, weiterführende Forschungsaufgaben.

5 Literatur

Barczaitis, Rainer (2002): "Kompetenz der übersetzerischen Textproduktion". In: Best, Joanna & Kalina, Sylvia (Hrsg.) (2002): *Übersetzen und Dolmetschen. Eine Orientierungshilfe*. Tübingen – Basel: Francke. (= UTB. 2329). 174-183.

Bastin, Georges L. (1996): "La adaptación en traducción no literaria". In: *Voces* [23], 18-25.

— (^N2001): "Adaptation". In: Baker, Mona with Malmkjær, Kirsten (eds.) (^N2001): *Routledge Encyclopedia of Translation Studies*. New ed. 2001. London – New York: Routledge. (1 ed. 1998). 5-8.

Baumann, Klaus-Dieter (1998): "Kulturgebundene Determinanten der Fachübersetzung". In: *Zeitschrift für Angewandte Linguistik* [28], 34-52.

Baumgartner, Peter (1994): "Technical Translation: Putting the Right Terms in the Right Context". In: Dollerup, Cay & Lindegaard, Annette (eds.) (1994): *Teaching Translation and Interpreting 2*. Amsterdam – Philadelphia: Benjamins. (= Benjamins Translation Library. 5). 295-299 + 321-340.

Budin, Gerhard (1994): "New Challenges in Specialized Translation and Technical Communication. An Interdisciplinary Outlook". In: Snell-Hornby, Mary & Pöchhacker, Franz & Kaindl, Klaus (eds.) (1994): *Translation Studies. An Interdiscipline*. Amsterdam – Philadelphia: Benjamins. (= Benjamins Translation Library. 2). 247-254.

— (2002): "Wissensmanagement in der Translation". In: Best, Joanna & Kalina, Sylvia (Hrsg.) (2002): *Übersetzen und Dolmetschen. Eine Orientierungshilfe*. Tübingen – Basel: Francke. (= UTB. 2329). 74-84.

Dixon, John S. (2004): "Translation, Culture and Communication". In: Kittel, Harald & Frank, Armin Paul & Greiner, Norbert & Hermans, Theo & Koller, Werner & Lambert, José & Paul, Fritz mit House, Juliane & Schultze, Brigitte (Hrsg.) (2004): *Übersetzung / Translation / Traduction*. Teilband 1. Berlin – New York: de Gruyter. (= Handbücher zur Sprach- und Kommunikationswissenschaft. 26.1). 11-23.

Dizdar, Dilek (1998): "Skopostheorie". In: Snell-Hornby, Mary & Hönig, Hans G. & Kußmaul, Paul & Schmitt, Peter A. (Hrsg.) (1998): *Handbuch Translation*. Tübingen: Stauffenburg. 104-107.

Dyson, Steve (1996): "From Translation to 'Interlingual Copywriting'". In: *Traduire* [2], 47-70.

Esselink, Bert (1998): *A Practical Guide to Software Localization*. Amsterdam – Philadelphia: Benjamins. (= The Language International World Directory. 3).

Fleischmann, Eberhard (1999): "Die Translation aus der Sicht der Kultur". In: Gil, Alberto & Haller, Johann & Steiner, Erich & Gerzymisch-Arbogast, Heidrun (Hrsg.) (1999): *Modelle der Translation*. Frankfurt am Main usw.: Lang. (= Sabest Saarbrücker Beiträge zur Sprach- und Translationswissenschaft. 1). 59-77.

Floros, Georgios (2003): *Kulturelle Konstellationen in Texten*. Tübingen: Narr. (= Jahrbuch Übersetzen und Dolmetschen. 3).

Fluck, Hans-Rüdiger (^51996): *Fachsprachen*. 5., überarbeitete und erweiterte Aufl. 1996. Tübingen – Basel: Francke. (1. Aufl. 1976). (= UTB. 483).

Gentzler, Edwin (2004): "Translation and Cultural Studies". In: Kittel, Harald & Frank, Armin Paul & Greiner, Norbert & Hermans, Theo & Koller, Werner & Lambert, José & Paul, Fritz mit House, Juliane & Schultze, Brigitte (Hrsg.) (2004): *Übersetzung / Translation / Traduction*. Teilband 1. Berlin – New York: de Gruyter. (= Handbücher zur Sprach- und Kommunikationswissenschaft. 26.1). 166-170.

Gerzymisch-Arbogast, Heidrun (1994): *Übersetzungswissenschaftliches Propädeutikum*. Tübingen – Basel: Francke. (= UTB. 1782).

Gerzymisch-Arbogast, Heidrun & Mudersbach, Klaus (1998): *Methoden des wissenschaftlichen Übersetzens*. Tübingen – Basel: Francke. (= UTB. 1990).

Göhring, Heinz (1978): "Interkulturelle Kommunikation: Die Überwindung der Trennung von Fremdsprachen- und Landeskundeunterricht durch einen integrierten Fremdverhaltensunterricht". In: Kühlwein, Wolfgang & Raasch, Albert u.a. (Hrsg.) (1978): *Kongreßberichte der 8. Jahrestagung der Gesellschaft für Angewandte Linguistik.* Bd. 4: Hartig, Matthias & Wode, Henning (Hrsg.) (1978): *Soziolinguistik, Psycholinguistik.* Stuttgart: HochschulVerlag. 9-14. – wieder in: Göhring, Heinz (2002): *Interkulturelle Kommunikation.* Kelletat, Andreas F. & Siever, Holger (Hrsg.). Tübingen: Stauffenburg. (= Studien zur Translation. 13). 107-111.

Goodenough, Ward (1964): "Cultural Anthropology and Linguistics". In: Hymes, Dell (ed.) (1964): *Language in Culture and Society.* New York: Harper and Row. 36-39.

Göpferich, Susanne (1996): "(Fach)Übersetzen vs. *Technical Writing.* Parallelen und Unterschiede". In: Budin, Gerhard (Hrsg.) (1996): *Multilingualism in Specialist Communication / Multilingualisme dans la communication spécialisée / Mehrsprachigkeit in der Fachkommunikation.* Vienna: TermNet. 399-434.

— (1998): *Interkulturelles Technical Writing.* Tübingen: Narr. (= Forum für Fachsprachen-Forschung. 40).

— (2002a): "Lokalisierung und Übersetzung: Abgrenzung – Zuständigkeiten – Ausbildung". In: Hennig, Jörg & Tjarks-Sobhani, Marita (Hrsg.) (2002): *Lokalisierung von Technischer Dokumentation.* Lübeck: Schmidt-Römhild. (= tekom Schriften zur technischen Kommunikation. 6). 27-41.

— (2002b): "Vom Übersetzen und der Technischen Redaktion zur Interkulturellen Technischen Redaktion". In: Feyrer, Cornelia & Holzer, Peter (Hrsg.) (2002): *Translation: Didaktik im Kontext.* Frankfurt am Main usw.: Lang. (= InnTrans. Innsbrucker Beiträge zu Sprache, Kultur und Translation. 1). 105-121.

— (2004): "Wie man aus Eiern Marmelade macht: Von der Translationswissenschaft zur Transferwissenschaft". In: Göpferich, Susanne & Engberg, Jan (Hrsg.) (2004): *Qualität fachsprachlicher Kommunikation.* Tübingen: Narr. (= Forum für Fachsprachen-Forschung. 66). 3-29.

Hartley, Anthony & Paris, Cécile (1996): "Automatic Text Generation for Software Development and Use". In: Somers, Harold (ed.): *Terminology, LSP and Translation.* Amsterdam – Philadelphia: Benjamins. (= Benjamins Translation Library. 18). 221-242.

— & — (1997): "Multilingual Document Production: From Support for Translating to Support for Authoring". In: *Machine Translation* 12, 109-128.

Hatim, Basil & Mason, Ian (1997): *The Translator as Communicator.* London – New York: Routledge.

Hoffmann, Lothar (1976): *Kommunikationsmittel Fachsprache.* Berlin: Akademie-Verlag. (= Sammlung Akademie-Verlag 44 Sprache).

— (1998): "Fachsprachen als Subsprachen". In: Hoffmann, Lothar & Kalverkämper, Hartwig & Wiegand, Herbert Ernst mit Galinski, Christian & Hüllen, Werner (Hrsg.) (1998): *Fachsprachen / Languages for Special Purposes.* 1. Halbband. Berlin – New York: de Gruyter. (= Handbücher zur Sprach- und Kommunikationswissenschaft. 14.1). 189-199.

— (1999): "Objekt, System und Funktion in der wissenschaftlich-technischen Fachkommunikation". In: *Fachsprache* 21 [1-2], 28-37.

House, Juliane (1977): "A Model for Assessing Translation Quality". In: *Meta* XXII [2], 103-109.

— (2001): "Translation Quality Assessment: Linguistic Description versus Social Evaluation". In: *Meta* XLVI [2], 243-257.

Jakobsen, Arnt Lykke (1994): "Starting from the (Other) End: Integrating Translation and Text Production". In: Dollerup, Cay & Lindegaard, Annette (eds.) (1994): *Teaching Translation and Interpreting 2*. Amsterdam – Philadelphia: Benjamins. (= Benjamins Translation Library. 5). 143-150 + 321-340.

Jakobson, Roman (1960): "Closing Statement: Linguistics and Poetics." In: Sebeok, Thomas A. (ed.) (1960): *Style in Language*. Cambridge, Mass.: MIT Press. 350-377 + 435-449.

Klaudy, Kinga (ᴺ2001): "Explicitation". In: Baker, Mona with Malmkjær, Kirsten (eds.) (ᴺ2001): *Routledge Encyclopedia of Translation Studies*. New ed. 2001. London – New York: Routledge. (1 ed. 1998). 80-84.

Koller, Werner (2002): "Linguistik und kulturelle Dimension der Übersetzung – in den 70er-Jahren und heute". In: Thome, Gisela & Giehl, Claudia & Gerzymisch-Arbogast, Heidrun (Hrsg.) (2002): *Kultur und Übersetzung*. Tübingen: Narr. (= Jahrbuch Übersetzen und Dolmetschen. 2). 115-130.

— (2004a): "Der Begriff der Äquivalenz in der Übersetzungswissenschaft". In: Kittel, Harald & Frank, Armin Paul & Greiner, Norbert & Hermans, Theo & Koller, Werner & Lambert, José & Paul, Fritz mit House, Juliane & Schultze, Brigitte (Hrsg.) (2004): *Übersetzung / Translation / Traduction*. Teilband 1. Berlin – New York: de Gruyter. (= Handbücher zur Sprach- und Kommunikationswissenschaft. 26.1). 343-354.

— (⁷2004b): *Einführung in die Übersetzungswissenschaft*. 7., aktualisierte Aufl. 2004. Wiebelsheim: Quelle & Meyer. (1. Aufl. 1979).

Krings, Hans P. (1996): "Wieviel Wissenschaft brauchen Technische Redakteure? Zum Verhältnis von Wissenschaft und Praxis in der Technischen Dokumentation". In: Krings, Hans P. (Hrsg.) (1996): *Wissenschaftliche Grundlagen der Technischen Kommunikation*. Tübingen: Narr. (= Forum für Fachsprachen-Forschung. 32). 5-128.

Laurén, Christer (1993): *Fackspråk. Form, innehåll, funktion*. Lund: Studentlitteratur.

Lederer, Anne (2002): "Übersetzung und Internationale Adaption von Bedienungsanleitungen". In: Pepels, Werner & Böhler, Klaus & Brückle, Thomas & Fichtner, Gerrit & Galbierz, Martin & Gnugesser, Timo & Holland, Heinrich & Jaspersen, Thomas & Lederer, Anne & Lettl, Tobias & Ramme, Iris & Rothkegel, Annely (2002): *Bedienungsanleitungen als Marketinginstrument. Von der Technischen Dokumentation zum Imageträger*. Renningen-Malmsheim: Expert. 144-153.

Lockwood, Rose & Leston, Jean & Lachal, Laurent (1995): *Globalisation: Creating New Markets with Translation Technology*. London: Ovum.

Massion, François (1999): "Mehr Effektivität beim Übersetzen". In: *technische kommunikation* 21 [5], 8-11.

Mauro, Giorgio (1999): "Teamarbeit und Teamkonsistenz bei der Zusammenarbeit zwischen Technischen Redakteuren und Technischen Übersetzern". In: Gräfe, Elisabeth (Hrsg.) (1999): *Jahrestagung 1999 in Mannheim*. Stuttgart: tekom. 131-133.

Mudersbach, Klaus (2002): "Kultur braucht Übersetzung. Übersetzung braucht Kultur (Modell und Methode)". In: Thome, Gisela & Giehl, Claudia & Gerzymisch-Arbogast, Heidrun (Hrsg.) (2002): *Kultur und Übersetzung*. Tübingen: Narr. (= Jahrbuch Übersetzen und Dolmetschen. 2). 169-225.

Neubert, Albrecht (2002): "Translation in Context: The Cultural Aspect". In: Thome, Gisela & Giehl, Claudia & Gerzymisch-Arbogast, Heidrun (Hrsg.) (2002): *Kultur und Übersetzung*. Tübingen: Narr. (= Jahrbuch Übersetzen und Dolmetschen. 2). 227-241.

— (2004): "Equivalence in Translation". In: Kittel, Harald & Frank, Armin Paul & Greiner, Norbert & Hermans, Theo & Koller, Werner & Lambert, José & Paul, Fritz mit House, Juliane & Schultze, Brigitte (Hrsg.) (2004): *Übersetzung / Translation / Traduction*. Teilband 1. Berlin – New York: de Gruyter. (= Handbücher zur Sprach- und Kommunikationswissenschaft. 26.1). 329-342.

Nord, Christiane (1998): "Ausrichtung an der zielkulturellen Situation". In: Snell-Hornby, Mary & Hönig, Hans G. & Kußmaul, Paul & Schmitt, Peter A. (Hrsg.) (1998): *Handbuch Translation*. Tübingen: Stauffenburg. 144-147.

Nübel, Jutta (1999): "Optimierung der Schnittstellen. Teamarbeit zwischen Technischem Redakteur und Übersetzer". In: *technische kommunikation* 21 [5], 4-7.

Prunč, Erich (1997): "Versuch einer Skopostypologie". In: Grbić, Nadja & Wolf, Michaela (Hrsg.) (1997): *Text – Kultur – Kommunikation*. Tübingen: Stauffenburg. (= Studien zur Translation. 4). 33-52.

Reiß, Katharina & Vermeer, Hans J. (²1991): *Grundlegung einer allgemeinen Translationstheorie*. Tübingen: Niemeyer. (1. Aufl. 1984).

Resch, Renate (1998): "Textproduktion". In: Snell-Hornby, Mary & Hönig, Hans G. & Kußmaul, Paul & Schmitt, Peter A. (Hrsg.) (1998): *Handbuch Translation*. Tübingen: Stauffenburg. 164-167.

Risku, Hanna (1998): *Translatorische Kompetenz*. Tübingen: Stauffenburg. (= Studien zur Translation. 5).

Sager, Juan C. (²1994): "Die Übersetzung im Kommunikationsprozeß: der Übersetzer in der Industrie". In: Snell-Hornby, Mary (Hrsg.) (²1994): *Übersetzungswissenschaft – eine Neuorientierung*. 2. Aufl. 1994. Tübingen – Basel: Francke. (1. Aufl. 1986). (= UTB. 1415). 331-347.

Salevsky, Heidemarie (2002): *Translationswissenschaft. Ein Kompendium*. Bd. 1. Frankfurt am Main usw.: Lang.

Schäffner, Christina (ᴺ2001): "*Skopos* Theory". In: Baker, Mona with Malmkjær, Kirsten (eds.) (ᴺ2001): *Routledge Encyclopedia of Translation Studies*. New ed. 2001. London – New York: Routledge. (1 ed. 1998). 235-238.

Schmid, Annemarie (2000): "'Systemische Kulturtheorie' – relevant für die Translation?" In: Kadric, Mira & Kaindl, Klaus & Pöchhacker, Franz (Hrsg.) (2000): *Translationswissenschaft*. Tübingen: Stauffenburg. 51-65.

Schmitt, Peter A. (1998a): "Marktsituation der Übersetzer." In: Snell-Hornby, Mary & Hönig, Hans G. & Kußmaul, Paul & Schmitt, Peter A. (Hrsg.) (1998): *Handbuch Translation*. Tübingen: Stauffenburg. 5-13.

— (1998b): "Technical Writing und Übersetzen". In: Snell-Hornby, Mary & Hönig, Hans G. & Kußmaul, Paul & Schmitt, Peter A. (Hrsg.) (1998): *Handbuch Translation*. Tübingen: Stauffenburg. 154-159.

— (1999): *Translation und Technik*. Tübingen: Stauffenburg. (= Studien zur Translation. 6).

— (2002): "Kultur im Fachwörterbuch?" In: *Mitteilungen für Dolmetscher und Übersetzer* 48 [4-5], 49-57.

Schmitz, Klaus-Dirk (2000): "Softwarelokalisierung – eine Übersicht". In: Schmitz, Klaus-Dirk & Wahle, Kirsten (Hrsg.) (2000): *Softwarelokalisierung.* Tübingen: Stauffenburg. 1-10 + 193-198.

— (2002): "Lokalisierung: Konzepte und Aspekte". In: Hennig, Jörg & Tjarks-Sobhani, Marita (Hrsg.) (2002): *Lokalisierung von Technischer Dokumentation.* Lübeck: Schmidt-Römhild. (= tekom Schriften zur technischen Kommunikation. 6). 11-26.

Schubert, Klaus (2001a): "Gestaltete Sprache. Plansprachen und die regulierten Sprachen der internationalen Fachkommunikation". In: Schubert, Klaus (Hrsg.) (2001): *Planned Languages: From Concept to Reality.* Brussel: Hogeschool voor Wetenschap en Kunst. 223-257.

— (2001b): "Optimumigo de la internacia komunikado: interlingvistika rigardo al la nova industria lingvokonstruado". In: Fiedler, Sabine & Liu Haitao (red.) (2001): *Studoj pri interlingvistiko / Studien zur Interlinguistik.* Dobřichovice (Praha): Kava-Pech. 172-183.

— (2003): "Integrative Fachkommunikation". In: Schubert, Klaus (Hrsg.) (2003): *Übersetzen und Dolmetschen: Modelle, Methoden, Technologie.* Tübingen: Narr. (= Jahrbuch Übersetzen und Dolmetschen. 4/I). 225-256.

— (2004): "Interkulturelle Sprache". In: Müller, Ina (Hrsg.) (2004): *Und sie bewegt sich doch... Translationswissenschaft in Ost und West.* Frankfurt am Main usw.: Lang. 319-331.

— (2005a): "Forschungsaufgaben einer einheitlichen Fachkommunikationswissenschaft". In: Salevsky, Heidemarie (Hrsg.): *Kultur, Interpretation und Translation.* Frankfurt am Main usw.: Lang.

— (2005b): "Translation Studies: Broaden or Deepen the Perspective?". In: Dam, Helle V. & Engberg, Jan & Gerzymisch-Arbogast, Heidrun (Hrsg.) (2005): *Knowledge Systems and Translation.* Berlin – New York: Mouton de Gruyter. (= Text, Translation, Computational Processing. 7). 125-145.

Séguinot, Candace (1995): "Technical Writing and Translation: Changing with the Times". In: *Journal of Technical Writing and Communication* 24 [3], 285-292.

Snell-Hornby, Mary (1988): *Translation Studies: An Integrated Approach.* Amsterdam – Philadelphia: Benjamins.

— (²1994): "Einleitung: Übersetzen, Sprache, Kultur". In: Snell-Hornby, Mary (Hrsg.) (²1994): *Übersetzungswissenschaft – eine Neuorientierung.* 2. Aufl. 1994. Tübingen – Basel: Francke. (1. Aufl. 1986). (= UTB. 1415). 9-29.

St. Amant, Kirk (2000): "Expanding Translation Use to Improve the Quality of Technical Communication". In: *IEEE Transactions on Professional Communication* 43 [3], 323-326.

Stolze, Radegundis (1994): *Übersetzungstheorien.* Tübingen: Narr.

Toury, Gideon (1995): *Descriptive Translation Studies and Beyond.* Amsterdam – Philadelphia: Benjamins. (= Benjamins Translation Library. 4).

Trubetzkoy, Nikolaj S. (⁷1989): *Grundzüge der Phonologie.* 7. Aufl. 1989. Göttingen: Vandenhoeck & Ruprecht. (= Travaux du Cercle Linguistique de Prague. 7). (1. Aufl. 1939).

Vermeer, Hans J. (1978): "Ein Rahmen für eine Allgemeine Translationstheorie". In: *Lebende Sprachen* 23 [3], 99-102.

— (1982): "Translation als 'Informationsangebot'". In: *Lebende Sprachen* 27 [3], 97-100.

— (²1994): "Übersetzen als kultureller Transfer". In: Snell-Hornby, Mary (Hrsg.) (²1994): *Übersetzungswissenschaft – eine Neuorientierung.* 2. Aufl. 1994. Tübingen – Basel: Francke. (1. Aufl. 1986). (= UTB. 1415). 30-53.

— (1996): *A Skopos Theory of Translation (Some Arguments for and against).* Heidelberg: Textcontext.

Zeumer, Jutta & Schmidt, Runa (1996): "Die Verantwortung des Übersetzers im Europa neuer Grenzen". In: Salevsky, Heidemarie (Hrsg.) (1996): *Dolmetscher- und Übersetzerausbildung gestern, heute und morgen.* Frankfurt am Main usw.: Lang. 45-56.

Zybatow, Lew N. (2002): "Sprache – Kultur – Translation, oder Wieso hat Translation etwas mit Sprache zu tun?" In: Zybatow, Lew N. (Hrsg.) (2002): *Translation zwischen Theorie und Praxis.* Frankfurt am Main usw.: Lang. (= Forum Translationswissenschaft. 1). 57-86.

— (2003): "Wie modern ist die 'moderne' Translationstheorie?" In: Gerzymisch-Arbogast, Heidrun & Hajičová, Eva & Sgall, Petr & Jettmarová, Zuzana & Rothkegel, Annely & Rothfuß-Bastian, Dorothee (Hrsg.): *Textologie und Translation.* Tübingen: Narr. (= Jahrbuch Übersetzen und Dolmetschen. 4/II). 343-360.

Anhang

Kurzprofile der Autoren

Barbara Ahrens
(geb. 1969). Juniorprofessorin Dr. phil., Diplom-Dolmetscherin. 1995 Diplom an der Universität Heidelberg. Seit 1996 freiberufliche Tätigkeit als Konferenzdolmetscherin. 1996-2002 Lehrbeauftragte für "Notizentechnik für Dolmetscher" an der Universität Heidelberg. 2002-2003 wissenschaftliche Mitarbeiterin am Fachbereich für Angewandte Sprach- und Kulturwissenschaft (FASK) der Universität Mainz in Germersheim. 2003 Promotion am FASK in Allgemeiner Translationswissenschaft, Schwerpunkt Dolmetschwissenschaft. Seit 2003 am FASK Juniorprofessorin für Translationswissenschaft unter besonderer Berücksichtigung kognitiver Aspekte. Forschungsschwerpunkte: Dolmetschwissenschaft: Sprachverstehens- und Sprachproduktionsprozesse beim Dolmetschen, Arbeitsgedächtnis, Prosodie und stimmliche Aspekte, Notizentechnik und deren kognitive Grundlagen. Grammatik, Dolmetschen und Übersetzen, Deutsch als Fremdsprache.

Michaela Albl-Mikasa
(geb. 1960). Dr. phil. des., Dipl.-Dolm., M. Phil. (Cantab.). 1990-1993 Universität Heidelberg, Institut für Übersetzen und Dolmetschen: EU-Drittmittel-Projekt TWB zum Aufbau einer terminologischen Datenbank für Übersetzer. 1993-1996 Universität Tübingen, Lehrstuhl für Anglistik und angewandte Sprachwissenschaft. 1996-2001 Erziehungspause. 2001-2005 Promotion im Forschungskontext der Tübinger Lehrstuhlgruppe "Applied English Linguistics". Forschungsschwerpunkte: Übersetzungsbezogene Terminologiearbeit, die Notation (beim Konsekutivdolmetschen) in ihren Dimensionen Sprache und Text, kognitiv-textlinguistische Grundlagenfragen der Dolmetschforschung.

Jörn Albrecht
(geb. 1939). Studium der Romanistik, Germanistik und Allgemeinen Sprachwissenschaft in Tübingen und Berlin. Promotion (1970) und Habilitation (1977) in Tübingen. Lehrtätigkeit in verschiedenen Positionen in Tübingen, Florenz, Würzburg, Germersheim, Mainz und Heidelberg; dort zuletzt Inhaber des Lehrstuhls für "Übersetzungswissenschaft Französisch". Seit Herbst 2004 im Ruhestand. Hauptarbeitsgebiete: Kontrastive Linguistik und Übersetzung; Literarische Übersetzung; Soziolinguistik; Geschichte der Sprachwissenschaft.

Helle V. Dam
Currently head of department and associate professor at the Department
of Language and Business Communication of the Aarhus School of
Business, Denmark. MA in Spanish (LSP), translation and interpreting
(1990). PhD with a dissertation on consecutive interpreting, the Aarhus
School of Business (1996). Certified translator and interpreter. Research
interests: interpreting research (conference and community interpreting,
consecutive and simultaneous), interpreter training, translation research
and text linguistics.

Jan Engberg
Dr., Associate Professor at the Department of Language and Business
Communication of the Aarhus School of Business, Denmark. In 1995, he
defended his Ph.D. thesis, which is a contrastive study of German and
Danish civil court judgements with relevance for specialised translation.
Main areas of interest are the study of texts and genres, cognitive aspects
of domain specific discourse and basic aspects of communication in LSP
settings. The focus of his research is on communication and translation in
the field of law. In this connection, he is co-chair of the section on LSP
communication of the German Association for Applied Linguistics (GAL)
and co-editor of the international journals *Hermes* and *LSP & Professional
Communication*.

Georgios Floros
(geb. 1973). 1995 MA Germanistik, Schwerpunkt Übersetzen (Athen),
2001 Dr. phil. in Übersetzungswissenschaft (Saarbrücken). 1996-2001
Übersetzer und Dolmetscher (Deutsch/Englisch/Griechisch). Seit 2003
Lektor für Übersetzungswissenschaft und Studienprogrammleiter des
Masters in Conference Interpreting am 'Department of English Studies'
der Universität Zypern, Nikosia (Translation Studies, Advanced Trans-
lation Studies, Text linguistics, Theoretical Approaches to Translation and
Interpreting, Stylistics). Forschungsschwerpunkte: Kultur und Übersetzen,
Methodik des Übersetzens, Didaktik des Dolmetschens, Textlinguistik.

Heidrun Gerzymisch-Arbogast
(geb. 1944). BA (Business Administration, London), Diplom-Übersetzerin
(Heidelberg), Dr. phil. (Mainz-Germersheim), 1992 Habilitation in Über-
setzungswissenschaft (Heidelberg). 1969-1979 Übersetzerin und Dolmet-
scherin in der Industrie und im Hochschulbereich. 1979-1993 Lektorin am
'Institut für Übersetzen und Dolmetschen' der Universität Heidelberg. 'Associate
Professor' (1987/1988) und 'Adjunct Professor' (1990/1991) am *'Monterey
Institute of International Studies'*, Kalifornien (Translation and Interpretation).
Seit 1993 Professorin für Übersetzungswissenschaft (Englisch) am *'Institut*

für Angewandte Sprachwissenschaft sowie Übersetzen und Dolmetschen' an der Universität des Saarlandes. Forschungsschwerpunkte: Textlinguistik und Übersetzen, Methodik des Übersetzens, Terminologielehre und Fachübersetzen.

Gyde Hansen

Dr. habil. ling. merc. Unterrichtet seit 1972 Deutsch in Dänemark. Von 1996 bis 2002 war sie Projektleiterin des TRAP-Projekts (TRAP = Translation Processes) an der Copenhagen Business School. Ihre Forschungsgebiete sind Übersetzungswissenschaft, Übersetzungsprozesse, kontrastive Linguistik, Wissenschaftstheorie und Forschungsmethoden.

Carmen Heine

(geb. 1973). Diplom-Technikübersetzerin (FH), Fachhochschule Flensburg (1999); Diplom-Kultur- und Sprachmittlerin, Universität Flensburg (2002). Wissenschaftliche Mitarbeit in Forschungs- und Entwicklungsprojekten der Fachhochschule Flensburg (2000-2003), freiberufliche Tätigkeit als Fachübersetzerin und Dozentin für Deutsch als Fremdsprache (2003-2005), derzeit mit Forschungsstipendium zur Ph.D. an der Aarhus School of Business, Dänemark, beschäftigt. Forschungsschwerpunkte: Fachtextproduktion und -übersetzung, Hypertext, Textlinguistik, Softwarelokalisierung.

Karl Gerhard Hempel

(geb. 1965). M.A. (1991), Dr. phil. (1995, Ludwig-Maximilians-Universität München: Klassische Archäologie, Griechische und Lateinische Philologie). 1996/97 Reisestipendium des Deutschen Archäologischen Instituts (DAI). 1998-2001 Lektor für deutsche Sprache an der Seconda Università di Napoli. 2001-2002 Lektor für deutsche Sprache an der Universität Urbino. 2000-2002 Zusätzlicher Lehrauftrag für Deutsch an der Universität Bari. Seit 2002 Ricercatore für Germanistische Linguistik und Übersetzungswissenschaft an der Universität Messina (Studiengang für Übersetzer und Dolmetscher. Lehrfächer: Übersetzung und professionelle Übersetzung Deutsch-Italienisch/Italienisch-Deutsch, Übersetzungstheorien). Freelance-Übersetzer für deutsche und italienische Übersetzungsbüros. Forschungsschwerpunkte: Fach- und Wissenschaftssprache, Fachübersetzung Italienisch-Deutsch, Übersetzen im deutschen Frühhumanismus.

Sylvia Kalina

Prof. Dr. phil., Diplom-Dolmetscher (Universität Heidelberg) 1970. Freiberufliche Tätigkeit als Konferenzdolmetscherin; Einsätze für internationale Organisationen und Fachkonferenzen. Ab 1980 Lehrtätigkeit am IÜD Heidelberg (Dolmetschausbildung, Fach Englisch). 1997 Promotion zum

Dr. phil., Fächer Allgemeine (NF) und Spezielle (HF) Übersetzungs- und Dolmetschwissenschaft sowie Erziehungswissenschaften (NF). Thema der Dissertation: *Strategische Prozesse beim Dolmetschen. Theoretische Grundlagen, empirische Untersuchungen, didaktische Konsequenzen* (1998). 1999 Berufung als Professorin an die Fachhochschule Köln für "Theorie und Praxis des Dolmetschens". Forschungsschwerpunkte: dolmetschdidaktische Fragestellungen, Voraussetzungen für Qualität beim Dolmetschen, die Einbeziehung von Nichtkonferenzdolmetscharten in die Dolmetschforschung und -didaktik, Dolmetscherfortbildung, Übersetzen und Dolmetschen als Teilbereiche der Translation. Mitgliedschaften: AIIC (Association Internationale des Interprètes de Conférence), DGÜD (Deutsche Gesellschaft für Übersetzungs- und Dolmetschwissenschaft), EST (European Society of Translations Studies), GAL (Gesellschaft für Angewandte Linguistik): Stellvertretende Leiterin der Sektion Übersetzen und Dolmetschen, Deutsch-Englische Gesellschaft, Transforum (früher: Koordinierungsausschuss Praxis und Lehre).

Jan Kunold
(geb. 1970). Diplommusikpädagoge, Hauptfach Gesang, Diplomübersetzer Englisch-Französisch. 1994-1999 Studium an der Musikhochschule des Saarlandes. 2000-2005 Studium an der Universität des Saarlandes. 2001-2005 wissenschaftliche Hilfskraft im NEDO-Projekt und Tutorien am Lehrstuhl Gerzymisch-Arbogast an der Universität des Saarlandes. Seit 2006 wissenschaftlicher Mitarbeiter und Doktorand bei Prof. Dr. phil. Gerzymisch-Arbogast zum Themenbereich der Übersetzung von Musiktexten.

Jean-René Ladmiral
Hochschullehrer an der Universität Paris-X-Nanterre, Leiter des C.E.R.T. (Centre d'Études et de Recherches en Traduction). Ladmiral lehrt deutsche Philosophie sowie Linguistik und Übersetzungswissenschaft, außerdem am I.S.I.T. (Institut Supérieur d'Interprétation et de Traduction), Paris, Übersetzungswissenschaft und Übersetzungspraxis (Deutsch-Französisch). Der Autor ist auch Übersetzer: Unter anderem hat er deutsche Philosophen wie Habermas und Adorno, aber auch Kant sowie *Crisis of Psychoanalysis* von Fromm übersetzt. Abgesehen von seinen Publikationen im Bereich der Philosophie und der Fremdsprachendidaktik, betrifft seine Forschungsarbeit hauptsächlich die Übersetzungswissenschaft. Habilitationsschrift: *La traductologie: de la linguistique à la philosophie.* Zahlreiche Zeitschriftenartikel und Themanummern (*Langages* 28 & 116, *Langue française* 51, *Revue d'Esthétique* 12 etc.) zur Übersetzung. Buchveröffentlichungen: *Traduire: théorèmes pour la traduction.* Mit Edmond Marc Lipiansky: *La Communication interculturelle.*

Winfried Lange
(geb. 1941), Oberstufenlehrer (Halle), Dr. phil. (Halle), 1963-1970 Oberstufenlehrer (Bernburg, Dessau), 1970-1998 Lehrer im Hochschuldienst
bzw. Lehrkraft für besondere Aufgaben, 1977-1998 Abteilungsleiter
Fremdsprachen bzw. Leiter des Sprachenzentrums (Technische Hochschule Köthen bzw. Hochschule Anhalt – FH), 1998 Professor für Angewandte Sprach- und Übersetzungswissenschaft (Englisch/Russisch) am
Fachbereich Informatik der Hochschule Anhalt (FH) und Leiter des Sprachenzentrums. Seit 2006 im Ruhestand. Forschungsschwerpunkte: Fachübersetzen, Übersetzungsdidaktik, Terminologielehre.

Lisa Link
B.A. (Hons.) degree with a double major in German Language and Literature and International Political Economy (Fairhaven College/University of
Western Washington, Bellingham, USA). 1986-1988 Customer Support
Representative und Head of the English Language Section, LOGOS
Computer Systems Deutschland GmbH. 1989-1994 freelance translator.
1990-1994 Lecturer for Applied Computer Linguistics in the Deptartment
of Technical Translation, Flensburg University of Applied Sciences. 1995-
1997 Consultant for a data management training programme in the Philip-
pines financed by Canadian International Development Aid (CIDA). Since
1998 Research Assistant in the Department of Technical Translation,
Flensburg University of Applied Sciences. Team member in various research projects on such topics as modelling resource and workflow
management for a virtual translation agency, Internet-based distance learning, translating in virtual teams. Current doctoral research on developing a
linguistic model for optimising asynchronous computer-mediated communication in virtual learning environments.

Dorothee Rothfuß-Bastian
(geb. 1970). Industriekauffrau (IHK), Diplom-Übersetzerin (Universität
des Saarlandes, 1997). Studienaufenthalt an der Thames Valley University,
London. Promotionsstipendium der Universität des Saarlandes. Promotion
2003. Von 2001 bis 2004 wissenschaftliche Mitarbeiterin am Lehrstuhl für
Englische Übersetzungswissenschaft von Prof. Heidrun Gerzymisch-
Arbogast. Von April bis Oktober 2004 Lehrbeauftragte am 'Institut für
Angewandte Sprachwissenschaft sowie Übersetzen und Dolmetschen' an
der Universität des Saarlandes. Im Anschluss Elternzeit.Forschungs-
schwerpunkte: Thematische Struktur von Texten, kontrastive Fachsprachenforschung, empirische Berufsfeldanalysen.

Annely Rothkegel
(geb. 1942). Seit 2003 Professur Angewandte Sprachwissenschaft an der
TU Chemnitz mit Restrukturierung des Studiengangs Technikkommuni-
kation; davor von 1994 an Professorin für Textproduktion im Studiengang
Technische Redaktion an der FH Hannover. 1992 Habilitation im Fach
Allgemeine Sprachwissenschaft/Computerlinguistik an der Universität des
Saarlandes. Die Forschungsthemen umfassen die Bereiche Textproduktion/
Hypertext/Texttechnologie. BMB-Projekte Hypertextproduktion (abgeschlossen 1997), NORMA (Nutzerorientiertes Risikomanagement, abgeschlossen 2003), 1973-86 Tätigkeit im Sonderforschungsbereich 100 (Elektronische Sprachanalyse und -übersetzung, Saarbrücken), EU-Projekt
DANDELION (Discourse Analysis, abgeschlossen 1994), bis 2004 im Vor-
stand der DGÜD (Deutsche Gesellschaft für Übersetzungs- und Dolmetschwissenschaft); Metaphern/Phraseologie (DFG-Projekt LEXIKURS:
Lexikalisierung im Diskurs, Metaphernvergleich Japanisch-Deutsch; Mit-
glied des Beirats von EUROPHRAS (Europäische Gesellschaft für Phraseologie). In der Lehre Curriculumentwicklung für 'postgraduate studies in
technical writing' im Rahmen des EU-LEONARDO-Programms in Zusammenarbeit mit den Universitäten Paris VII und Limerick (abgeschlossen
2002) sowie im Rahmen des finnischen Projekts COLC (Computing for
Language Carriers) in Savonlinna/Joensuu (abgeschlossen 2004).

Michael Schreiber
Studium (Diplom-Übersetzer) und Promotion in Mainz / Germersheim.
Habilitation in Heidelberg. Vertretung von Professuren in Stuttgart, Graz
und Innsbruck. 2004-2005 Professor für französische Sprach- und Übersetzungswissenschaft an der FH Köln. Seit Oktober 2005 Professor für
französische und italienische Sprach- und Übersetzungswissenschaft an der
Universität Mainz / Germersheim. Forschungsschwerpunkte: Übersetzungstheorie, Übersetzen und Sprachvergleich (romanisch-deutsch), Textlinguistik. Veröffentlichungen: Übersetzung und Bearbeitung (Tübingen:
Narr, 1993), Textgrammatik – Gesprochene Sprache – Sprachvergleich
(Frankfurt a.M.: Lang, 1999), Vergleichende Studien zur romanischen und
deutschen Grammatikographie (Frankfurt a.M.: Lang, 2004), Grundlagen
der Übersetzungswissenschaft: Französisch, Italienisch, Spanisch (Tübingen: Niemeyer, 2006).

Klaus Schubert
(geb. 1954). Prof. Dr. phil. 1983-1985 Soziolinguist an der Christian-
Albrechts-Universität zu Kiel. 1985-1990 Computerlinguist und Projekt-
leiter in der sprachtechnologischen Forschung und Entwicklung im Soft-
warehaus BSO/Buro voor Systeemontwikkeling BV in Utrecht (Niederlande). 1990-1992 Consultant bei BSO/Language Technology BV in Baarn

(Niederlande). Seit 1992 Professor für Sprachdatenverarbeitung und Technikübersetzen an der Fachhochschule Flensburg. Forschungsschwerpunkte: Translationswissenschaft, Fachkommunikation, Interlinguistik, interkulturelle Kommunikation und angewandte Sprachtechnologie.

Laura Sergo

Dr. phil., Studium der Romanistik sowie des Übersetzens und Dolmetschens an der Universität Triest. Lektorin für Italienisch am Institut für Romanistik der Universität Salzburg. Lehrerin und Übersetzerin in München. Seit 1995 an der Fachrichtung 4.6 Angewandte Sprachwissenschaft sowie Übersetzen und Dolmetschen der Universität des Saarlandes, Saarbrücken. Veröffentlichungen zu Aspekten der Kontrastiven Linguistik und der Übersetzungswissenschaft. Arbeits- und Forschungsschwerpunkte: Methodik des Fachübersetzens, textsortenspezifische Übersetzungsverfahren, Übersetzung und Bearbeitung, Pressesprache.

Ingrid Simonnæs

(geb. 1942). Professor Dr. art. 1973-1985 *Assistant Professor*, 1985-2003 *Associate Professor* und seit 2003 Professor für moderne Deutsche Sprache an der Norwegischen Wirtschaftsuniversität (NHH), Bergen. Seit 1985 nebenberuflich tätig als staatlich zugelassene und vereidigte Übersetzerin (*statsautorisert translatør*). Forschungsschwerpunkte: Fachübersetzen (Recht), Übersetzungswissenschaft und Rechtslinguistik.

Radegundis Stolze

(geb. 1950). Dr. phil., Dipl.-Übers. Freischaffende Übersetzerin, seit 1994 Lehrbeauftragte an der Technischen Universität Darmstadt, FB Germanistik. Mehrere Gastdozenturen im Ausland. Forschungsschwerpunkte: Übersetzungstheorie, Hermeneutik, juristisches Übersetzen.

Gisela Thome

Dr. phil., Priv.-Dozentin für Französische und Englische Übersetzungswissenschaft. Studium der Romanistik, Anglistik, Philosophie und Pädagogik an den Universitäten Bonn und Saarbrücken. Nach mehrjährigem Schuldienst und über zwei Jahrzehnten Tätigkeit als Wissenschaftliche Mitarbeiterin und Lehrbeauftragte sowie anschließender fast zwölfjähriger Weiterbeschäftigung als Dozentin nunmehr Lehrbeauftragte an der Fachrichtung 4.6 Angewandte Sprachwissenschaft sowie Übersetzen und Dolmetschen der Universität des Saarlandes, Saarbrücken. Forschungsschwerpunkte: Übersetzungsmethodik, Textlinguistik und Übersetzen, Fachsprache im deutsch-englisch-französischen Vergleich, Didaktik des Übersetzens, Didaktik des Deutschen als Fremdsprache.

Leona Van Vaerenbergh
(geb. 1952). M.A. in Germanistik (Leuven, Belgien), 1982 Promotion in
deutscher Literaturwissenschaft. 1975-1982 Assistentin an der philosophischen Fakultät, Abt. deutsche Literaturwissenschaft, der Universität
Leuven, 1982-1985 Assistentin für Deutsch und Übersetzen am 'Hoger
Rijksinstituut voor Vertalers en Tolken', gegenwärtig 'Erasmushogeschool'
in Brüssel, 1983-1993 Dozentin, seit 1994 Professorin für Deutsch und
Übersetzen am 'Hoger Instituut voor Vertalers en Tolken' der 'Hogeschool Antwerpen'. Forschungsschwerpunkte: deutsche Sprache und Kultur, pragmatische und kognitive Linguistik, Translationswissenschaft, interkulturelle Kommunikation.

Marc Van de Velde
(geb. 1944). Studium der Germanistik und Niederlandistik. Dr. Phil.
(Gent). Professor für Deutsch am Fachbereich Übersetzen und Dolmetschen der Hogeschool Gent. Forschungsschwerpunkte: deutsche und
niederländische Syntax, kontrastive Grammatik und Übersetzen.

Lew N. Zybatow
(geb. 1951). Diplom-Übersetzer und -Dolmetscher für Deutsch, Englisch,
Schwedisch (Moskau 1974). Promotion an der Universität Leipzig (1987).
Sonderforschungsstipendium der Alexander-von-Humboldt-Stiftung und
Habilitation an der Freien Universität Berlin (1995). Lehre und Forschung
an den Universitäten Leipzig, Hamburg, Berlin, München und Bielefeld.
Seit 1999 Professor für Übersetzungswissenschaft am Institut für Trans-
latuonswissenschaft der Universität Innsbruck. Präsident der IATI (International Academy for Translation and Interpreting). Herausgeber und
Mitherausgeber der Buchreihen 'Forum Translationswissenschaft', 'Linguistik International', 'Editiones EuroCom'. Forschungsschwerpunkte: Translationstheorie; Methodologie der Translationswissenschaft; semantische,
pragmatische und kognitive Aspekte des Übersetzens sowie des Dolmetschens; Sprachvergleich; Sprachkontakt; Sprachwandel.

Sachregister

Übersetzungswissenschaft

Jörn Albrecht / Heidrun Gerzymisch-Arbogast /
Dorothee Rothfuß-Bastian (Hrsg.)

Übersetzung – Translation – Traduction

Neue Forschungsfragen in der Diskussion

Festschrift für Werner Koller

Jahrbuch Übersetzen und Dolmetschen 5
2004, XII, 294 Seiten, zahlr. Schaubilder
geb. € [D] 58,–/SFr 98,–
ISBN 3-8233-6087-6

Mit der Festschrift wird anlässlich des 60. Geburtstages von Werner Koller sein wissenschaftliches Werk gewürdigt. Im Mittelpunkt stehen dabei die übersetzungswissenschaftlichen Arbeiten, die hier aus kontrastlinguistischer, literaturwissenschaftlicher und wissenschaftstheoretischer Perspektive dargestellt werden. Der Band enthält Beiträge von Jörn Albrecht (Heidelberg), Ana Maria Bernardo (Lissabon), Harald Burger (Zürich), Heidrun Gerzymisch-Arbogast (Saarbrücken), Gertrud Gréciano (Straßburg), Fritz Hermanns (Heidelberg), Juliane House (Hamburg), Klaus Mudersbach (Heidelberg), Annely Rothkegel (Chemnitz), Beatrice Sandberg (Bergen), Barbara Sandig (Saarbrücken), Hans Schlumm (Korfu), Alexander Schwarz (Lausanne), Ingrid Wikén Bonde (Stockholm) und Lew N. Zybatow (Innsbruck).

 **Gunter Narr Verlag Tübingen**
Postfach 2567 · D-72015 Tübingen · Fax (07071) 75288
Internet: http://www.narr.de · E-Mail: info@narr.de

Übersetzungswissenschaft

Klaus Schubert (Hrsg.)

Übersetzen und Dolmetschen

Modelle, Methoden, Technologie

Jahrbuch Übersetzen und Dolmetschen 4/I,
2003, X, 263 Seiten, geb. € 58,–/SFr 98,–
ISBN 3-8233-6028-0

Der Band spiegelt die heute wichtigsten Forschungsrichtungen der Translationswissenschaft wider und spannt den Bogen von den Spezifika der Rechtsübersetzung über den Normbegriff in der Analyse des Übersetzungsprozesses, die Didaktik des technischen Übersetzens, E-Learning und Telekooperation, Dolmetschwissenschaft und Terminologie zu dem aktuellen Interesse an der internationalen Fachkommunikation. Der verbindende Gedanke der Beiträge ist das Bemühen um eine stringente und zugleich praxisorientierte Theoriebildung in der Übersetzungs- und Dolmetschwissenschaft.

Mit Beiträgen von:
Reiner Arntz – Ingrid Simonnaes – Ulrich Daum – Heidrun Gerzymisch-Arbogast – Winfried Lange – Lisa Link – Benedetta Tissi – Adela Opraus – Margaret Rogers – Angelika Ottmann & Anke Kortenbruck – Gisela Thome – Claudia Giehl – Leona Van Vaerenbergh – Klaus Schubert

 Gunter Narr Verlag Tübingen
Postfach 2567 · D-72015 Tübingen · Fax (07071) 75288
Internet: http://www.narr.de · E-Mail: info@narr.de

Übersetzungswissenschaft

Heidrun Gerzymisch-Arbogast / Eva Hajicová
& Peter Sgall / Zuzana Jettmarová / Annely Rothkegel /
Dorothee Rothfuß-Bastian (Hrsg.)

Textologie und Translation

Jahrbuch Übersetzen und Dolmetschen 4/II,
2003, XII, 371 Seiten, geb. € 58,–/SFr 98,–
ISBN 3-8233-6029-9

Der Band enthält Beiträge der ersten Veranstaltung der neuen von der Europäischen Union geförderten Serie von „High-Level Scientific Conferences" zum Thema ‚Text und Translation' und dokumentiert neuere Ansätze zur Diskurs- und Translationsforschung bezogen auf die Repräsentation und Beschreibung von Textparametern aus translatorischer Perspektive (Transitivität, Kohärenz, Informationsstruktur und Isotopien) unter besonderer Berücksichtigung neuer Technologien sowie diskurspragmatischer und textsortenspezifischer Dimensionen.

Mit Beiträgen von:
Eugene A. Nida – Mona Baker – Nicole Baumgarten – Nathalie Cohen – Frans de Laet – Jan Engberg – Gertrud Gréciano – Eva Hajièová & Petr Sgall – Brigitte Horn-Helf – Bente Jacobsen – Zuzana Jettmarová – Ian Mason – Albrecht Neubert – Lieselott Nordman – Mariana Orozco Jutorán – Annely Rothkegel – Annalisa Sandrelli – Klaus Schubert – Gisela Thome – Martin Dominik Weiler – Lew N. Zybatow

 **Gunter Narr Verlag Tübingen**
Postfach 2567 · D-72015 Tübingen · Fax (07071) 75288
Internet: http://www.narr.de · E-Mail: info@narr.de